SURBALIN
linea

(Überzug)

GEZA VERMES ANNO DOMINI

GEZA VERMES

ANNO DOMINI

EIN WHO'S WHO
ZU JESU ZEITEN

Übersetzung aus dem Englischen
von Yvonne Badal

GUSTAV LÜBBE VERLAG

Gustav Lübbe Verlag in der Verlagsgruppe Lübbe

Titel der englischen Originalausgabe:
»Who's Who in the Age of Jesus«

Für die Originalausgabe:
Copyright © 2005 by Geza Vermes
First published in the United Kingdom by
Penguin Books Ltd, 2005
The moral rights of the author have been asserted.

Für die deutschsprachige Ausgabe:
Copyright © 2008 by Verlagsgruppe Lübbe
GmbH & Co. KG, Bergisch Gladbach
Umschlaggestaltung: Ulf Hennig, München
Umschlagmotive: © John Eyre/Etsa/Corbis;
© Tom Guill/Corbis
Satz: Bosbach Kommunikation & Design GmbH, Köln
Gesetzt aus der Adobe Caslon
Druck und Einband: GGP Media GmbH, Pößneck

Printed in Germany
ISBN 978-3-7857-2347-0

5 4 3 2 1

Sie finden uns im Internet unter: www.luebbe.de
Bitte beachten Sie auch: www.lesejury.de

INHALT

Die grundlegende Primärquelle für die Erforschung der jüdischen Geschichte in der griechisch-römischen Ära ist das Werk des Historikers Flavius Josephus aus dem 1. Jahrhundert nach der Zeitenwende. Diese wird ergänzt durch die Apokryphen und Pseudepigraphen, die Schriftrollen vom Toten Meer und die Texte von Tacitus, Sueton und Cassius Dio. Die relevanten christlichen Zeugnisse werden dem Neuen Testament und der *Kirchengeschichte (Historia Ecclesiastica)* des Eusebius von Caesarea entnommen.

Ich griff während meiner Arbeit an diesem Buch außerdem regelmäßig auf die dreibändige *History of the Jewish People in the Age of Jesus Christ* zurück. Dieser sogenannte *New English Schürer* ist die englische Fassung von Emil Schürers *Geschichte des jüdischen Volkes im Zeitalter Jesu Christi* (1886–1890/1901–1909), die ich in Zusammenarbeit mit Fergus Miller und Martin Goodman zwischen 1973 und 1987 grundlegend neu bearbeitet und revidiert habe.

Dr. Susan Walker, die Kustodin der Antikensammlung des Ashmolean Museums in Oxford, beriet mich freundlicherweise beim römischen Anschauungsmaterial, wofür ich ihr sehr danke.

Geza Vermes
Oxford, November 2004

EINFÜHRUNG

Römische Kaiser und Politiker

POMPEIUS: Gnaeus Pompeius
Magnus (106–48 v.d.Z.);
Feldherr und Staatsmann
CAESAR: Gaius Iulius Caesar
(100–44 v.d.Z.); Feldherr
und Staatsmann
MARCUS ANTONIUS
(ca. 83–30 v.d.Z.); Feldherr
und Staatsmann
AUGUSTUS: Gaius Iulius Caesar
Octavianus (63 v.–14 n.d.Z.);
Kaiser (31 v.d.Z.–14 n.d.Z.)
TIBERIUS: Tiberius Claudius
Nero (42 v.d.Z.–37 n.d.Z.);
Kaiser (14–37 n.d.Z.)
CALIGULA: Gaius Iulius Caesar
Germanicus (12–41 n.d.Z.);
Kaiser (37–41 n.d.Z.)
CLAUDIUS: Claudius Tiberius
Drusus (10 v.d.Z.–54 n.
d.Z.); Kaiser (41–54 n.d.Z.)
NERO: Claudius Caesar Ger-
manicus Nero (15–68 n.
d.Z.); Kaiser (54–68 n.d.Z.)

VESPASIAN: Titus Flavius
Vespasianus (9–79 n.d.Z.);
Kaiser (69–79 n.d.Z.)
TITUS: Titus Flavius Sabinus
Vespasianus (39/41–81 n.
d.Z.); Kaiser (79–81 n.d.Z.)
DOMITIAN: Titus Flavius
Domitianus (51–96 n.d.Z.);
Kaiser (81–96 n.d.Z.)
NERVA: Marcus Cocceius
Nerva (30–98 n.d.Z.);
Kaiser (96–98 n.d.Z.)
TRAJAN: Marcus Ulpius
Traianus (53–117 n.d.Z.);
Kaiser (98–117 n.d.Z.)
HADRIAN: Publius Aelius
Hadrianus (76–138 n.d.Z.);
Kaiser (117–138 n.d.Z.)

Jüdische/Herodianische Herrscher[1]

HASMONÄER
Judas Aristobulos II.
(67–63 v.d.Z.)
Johannes Hyrkanos II.
(63–40 v.d.Z.)

---

[1] Anm. d. Übers.: Es gibt die unterschiedlichsten deutschen Schreibweisen für die in diesem Buch angeführten hebräischen/aramäischen Namen. Selbst in den Übersetzungen

Antigonos II. Mattatias
(40–37 v. d. Z.)

HERODIANER

Herodes der Große
(40/37–4 v. d. Z.)
Archelaos (4 v. d. Z.–
6 n. d. Z.)
Antipas (4 v. d. Z.–
39 n. d. Z.)
Philippos (4 v. d. Z.–
33/34 n. d. Z.)
Agrippa I. (37, 40, 41–
44 n. d. Z.)
Herodes von Chalkis
(41–48 n. d. Z.)
Agrippa II. (50–ca. 92/
93 n. d. Z.)

ADIABENE

Izates (ca. 35–60 n. d. Z.)

Römische Präfekten, Prokura-
toren und Statthalter der Provinz
Judäa

COPONIUS (6–9 n. d. Z.)
Marcus Ambivius [Ambibulus]
(9–12 n. d. Z.)
Annius Rufus (12–15 n. d. Z.)
Valerius Gratus (15–26 n. d. Z.)
Pontius Pilatus (26–36 n. d. Z.)
Marcellus (36/37 n. d. Z.)
Marullus (37–41 n. d. Z.)
Cuspius Fadus (44–46 n. d. Z.)
Tiberius Iulius Alexander
(46–48 n. d. Z.)
Ventidius Cumanus
(48–52 n. d. Z.)
Antonius Felix (52–60 n. d. Z.)
Porcius Festus (60–62 n. d. Z.)
Lucceius Albinus
(62–64 n. d. Z.)

des Babylonischen Talmud, von Josephus usw. wurden sowohl uneinheitlich eingedeutschte als auch aus dem Hebräischen oder Aramäischen transliterierte, sowohl gräzisierte als auch romanisierte Formen verwendet. Bei der Übersetzung dieses Buches werden weitgehend die transliterierten Formen benutzt, auf die sich die moderne Forschung einigte (auf diakritische Zeichen wurde verzichtet). In den einzelnen Artikeln zur Person werden jedoch gegebenenfalls auch die jeweils alten oder alternativen Varianten erwähnt.

Hervorzuheben sei noch, dass der Autor ausdrücklich nur dann von der »Bibel« spricht, wenn es sich um den Tanach (die Hebräische Bibel) handelt. Zitate daraus wurden der einzigen deutschen Übersetzung nach dem Masoretischen Text entnommen (Leopold Zunz [1839], Tel Aviv 1997). Zitate aus dem Neuen Testament stammen aus der Einheitsübersetzung, Stuttgart 1980. Der Talmud wurde aus der ungekürzten deutschen Übersetzung von Lazarus Goldschmidt zitiert: Babylonischer Talmud, mit Einschluß der vollständigen Mischna, Berlin 1929–1936. Zu den übrigen deutschen Ausgaben der vom Autor zitierten Werke siehe die Bibliografie im Anhang.

Gessius Florus (64–66 n. d. Z.)
Sextus Vettulenus Cerialis
(70–72 n. d. Z.)
Lucilius Bassus (72–73 n. d. Z.)
Lucius Flavius Silva
(73/74–81 n. d. Z.)
Attikus
(ca. 99/100–102/03 n. d. Z.)
Quintus Roscius Coelius
Pompeius Falco
(ca. 105–107 n. d. Z.)
Lusius Qietus (ca. 117 n. d. Z.)
Quintus Tineius Rufus
(132 n. d. Z.)

*Römische Statthalter der
Provinz Syria*

Marcus Aemilius Scaurus
(65–62 v. d. Z.)
Aulus Gabinius (57–55 v. d. Z.)
Gaius Sosius (38–37 v. d. Z.)
Publius Quinctilius Varus
(7/6–4 v. d. Z.)
Publius Sulpicius Quirinius
(6 n. d. Z.)
Publius Petronius
(39–41/42 n. d. Z.)
Lucius Vitellius (35–39 n. d. Z.)
Cestius Gallus
(63–66/67 n. d. Z.)

Prokonsul der Provinz Achaia

Lucius Iunius Annaeus Gallio
(51–53 n. d. Z.)

Jüdische Hohepriester

HASMONÄISCHE HOHE-
PRIESTER (76–37 v. d. Z.)
Hyrkanos II. (76–67 v. d. Z.,
63–40 v. d. Z.)
Aristobulos II. (67–63 v. d. Z.)
Antigonos (40–37 v. d. Z.)

VON HERODES ERNANNTE
HOHEPRIESTER (37–4 v. d. Z.)
Ananel (37–36 v. d. Z., 34–?
v. d. Z.)
Aristobulos III. (35 v. d. Z.)
Jesus ben Phabi (?)
Simeon ben Boethos
(24–5 v. d. Z.)
Mattatias ben Theophilos
(5–4. v. d. Z.)
Joseph ben Ellem (4 v. d. Z.)
Joazar ben Boethos (4 v. d. Z.)

VON ARCHELAOS ERNANNTE
HOHEPRIESTER (4 v. d. Z.–
6 n. d. Z.)
Eleazar ben Boethos
(4. v. d. Z.–?)

Jesus ben Sië (?)

Joazar (?–6 n.d.Z.)

VON QUIRINIUS ERNANNTER
HOHEPRIESTER (6 n.d.Z.)
Hannas ben Seth
  (6–15 n.d.Z.)

VON VALERIUS GRATUS
ERNANNTE HOHEPRIESTER
(15–26 n.d.Z.)
Ismael ben Phabi
  (15–16 n.d.Z.)
Eleazar ben Hannas
  (16–17 n.d.Z.)
Simeon ben Kamitos
  (17–18 n.d.Z.)
Joseph Kaiaphas
  (18–36 n.d.Z.)

VON VITELLIUS ERNANNTE
HOHEPRIESTER (35–39 n.d.Z.)
Jonathan ben Hannas
  (36–37 n.d.Z.)
Theophilos ben Hannas
  (37–? n.d.Z.)

VON AGRIPPA I. ERNANNTE
HOHEPRIESTER (41–44 n.
d.Z.)
Simon Kantheras ben Boethos
  (41–? n.d.Z.)

Mattatias ben Hannas (?)

Elionaios ben Kantheras (?)

VON HERODES VON CHALKIS
ERNANNTE HOHEPRIESTER
(44–48 n.d.Z.)
Joseph ben Kami (?)
Hananias Nedabiah
  (47–59 n.d.Z.)

VON AGRIPPA II. ERNANNTE
HOHEPRIESTER (52?–92/93 n.
d.Z.)
Ismael ben Phabi
  (59–61 n.d.Z.)
Joseph Kabi ben Simon
  (61–62 n.d.Z.)
Hannas ben Hannas
  (62 n.d.Z.)
Jesus ben Damnaios
  (62–63 n.d.Z.)
Jesus ben Gamala
  (63–64 n.d.Z.)
Mattatias ben Theophilos
  (65–? n.d.Z.)

WÄHREND DES JÜDISCHEN
KRIEGES VOM VOLK ER-
NANNTER HOHEPRIESTER
(67–68 n.d.Z.)
Phanni ben Samuel (? n.d.Z.)

Bedeutende Frauen

Kleopatra
Salome, Schwester des Herodes
Alexandra
Mariamne
Herodias
Salome, Tochter der Herodias
Berenike
Drusilla

Rabbanan

Simeon ben Schetach
Sameas und Pollion
Hillel
Schammai
Gamaliel i.
Simeon ben Gamaliel
Jochanan ben Zakkai
Gamaliel ii., Rabban

Jüdische Charismatiker und Asketen

Honi
Menachem der Essener
Abba Hilkia
Hanan
Simon der Essener
Bannus
Hanina ben Dosa

Jesus ben Hannas
Eleazar
Joschua von Sichnin

Jüdische Rebellenführer

Ezechias
Juda ben Sariphai
Mattatias ben Margaloth
Simon der Peräer
Athronges
Judas der Galiläer
Theudas
Der »Ägypter«
Menachem
Eleazar ben Simon
Johannes von Gischala
Simeon bar Giora
Johannes der Essener
Eleazar ben Jair
Simeon bar Kosiba

Autoren

Nikolaus von Damaskus
Philo von Alexandria
Josephus
Justus von Tiberias

Neutestamentarische Personen

Joseph
Maria
Johannes der Täufer
Jesus
Petrus
Andreas
Jakobus, Sohn des
   Zebedäus
Johannes
Philippus, der Apostel
Matthäus
Bartholomäus
Thomas
Jakobus, Sohn des Alphäus
Thaddäus
Simon der Zelot
Judas Iskarioth
Matthias

Maria Magdalene
Jakobus, Bruder Jesu
Judas
Barnabas
Paulus
Exorzist, Anonymus
Cornelius
Agabus
Elymas
Simon Magus
Markus
Lukas
Philippus, der Diakon
Stephanus
Silas / Silvanus
Timotheus
Titus
Philemon
Symeon, Sohn des Klopas
Johannes der Älteste

DAS GESCHLECHT DER HASMONÄER

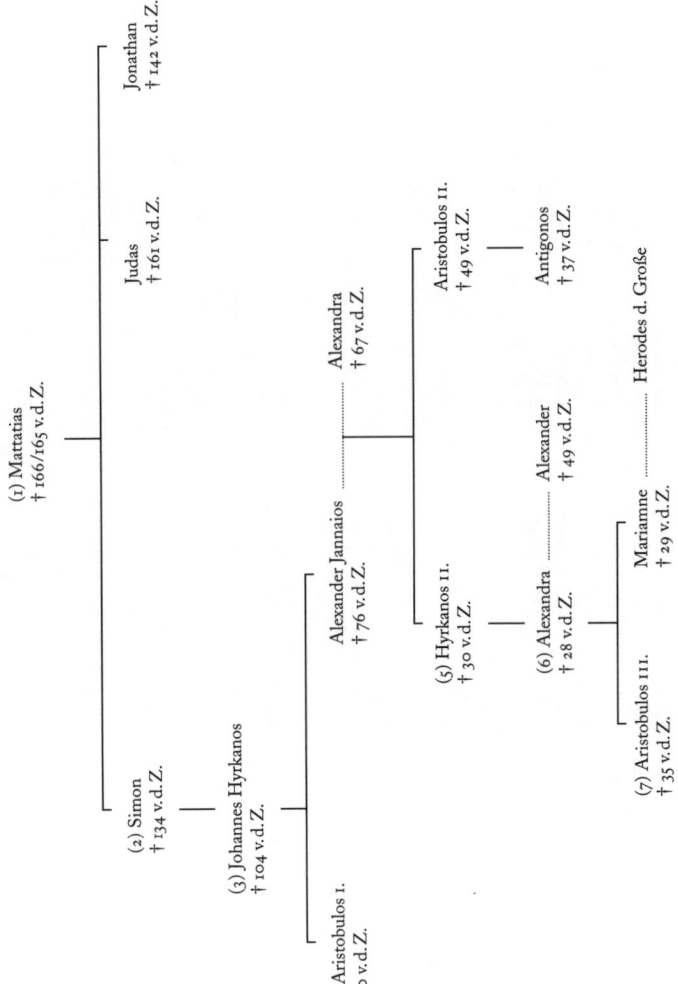

(1) Mattatias
† 166/165 v.d.Z.

Judas
† 161 v.d.Z.

Jonathan
† 142 v.d.Z.

(2) Simon
† 134 v.d.Z.

(3) Johannes Hyrkanos
† 104 v.d.Z.

(4) Aristobulos I.
† 30 v.d.Z.

Alexander Jannaios
† 76 v.d.Z.

Alexandra
† 67 v.d.Z.

Aristobulos II.
† 49 v.d.Z.

(5) Hyrkanos II.
† 30 v.d.Z.

Antigonos
† 37 v.d.Z.

(6) Alexandra
† 28 v.d.Z.

Alexander
† 49 v.d.Z.

Mariamne
† 29 v.d.Z.

Herodes d. Große

(7) Aristobulos III.
† 35 v.d.Z.

DAS GESCHLECHT DER HERODIANER

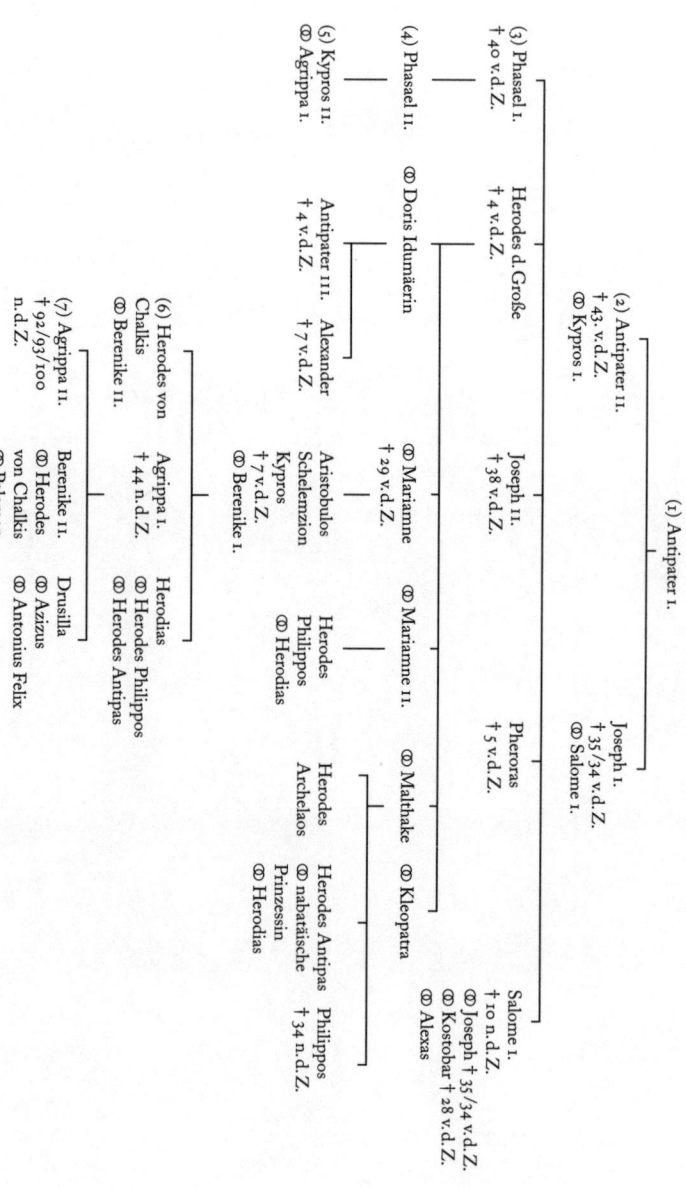

DAS ZEITALTER JESU
IM BREITEREN KONTEXT

Im Jahr 1906 erklärte Albert Schweitzer feierlich, dass die wissenschaftliche Suche nach dem historischen Jesus eine unerfüllbare Aufgabe sei. Ungeachtet Schweitzers eloquenter Grabrede wollte sich der historische Jesus jedoch nicht zur Ruhe legen oder entschwinden. Von einer Handvoll unverbesserlicher Zweifler abgesehen, neigen die meisten Forscher heute sogar zum anderen Extrem und sehen die Existenz von Jesus als so eindeutig erwiesen an, dass sie es nicht einmal mehr für nötig halten, die konkreten historischen Zusammenhänge zu ergründen. Tatsache ist, dass sich weder Jesus noch die Bewegung, die er nach sich zog, in einem luftleeren Raum bewegten. Sie waren wesentliche Bestandteile der jüdischen Gesellschaft im 1. Jahrhundert n. d. Z., die ebenso von den Kräften und Einflüssen der vorangegangenen Generationen wie von den Folgen der Hellenisierung und des politischen Machteinflusses Roms geprägt war. Jüdische und griechisch-römische Einflüsse haben aufeinander eingewirkt und den Nährboden erschaffen, aus dem das Christentum erwuchs.

Dieses Buch soll dem Leser bewusst machen, welches Amalgam aus Ideen, Einflüssen und Eingebungen auf das Zeitalter Jesu einwirkte. Um dieser Aufgabe auf anschauliche Weise gerecht werden zu können, beschloss ich, biografische Vignetten zu präsentieren und den breiteren Kontext mithilfe der Darstellung von Individuen erfassbarer zu machen, die auf unterschiedliche Weisen zum Lauf der Geschichte beigetragen haben. *Anno Domini* porträtiert Persönlichkeiten, die im Neuen Testament, in den Werken von jüdischen Autoren aus dem 1. Jahrhundert n. d. Z., in der talmudischen Literatur und in griechischen wie römischen Geschichtsquellen eine Rolle spielen. Gelegentlich taucht ein und dieselbe Person in mehreren dieser Aufzeichnungen auf. Herrscher von Judäa, jüdische Führer und römische Würdenträger wie *Herodes der Große[2], *Antipas, *Hannas und *Kaiaphas, *Gamaliel der Alte, *Augustus, *Tiberius, *Pontius Pilatus und andere werden auch im Neuen Testament erwähnt. Einige neutestamentarische Persönlichkeiten (*Jesus, *Johannes der Täufer, *Jakobus, Bruder Jesu) treten in den Werken von *Flavius Josephus oder bei römischen Historikern wie Tacitus ebenfalls in Erscheinung. Andere jüdische Persönlichkeiten wie *Hillel der Alte, *Honi, *Hanina ben Dosa oder *Jesus ben Hannas, die bei Josephus und in der talmudischen Literatur vorkommen, können wiederum die Evangeliengeschichte auf bedeutsame Weise neu beleuchten. Aus diesem Grund verspricht eine mehrgleisige Annäherung an das Zeitalter Jesu auch unerwartet neue Einblicke.

Dieser vergrößerte historische Rahmen erfordert zugleich eine dehnbarere Definition des Zeitrahmens, den es zu erforschen gilt: Er muss sich weiter als lediglich über die vermutete Lebenszeit Jesu (ca. 6/5 v.d.Z.–30 n.d.Z.) erstrecken. Ein plausibler Ansatzpunkt wäre der Makkabäeraufstand gegen das griechische (syrische) Seleukidenreich, der um das Jahr 160 v.d.Z. ausbrach, als Juden zum ersten Mal in ihrer Geschichte aus religiösen Gründen verfolgt wurden. Der schlagkräftige und schließlich auch erfolgreiche jüdische Widerstand gegen die hellenistische Tyrannei führte zur Gründung eines unabhängigen jüdischen Staates, der über die längste Zeit eines Jahrhunderts (152–63 v.d.Z.) von der makkabäisch-hasmonäischen Priesterdynastie regiert wurde. Nun wäre es allerdings etwas weit hergeholt, wenn man hundertfünfzig Jahre aus vorchristlicher Zeit dem Zeitalter Jesu zurechnen wollte. Deshalb ist als Ansatzpunkt der nächste Meilenstein in der internationalen jüdischen Geschichte vorzuziehen: der Wechsel von der seleukidisch-griechischen zur römischen Herrschaft über Palästina, der im Jahr 63 v.d.Z. mit der

---

[2] Ein dem Namen bei der Ersterwähnung in einem Kapitel oder Abschnitt vorgesetztes Sternchen bedeutet, dass es für die jeweilige Person einen eigenen Eintrag im *Who's Who* dieses Buches gibt.

Eroberung Jerusalems durch *Pompeius eingeleitet wurde und somit kaum zwei Generationen vor der Geburt Jesu stattfand. Der ideale Endpunkt läge demnach ungefähr zwei Generationen nach der Kreuzigung. Doch der bemerkenswerte Mangel an historisch bedeutenden Ereignissen im ausgehenden 1. Jahrhundert n. d. Z. lässt das Jahr 135 n. d. Z., in dem der Zweite Jüdische Krieg gegen die Römer sein Ende fand, als die bessere Option erscheinen. Denn genau zwischen Anfang und Ende dieser Periode entwickelte sich eine der entscheidendsten Ären in der geistigen und religiösen Geschichte des Abendlands.

Die besagten zweihundert Jahre können in fünf übersichtliche Abschnitte eingeteilt werden:

1. *Von Pompeius bis zum Ende der hasmonäischen Priesterherrschaft (63–37 v. d. Z.)*

2. *Von der Herrschaft Herodes des Großen (40/37–4 v. d. Z.) bis zur Geburt Jesu (ca. 6/5 v. d. Z.)*

3. *Von Herodes Archelaos (4 v. d. Z. – 6 n. d. Z.) über die römischen Präfekten (6–41 n. d. Z.) und Herodes Antipas (4 v. d. Z. – 39 n. d. Z.) bis zum öffentlichen Wirken und dem Tode Jesu (29–30 n. d. Z.)*

4. *Von Agrippa I. (41–44 n. d. Z.) über die römischen Prokuratoren (44–66 n. d. Z.) und den Ersten Jüdischen Krieg (66–70 [73/74] n. d. Z.) bis zu den Anfängen des Judenchristentums und dem Wirken des Paulus*

5. *Vom Fall Jerusalems bis zum Ende des Zweiten Jüdischen Krieges unter Kaiser Hadrian und der Abwanderung des Christentums aus seinem ursprünglichen jüdischen Umfeld (70–135 n. d. Z.)*

Dieses Buch unterscheidet sich ganz wesentlich in einem Punkt von einem üblichen »Who's Who in der Bibel«: Es ist strikt historisch und aus keiner konfessionell geprägten oder irgendwie religiös gearteten Perspektive geschrieben.

Aufstieg und Glorie der Hasmonäer (164 – 67 v. d. Z.)

Nachdem die Juden zweieinhalb Jahrhunderte unter babylonischer und persischer Vorherrschaft gestanden hatten und seit der Eroberung des Nahen und Mittleren Ostens durch Alexander den Großen unter griechischen Einfluss geraten waren, gewannen sie im Jahr 164 v. d. Z. schließlich ihre Unabhängigkeit und vollständige Autonomie zurück. Sie hatten der kulturellen und religiösen Hellenisierung, die ihnen vom griechischen König Antiochos iv. Epiphanes (175 – 164 v. d. Z.) aufgezwungen worden war, erfolgreich bewaffneten Widerstand geleistet. Das von Mattatias und seinen Söhnen begründete jüdische Priestergeschlecht der Hasmonäer, auch Makkabäer genannt, hatte die syrischen Seleukiden besiegt und den olympischen Zeuskult des Antiochos, der mitten im heiligen Tempel von Jerusalem eine Zeusstatue hatte aufstellen lassen, wieder durch den jüdischen Glaubensritus ersetzt. Doch der Aufstand, der durch die Hellenisten ausgelöst worden war und der mit dem Wohlwollen und der Unterstützung von Bündnispartnern aus der jüdischen Oberschicht zum Erfolg geführt wurde, zog schließlich eine fieberhafte Endzeiterwartung oder eschatologische Hoffnung auf die Apokalypse nach sich, die sich mit der Ankunft des Friedensbringers und Königs Messias erfüllen sollte, den die biblischen Propheten vorausgesagt hatten und die frommen Juden, die sich Gottes Willen in Freiheit unterwerfen wollten, sehnsüchtig erwarteten. Es waren der siegreiche Judas Makkabäus (164–161 v. d. Z.) und sein Bruder Jonathan (161–143/142 v. d. Z.), die den Feind bezwungen und den jüdischen Staat wieder hergestellt hatten. Jonathan, obwohl selbst kein Spross der Priesterdynastie, die das Hohepriesteramt seit den Zeiten von König David innegehabt hatte, ließ sich im Jahr 153/152 v. d. Z. das Amt des Hohepriesters übertragen und Simon, ein weiterer Makkabäer-Bruder, erklärte sich im Jahr 143/142 v.d.Z zum Erbpriester sowie »Feldherrn und Anführer der Juden«.

Simons Sohn Johannes Hyrkanos I. (135/134–104 v.d.Z.) sowie dessen Nachfolger Judas Aristobulos I. (104–103 v.d.Z.) und Jonathan (Alexander) Jannaios (103–76 v.d.Z.) dehnten die Grenzen des neuen jüdischen Staates aus, indem sie die benachbarten Völker – Idumäer im Süden und verschiedene fremdländische Stämme in und um Galiläa – zwangen, ihre Herrschaft anzuerkennen und den jüdischen Glauben anzunehmen; damit wurden die Männer dieser Stämme natürlich auch zur Beschneidung genötigt. Dass die hasmonäischen Priesterkönige für das Judentum eintraten, hinderte sie jedoch nicht daran, als harte, säkulare Tyrannen über das eigene Volk zu herrschen. Vor allem Alexander Jannaios war berüchtigt wegen der Grausamkeit, mit der er an seinen politischen Gegnern, den Pharisäern, Vergeltung übte. Einmal ließ er achthundert von ihnen kreuzigen, während er sich mit seinen Geliebten bei einem fröhlichen Gelage an diesem unheiligen Spektakel erfreute.

Nach Alexanders Tod erbte seine Witwe, die den Pharisäern ausgesprochen wohlgesonnene und fromme *Alexandra Salome (Schelemzion), den Thron. Die Hohepriesterschaft ging auf ihren ältesten Sohn Johannes Hyrkanos II. über (76–67 v.d.Z.). Sein energischerer und eifersüchtiger jüngerer Bruder Judas *Aristobulos II. war jedoch von Anfang an entschlossen, ihm dieses Amt streitig zu machen. Kaum starb Königin Alexandra, brach der Bruderkrieg um das Hohepriesteramt zwischen den beiden Rivalen aus, und mit diesem Kampf begann nun die Ära, die das Zeitalter Jesu einleitete.

1. Von Pompeius bis zum Ende der hasmonäischen Priesterherrschaft (63–37 v.d.Z.)

Der Versuch von Aristobulos II., seinem Bruder Hyrkanos II. das legitime Hohepriesteramt streitig zu machen, und die Gewalt, mit der Hyrkanos – abgesichert durch Antipater, den Vater von Herodes dem Großen und cleveren, starken Idumäer, sowie durch den Nabatäerkönig Aretas III. – darauf reagierte, waren die Vorboten von Pompeius' Einmarsch in Jerusalem im Jahr 63 v. d. Z. Das Trio Hyrkanos, Antipater und Aretas belagerte die Stadt und zwang Aristobulos zum Rückzug. Das unschuldige Opfer dieser Schlacht war der gefeierte *Honi, der im Namen Gottes Wunder vollbrachte: Hyrkanos' Parteigänger steinigten ihn zu Tode, weil er sich geweigert hatte, Aristobulos und seine Anhänger zu verfluchen. Hier werden wir mit einem unterschwellig religiös motivierten politischen Mord konfrontiert, und dieser Trend sollte sich mit den Hinrichtungen des Täufers Johannes, des Jesus, dessen Bruder Jakobus und noch von so vielen anderen wiederholen.

Das Patt zwischen den zwei Kräften verleitete sowohl Aristobulos als auch Hyrkanos dazu, Pompeius um Intervention in den Bruderkrieg zu bitten. Beide hofften natürlich, von ihm favorisiert zu werden. Stattdessen eroberte Pompeius mit dem Heer seines Feldherrn Marcus Aemilius *Scaurus Jerusalem und erklärte den hasmonäischen Staat kurzerhand zur römischen Provinz Judäa. Hyrkanos wurde im Amt des Hohepriesters bestätigt, durfte aber keinen Anspruch auf den Königstitel erheben. Der abgesetzte Aristobulos wurde als Gefangener nach Rom gebracht. Nachdem ihm etwas später die Flucht in die Heimat gelang, begann er den Widerstand gegen die Römer neu zu organisieren, wurde jedoch bald wieder verhaftet und erneut als Gefangener in die römische Metropole geschickt. Als schließlich der römische Bürgerkrieg zwischen Iulius *Caesar und Pompeius ausbrach, entschloss sich Caesar, Aristobulos freizulassen, weil er ihn als einen potenziellen Bündnispartner betrachtete. Doch bevor der jüdische Herrscher die Segel setzen konnte, um Caesar in Syria zu unterstützen, wurde er von Pompeius' Häschern vergiftet.

Nach der Schlacht von Pharsalos, die Pompeius im Jahr 48 v. d. Z. verlor, schlugen sich Hyrkanos und Antipater auf die Seite des Siegers Caesar, der den Juden in Palästina und der Diaspora generell wohlwollend gegenüberstand. Er belohnte sie, indem er Hyrkanos II. zum nominellen Staatsoberhaupt (Ethnarch) der Juden ernannte und die Verwaltung der Provinz Judäa in die Hände des Idumäers Antipater legte, der sich die Pflichten mit seinen Söhnen *Phasael und Herodes teilte.

Als Statthalter von Galiläa glaubte der junge Herodes jedoch, über dem Gesetz zu stehen. Er ließ den Rebellenführer *Ezechias und seine Männer ohne jedes Verfahren hinrichten und wurde deshalb vor den jüdischen Sanhedrin zitiert. Doch mit römischer Hilfe und der Duldung durch Hyrkanos, der dem Sanhedrin vorsaß, entging er seiner Verurteilung und wurde von Caesars Mitstreiter *Marcus Antonius, der inzwischen die Verantwortung für die Provinzen ums östliche Mittelmeer trug, in seinem Amt bestätigt. Im Jahr 40 v.d.Z. fiel der mächtige iranische Stamm der Parther in Judäa ein und unterstützte *Antigonos, den Sohn von Aristobulos II. und Rivalen von Hyrkanos II. Auf den Münzen, die Antigonos schlagen ließ, bezeichnete er sich als Hohepriester und König. Um seine geistliche Position sichern zu können, verstümmelte er seinen Onkel Hyrkanos – vermutlich indem er ihm ein Ohr oder beide Ohren abbiss –, damit dieser nie wieder für die Rolle des Hohepriesters infrage kam. Dennoch war Antigonos' kurzlebige Herrschaft bereits im Jahr 37 v.d.Z. beendet. Auf Geheiß von Antonius, der bereits im Jahr 40 v.d.Z. Herodes zum König von Judäa bestimmt hatte, nahmen die Römer Antigonos gefangen und enthaupteten ihn. Herodes eroberte Jerusalem mit der tätigen Beihilfe von *Sosius, dem römischen Statthalter von Syria und dessen Legionen. Im Jahr 37 v.d.Z. wurde der idumäische Emporkömmling schließlich zum Gebieter über das jüdische Volk und beendete damit die ein Jahrhundert während Herrschaft der makkabäisch-hasmonäischen Dynastie.

2. Von der Herrschaft Herodes des Großen (40/37–4 v. d. Z.) bis zur
Geburt Jesu (ca. 6/5 v. d. Z.)

Herodes' Herrschaftszeit umfasste die Jahrzehnte der jüdischen Geschichte, die unmittelbar das »Zeitalter Jesu« einleiteten. Jesus von
Nazareth wurde kurz vor Herodes' Tod geboren. Die wohlwollende
römische Überwachung der judäischen Regierung wirkte sich ebenso
entscheidend auf die jüdische Gesellschaft aus, in der auch Jesus lebte,
wie die eiserne Faust des neuen Königs. Herodes war eine Kreuzung
aus Genie und Ungeheuer, ein meisterlicher Gratwanderer, über dessen Schritte Fortuna gewacht zu haben scheint. Sein Aufstieg zur
Macht war allerdings steinig. Als Schützling des Römers Marcus
Antonius hatten ihn die Juden höchst misstrauisch beäugt und er
hatte das Volk erst für sich gewinnen können, als sich die Pharisäer für ihn einsetzten. Deren beiden Führer *Sameas und *Pollion
hatten sich aus Dankbarkeit für Herodes ausgesprochen, weil er ihr
Leben verschont hatte, als er Rache an den Richtern des Sanhedrin
übte, die ihm einst in Galiläa den Prozess gemacht hatten. Auch das
Misstrauen der pro-hasmonäisch eingestellten sadduzäischen Oberschicht, die Herodes wegen seiner Ehe mit der jüdischen Prinzessin
*Mariamne, der Enkelin des Ethnarchen und Hohepriesters Hyrka-
nos II., bestenfalls als einen »halben Juden« betrachteten, konnte der
schlaue König schließlich abbauen. Und nicht nur mit den Pharisäern und Sadduzäern, auch mit der alteingesessenen Gemeinschaft der
Essener, die laut Josephus erstmals Mitte des 2. Jahrhunderts v. d. Z.
erwähnt worden war, stand Herodes auf gutem Fuß: Sie verdankte
ihre Vorzugsbehandlung der Prophezeiung von *Menachem dem Essener, dass Herodes einmal König von Judäa sein würde. Mit dem
Tode von Antigonos und Hyrkanos II. endete das erbliche Hohepri-
estertum der Hasmonäer. Von nun an maßte sich der weltliche Herrscher Herodes das Recht an, jüdische Hohepriester nach Belieben zu
ernennen und abzusetzen. In neutestamentarischer Zeit gewährten

die römischen Kaiser dieses Recht auch seinen Enkeln Agrippa i.
und Agrippa ii.; in der Zwischenzeit, also in den Jahren 6 – 41 n. d. Z.,
wurde es von den römischen Präfekten in Judäa ausgeübt.

Um seine Position zu sichern, musste Herodes auch freundschaft-
liche Beziehungen zu Rom unterhalten und sich gegen die ständigen
Feindseligkeiten von Mitgliedern des Hasmonäerhauses zur Wehr
setzen. Angesichts des großen Einflusses, den die ägyptische Königin *Kleopatra auf Herodes' Schutzpatron Marcus Antonius ausübte, war es allerdings nicht leicht für ihn, gute Beziehungen zu dem
Römer zu wahren. Denn diese *Femme fatale*, die zuerst Antonius'
Geliebte und später seine Angetraute war, hatte selbst ein Auge auf
das judäische Königreich geworfen. Am Ende gelang es Herodes
jedoch, seine Gebietsverluste in Grenzen zu halten – lediglich ein
paar Küstenstädte und die Region von Jericho wurden von Ägypten
annektiert. Kurzfristig hatte Herodes sogar eine Affäre mit Kleopatra in Betracht gezogen, weil er hoffte, dass ihm damit eine gute
Möglichkeit gegeben wäre, sich ihrer zu entledigen. Aber dann war
er doch klug genug, diese Idee ad acta zu legen. Die sich ständig
verschlechternden Beziehungen zwischen Antonius und Octavian,
dem künftigen *Augustus, brachten Herodes in ein neues Dilemma,
doch mit seinem üblichen Glück konnte er schließlich das Vertrauen
von Augustus gewinnen und am Ende sogar eine enge Freundschaft
zu ihm aufbauen.

Herodes' Fehde mit dem hasmonäischen Königshaus war schon
schwerer beizukommen, da sie von den Intrigen der Frauen an seinem Hof unentwegt neu geschürt wurde. Die Strippenzieher waren
auf der einen Seite Kypros, die idumäische Mutter des Königs, sowie seine Schwester *Salome; auf der anderen Seite standen seine
hasmonäische Frau *Mariamne, die er leidenschaftlich liebte, und
deren Mutter *Alexandra. Für die Hasmonäer ging die Geschichte
blutig aus. Auf der langen Liste der Familienmitglieder, die Herodes
hinrichten ließ, standen am Ende sogar seine geliebte Frau Mari-

amne und ihre beiden Söhne Alexander und Aristobulos. Mariamnes
Bruder, der junge Hohepriester *Aristobulos III., wurde bei einem
festlichen Wasserspiel ertränkt und der Mord dann als Unfall getarnt.
Auch die Mutter und den alten Großvater von Mariamne, den harmlosen einstigen Hohepriester Hyrkanos II., ließ Herodes umbringen.
Derweil nutzte seine Schwester Salome die Gunst der Stunde, um
sich selbst zweier Ehemänner zu entledigen. Einer davon war Herodes' eigener Onkel. Trotzdem sollten es im Jahr 4 v. d. Z. Salome und
ihr dritter Ehemann sein, die – kurz nach der Hinrichtung von Antipater, seinem ältesten Sohn mit der ersten seiner zehn Frauen – die
letzten wahnsinnigen Mordpläne des sterbenden Königs vereitelten
und eine große Gruppe prominenter Juden freiließen, deren Tod
Herodes angeordnet hatte, weil er sicherstellen wollte, dass am Tage
des königlichen Begräbnisses allerorten Trauer im Volk herrschen
würde.

Herodes der Mörder war ein angemessenes Vorbild für den Mann,
der der neutestamentarischen Legende von der Tötung der Unschuldigen als Vorbild diente. Nichtsdestotrotz war er auch Herodes der
Große: Angesichts der wechselhaften Geschicke der römischen Welt
betrieb er eine außerordentlich erfolgreiche Außenpolitik; gegenüber
seinen jüdischen Untertanen zeigte er sich häufig besorgt und generös; und nach der schweren Hungersnot im Jahr 25 v. d. Z. sorgte er
sogar für drastische Steuererleichterungen, um der Wirtschaft wieder
auf die Beine zu helfen. Er war ein großer Förderer der griechischen
Kultur und schuf überragende Bauten im eigenen Land und in der
Fremde. Zu den für die neutestamentarische Zeit relevanten Errungenschaften zählen der Bau des Hafens und der Stadt Caesarea, die
nach Caesar Augustus benannt wurde und im 1. Jahrhundert n. d. Z.
Sitz der römischen Statthalter von Judäa war. Paulus verbrachte dort
zwei Jahre im Gefängnis. Herodes war es auch, der die Stadt Samaria
wieder aufbaute und zu Ehren des Kaisers Sebaste (das griechische
Äquivalent von Augusta) nannte. Er baute einen Tempel für pagane

Götter in Caesarea Philippi, der Stadt, in der der Apostel Petrus einmal bekennen sollte, dass Jesus »der Christus und Sohn des lebendigen Gottes« sei. Doch sein gewiss bedeutendstes architektonisches Denkmal errichtete Herodes mit dem Wiederaufbau des Heiligtums in Jerusalem, genannt Herodianischer Tempel, von dem heute nur noch einige Überreste wie die West- oder Klagemauer stehen.

Das Leben Jesu begann am Ende der Herrschaft von Herodes dem Großen. Das ist einer der wenigen Punkte, in denen sich die Kindheitsevangelien von *Matthäus und *Lukas einig sind. Die wesentlichen Ereignisse in Jesus' letzten Lebensjahren (29/30 n.d.Z.) fallen in die nächste Periode der jüdischen Geschichte.

3. Von Herodes Archelaos (4 v. d. Z. – 6 n. d. Z.) über die römischen Präfekten (6 – 41 n. d. Z.) und Herodes Antipas (4 v. d. Z. – 39 n. d. Z.) bis zum öffentlichen Wirken und dem Tode Jesu (29 – 30 n. d. Z.)

Jesus brachte dieser Welt keinen Frieden. Seine ersten Lebensjahre fielen mit den Streitigkeiten um Herodes' Erbe und Tumulten zusammen, die im Zuge von diversen Aufständen ausgebrochen waren. Die Frage der Nachfolge, in die Herodes durch seine widersprüchlichen Verfügungen einige Verwirrung gebracht hatte, wurde schließlich von Augustus entschieden: Herodes' Reich wurde zu drei Teilen unter seinen überlebenden Söhnen aufgeteilt. *Archelaos wurde die Verantwortung für Judäa, Idumäa und Samaria übertragen (4 v.d.Z.– 6 n.d.Z.), Antipas erhielt Galiläa (4 v.d.Z.–39 n.d.Z.) und *Philippos die im Norden und Osten an Galiläa angrenzenden Gebiete (4 v.–33/34 n.d.Z.). Keiner von ihnen erbte den königlichen Titel. Archelaos wurde zum Ethnarchen ernannt, die beiden anderen Söhne in den niedrigeren Rang von Tetrarchen erhoben. Nach dem Tod des starken Mannes, während die Nachfolgeregelungen noch in vollem Gange waren, fühlten sich Rebellen zur offenen Aktion ermutigt. Sowohl der Peräer *Simon als auch *Athronges, »der riesige Hirte«, und vor allem Judas, der Sohn des Ezechias, erhoben sich nun. Doch die von ihnen geführten Aufstände wurden schon bald von Archelaos' Heer mithilfe der Legionen des *Varus niedergeschlagen, der zu dieser Zeit römischer Statthalter von Syria war. Nachdem er den jüdischen Rebellen Einhalt geboten hatte, ließ er zweitausend von ihnen vor den Toren Jerusalems kreuzigen. Es war der Vorbote der harten Zeiten, die im 1. Jahrhundert n. d. Z. anbrechen sollten.

Zweifellos war der Judas, den man als Sohn des Ezechias aus Gamala bezeichnete, identisch mit dem Mann, der unter dem Namen *Judas der Galiläer bekannt war und im Jahre 6 n. d. Z., als *Quirinius, der römische Statthalter von Syria, eine Steuerschätzung in Judäa durchführen ließ, erneut die Fahne der Aufständischen schwenkte. Das Jahr dieses Zensus wurde vom jüdischen Historiker *Josephus eindeutig mit 6 n. d. Z. angegeben. Das Lukasevangelium verlegt die Steuerschätzung unter Quirinius fälschlicherweise in die Herrschaftszeit von Herodes und führt sie als Grund für die legendäre Reise an, die Jesus' Eltern *Joseph und *Maria von Nazareth nach Bethlehem angetreten haben sollen. Der von Judas dem Galiläer geführte Aufstand versandete, doch die Revolutionsbewegung, die er gemeinsam mit dem Pharisäer Zadok ins Leben gerufen hatte, blieb über die gesamten kommenden sechzig Jahre aktiv. Sie war für die meisten politischen Unruhen verantwortlich, die im Anschluss unter den Juden ausbrachen und schließlich in dem katastrophalen Krieg gipfelten, der zwischen 66 und 70 n. d. Z. das Land verwüstete und Jerusalem mitsamt allen staatlichen Institutionen des Judentums zerstörte. Der eschatologische Diskurs, den die synoptischen Evangelien (Mk 13, Mt 24, Lk 21) Jesus zuschreiben, ist der Widerhall dieser furchtbaren Ereignisse.

Im Jahr 6 n. d. Z. erlebte die politische Landschaft Palästinas eine deutliche Veränderung. Galiläa, wo Jesus aufwuchs, konnte seine politische Unabhängigkeit noch wahren. Solange sein Herrscher Herodes Antipas den Frieden nicht gefährdete und dem Kaiser Tribut zollte, ließ man ihn unbehelligt seinen Amtsgeschäften nachgehen. In Judäa wurde die Regierungsgewalt nach der Absetzung und Verbannung des Archelaos hingegen an einen von Augustus eingesetzten römischen Präfekten übertragen.

Im Allgemeinen zog Rom es vor, die Verwaltungsmacht (die Wahrung des Friedens und das Eintreiben von Steuern) an die herrschende jüdische Klasse, die Oberpriester und den Sanhedrin, zu delegieren. Auch von direkten Einmischungen in das religiöse Leben der Juden hielt sich Rom zurück. Indirekt erstreckte sich die Macht der römischen Statthalter allerdings auch auf die Ernennung und Absetzung der jüdischen Hohepriester. Die meisten von ihnen blieben nur kurze Zeit – ein Jahr oder einige wenige Jahre – im Amt. Es gab jedoch zwei Ausnahmen, zwei Männer, die jeweils eine wichtige Rolle beim Prozess Jesu spielen sollten, nämlich den einstigen Hohepriester *Hannas (6–15 n. d. Z.) und dessen Schwiegersohn Joseph *Kaiaphas, der das Hohepriesteramt von 18 bis 36/37 n. d. Z. innehatte: Hannas verhörte Jesus, Kaiaphas lieferte ihn an Pilatus aus. Da jedoch der amtierende römische Präfekt von Judäa die Gewänder des Hohepriesters aufbewahrte, konnte er natürlich auch dessen Amtshandlungen kontrollieren, denn jede hohepriesterliche Aufgabe erforderte das Tragen eines anderen feierlichen Gewands. Die pharisäischen Lehrer, die vor allem in Jerusalem und in den judäischen Städten wirkten, genossen hingegen völlige Freiheit. Drei berühmte Schulhäupter – *Hillel, dessen Ideen sich zum Teil auch in den Lehren Jesu wiederfinden, Hillels Gegenspieler *Schammai und *Gamaliel der Alte, der auch in der Apostelgeschichte anerkennend erwähnt wird – wirkten in den ersten Jahrzehnten des 1. Jahrhunderts n. d. Z. und somit zu Jesu Lebzeiten. Dass die asketischen Essener, die sowohl von *Philo von Alexandria als auch von Josephus beschrieben werden und denen wir die Schriftrollen vom Toten Meer verdanken, ihren Glauben zurückgezogen in Qumran und anderenorts pflegten, steht völlig außer Frage. Sie beeinflussten das jüdische Leben zwar mehr durch ihren

Ruf und ihre moralische Autorität als durch irgendwelche direkten
Einwirkungen, da es ihnen durch ihre Regeln verboten war, Personen
einzuweihen, die nicht ihrer Sekte angehörten. Dennoch könnte ihre
Gemeinschaft das Vorbild für den Aufbau der christlichen Urkirche
in Jerusalem gewesen sein. Die Essener lebten laut den Berichten von
Josephus, Philo, Plinius dem Älteren und ihren eigenen Qumraner
Gemeinschaftsregeln aus einem Gemeinschaftstopf; die Urchristen
taten es auch, nur dass dieser Topf in ihrem Fall von den Aposteln
verwaltet wurde. Einige charismatische Regenmacher, Exorzisten
und Heiler wie zum Beispiel die Enkel des Honi oder wie *Abba
Hilkia, *Hanan oder der galiläische Gottesmann *Hanina ben Dosa
stammten aus derselben Gegend und wirkten ebenfalls in der Zeit,
die dem Ersten Jüdischen Krieg unmittelbar voranging.

Das öffentliche Wirken Jesu lässt sich exakt in die Amtszeit von
Kaiser Tiberius (14–37 n.d.Z.) einordnen. Es fand statt, als Pontius
Pilatus Statthalter von Judäa (26–36 n.d.Z.) und Kaiaphas Hohepriester (18–36/37 n.d.Z.) waren. Dem Lukasevangelium zufolge
betrat Johannes der Täufer die öffentliche Bühne im fünfzehnten
Jahr der Regentschaft des Tiberius (29 n.d.Z.), kurz darauf folgte
Jesus, der höchstwahrscheinlich im Jahr 30 n.d.Z. unter Pontius
Pilatus gekreuzigt wurde. Von den beiden großen jüdischen Autoren des 1. Jahrhunderts n.d.Z. war nur Philo von Alexandria (20 v.
d.Z.–40 n.d.Z.) ein Zeitgenosse Jesu, wohingegen Flavius Josephus
(37–ca. 100 n.d.Z.) bereits der nächsten Generation angehörte, die
die Anfänge der judenchristlichen Gemeinde miterlebte. Da alle
wichtigen Personen aus dem Neuen Testament einen eigenen Eintrag
im *Who's Who* dieses Buches haben, scheint es mir überflüssig, hier
eigens auf sie einzugehen. Die Informationen, die sich in Josephus'
Werk *Jüdische Altertümer* über Johannes den Täufer und Jesus von
Nazareth finden – und die manchmal mit den Geschichten aus den
Evangelien übereinstimmen, manchmal aber auch nicht –, sind nach
dem heutigen Stand der Wissenschaft authentisch und werden in

den relevanten Beiträgen dieses Buches deshalb auch entsprechend behandelt.

Am Ende dieser Periode (41 n. d. Z.) waren Augustus und Tiberius Geschichte, während der verrückte Gaius *Caligula nach wie vor sein kaiserliches Unwesen unter den Juden trieb und zum Beispiel die Aufstellung einer Kaiserstatue im Jerusalemer Tempel und somit seine eigene Anbetung befahl. Herodes Antipas und Pontius Pilatus wurden zeitgleich von den Römern ihrer Ämter enthoben und in den Süden Galliens verbannt, Kaiaphas wurde als Hohepriester abgesetzt. Die Führung der christlichen Bewegung in Judäa lag in den Händen von *Petrus und *Jakobus, dem Bruder Jesu; außerhalb von Palästina wurde sie jedoch bald schon von der alles überragenden Figur des Saul aus Tarsus alias Paulus dominiert. Noch war die Jesusbewegung fest in der jüdischen Gesellschaft Palästinas verankert, doch es sollte nicht mehr lange dauern, bis sie sich unilateral unabhängig erklärte und der Evangelisierung der nichtjüdischen Welt im Römischen Reich verschrieb.

4. Von Agrippa I. (41–44 n. d. Z.) über die römischen Prokuratoren (44–66 n. d. Z.) und den Ersten Jüdischen Krieg (66–73/74 n. d. Z.) bis zu den Anfängen des Judenchristentums und dem Wirken des Paulus

Die Periode von Agrippa I., einem Enkel von Herodes dem Großen, der im Jahr 41 n. d. Z. von Caligula zum König der Juden ernannt wurde, bis zum Fall von Jerusalem und Masada am Ende des Ersten Jüdischen Kriegs gegen die Römer (66–73/74 n. d. Z.) zeugt von einer sich stetig verschlechternden politischen Lage. Den römischen Prokuratoren, denen der jüdische Staat seit dem Tod des Agrippa I. im Jahr 44 n. d. Z. bis zum Kriegsausbruch im Jahr 66 n. d. Z. unterstand, gelang es nur selten, die volle Kontrolle auszuüben. Auch die sachverständige Hilfe, die Agrippa II., der Sohn von Agrippa I. – ein am römischen Kaiserhof erzogener Lebemann, dem Kaiser Claudius

das Königtum von Batanäa, Trachonitis und Gaulanitis zuerkannte –
den Römern anbot, reichte nicht aus, um die Probleme im Land zu
meistern. Die gewaltbereite Fraktion der aufständischen jüdischen
Sikarier (Dolchträger) machte allen das Leben schwer. Sie zeigten
sich nicht einmal beeindruckt, als Tiberius Iulius *Alexander, der römische Prokurator von Judäa, ein Exempel statuierte und die beiden
Söhne von Judas dem Galiläer gefangen nehmen und kreuzigen ließ.
Die Inkompetenz und Korruption der letzten Prokuratoren schürten
die gereizte Stimmung zusätzlich.

Auch das aufkeimende Christentum erlebte seine Hochs und
Tiefs in diesen Jahren. Gleich zwei führende Persönlichkeiten des
Urchristentums in Palästina kamen gewaltsam zu Tode. Aus Gründen, die uns der Autor der Apostelgeschichte nicht enthüllt, soll der
ansonsten geradezu berüchtigt milde Agrippa I. *Jakobus, Sohn des
Zebedäus, zum Tode durch Enthauptung verurteilt haben, was zweifellos die Art von Todesstrafe war, die eine weltliche Behörde für
ein weltliches Verbrechen verhängte. Der Hohepriester *Hannas ben
Hannas soll dem frommen *Jakobus, Bruder Jesu, hingegen wegen
einer »Gesetzesübertretung« die – laut Josephus ungerechtfertigte –
Strafe der Steinigung bis zum Tode auferlegt haben. Das Martyrium
der Apostel Petrus und Paulus verlegt die Kirchentradition in die
letzten Jahre von Kaiser *Nero, dessen Regentschaft im Jahr 68 n.d.Z.
endete. Sicher ist, dass den Juden in Palästina auch weiterhin das
Evangelium gepredigt wurde. Doch die Erfolge hielten sich in Grenzen, weswegen das Apostelkonzil von Jerusalem im Jahr 49 n.d.Z.
Paulus und *Barnabas grünes Licht für die Fortführung ihrer bemerkenswert effizienten Mission unter den Nichtjuden in der Fremde
gab. Zuvor hatte das Konzil die bis dahin geltende Voraussetzung
abgeschafft, dass Nichtjuden vor der Taufe erst einmal zum Judentum übertreten und nichtjüdische Männer sich der obligatorischen
Beschneidung unterziehen mussten. Paulus und seine Helfer verkün-
deten zwischen 49 und 58 n.d.Z. den Bewohnern Kleinasiens und

auf dem griechischen Festland das Evangelium; auch die Paulusbriefe wurden allesamt in den Fünfziger-, vielleicht auch noch Anfang der Sechzigerjahre des 1. Jahrhunderts verfasst. Die Ereignisse, die uns aus Paulus' Leben überliefert wurden, lassen sich mit Begebenheiten aus der römischen Geschichte in Einklang bringen: Sein Erscheinen vor dem Tribunal des *Gallio, Bruder des Philosophen Seneca, fand irgendwann zwischen den Jahren 51 und 53 n. d. Z. statt, zu der Zeit, als Gallio Prokonsul von Achaia war. Verhaftet hatte man Paulus in Jerusalem in den letzten Amtsjahren des Prokurators *Felix (52–60 n. d. Z.). Da Paulus zwei Jahre später, als Felix im Jahr 60 n. d. Z. von *Festus abgelöst wurde, noch immer in Caesarea gefangen gehalten wurde, muss er seine Haft also im Jahr 58 angetreten haben. Zur Fortsetzung seines Prozesses vor Nero wurde er nach Rom gebracht, wo er eintraf, nachdem er gegen Ende des Jahres 60 n. d. Z. vor Malta ein Schiffsunglück überlebt hatte.

Die Sturmwolken brauten sich zusammen, der katastrophale Krieg gegen das Römische Reich wurde trotz aller anfänglichen Bemühungen der jüdischen Oberschicht unvermeidlich. Wir kennen alle Details darüber aus dem Bericht des Josephus, der anfänglich selbst, wenn auch etwas halbherzig, ein Militärführer der aufständischen Juden war. Bald schon ging das Kommando jedoch auf gewaltbereitere Männer wie *Johannes von Gischala, *Simeon bar Giora und den Befehlshaber von Masada, *Eleazar ben Jair, über. Eleazar war ein Enkel von Judas dem Galiläer, dem Patriarchen aller Rebellen, und der gewiss entschlossenste unter den Aufständischen. Doch keiner von ihnen war den Legionen der beiden künftigen römischen Kaiser *Vespasian und *Titus gewachsen. Der Kampf war blutig. Tagtäglich wurden Tausende von gefangenen Juden gekreuzigt. Jerusalem wurde zerstört und der Tempel bis auf die Grundmauern niedergebrannt. Nicht einmal die angeblich uneinnehmbare Festung Masada konnte die Mannen und Kriegsmaschinerien des römischen Statthalters *Silva im Jahr 73/74 n. d. Z. noch aufhalten. Die voraussichtigen Verteidiger beschlossen allerdings, lieber von eigener Hand zu sterben, als sich von den Römern foltern und kreuzigen zu lassen.

Nach jüdischer Überlieferung siedelten sich *Jochanan ben Zakkai und *Gamaliel II. mit Vespasians Genehmigung in der Küstenstadt Javne (Jamnia) an, um dort mit einer Gruppe von engagierten Rabbanan den jüdischen Glauben neu zu definieren, der nun ohne Tempel, ohne Hohepriester und ohne Sanhedrin auskommen musste.

Wie es um die judenchristliche Kirche bestellt war, wird in dem eschatologischen Diskurs umrissen, den die synoptischen Evangelien Jesus zuschreiben. Die theologische Tradition des Christentums, die Jahrhunderte später vom Kirchenhistoriker Eusebius aufgezeichnet wurde, legte die Zerstörung der Stadt Jerusalem als eine göttliche Strafe aus, die den Juden auferlegt worden sei, weil sie »zu dem Verbrechen an dem Erlöser auch noch die höchst zahlreichen Vergehen an seinen Aposteln begangen hatten« (*Hist. Eccl.* III, 5,2). Eusebius zufolge waren die Mitglieder der Kirche von Jerusalem von einem prophetischen Orakel vor dem Ausbruch des Krieges gewarnt worden und deshalb aus der Hauptstadt nach Pella in Transjordanien gewandert. Uns fehlt jede unabhängige Bestätigung dieser Aussage, es wird uns auch nichts über das weitere Schicksal dieser Migranten nach Pella berichtet. Allerdings verweist auch eine andere christliche Legende auf eine Christenverfolgung durch *Simeon bar Kosiba (Bar Kochba), den Anführer im Zweiten Jüdischen Krieg: Sie deutet an, dass die christlichen Abwanderer den Jordan nach dem Kriegsende erneut überschritten und sich wieder in Palästina angesiedelt hätten.

5. Vom Fall Jerusalems bis zum Ende des Zweiten Jüdischen Krieges unter Kaiser Hadrian und der Abwanderung des Christentums aus seinem ursprünglichen jüdischen Umfeld (70–135 n. d. Z.)

Die Nachwehen des ersten niedergeschlagenen Aufstands gegen Rom brachten harte Lebensumstände für Juden und Christen mit sich. Der siegreiche Kaiser Vespasian behandelte das gesamte eroberte Gebiet wie sein Privateigentum. Ganz abgesehen vom Verlust ihrer staatlichen und religiösen Institutionen mussten alle Juden in Palästina und der Diaspora die Demütigung ertragen, dass die jährliche Kopfsteuer, die sie bis dahin bereitwillig zum Erhalt des Tempels in Jerusalem gezahlt hatten, konfisziert und in eine Judensteuer *(fiscus Iudaicus)* umgewandelt wurde, die dem Erhalt des Jupiter-Capitulinus-Tempels in Rom diente. Unter Domitian (81–96 n. d. Z.) wurde diese Steuer mit besonderer Härte eingetrieben. (An einer Münze, die sein Nachfolger Nerva [96–98 n. d. Z.] prägen ließ, lässt sich jedoch erkennen, dass man unter ihm weniger streng verfuhr.) Eine Konversion zum jüdischen Glauben wurde als Hinwendung zum Atheismus betrachtet und war strengstens verboten. Als sich im Jahr 115 n. d. Z. die Juden von Cyrene und Ägypten erhoben, schürte *Trajan den virulenten Antijudaismus der Römer noch. Der große Konflikt des Zweiten Jüdischen Krieges (132–135 n. d. Z.) zeichnete sich bereits am Horizont ab.

Die Gründe für den Aufstand der Juden, der unter Kaiser Hadrian von Simeon bar Kosiba (Bar Kochba) ausgerufen und angeführt wurde, waren lange Zeit heftig umstritten. Doch dank eines ganzen Archivs von Rechtsurkunden und Briefen, die in den Fünfzigerjahren und Anfang der Sechzigerjahre des 20. Jahrhunderts in den Höhlen des Wadi Murabba'at und Wadi Seiyal in der Judäischen Wüste entdeckt wurden, wissen wir inzwischen mehr über die Umstände dieses Krieges und die Zeit, in der das Land von den Aufständischen selbst verwaltet wurde. Der römische Statthalter von Judäa, *Tineius Rufus, war nicht in der Lage, sich gegenüber den aufständischen Truppen des Simeon, der sich selbstherrlich zum Herrscher gekürt und »Simeon, Fürst *(Nasi)* von Israel« nannte, zu behaupten. Es dauerte drei aufreibende Jahre und bedurfte heftiger Kämpfe, bei denen auf beiden Seiten eine Menge Blut vergossen wurde, bis Roms größter Feldherr Iulius Severus eigens aus dem weit entfernten Britannien

zu Hilfe geholt wurde. Ihm gelang es im Jahr 135 n. d. Z. schließlich,
den Aufstand niederzuschlagen. Die Jahre danach waren von Verfol-
gungen geprägt, denen auch so berühmte Rabbanan wie Akiba zum
Opfer fielen. Die Ausübung des jüdischen Glaubens war unter An-
drohung der Todesstrafe verboten. Juden wurden scharenweise aus
Judäa vertrieben. Ihre alte Hauptstadt wurde vom Kaiser verschwen-
derisch zu einer paganen Metropole ausgebaut und sogar ihres alten Namens beraubt: Nun nannte man sie zu Ehren des siegreichen
Publius Aelius Hadrianus Aelia. Außerhalb von Judäa, insbesondere
in Galiläa, gab es jedoch weiterhin jüdisches Leben. Und dank des
Eifers und der Beharrlichkeit der führenden talmudischen Gelehrten
gewann der jüdische Glaube schließlich neuen Auftrieb, und zwar in
der Form, in der er in der Mischna und dem *Talmud Yerushalmi* – Jerusalemer Talmud (auch Palästinensischer Talmud genannt, obwohl
er genau genommen ein galiläischer ist) – neu erläutert und schriftlich niedergelegt wurde.

Auch Judenchristen aus der Jesusbewegung in Palästina, die von
den Römern nur als eine kleine judäische Sekte betrachtet wurde, gab
es nach der Zerstörung Jerusalems noch. Diese von den späteren Kirchenvätern als Ebioniten oder Nazaräer bezeichneten Anhänger Jesu
wurden jedoch als Häretiker behandelt, weil sie sich den zwischen-
zeitlich entwickelten christlichen Lehren von der Göttlichkeit Jesu
und der Jungfräulichkeit Mariens verweigerten und im Alltag streng
an die traditionellen jüdischen Gesetze hielten. Was sie betrifft, haben nur wenige Nachweise überlebt, abgesehen von gelegentlichen
Anekdoten in der talmudischen Literatur. Solche Geschichten wie
die vom Judenchristen *Jakob aus Kefar Sechania, der einen Rabban
im Namen Jesu geheilt haben soll, oder wie die von dem legendären
Geständnis des berühmten Rabban Eliezer ben Hyrkanos, dass er
an einer Lehre des Jesus von Nazareth Gefallen gefunden habe, legen nahe, dass diese Judenchristen und Juden nach wie vor ziemlich
schlecht miteinander auskamen.

Wenn man der christlichen Überlieferung, die im 4. Jahrhundert n. d. Z. von Eusebius weitergegeben wurde, Glauben schenken kann, dann blieb auch die Familie des Jesus nicht von den Fahndungen der Römer nach jüdischen Rebellen verschont, die die Zeit zwischen Vespasian und Trajan überlebt hatten. Auch seine Familienmitglieder wurden verdächtigt, die Erwartungen auf eine Wiederkehr des Messias zu schüren. Doch zweifellos kühlten sich die christlichen Hoffnungen auf eine unmittelbar bevorstehende Parusie schon bald ab, wodurch natürlich auch die Gefahr von römischen Vergeltungsmaßnahmen abnahm. Allerdings geschah das erst, nachdem die Enkel des *Judas und somit Großneffen des Jesus unter Domitian auf eine schwarze Liste gesetzt worden waren und nachdem *Symeon, Sohn des Klopas und somit ein Vetter des Jesus sowie der Nachfolger von Jesu Bruder Jakobus im Amt des Bischofs von Jerusalem, im ersten Jahrzehnt des 2. Jahrhunderts n. d. Z. unter Trajan den Märtyrertod gestorben war.

Auch die Aussichten für die nichtjüdischen Christen, die den von Paulus in der römischen Welt gegründeten Kirchen angehörten, waren düster. Bereits unter Nero wurden sie als Anhänger eines schändlichen Aberglaubens betrachtet. Viele von ihnen wurden in Rom gekreuzigt. Unter Trajan wurde die Zugehörigkeit zur Kirche zwar noch nicht per se als ausreichender Grund für Strafmaßnahmen betrachtet, war aber dennoch zunächst einmal vom Ruch des Verbrecherischen umgeben. Während sich die Situation der Juden im Römischen Reich in den beiden Jahrhunderten nach der Niederlage von Bar Kochba still und leise zu verbessern begann, sahen sich die Christen einer Verfolgung nach der anderen und der ständigen Verschlechterung ihrer Lage ausgesetzt. Erst der Sieg von Kaiser Konstantin an der Milvischen Brücke kehrte diesen Prozess im Jahr 312 n. d. Z. vollständig um und verhalf dem Christentum zur Oberhand.

Diese in knappster Form zusammengefasste Darstellung der jüdischen und judenchristlichen Geschichte, von der Annektierung

Judäas und der Verwandlung des Landes in eine römische Provinz im Jahr 63 v. d. Z. bis zum Ende des Zweiten Jüdischen Kriegs gegen Rom im Jahr 135 n. d. Z., soll neben dem nun folgenden *Who's Who* zu einem dynamischen Verständnis des historischen Jesus von Nazareth und seiner Zeit beitragen. Jesus steht im Mittelpunkt von zweihundert ereignisreichen Jahren: Er starb ungefähr hundert Jahre nach Pompeius' Einfall in Jerusalem und hundert Jahre vor der Niederlage Bar Kochbas in der Schlacht bei Bethar.

Ich hoffe aufrichtig, dass die historische Perspektive, die sich durch die folgenden Vignetten eröffnet, den Leser in die Lage versetzen wird, die führenden Personen aus dem Neuen Testament historisch realistisch einzuordnen und ihre Verflechtungen mit den jüdischen und römischen Protagonisten aus der Gesellschaft ihres Zeitalters besser zu verstehen.

WHO'S WHO

A

ABBA HILKIA

Abba Hilkia war ein charismatischer Regenmacher, der Enkel von
*Honi dem Kreiszeichner und vermutlich ein älterer Zeitgenosse von
*Jesus. Die talmudischen Schriften enthalten keine Details über sein
Leben. Wenn er aber tatsächlich mit dem ungenannten Chassid aus
Kefar Imi identisch war, der im Jerusalemer Talmud (auch Palästinensischer Talmud genannt) erwähnt wird, dann würde zumindest
die Lage dieses Dorfes bedeuten, dass er Galiläer war. Nur eine einzige Anekdote über ihn hat überlebt, doch allein die ist ungemein
interessant und aussagekräftig.

Abba Hilkia war ein schlichter und offenbar ungeselliger Mann
vom Lande. Während einer Dürrezeit schickten die Rabbanan zwei
Abgesandte zu ihm, die ihn anflehen sollten, dass er um Regen beten
möge. Sie fanden ihn beim Pflügen auf dem Feld. Er aber beachtete
die Boten nicht, beendete seine Arbeit, ging barfuß nach Hause und
setzte sich zu Tisch, ohne den Männern etwas anzubieten. Das Essen
im Haus reichte nicht für Gäste. Nach dem Mahl bat er seine Frau,
noch immer ohne Notiz von den beiden Schülern zu nehmen, mit
ihm auf das Dach des Hauses zu steigen und um Regen zu beten.
Er kannte den Grund ihres Kommens, ohne dass er ihm mitgeteilt
worden war. Abba Hilkia sprach von der einen Ecke des Daches zu
Gott, seine Frau von der anderen. Dass die Wolken dann »zuerst von
der Seite der Frau« kamen, legt nahe, dass ihr Gebet größere Wir-
kungskraft hatte. Nachdem das Wunder vollbracht war, fragte Abba
Hilkia die beiden Boten endlich nach dem Grund ihres Kommens,
und als sie ihn nannten, erwiderte er bescheiden, dass sein Gebet
nun ja offensichtlich nicht mehr gebraucht würde. Doch die beiden

angehenden Rabbanan ließen sich nicht zum Narren halten: »Wir
wissen, daß der Regen wegen des Meisters gekommen ist.«

Diese Geschichte illustriert auf wunderbare Weise die Psycholo-
gie des Charismatikers: Er war geradezu übertrieben bescheiden und
wusste im Voraus, was die Menschen von ihm erwarteten. Er schrieb
sich das vollbrachte Wunder nicht selbst zu, sondern tat so, als sei
der Regen dem Gebet seiner Frau zu verdanken oder als hätten sich
ohnedies gerade Wolken zusammengebraut und sein Bittgebet sei
deshalb gar nicht mehr nötig gewesen. Die beiden Abgesandten, die
hier für die typischen Durchschnittsjuden der damaligen Zeit stehen,
bezweifelten jedoch keinen Moment, dass Abba Hilkia das Wunder
vollbrachte. Die Anekdote erinnert an die vielen Passagen in den
Evangelien, die bezeugen, dass Jesus die Heilung eines Kranken nicht
seinen eigenen charismatischen Kräften, sondern dem Glauben des
Genesenen zuschrieb. (Quelle: bTaan 23ab)

AGABUS

Agabus war ein charismatischer Judenchrist und Prophet, der im
Neuen Testament zwei Mal im Zusammenhang mit *Paulus erwähnt
wird. In der ersten Passage heißt es, er sei mit anderen Propheten
nach Antiochia gekommen und habe dort geweissagt, dass eine große
Hungersnot über die Erde kommen werde. Tatsächlich brach zur
Herrschaftszeit von Kaiser *Claudius eine Hungersnot aus. Auch
*Josephus vermerkt, dass in Judäa Hunger herrschte, als Tiberius Iu-
lius *Alexander Prokurator war (46–48 n.d.Z.). Der zweite prophetische Auftritt von Agabus hing mit Paulus' Ankunft in Caesarea
zusammen, wenige Tage vor seiner Verhaftung im Jahr 58 n.d.Z. Der
Prophet sei von Judäa herabgekommen, habe den Gürtel des Apos-
tels genommen und sich damit Füße und Hände gebunden, um das
Schicksal seines Besitzers zu deuten, und dann geweissagt, dass dieser

von Juden gefesselt und »den Heiden« ausgeliefert würde. (Aus Sicht des Autors der Apostelgeschichte war weder Agabus noch Paulus Jude; grundsätzlich als Juden bezeichnete er dafür all ihre Feinde.)

Die Geschichte des Abakus ist nicht ungewöhnlich. Weissagungen und andere charismatische Handlungen gab es zur Zeit des entstehenden Judenchristentums in Palästina zuhauf: Wunderheilungen oder die sogenannte Zungenrede, die erstmals während des Pfingstereignisses bei den Aposteln beobachtet wurde, an späterer Stelle des Neuen Testaments auch bei den Hausangehörigen des römischen Zenturio *Cornelius oder bei den vier unverheirateten Töchtern des Diakon *Philippus und schließlich auch bei den nichtjüdischen Mitgliedern der von Paulus gegründeten Korinther Kirche (1 Kor. 12,10; 14,1–25). Agabus war also ein typischer Vertreter des Urchristentums. (Quellen: Apg 11,28 u. 21,10. Josephus, AJ 20,5.101.)

AGRIPPA I.

Agrippa (Herodes Agrippa) war der Spross von *Aristobulos, dem hingerichteten Sohn von *Herodes dem Großen, und *Berenike, der Tochter von Herodes' Schwester *Salome und deren drittem Ehemann Kostobar, der ebenfalls von Herodes hingerichtet worden war. Agrippa wurde im Jahr 10 v.d.Z. geboren und im Alter von sechs Jahren von seinem Großvater nach Rom geschickt, wo er über ein Vierteljahrhundert blieb, um eine angemessene Erziehung zu erhalten.

Bevor Agrippa im Jahr 37 n.d.Z. in die Levante zurückkehrte, um das Erbe des Tetrarchen *Philippos anzutreten und schließlich König von Judäa zu werden (41–44 n.d.Z.), führte er ein abenteuerliches Leben in den höchsten Kreisen Roms, das seine Verhältnisse weit überstieg. Er freundete sich mit Drusus an, dem Sohn von Kaiser *Tiberius, und nahm enorme Schulden auf, um mit dem Milieu der

Oberschicht Schritt halten zu können. Doch mit dem Tod von Drusus
verlor Agrippa die kaiserliche Protektion. Die Geldverleiher setzten
ihn so unter Druck, dass er sich schließlich zur Flucht gezwungen
sah. Eine Zeit lang verschwand er aus dem Blickfeld und zog sich in
eine idumäische Festung zurück, wo er sogar an Selbstmord dachte.
Seine Schwester *Herodias, die zu dieser Zeit mit *Antipas, dem
Tetrarchen von Galiläa, verheiratet war, kam ihm zu Hilfe. Agrippa
wurde ein Haus in der Residenzstadt Tiberias gestellt und der Posten eines Aufsehers der Märkte übertragen. Bald schon entzweite er
sich mit seinem Schwager, verlor seinen Aufsichtsposten und fand
Zuflucht bei seinem alten römischen Freund Flaccus, der zu dieser
Zeit Statthalter der Provinz Syria war. Aber auch dieses Arrangement
platzte, als Flaccus von der Unredlichkeit seines Gastes erfuhr. Mit-
tels eines Kredits, den sich Agrippa auf dubiosen Wegen verschafft
hatte, gelang ihm im Jahr 36 n. d. Z. die Flucht nach Italien, wo ihn
Tiberius in seiner Residenz auf Capri willkommen hieß. Allerdings
musste er sich erst von der Mutter des künftigen Kaisers *Claudius
genügend Geld borgen, um seine hohen Schulden bei Tiberius zu
begleichen. Derweil schmeichelte er sich auch bei Gaius *Caligula
ein, doch nachdem er leichtsinnigerweise den Wunsch geäußert hatte,
dass Tiberius seinen Platz möglichst bald für Caligula räumen sollte,
und dem Kaiser von diesem erlauschten Gespräch berichtet worden
war, landete Agrippa im Gefängnis.

Sechs Monate später, im Frühjahr 37 n. d. Z., starb Tiberius. Als
Caligula den Thron bestieg, wandte sich Agrippas Schicksal sofort
zum Besseren. Sein enger Freund, der neue Kaiser, befreite ihn nicht
nur aus dem Kerker, sondern übergab ihm auch die Tetrarchie des
Philippos und verlieh ihm den Königstitel. Als Entschädigung für
seine Zeit im Gefängnis tauschte Caligula Agrippas Eisenkette gegen eine Kette desselben Gewichts aus purem Gold ein. Im Herbst
des Jahres 38 n. d. Z. kehrte Agrippa in die Heimat zurück, um sein
neues Königreich zu übernehmen. Zwei Jahre später überließ ihm

sein kaiserlicher Freund auch Galiläa und Peräa, die einstigen Hoheitsgebiete des in Ungnade gefallenen Herodes Antipas. Im Jahr
40 n.d.Z. gelang es Agrippa, nun wieder in Rom, Caligula eine Weile
lang von seinem Plan abzubringen, im Tempel von Jerusalem eine
Bildsäule von sich aufstellen zu lassen. Nach der Ermordung des
wahnsinnigen Kaisers zu Beginn des Jahres 41 n.d.Z. gelang es
Agrippa, Claudius, der ebenfalls ein Freund aus Kindheitstagen war,
den Kaiserthron zu sichern. Der neue Kaiser bedankte sich, indem
er dem bisherigen Reich dieses vom Glück gesegneten, hochwohlge-
borenen Abenteurers noch Judäa und Samaria angliederte. Zwischen
41 und 44 n.d.Z. herrschte Agrippa I. als König von Judäa über ein
ebenso weitläufiges Reich wie einst Herodes der Große.

Auch als Herrscher trat Agrippa in die Fußstapfen seines Großvaters Herodes, indem er sich sowohl in den Dienst des Judentums
als auch des Hellenismus stellen wollte. Soweit es das Judentum be-
traf, machte er sich besser als Herodes der Große. Bei vielen Gele-
genheiten erwies er sich als frommer Jude. Anlässlich seines ersten
Besuchs in Jerusalem stiftete er dem Tempel die Goldkette, die ihm
Caligula übergeben hatte. Außerdem brachte er selbst regelmäßig
Dankesopfer dar und unterstützte besonders fromme Juden, die sogenannten Nasiräer, damit sie ihren Opfereid einhalten konnten.
Nach Darstellung der Mischna, dem ältesten Kern des talmudischen
Gesetzes, nahm er überdies persönlich an der zeremoniellen Dar-
bringung der Erstlingsfrüchte im Tempel teil und las am Ende des
Sabbatjahres 42 n.d.Z. die vorgeschriebene Passage aus dem Deute-
ronomium. Auch *Josephus bezeugt Agrippas ständige Aufenthalte
in Jerusalem, seine gewissenhafte Einhaltung des Mosaischen Gesetzes und seine Bereitschaft, Juden beizustehen, die außerhalb seines
Herrschaftsgebiets lebten.

Die Pharisäer waren mit Agrippas Amtsführung zufrieden und
betrachteten ihn trotz seiner idumäischen Vorfahren als ihren Bruder.
Die Römer waren weniger glücklich. Claudius ließ die Befestigungs-

arbeiten an den Mauern, mit denen Agrippa Jerusalem uneinnehmbar machen wollte, sofort wieder einstellen. Und aus Sicht von Marus,
dem römischen Statthalter von Syria, stand das von Agrippa in Tiberias organisierte Treffen der fünf verbündeten Könige den römischen
Interessen derart entgegen, dass er den Potentaten schnellstens die
Heimreise empfahl.

In Judäa bekannte sich Agrippa zum Judentum, im Ausland be-
wies er sich jedoch, wie einst Herodes der Große, als ein Vorkämpfer
des Hellenismus. In Berytus (Beirut) ließ er Bäder, Kolonnaden, ein
Theater und ein Amphitheater bauen und, ebenso wie in Caesarea,
Spiele abhalten. Griechische Inschriften bezeichnen ihn als einen
»Freund des Kaisers« oder »Freund der Römer«. Auf den Münzen,
die er in Jerusalem schlagen ließ, fehlt sein Bildnis; doch die jenseits
jüdischen Gebiets geprägten Geldstücke tragen nicht nur das Abbild
des römischen Kaisers, sondern auch Agrippas eigenes. Agrippas pro-
jüdische Einstellung war aber wohl ebenso aufrichtig wie seine pro-
römische: Er war eben ein jüdischer König, der eine römische Erziehung genossen hatte. Den meisten nichtjüdischen Untertanen missfiel
sein jüdisches Verhalten allerdings. Als sich im Jahr 44 n. d. Z., in
Agrippas vierundfünfzigstem Lebensjahr, die Nachricht von seinem
unerwarteten Tod verbreitete, begannen die Einwohner von Caesarea
und Sebaste (Samaria) öffentlich, seinen Namen in den Schmutz zu
ziehen und die Standbilder seiner Tochter auf die Dächer der Hu-
renhäuser zu schleppen. Agrippa hinterließ drei Töchter und einen
Sohn, den siebzehnjährigen künftigen Agrippa II. Kaiser Claudius
beschloss jedoch, die königliche Erbfolge auszusetzen, was zur Folge
hatte, dass Judäa bis zum Beginn des Ersten Jüdischen Krieges von
römischen Prokuratoren verwaltet wurde.

In der Apostelgeschichte wird ein ganz anderer Agrippa dargestellt, nämlich ein König, der eine brutale Christenverfolgung betrieben haben soll. Da heißt es zum Beispiel ohne irgendwelche weiteren
Erklärungen, dass er die Enthauptung des Apostels *Jakobus, Sohn

des Zebedäus, angeordnet habe und *Petrus inhaftieren ließ, nur weil
das die Juden angeblich so gewollt hatten. Der Apostelgeschichte
zufolge wurde Petrus wundersamerweise von einem Engel gerettet,
woraufhin Agrippa seinen Zorn über dessen Verschwinden an den
Wachen ausgelassen habe. Auch das Sterben von Agrippa stellt die
Apostelgeschichte auf ihre typisch sagenumwobene Weise als angemessene Strafe für seine Verbrechen dar: Nachdem er im strahlenden
Königsgewand eine feierliche Ansprache vor Abgeordneten aus Tyros und Sidon gehalten hatte, habe sich das Volk erhoben und dem
König zugejubelt – zweifellos um ihm zu schmeicheln –, dass er mit
Gottes Stimme spreche. Im selben Augenblick habe ihn ein Engel
totgeschlagen, »und von Würmern zerfressen, starb er«.

Dem Bericht des Josephus zufolge trug Agrippa während dieses
Ereignisses zu Ehren des Kaisers ein ganz aus Silber gewirktes Gewand, das im schimmernden Glanze aufleuchtete, als es von den
ersten Strahlen der Sonne getroffen wurde. »Alsbald riefen seine
Schmeichler ihm von allen Seiten zu, nannten ihn Gott.« Weil sich
der König diese gotteslästerlichen Schmeicheleien nicht verbat, »sah
er über seinem Haupte auf einem Strick einen Uhu sitzen und erkannte darin sogleich den Unglücksboten«. Bald darauf stellten sich
heftige Leibesschmerzen ein, und er erkannte das nahende Ende.
Josephus' frommer Agrippa gab sich andächtig in Gottes Hand. Fünf
Tage später starb er. Der Verlust des vielgeliebten Königs wurde vom
ganzen Volk betrauert.

Das Porträt, das die Apostelgeschichte von Agrippa zeichnet,
lässt sich also kaum mit dem Mann in Einklang bringen, dem wir
in Josephus' sehr ausführlichem Bericht begegnen und der uns als
ein ausgesprochen freundlicher Mensch präsentiert wird. An einer
Stelle berichtet Josephus, dass Agrippa einem führenden Pharisäer, der ihn öffentlich einer Gesetzesübertretung beschuldigt hatte,
nicht nur vergeben habe, sondern sogar ein Geschenk überreichte,
bevor er ihn entließ. Nach den Narreteien seiner jungen Jahre hatte

sich Agrippa in einen liebenswürdigen Herrscher verwandelt, der
Juden und Nichtjuden gutherzig und großzügig begegnete. Juden
bezeichnen ihn als »unseren Bruder« (mSot. 7,8), Josephus nennt ihn
»Agrippa der Große« (*AJ* 20,5.104). (Quellen: Josephus, *BI* 2,9 u. 2,11;
AJ 18,6.143–239; 19,5.274–359; Apg 12)

AGRIPPA II.

Agrippa II., oder Marcus Iulius Agrippa, erbte das Reich seines Vaters *Agrippa I. nicht, als dieser im Jahr 44 n. d. Z. starb. Die Berater
des Kaisers *Claudius waren dagegen, einem Siebzehnjährigen, dessen Lehrjahre in Rom erst im Jahr 52 n. d. Z. abgeschlossen sein sollten, sämtliche Vollmachten eines Königs zu übertragen. Im Jahr 50
n. d. Z. vertraute ihm der Kaiser schließlich das kleine Königreich an,
das von *Herodes von Chalkis regiert worden war, und gewährte ihm
die Oberaufsicht über den Tempeldienst in Jerusalem und damit das
Recht, Hohepriester zu ernennen und abzusetzen. Im Jahr 53 n.d.Z.
bot ihm Claudius als Entschädigung für sein winziges Territorium
noch die einstige Tetrarchie des *Philippos an – die Gaulanitis, Batanäa und Trachonitis –, die der neue Kaiser *Nero schließlich noch
durch die galiläischen und paräischen Gemarkungen von Tiberias,
Tarichäa und Julias ergänzte.

Agrippa II. wurde stark von seiner Schwester *Berenike beein-
flusst, mit der er Gerüchten zufolge eine inzestuöse Beziehung pflegte.
Rückhaltlos förderte er die Interessen seiner römischen Herren. Er
stellte Hilfstruppen für den Krieg gegen die Parther (54 n. d. Z.) zur
Verfügung und bereitete dem Prokurator Porcius *Festus bei seinem
Eintreffen in Judäa im Jahr 60 n. d. Z. einen festlichen Empfang. Zu
Ehren des Kaisers nannte er seine Hauptstadt Caesarea Philippi in
Neronias um; auf seinen Münzen prangte das Bildnis des herrschen-
den römischen Kaisers.

Doch auch Agrippa II. war immer bemüht, seine jüdischen Untertanen zufriedenzustellen. Er sorgte sich um ihr Wohlergehen und
beachtete selbst alle jüdischen Gesetze. So bestand er beispielsweise
darauf, dass sich die nichtjüdischen Ehemänner seiner Schwester
Berenike beschneiden ließen, und er soll häufig mit rabbinischen
Lehrern kenntnisreich über das Mosaische Gesetz debattiert haben.
Als der Herodes-Tempel zur Zeit des Prokurators *Albinus endlich
fertiggestellt war, kümmerte sich Agrippa um die achtzehntausend
Bauarbeiter und hielt sie in Lohn und Brot, indem er sie beauftragte,
die Straßen Jerusalems mit weißen Steinen zu pflastern.

Als im Jahr 66 n.d.Z. der Aufstand gegen Rom ausbrach, stand
Agrippa auf Seiten der Juden, die sich für den Frieden einsetzten. Erst
als die Kriegstreiber die Oberhand gewannen, schlug er sich voll und
ganz auf die römische Seite. Nach anfänglichen Rückschlägen über-
rannten die Römer im Jahr 67 n.d.Z. schließlich Galiläa. Agrippa
begrüßte den obersten römischen Befehlshaber *Vespasian höchstpersönlich in Caesarea Philippi. Nach Neros Selbstmord im Jahr 68
n.d.Z. reiste Agrippa in der Begleitung von Vespasians Sohn *Titus
nach Rom, wurde jedoch von Berenike aufgefordert, nach Hause zu
kommen, nachdem das römische Ostheer Vespasian im Sommer des
Jahres 69 n.d.Z. zum Kaiser ausgerufen hatte.

In den letzten Jahren des Krieges und während der gesamten
Belagerungszeit von Jerusalem stand Agrippa fest an Titus' Seite.
Dass er die römischen Interessen so unbeirrt verteidigte, wurde ihm
schließlich mit weiteren Gebieten im Nordlibanon gedankt. Wieder in Rom, diesmal gemeinsam mit seiner Schwester, wurde er im
Jahr 75 n.d.Z. in den Rang eines Prätors erhoben. Berenike wurde
Titus' Geliebte, bis der Kaiser schließlich so unter Druck gesetzt
wurde, dass er sie in ihre Heimat zurückschicken musste. Agrippa
soll im dritten Amtsjahr von Kaiser *Trajan (100 n.d.Z.) gestorben
sein, wahrscheinlicher ist jedoch, dass er bereits um das Jahr 92/93
n.d.Z. starb.

Agrippa II. stand auch mit *Josephus in Kontakt. Er schrieb ihm zweiundsechzig Briefe. In zweien davon pries er den Bericht des Historikers über den Jüdischen Krieg, wie Josephus zitiert: »Ich habe den Eindruck, dass du mit sehr viel mehr Sorgfalt gearbeitet hast als diejenigen, die über diese Dinge geschrieben haben.« (*Vita*, 365). Ob Agrippa die von ihm angeforderten Freiexemplare erhielt, ist nicht überliefert. In seinem Werk *Gegen Apion* (1,9) bedeutet uns Josephus jedenfalls, dass er »dem hoch bewunderten König Agrippa« ein Exemplar des Werks »verkaufte«.

Die Apostelgeschichte schildert eine Begegnung von Agrippa und Berenike mit *Paulus in Caesarea. Dort steht geschrieben, dass der neue Prokurator *Festus Agrippa diesen Fall vorgetragen habe, um ihm den Konflikt zwischen Paulus und der jüdischen Obrigkeit verständlich zu machen. Agrippa bot sich bereitwillig an, Paulus anzuhören. Am nächsten Tag wurde Paulus vorgeführt und erzählte seine Geschichte. Als er geendet hatte, scherzte Festus: »Du bist verrückt, Paulus.« Da wandte sich dieser an Agrippa: »Glaubst du den Propheten?« Der König wich der Antwort aus, indem er ironisch bemerkte: »Fast überredest du mich dazu, mich als Christ auszugeben.« Nach allem, was wir über Agrippa wissen, ist kaum vorstellbar, dass er ernstlich erwog, zum Christentum überzutreten. Seine mit höflicher königlicher Ironie geäußerten Worte legen den viel wahrscheinlicheren Schluss nahe, dass er Paulus' langwierigen Ausführungen ganz einfach ein Ende setzen wollte. (Quellen: Josephus, *AJ* 18–20; Apg 25–26)

ÄGYPTER, DER

Den »Ägypter« nannte man den jüdischen Anführer einer Gruppe von Rebellen, die *Josephus als »Gaukler und Betrüger« schmähte, weil sie »taten, als wären sie von göttlichem Geist erfüllt, um nur

Aufruhr und Rebellion zu erzeugen«. Als der Ägypter die öffentliche Bühne betrat, schrieb man vermutlich das Jahr 58 n. d. Z. Es war die Zeit der judäischen Prokuratur von *Felix (52–60 n. d. Z.). Josephus' *Jüdischem Krieg* zufolge versammelte der Ägypter an die dreißigtausend Leute in der Wüste, um mit ihnen zum Ölberg vor Jerusalem zu ziehen und der fehlgeleiteten Menge dort zu beweisen, dass er Josuas Wunder vor Jericho wiederholen könne. Auf sein Geheiß sollten die Mauern von Jerusalem einstürzen, und er würde als König der Juden die römischen Kohorten in der Stadt vernichten. Doch Felix erhielt Kunde von diesem Plan und ließ die Eindringlinge von einer starken Abteilung angreifen. In seinen *Jüdischen Altertümern* schreibt Josephus, dass vierhundert[3] Anhänger des Ägypters gefallen und zweihundert gefangen genommen worden seien. Die Übrigen entkamen, darunter auch der Ägypter. Im *Jüdischen Krieg* hält Josephus hingegen fest, dass der Ägypter »wohl mit einer kleinen Schar fliehen konnte, während der größte Teil seiner Gefolgsleute [30 000] umgebracht wurde oder in Gefangenschaft geriet«.

Diese Geschichte spielt auch im Neuen Testament eine Rolle, denn als der Apostel *Paulus im Jahr 58 n. d. Z. von Claudius Lysias, dem Obersten der römischen Kohorte, vor dem Tempel in Jerusalem verhaftet wurde, hielt ihn dieser zuerst für den Ägypter, »der vor einiger Zeit die viertausend Sikarier aufgewiegelt und in die Wüste hinausgeführt hat« (Apg 21,38). Das heißt, der Autor der Apostelgeschichte überliefert eine wesentlich geringere Zahl von Rebellen als die von Josephus im *Jüdischen Krieg* festgehaltenen dreißigtausend, aber eine höhere Zahl als die vierhundert Getöteten und zweihundert Gefangenen, die Josephus in den *Jüdischen Altertümern* erwähnt. (Quellen: Josephus, *BI* 2,13.3–5; *AJ* 20,8.169–172)

---

[3] Anm. d. Übers.: In der Übersetzung von Heinrich Clementz (1899), überarbeitete Ausgabe, Wiesbaden, 2004, S. 988, ist die Rede von »viertausend«.

ALBINUS

Lucceius Albinus wurde zwischen 62 und 64 n. d. Z. von Kaiser *Nero
mit der Prokuratur der Provinz Judäa betraut. Er war ein habgieriger
Mann, der sich von allen Seiten bestechen ließ, ob vom einstigen
Hohepriester *Hannas oder von den Sikariern. Gefangene entließ
er, sobald genügend Lösegeld für sie bezahlt worden war. Das Land
befand sich ohnedies schon in Aufruhr, aber Albinus schaffte es, die
Gemüter noch mehr zu erhitzen, als er kurz vor dem Ende seiner
Amtszeit die Gefängnisse leerte: Er ließ die Schwerverbrecher hinrichten und alle anderen Insassen auf die ohnehin schon leidgeprüfte,
hilflose Bevölkerung los.

Kurz nach seiner Ankunft in Judäa hatte sich Albinus mit dem
Fall des stürmischen Propheten *Jesus ben Hannas befassen müssen,
der die baldige Zerstörung des Tempels in Jerusalem prophezeite und
von den jüdischen Behörden an den Prokurator ausgeliefert worden
war, weil sie sich außerstande sahen, ihn zu kontrollieren. Vor dem
Verhör ließ Albinus den Mann geißeln. Als dieser sich dann immer
noch weigerte, seine Fragen zu beantworten, erklärte er ihn für verrückt und ließ ihn laufen.

Später wurde Albinus Statthalter von Mauretanien in Nordafrika,
wo er schließlich seine wohlverdiente Strafe bekam: Er wurde von
den Anhängern des Kaisers *Vitellius ermordet, der im Jahr 69 n. d. Z.
mit Otho um *Neros Nachfolge konkurrierte. (Quellen: Josephus, *BI*
2,14 u. 2,22; *AJ* 20,9.197–215)

ALEXANDER

Tiberius Iulius Alexander, von 46 bis 48 n. d. Z. römischer Prokurator
von Judäa, stammte aus der wohlhabenden jüdischen Oberschicht
Alexandrias. Sein Vater gleichen Namens war Oberaufseher *(Alabarch)*

für die Zolleinnahmen des alexandrinischen Hafens und der Bruder des Philosophen *Philo. Tiberius Iulius Alexander d. J. wandte sich jedoch vom Judentum ab. Offenbar hatte sein Onkel Philo philosophische Gespräche über den jüdischen Glauben mit ihm geführt, ohne den jungen Mann überzeugen zu können, dem Judentum treu zu bleiben. Der romanisierte Alexander trat in den kaiserlichen Dienst ein und wurde zum einzigen römischen Statthalter von Judäa, der selbst jüdischer Abstammung war.

Aber die politischen Unruhen dauerten auch während seiner Prokuratur an. Geschürt wurden sie von Jakob und Simon, den beiden Söhnen von *Judas dem Galiläer, der eine Widerstandsbewegung ins Leben gerufen hatte, als *Quirinius im Jahr 6 n. d. Z. eine Steuerschätzung in Judäa durchführen ließ. Beide Söhne wurden verhaftet und auf Befehl von Alexander gekreuzigt. Auch die große Hungersnot, die Berichten zufolge während der Regentschaft des *Claudius herrschte, fiel in die Zeit von Alexanders Prokuratur. Auf sie wird auch in der Apostelgeschichte (11,28–30) Bezug genommen. Die von *Paulus und *Barnabas begründeten Kirchen sandten Hilfslieferungen an die Christen in Judäa, während die zum jüdischen Glauben konvertierte Königin Helena von Adiabene (Nordmesopotamien) vor ihrer Reise nach Jerusalem Nahrungsmittel in Ägypten geordert hatte, um den bedürftigen jüdischen Einwohnern Judäas beizustehen.

Das Amt des Prokurators von Judäa war nur die erste Stufe auf Alexanders steiler Karriereleiter. Als ihn Kaiser *Nero zum Präfekten von Ägypten ernannte, eilte König *Agrippa II. höchstselbst nach Alexandria, um ihm zu gratulieren. Als Vespasian von seinen Soldaten zum Kaiser ausgerufen wurde, war es Tiberius Iulius Alexander, der ihm die volle Unterstützung des Volkes und der Legionen Ägyptens sicherte. Später wurde Alexander *Titus' treuester Gehilfe und Ratgeber. Er kommandierte mehrere seiner Legionen und diente ihm während der Belagerung von Jerusalem (70 n. d. Z.) als *praefectus* *castrorum* (Lagerpräfekt) oder *magister militum* (Heermeister). Nicht nur Alexander machte eine fulminante Karriere, auch mehrere seiner Nachkommen sollten bedeutende Positionen als Konsuln, in der römischen Verwaltung oder in der Armee einnehmen. (Quellen: Josephus, *AJ* 20,5.100–102; Philo, *De providentia*, 11)

ALEXANDRA

Alexandra war eine hasmonäische Prinzessin und die Tochter des Ethnarchen und Hohepriesters *Hyrkanos II. Sie heiratete Alexander, ihren Vetter ersten Grades, der ein Sohn von *Aristobulos II. und somit der Bruder von Hyrkanos II. war. Ihre gemeinsame Tochter *Mariamne I. wurde die zweite Ehefrau von *Herodes dem Großen. Da die stolze Alexandra den bürgerlichen Herodes jedoch als völlig unangemessen an der Seite ihrer Tochter empfand, entwickelte sich eine langlebige Fehde zwischen ihr und Mariamne auf der einen und Kypros und *Salome I., der Mutter und Schwester des Königs, auf der anderen Seite. Offene Feindschaft brach schließlich aus, als Herodes den rechtmäßigen Anspruch von Alexandras Sohn *Aristobulos III. auf das Amt des Hohepriesters einfach überging. Alexandra war jedoch mit *Kleopatra befreundet, der ägyptischen Königin und Frau von Herodes' Gönner *Marcus Antonius. Die beiden Frauen konnten den Römer überreden, von Herodes die Absetzung des eigenen Kandidaten *Ananel und die Ernennung des siebzehnjährigen Aristobulos zum Hohepriester zu fordern. Doch am Ende sollte ihre Strategie nicht aufgehen, denn Herodes ließ prompt einen Unfall im königlichen Fischteich inszenieren, der dem jungen Hohepriester das Leben kostete. Wieder wandte sich die verzweifelte Alexandra an Kleopatra. Diesmal zitierte Antonius den König zu sich, um ihn zur Rechenschaft zu ziehen. Doch mit einer hohen Bestechungssumme gelang es dem listigen Idumäer, ungestraft für seine Mordtat davonzukommen. Alexandra bot Herodes weiterhin mutig die Stirn. Erst als ihre Tochter Mariamne wegen des Vorwurfs des Ehebruchs mit Herodes' Getreuem Soemus selbst um ihr Leben kämpfen musste, brach ihr Widerstand. Um unter Beweis zu stellen, dass sie nichts von Mariamnes angeblicher Tat gewusst hatte, maßregelte sie ihre Tochter würdelos in aller Öffentlichkeit, schrie sie an und zerrte an ihren Haaren. Mariamne wurde hingerichtet. Doch auch Alexandras Sturz war nicht mehr fern. Während sich Herodes nach der Hinrichtung seiner Lieblingsfrau der Verzweiflung ergab, versuchte Alexandra, den Thron in ihre Gewalt zu bringen. Doch ihr Plan wurde verraten. Im Jahr 28 v. d. Z. wurde auch sie von Herodes hingerichtet. Verglichen mit ihrem Vater, dem gütigen und großmütigen Hyrkanos, oder mit ihrer Tochter, der würdevollen Mariamne, hatte Alexandra wahrlich kein königliches Wesen bewiesen. (Quelle: Josephus, *AJ* 15,2.23 – 7.252)

ANANEL

Ananel, möglicherweise identisch mit Hanamel (37/36 v. d. Z.), war der erste jüdische Hohepriester, der von *Herodes dem Großen als Ersatz für den Hasmonäer *Hyrkanos II. ernannt wurde. Hyrkanos galt als ungeeignet für das hohe Amt, seit ihm sein Neffe *Antigonos, der mit ihm für das Amt des Priesterkönigs konkurrierte, ein Ohr oder beide Ohren abgebissen hatte. Ananels Herkunft ist umstritten. *Josephus berichtet von einem »gewissen Priester Ananel«, der »von Babylon« stammte und vom unsicheren Herodes bewusst für dieses Amt ausgewählt worden sei, damit kein »Vornehmer die Hohepriesterwürde erlange« – mit einem Wort also: weil es ihm unwahrscheinlich erschien, dass er sich als ein mächtiger Gegner entpuppen könnte. Kurz darauf widerspricht sich Josephus jedoch selbst und stellt Ananel als einen Mann »aus hohepriesterlichem Geschlecht«

in Babylon dar, »den Herodes sich schon längst durch Freundschaft verpflichtet hatte«. Einige Forscher halten Ananel für identisch mit dem Hohepriester Hanamel, der in der Mischna (mPar 3,5) erwähnt wird. Doch Hanamel war ein ägyptischer und kein babylonischer Jude. Herodes wurde schon nach wenigen Jahren von seinem römischen Gönner *Marcus Antonius gezwungen, Ananel zugunsten von *Aristobulos iii., einen Enkel von *Hyrkanos ii., abzusetzen. Seine Mutter *Alexandra hatte ihre Freundin *Kleopatra überredet, ein gutes Wort für den jungen Hasmonäerprinzen bei ihrem Ehemann Marcus Antonius einzulegen. Nachdem König Herodes den jungen Aristobulos iii. jedoch für eine politische Bedrohung hielt, ließ er ihn im Jahr 35 v.d.Z. ermorden und berief den degradierten Ananel erneut ins Hohepriesteramt (34–? v.d.Z.).

Josephus nennt die Absetzung des Ananel »ungesetzmäßig«, da die Hohepriesterwürde von Gesetz wegen auf Lebenszeit verliehen werden musste. Doch zu Zeiten der herodianischen Könige und Tetrarchen waren häufige Umbesetzungen im Hohepriesteramt ebenso gängige Praxis wie zu Zeiten der römischen Statthalter in Judäa. Unter direkter römischer Verwaltung gewannen die Hohepriester sogar noch mehr Einfluss als unter Herodes und seinen Nachfolgern, denn in Ermangelung eines weltlichen jüdischen Herrschers stand der Hohepriester dem jüdischen Volk nicht nur als religiöse, sondern auch als weltliche Instanz vor. (Quelle: Josephus, *AJ* 15,2.22 u. 15,3.40)

ANDREAS

Andreas gehörte zu den führenden Mitgliedern des Zwölferkreises der Apostel, die *Jesus in Galiläa mit der Aufgabe betraut hatte, das Himmelreich zu verkünden und Dämonen auszutreiben. Andreas war ein Fischer aus Bethsaida am See Genezareth und der Bruder von Simon, dem Jesus den Namen *Petrus gab. Zur Zeit des öffentlichen Wirkens Jesu wohnte er in Kefar Nahum (Kapernaum), wo er sich mit Petrus ein Haus teilte. Laut dem vierten Evangelium waren die beiden Brüder Jesus begegnet, nachdem sie »das Wort des Johannes gehört hatten«. Doch abgesehen von der Erwähnung seines Namens in der Apostelliste und einigen wenigen nebensächlichen Anekdoten berichten die Evangelien nichts über Andreas.

Dem Kirchenhistoriker Eusebius (4. Jahrhundert n. d. Z.) zufolge erhielt Andreas »als Wirkungskreis [...] Scythien«. Der christlichen Legende nach starb er im griechischen Achaia am Kreuz. (Quellen: Mk 3,16–19; Mt 10,2–4; Lk 6,14–16; Apg 1,12–14; Joh 1,40 u. 44; 6,8; 12, 22; Eusebius, *Hist. Eccl.* 3,1)

ANNIUS RUFUS

Siehe unter *Coponius.*

ANTIGONOS

Antigonos, Sohn des Judas *Aristobulos II., war der letzte Priesterkönig (40–37 v. d. Z.) aus der Hasmonäer-Dynastie. Josephus nennt ihn nie bei seinem hebräischen Namen, obwohl seinen Münzen die Wörter »Hohepriester Mattatias« in hebräischer und »König Antigonos« in griechischer Sprache aufgeprägt waren. Sein religiöses wie sein weltliches Amt hatte er mithilfe der Parther, die im Jahr 40 v. d. Z. in Palästina eingefallen waren, von seinem Onkel *Hyrkanos II. übernommen. Im selben Jahr ernannte *Marcus Antonius *Herodes zum König von Judäa, was zur Folge hatte, dass sich Antigonos in den drei kurzen Jahren seiner Herrschaft ständig gegen ihn zur Wehr setzen musste. Im Jahr 37 v. d. Z. eroberte Herodes' Heer Jerusalem mit der hilfreichen Unterstützung von *Sosius, der zu dieser Zeit Statthalter von Syria war. Obwohl sich Antigonos, den Sosius spöttisch Antigone zu nennen pflegte, ergeben hatte, ließ ihn der Statthalter gefangen nehmen und nach Antiochia bringen, wo er dann auf Befehl des Marcus Antonius enthauptet wurde, weil dieser von seinem Günstling Herodes bestochen worden war, den Rivalen aus dem Weg zu räumen. Mit dieser ersten Hinrichtung eines amtierenden Königs durch die Hand der Römer endete auf höchst unziemliche Weise das Jahrhundert der hasmonäischen Priesterherrschaft. (Quellen: Josephus, *BI* 1,12 – 18; *AJ* 14,14.370 – 14,16.491)

ANTIPAS

Antipas (Herodes Antipas) war der zweitgeborene Sohn von *Herodes dem Großen mit der Samarierin Malthake. Er herrschte von 4 v. bis 39 n. d. Z. als Tetrarch über Galiläa und Peräa in Transjordanien. Auf seinen Münzen nannte er sich schlicht und einfach Herodes. Von allen Herodianern verbindet sich sein Name am unmittelbarsten mit den bedeutenden Persönlichkeiten aus dem Neuen Testament; in den synoptischen Evangelien und der Apostelgeschichte wird er rund fünfundzwanzig Mal erwähnt.

Die Karriere des Antipas wurde hochgradig von seinen Ehen bestimmt. Seine erste Frau war eine Tochter des Nabatäerkönigs Aretas (9 v. – 40 n. d. Z.). Diese Verbindung war politisch sehr nützlich für ihn, weil sein transjordanisches Herrschaftsgebiet Peräa damit vor den marodierenden arabischen Nomaden geschützt war. Doch die Dinge begannen schiefzulaufen, als Antipas Jahre später beschloss, sich von seiner Frau scheiden zu lassen, weil er sich in Rom in die *Femme fatale* *Herodias, die Frau seines Halbbruders *Herodes, verliebt hatte, der ein Sohn der Hohepriestertochter Mariamne II. war. Da Herodias die Tochter von Aristobulos und somit die Enkelin von *Mariamne I., der geliebten hasmonäischen Frau von Herodes dem

Großen, war, war sie also zugleich Antipas' Nichte. Herodias' Tochter aus erster Ehe, *Salome, ehelichte später Antipas' zweiten Halbbruder *Philippos. Demnach war Philippos also der Schwiegersohn von Herodias und nicht deren Ehemann, wie es die Evangelien vorgeben.

Dass Antipas eine neue Ehe eingehen wollte, kam schließlich auch seiner Noch-Ehefrau zu Ohren – an den herodianischen Höfen blühten Klatsch und Tratsch. Prompt holte sich die gewiefte nabatäische Prinzessin die Genehmigung ihres naiven Ehemanns ein, Galiläa verlassen und zur Festung Machaerus ins südliche Transjordanien reisen zu dürfen. Von dort aus konnte sie dann problemlos die Grenze zur nabatäischen Hauptstadt Petra überqueren. Kaum war die zurückgewiesene und erniedrigte Ehefrau dort sicher bei ihrem Vater Aretas eingetroffen, war der Weg für diesen frei, um einen Rachefeldzug gegen Antipas zu führen.

Machaerus war die Festung, in die Antipas *Johannes den Täufer gesperrt hatte. *Josephus nennt Johannes einen »edlen Mann«, »der die Juden anhielt, nach Vollkommenheit zu streben, indem er sie ermahnte, Gerechtigkeit gegeneinander und Frömmigkeit gegen Gott zu üben und so zur Taufe zu kommen«. Doch seine Popularität und die Macht seiner Rede weckten Antipas' Misstrauen und sollten schließlich der Untergang des Täufers sein. Der Bericht, den uns Josephus über diese Geschichte hinterließ, unterscheidet sich maßgeblich von der Evangeliendarstellung. Ihm zufolge befürchtete der Tetrarch von Galiläa, dass Johannes mit seinen Reden Unruhe im Volk schüren könnte, und hielt es deshalb für besser, »ihn rechtzeitig aus dem Weg zu räumen«. Also befahl er seine Verhaftung und Hinrichtung. Die Niederlage, die die Nabatäer im Jahr 36 n. d. Z. Antipas' Heer zufügten, wurde von den Juden als die göttliche Strafe für die Ermordung von Johannes betrachtet.

Die Eifersucht der herrschsüchtigen Herodias führte Antipas schließlich in den Ruin. Als der neue Kaiser Gaius *Caligula im Jahr 37 n. d. Z. befahl, die Gebiete des jüngst verstorbenen Tetrarchen

*Philippos (Batanäa, die Gaulanitis, Auranitis, Trachonitis und Peräa) an Herodias' Bruder *Agrippa I. zu übergeben, und diesem auch noch den Königstitel gewährte, setzte die ehrgeizige Frau ihrem Gemahl Antipas so lange zu, bis er sich an Caligula wandte und ebenfalls um die Erhebung in den Königsstand bat. Doch der Plan schlug fehl. Um Antipas zu stürzen, beschuldigte ihn der Abgesandte Agrippas des Hochverrats; und da man seinen Worten Glauben schenkte, setzte Caligula den unglückseligen Tetrarchen prompt ab und verbannte ihn nach Lugdunum (Lyon) in Gallien. Herodias blieb von der Verbannung verschont, da sie die Schwester des favorisierten Agrippa war, aber sie lehnte diese Gefälligkeit des Kaisers stolz ab. Josephus zufolge erklärte sie vor ihrer Abreise nach Gallien: »Dass ich aber von deiner Gnade Gebrauch mache, daran hindert mich die Liebe zu meinem Gatten.« Antipas starb im Exil. Möglicherweise wurde er auf Befehl des Kaisers umgebracht. Caligula pflegte sich hochstehender und von ihm verbannter Persönlichkeiten gerne auf diese Weise zu entledigen.

Wie schon sein Vater Herodes der Große liebte auch Antipas eindrucksvolle architektonische Projekte. Er baute die Stadt Sepphoris wieder auf, die *Varus, der römische Statthalter von Syria, während seines Feldzugs gegen die jüdischen Aufständischen nach dem Tod von Herodes dem Großen im Jahr 4 v.d.Z. zerstört hatte. Er errichtete eine strahlende neue Residenzstadt an den Ufern des See Genezareth, die er zu Ehren des Kaisers *Tiberius Tiberias nannte. Da bei den Bauarbeiten jüdische Gräber aus alter Zeit freigelegt und überbaut worden waren, weigerten sich fromme Juden jedoch, sich in dieser neuen Stadt anzusiedeln. Tiberias, das in den synoptischen Evangelien mit keinem Wort erwähnt wird, wurde im griechischen Stil errichtet und nach griechischem Vorbild von einem Rat der Sechshundert verwaltet. Es besaß ein Stadion und einen mit Tierfriesen geschmückten Königspalast, aber auch eine große Synagoge. Seinen jüdischen Untertanen zuliebe verzichtete Antipas auf die Abbildung eines menschlichen Antlitzes auf seinen Münzen, sie trugen also weder das Bild des Kaisers noch sein eigenes; und laut dem Lukasevangelium (23,7) pilgerte auch er zum Passahfest nach Jerusalem.

Sämtliche Hinweise auf Herodes Antipas im Neuen Testament, wo er üblicherweise als »König Herodes« oder »Tetrarch« bezeichnet wird, finden sich im direkten Zusammenhang mit Johannes dem Täufer oder *Jesus von Nazareth. Der Beginn von Johannes' öffentlichem Wirken wird auf die Zeit datiert, in der Herodes Tetrarch von Galiläa war, beziehungsweise genauer: auf das »fünfzehnte Jahr der Regierung des Kaisers Tiberius« (Lk 3,1) und folglich auf das Jahr 29 n. d. Z. Die Evangelienberichte vom Tod des Täufers unterscheiden sich von Josephus' Darstellung. Nach *Markus und *Matthäus wurde Johannes hingerichtet, weil er sich kritisch über Herodes' Ehe mit Herodias geäußert hatte. Diese Evangelienaussage steht zwar im Widerspruch zu Josephus' Bericht, ist aber glaubhaft, denn da die Tora eine eheliche Verbindung zwischen einem Mann und seiner Schwägerin zu Lebzeiten des Bruders eindeutig verbietet, ist es tatsächlich möglich, dass Johannes die zweite Eheschließung von Antipas verurteilt hat. Und weil Herodias von dieser Einmischung zwangsläufig erzürnt sein musste, waren letztlich auch ihre Rachegelüste logisch. So kam es, dass sie ihre Tochter Salome, die Antipas mit ihrem Tanz anlässlich seines Geburtstags bezaubert hatte, dazu überredete, den Kopf des Täufers zu fordern. Nachdem der schwache Antipas bereits feierlich vor den versammelten Gästen verkündet hatte, dass er dem Mädchen zum Dank jeden Wunsch erfüllen würde, gab er ihrem Willen nach und sandte trotz seiner Furcht vor dem heiligen Mann den Scharfrichter in den nahe gelegenen Kerker, um die Tat zu vollbringen. Die Evangelien enthalten keinen Hinweis auf den Ort dieses Ereignisses. Die von Josephus genannte Festung Machaerus wird dort definitiv mit keinem Wort erwähnt. Markus legt implizit nahe, dass das Geburtstagsfest in Galiläa stattfand, indem er schreibt, dass »die vornehmsten Bürger von Galiläa« bei diesem Festmahl anwesend waren. Streng genommen könnten sich die Darstellungen von Josephus und den Evangelien in Einklang bringen lassen: Möglicherweise plante Antipas tatsächlich, sich des Johannes zu entledigen, weil er dessen Redegewandtheit für potenziell gefährlich hielt und fürchtete, dass er Unruhe stiften würde. Sein Entschluss, zur Tat zu schreiten, könnte dann von Herodias' Intrige bei seiner Geburtstagsfeier bestärkt worden sein. Hätte man allerdings schon damals über Herodias' Machenschaften Bescheid gewusst – an den herodianischen Höfen gab es nur wenige Geheimnisse, die nicht irgendwann ans Licht kamen –, dann wäre sie auch dem sonst so gut unterrichteten Josephus zu Ohren gekommen. Und eine solche Geschichte hätte er sich gewiss nicht entgehen lassen. Alles in allem betrachtet sind politische Motive für die Hinrichtung des Johannes also die wahrscheinlichere Erklärung.

Im Hinblick auf Jesus wird Antipas von jedem Evangelisten die abergläubische Furcht zugeschrieben, dass es sich bei dem Mann aus Nazareth womöglich um die Reinkarnation des Täufers Johannes handelte. *Lukas' Darstellungen widersprechen sich allerdings. Einerseits heißt es da, Antipas »hatte den Wunsch, ihn einmal zu sehen« (Lk 9,9), andererseits soll er geäußert haben, ihn töten zu wollen. Als man Jesus davon berichtete, soll er heftig reagiert und Herodes »diesen Fuchs« genannt haben (Lk 13,31–32).

Lukas erzählt noch von einem anderen Vorfall: Als Pilatus während des Prozesses gegen Jesus erfuhr, dass dieser ein Galiläer war, habe er ihn zu Antipas bringen lassen, weil er der Meinung gewesen sei, dass der »jüdische« Herrscher über Galiläa, der gerade anlässlich des Passahfestes in Jerusalem weilte, besser geeignet sei, den Urteilsspruch über einen der eigenen Untertanen zu verkünden. Laut diesem Bericht freute sich Antipas offenbar sogar auf die Begegnung mit Jesus, weil er hoffte, dass er vor seinen Augen ein Wunder vollbringen würde. Doch Jesus weigerte sich, woraufhin Antipas wütend wurde, ihn von seinen Soldaten verspotten ließ, zu *Pilatus zurückschickte

und somit zum römischen Kreuz verurteilte. (Quellen: Mk 6,17–29;
Mt 14, 1–12; Lk 9,7–9 u. 23,6–12; Josephus, *BI* 2,167–68 u. 181–83;
AJ 18.2.27 u. 36–38; 18,4.101–129; 18,5.117–118; 18,7.240–256; 18,7.254)

ANTIPATER

Antipater, der Vater von *Herodes dem Großen, gewann während der
Herrschaftszeit der hasmonäischen jüdischen Hohepriester *Aristobulos II. und *Hyrkanos II. wachsende Bedeutung als Staatsmann in
Palästina. Nach Aussage von *Josephus war er höchstwahrscheinlich
idumäischer (edomitischer) Herkunft. Der griechische Historiker
und Herodes-Biograf Nikolaus von Damaskus behauptet allerdings,
dass Herodes von den ersten Juden abstammte, die Ende des 6. Jahrhunderts v. d. Z. aus Babylon zurückgekehrt waren. Iulius Africanus
(etwa 200 n. d. Z.) schreibt hingegen, dass Antipaters Vater (ebenfalls Herodes genannt) ein Diener im Apollotempel von Askalon
gewesen und Antipater selbst als Kind von Idumäern entführt und
adoptiert worden sei. Josephus wiederum erklärt: »Dieser Antipater
hieß zuerst Antipas, welchen Namen auch sein Vater führte. Den
Letzteren hatten König Alexander [Jannaios] und dessen Gemahlin
zum Statthalter von ganz Idumäa ernannt« (*AJ* 14,1.10). Sein Sohn
habe diese Würde dann von ihm geerbt. Bei Ausbruch des Bürger-
krieges zwischen Aristobulos II. und Hyrkanos II. im Jahr 67 v. d. Z.
glaubte der gerissene Antipater, künftig größere Chancen unter dem
schwächelnden Hyrkanos zu haben, und unterstützte ihn, während er
zugleich den Nabatäerkönig Aretas III. überzeugte, sich gegen Aristobulos zu wenden. Die vereinigten Heere von Hyrkanos, Antipater
und Aretas zwangen Aristobulos schließlich zum Rückzug nach Jerusalem. Nachdem Pompeius im Jahr 63 v. d. Z. Judäa erobert hatte, bot
Antipater den Römern seine Dienste an, und als Pompeius im Jahr 48
v. d. Z. starb, wechselten sowohl er als auch Hyrkanos ins Lager von

Iulius *Caesar über, der Antipater dann das römische Bürgerrecht
verlieh, ihn zum Statthalter von Judäa machte und ihm die Befugnis
erteilte, den Schutzwall von Jerusalem zu verstärken. Unter römischer
Führung gewann Antipater stetig an Macht; seine Söhne *Phasael
und Herodes setzte er als militärische Verwalter von Jerusalem beziehungsweise Galiläa ein. Nach der Ermordung von Iulius Caesar
im Jahr 44 v. d. Z. versuchten sich Antipater und Herodes bei Cassius
einzuschmeicheln, der an dem Mordkomplott beteiligt gewesen war
und Syrien eingenommen hatte. Kaum waren Brutus und Cassius im
Jahr 42 v. d. Z. von *Marcus Antonius und Octavian, dem künftigen
*Augustus, bei Philippi geschlagen worden, gelang es Antipater und
seinen Söhnen, sich Antonius' Gunst zu sichern.

Nachdem Antipater also gekonnt so viele trübe Gewässer durch-
schifft und seinem Sohn Herodes eine starke Position gesichert hatte,
fiel er schließlich selbst einer politischen Intrige zum Opfer: Im Jahr
43 v. d. Z. wurde er vom Mundschenk des Hohepriesters Hyrkanos II.
während eines Banketts in dessen Palast vergiftet. Als Ehrerweisung
und aus Dankbarkeit dem Vater gegenüber gründete Herodes, nachdem er von den Römern in den Stand des Königs von Judäa erhoben worden war, die nordöstlich von Jaffa gelegene Stadt Antipatris.
*Paulus sollte dort eine Nacht als Gefangener verbringen, als er unter
römischer Bewachung von Jerusalem nach Caesarea gebracht wurde,
um vor dem judäischen Prokurator *Felix zu erscheinen (Apg 23,31).
(Quellen: Josephus, *BI* 1,6–11; *AJ* 14,1.1–11)

ARCHELAOS

Archelaos, der älteste Sohn von Malthake, der samarischen Frau von
*Herodes dem Großen, wurde vom Vater zum Haupterben eingesetzt
und herrschte von 4 v. bis 6 n. d. Z. über Judäa, Idumäa und Samaria.
Herodes hatte ihm testamentarisch Thron und Königstitel vermacht.

Archelaos machte sich umgehend auf den Weg nach Rom, um sein Erbe von Kaiser *Augustus bestätigen zu lassen. Auch sein Bruder *Antipas brach auf: Er wollte sich gegen die testamentarische Änderung zur Wehr setzen, die Herodes in letzter Minute verfügt hatte, nachdem er im ersten Nachlass Antipas als Haupterben eingesetzt hatte. Auch andere Mitglieder von Herodes' Familie intervenierten beim Kaiser gegen Archelaos, ebenso wie eine Delegation von prominenten Juden, die sich lieber der direkten römischen Herrschaft unterstellen wollten, als einen Herodianer auf dem Thron zu sehen. Da in Judäa und Galiläa jedoch gerade ein Aufstand nach dem anderen ausbrach und *Varus, der römische Statthalter von Syria, ausgeschickt worden war, um den Tumulten ein Ende zu bereiten, verzögerte sich die Entscheidung des Kaisers. Schließlich war es der Appell von Herodes' berühmtem Hofgeschichtsschreiber *Nikolaus von Damaskus, der dem Anliegen des Archelaos zumindest einen Teilerfolg bescherte: Ihm wurden Judäa, Samaria und Idumäa zugeteilt. Die Königswürde wurde ihm allerdings verweigert. Er musste sich mit dem Titel eines Ethnarchen begnügen.

Herodes' endgültiges Testament zugunsten seiner beiden Söhne Antipas und *Philippos wurde bestätigt. Ersterer wurde Tetrarch von Galiläa und Peräa, Letzterer Tetrarch von Batanäa, Trachonitis und Auranitis. Ihre gemeinsame Tante *Salome, die zu Herodes' Lebzeiten eine der größten Ränkeschmiedinnen gewesen war, erbte eine beträchtliche Geldsumme (500 000 Silbermünzen) sowie die Städte Javne (Jamnia), Azotus, Phasaelis und den Königspalast von Askalon.

Wie sein Vater erwies sich auch Archelaos als ein grausamer und tyrannischer Herrscher. Außerdem empörte er seine frommen jüdischen Untertanen durch die Eheschließung mit Glaphyra, denn da sie mit seinem Bruder Alexander vermählt gewesen war und mit diesem zwei Söhne hatte, verletzte diese Heirat Mosaisches Gesetz. Auch auf dem Gebiet der Architektur versuchte Archelaos, seinem Vater nachzueifern: Er renovierte nicht nur den Königspalast von

Jericho, sondern ließ auch eine neue Stadt in der Region erbauen, die er nach sich selbst »Archelais« nannte.

Am Ende stellte Archelaos jedoch weder die Juden noch die Samaritaner zufrieden. Herausragende Vertreter beider Gruppen klagten ihn wegen seiner tyrannischen Herrschaft bei Augustus an. Der Kaiser zitierte Archelaos nach Rom, hörte die Anklage gegen den Ethnarchen und gab ihm die Möglichkeit zur Selbstverteidigung. Doch alle Erklärungen nutzten ihm nichts: Augustus setzte ihn ab, zog sein Vermögen ein und verbannte ihn nach Vienne in Gallien.

Im Neuen Testament wird Archelaos ein einziges Mal erwähnt (Mt 2,22): Wegen seiner Herrschaft über Judäa sollen sich *Joseph, *Maria und *Jesus in Galiläa anstatt Bethlehem niedergelassen haben. Mit der Aussage, dass er »an Stelle seines Vaters Herodes regierte«, wird der Ethnarch Archelaos vom Evangelisten fälschlicherweise implizit als König bezeichnet. (Quellen: Josephus, *BI* 2,1–7; *AJ* 17,13.339–355; 18,1–4.108)

ARISTOBULOS II.

Judas Aristobulos II., der jüngere Sohn von Jonathan oder Alexander Jannaios (auch Yannai oder Jannaeus; 103–76 v.d.Z.), war der vorletzte Hasmonäer, der sowohl das Amt des Hohepriesters als auch das des Königs der Juden innehatte (67–63 v.d.Z.). Jannaios' Erbe trat Alexandra Salome (Schelemzion) an. Sie war von 76 bis 67 v.d.Z. Königin. Da sie als Frau jedoch nicht das Amt des Hohepriesters antreten konnte, ging es an ihren ältesten Sohn Johannes *Hyrkanos II. über, der nach dem Tod der Mutter auch die königliche Macht übernahm. Doch sein ehrgeiziger jüngerer Bruder entthronte den schwachen Hyrkanos, nachdem er dessen Heer bei Jericho geschlagen hatte. Aristobulos' widerrechtliche Aneignung des wichtigsten weltlichen wie religiösen Amtes entfachte einen langwierigen

Bruderkrieg, bei dem Hyrkanos vom Idumäer *Antipater, dem Vater von *Herodes dem Großen, und dem Nabatäerkönig Aretas III. unterstützt wurde. Mit vereinten Kräften zwangen sie Aristobulos zum Rückzug auf den Tempelberg in Jerusalem. Im Zuge dieses Konflikts geschah es auch, dass der charismatische Regenmacher *Honi, auch Onias der Gerechte genannt, von den Anhängern des Hyrkanos zu Tode gesteinigt wurde, weil er sich geweigert hatte, Aristobulos und seine Gefolgschaft mit einem Fluch zu belegen. Der Bruderkrieg fand erst ein Ende, als der Römer Pompeius, der sowohl von Aristobulos' als auch von Hyrkanos' Vertretern um Intervention gebeten worden war, im Herbst des Jahres 63 v.d.Z. Jerusalem eroberte. Er ließ Aristobulos gefangen nehmen und setzte Hyrkanos wieder als Hohepriester ein, ohne ihm jedoch die Königswürde zurückzugeben. Der in Ungnade gefallene Aristobulos wurde gemeinsam mit seinen beiden Söhnen Alexander und *Antigonos sowie den beiden Töchtern nach Rom gebracht, um dort im Jahr 62 v.d.Z. die größtmögliche Erniedrigung zu erfahren: Er musste als besiegter Herrscher vor dem Triumphwagen des Siegers Pompeius in Rom einmarschieren.

Fünf Jahre später gelang Aristobulos und seinem Sohn Antigonos die Flucht zurück nach Judäa. Sie organisierten einen bewaffneten Aufstand, wurden von den römischen Legionen jedoch zum Rückzug nach Transjordanien gezwungen und ergaben sich schließlich in der Bergfestung Machaerus, wo *Johannes der Täufer später hingerichtet werden sollte. Dann wurden sie erneut nach Rom gebracht. Aristobulos verbrachte dort sechs Jahre in Haft, seine Kinder wurden vom römischen Senat freigelassen. Bei Ausbruch des Bürgerkriegs zwischen Iulius *Caesar und Pompeius im Jahr 49 v.d.Z. beschloss Caesar, Aristobulos freizulassen, da er glaubte, dass er ihm in seinem Kampf gegen Pompeius' Heere in Syria von Nutzen sein konnte. Doch Pompeius' Anhänger vereitelten diesen Plan, indem sie Aristobulos vergifteten, bevor er Rom verlassen konnte, und sich auch seines Sohnes Alexander und damit eines weiteren Parteigängers von

Caesar entledigten, indem sie ihn in Antiochia enthaupten ließen. Aristobulos' zweiter Sohn Antigonos überlebte und sollte von 40 bis 73 v. d. Z. der letzte Hasmonäer im Amt des Hohepriesters sein. Die Geschichte des vorletzten Priesterkönigs aus dem Geschlecht der Makkabäer-Hasmonäer nahm also ein trauriges Ende, weil Aristobulos sich wie seine Vorgänger mehr mit Politik befasst und auf militärische Abenteuer eingelassen hatte, als sich Glaubensfragen oder dem Gottesdienst im Tempel von Jerusalem zu widmen.

Neben *Josephus, der Hauptquelle für die Geschichte des Aristobulos II. (und die von Hyrkanos II.), enthalten offenbar nur noch die pseudepigraphischen Psalmen Salomos und einige Schriftrollen vom Toten Meer Informationen über ihn. Mit den Herrschern Jerusalems, von denen es in den Psalmen Salomos (8,15 – 17) heißt, dass sie den ruchlosen Eroberer (Pompeius) willkommen geheißen hätten, sind fraglos Aristobulos II. und Hyrkanos II. gemeint. Dieselben beiden Herrscher wurden vom französischen Qumran-Forscher André Dupont-Sommer auch als die »Frevelpriester« aus den Habakuk- und Nahum-Kommentaren der Qumran-Bibel identifiziert. Und jener Peitholaos, von dem Josephus schreibt, dass er »die aufständischen Anhänger des Aristobulos gesammelt« (*BJ* 1: 8,9) und nach der zweiten Gefangennahme von Aristobulos II. im Jahr 56 v. d. Z. den Kampf gegen die Römer weitergeführt habe, ist sehr wahrscheinlich identisch mit dem Ptolaus, auf den ein historisches Fragment der Schriftrollen vom Toten Meer Bezug nimmt (4Q468e 3). (Quellen: Josephus *BI* 1,5.1-7.7; *AJ* 14,1 – 4.79 u. 6,92 – 97; mTaan 3,8)

ARISTOBULOS III.

Aristobulos III. war der letzte hasmonäische Hohepriester. Seine Ernennung war das Ergebnis einer Verschwörung seiner Mutter *Alexandra und der ägyptischen Königin *Kleopatra gegen *Ananel, der

von *Herodes dem Großen zum Hohepriester berufen worden war.
*Marcus Antonius, Kleopatras Ehemann und der Gönner von He-
rodes, setzte den König so lange unter Druck, bis dieser im Jahr 35
v. d. Z. dem siebzehnjährigen Aristobulos gestattete, das Gewand des
Hohepriesters anzulegen. Doch die Popularität des jungen jüdischen
Fürsten erregte Herodes' Argwohn. Im Jahr 35/34 v. d. Z. ließ er ihn
ertränken und es wie einen Unfall aussehen. (Quellen: Josephus, *BI*
1,21–22; *AJ* 15,2.23–3.56; 20,10.247–248)

ATHRONGES

Athronges, oder auch Athrongaios, war nur ein unbedeutender ar-
mer Schäfer von gewaltiger Statur und Körperkraft gewesen, bevor
er im politischen Chaos nach dem Tod *Herodes' des Großen im
Jahr 4 v. d. Z. mit vier ebenso kräftigen Brüdern einen Aufstand an-
zettelte. Zuerst setzte er sich selbst die Königskrone auf, dann griff
er die Heere von Herodes und den Römern an. Sein Wüten gegen
die römischen Kohorten und jüdischen Heere, ganz zu schweigen
vom Mord und Totschlag gegen die schon so lange darbenden Ju-
däer, dauerte lange Zeit an. Schließlich aber wurden die Rädelsführer
von den Truppen des Ethnarchen *Archelaos gefangen genommen
und dem Aufstand ein Ende gesetzt. (Quellen: Josephus, *BI* 2,1.4; *AJ*
17,10.278–284)

ATTIKUS

Attikus, dessen vollständiger Name vermutlich Titus Claudius Herodes Atticus lautete, war von 99/100 bis 102/03 n. d. Z. römischer Statthalter von Judäa. Sein schlechter Ruf unter den Frühchristen erklärt
sich durch die Aussage des Eusebius, dass ein Vetter des *Jesus von

Nazareth, Symeon, der Sohn des Klopas, der »als zweiter Bischof der
Kirche von Jerusalem eingesetzt« wurde und somit der Nachfolger
von Jesu Bruder Jakobus war, »im Alter von 120 Jahren unter Kaiser
Trajan und dem Prokonsul Attikus den Martertod« erlitten habe.
Laut Hegesippus, auf dessen Zeugnis Eusebius sich hier beruft, war
Klopas (Kleopas) der Bruder von *Joseph und somit ein Onkel von
Jesus. (Quelle: Hegesippus in: Eusebius, *Hist. Eccl.* 3,32)

AUGUSTUS

Augustus, der einstige Gaius Iulius Caesar Octavianus (63 v.–14 n. d.
Z.), amtierte von 31 v. bis 14.n.d. Z. als erster Kaiser Roms. Im Allgemeinen folgte er während seiner Amtszeit Iulius *Caesars wohl-
wollender Politik gegenüber den Juden. Er gewährte ihnen Religionsfreiheit, das Recht auf Selbstverwaltung und stellte ihnen frei,
Tempelgelder nach Jerusalem zu schicken. Im Gegenzug für den Respekt, den Augustus dem Judentum zollte, wurden ihm im heiligen
Tempel von Jerusalem täglich Dankopfer dargebracht – ein Brauch,
der bis zum Ausbruch des Ersten Krieges gegen Rom im Jahr 66
n.d.Z. auch unter seinen Nachfolgern beibehalten wurde. *Josephus
zufolge wurden die Kosten für die Opfergaben vom jüdischen Volk
getragen, *Philo hingegen beharrte auf der Aussage, dass Augustus
die Gelder für den Kauf von zwei Lämmern und einem Ochsen pro
Tag selbst zur Verfügung gestellt habe.

Augustus' direkte Verwicklung in die inneren Angelegenheiten
der Juden begann nach seinem Sieg über *Marcus Antonius im Jahr
31 v.d.Z. Obwohl *Herodes der Große Antonius die Treue geschworen hatte, betrachtete ihn auch Augustus als einen verbündeten König
und gewährte ihm so wichtige neue Territorien wie die nördlichen
Gemarkungen der Trachonitis, Batanäa und Auranitis. Aus Dankbarkeit benannte Herodes mehrere Städte nach dem Kaiser (Caesar):

Panaeas im Norden wurde zu »Caesarea Philippi«, wo *Petrus später bekennen sollte, dass Jesus »der Christus und Sohn des lebendigen Gottes« sei. Turris Stratonis (Stratons Turm) am Mittelmeer nannte er »Caesarea Maritima«. Die alte Stadt Samaria, die von Herodes wieder aufgebaut worden war, erhielt den griechischen Namen Sebaste (das griechische Äquivalent von Augusta).

Herodes war häufig beim Kaiser zu Besuch, der ihn wie einen guten Freund zu behandeln pflegte. Sogar in die turbulenten ehelichen und familiären Konflikte des Königs von Judäa mischte sich der Kaiser ein, und nach Herodes' Tod war er es, der als Schlichter in den Streit um dessen Nachfolge eingriff. Herodes hatte kurz vor seinem Tod zwei Testamente mit einem jeweils anderen Begünstigten verfasst. Das Verwirrspiel wurde noch komplizierter, als eine judäische Delegation von Augustus verlangte, keinem von Herodes' Söhnen zu gestatten, über sie zu herrschen. Schließlich weigerte sich der Kaiser, irgendeinen der drei überlebenden Söhne als König anzuerkennen, und beschloss stattdessen, die politische und administrative Landkarte des Herodianischen Reichs völlig neu zu zeichnen. Die Folge war, dass *Archelaos, der Sohn von Herodes, den der Vater einst zum Nachfolger bestimmt hatte, zu Lebzeiten *Jesu keinen Königstitel trug, sondern zum Ethnarchen von Judäa, Samaria und Idumäa herabgestuft wurde. *Antipas und *Philippos wurden zu Tetrarchen ernannt: Ersterer von Galiläa und Peräa (Transjordanien), Letzterer von Batanäa, Auranitis, Gaulanitis, Panäa und der Trachonitis im Nordosten von Galiläa.

In die Regierungsangelegenheiten von Judäa mischte sich Augustus erneut ein, als er Archelaos als Tetrarch absetzte und in die Verbannung schickte und als er im Jahr 6 n. d. Z., nachdem Archelaos' einstige Hoheitsgebiete zur unmittelbar römisch verwalteten Provinz Judäa gemacht worden waren, *Quirinius, dem Statthalter von Syria, befahl, die steuerpflichtige Bevölkerung von Judäa, Samaria und Idumäa zu erfassen.

Die Darstellung im Evangelium des *Lukas, dass Kaiser Augustus, der um die Zeit von Jesu Geburt unter der judäischen Herrschaft von Herodes dem Großen, als »Quirinius Statthalter von Syrien« war, den Befehl erlassen habe, »alle Bewohner des Reiches in Steuerlisten einzutragen«, ist historisch höchst fragwürdig (siehe auch die Einträge zu Quirinius und Herodes dem Großen): Lukas datierte den Zensus des Quirinius, der eindeutig im Jahre 6 n.d.Z. stattfand, auf die letzten Lebensjahre des Herodes vor. (Quellen: Philo, *Legatio*, 156–157, 311–320; Josephus, *AJ* 6,16.162–173; *BI* 2, 11–12; Lk 2,1–2)

B

BANNUS

Bannus war ein Eremit, der Mitte des 1. Jahrhunderts n.d.Z. in der Judäischen Wüste lebte. Die wenigen Informationen über ihn stammen allesamt von Flavius *Josephus, der in seiner *Vita* berichtet, dass er drei Jahre als Schüler bei Bannus verbrachte, nachdem er zuvor mit den Lebensweisen der »bei uns vorhandenen Schulrichtungen« unter den Pharisäern, Sadduzäern und Essenern experimentiert hatte. Seiner Schilderung nach blieb Bannus ein Leben lang in der Einöde, fertigte seine Kleidung aus Baumrinde, ernährte sich von dem, »was von selbst wuchs«, und wusch sich »um der Reinheit willen« häufig mit kaltem Wasser. Seine Lebensweise ähnelte der des Täufers *Johannes, der »von Heuschrecken und wildem Honig lebte« (Mk 1,6). Eine andere mögliche Ähnlichkeit war, dass offenbar auch Bannus Jünger hatte. Die häufigen Waschungen, die Bannus zugeschrieben werden, erinnern zwar an die zeremoniellen Bäder der Essener, doch da er nicht in einer organisierten Gemeinschaft lebte, ist es unwahrscheinlich, dass er der Bewegung der Essener wirklich angehörte. (Quelle: Josephus, *Vita* 10 u. 11)

BARNABAS

Barnabas ist der aramäische Name, mit dem die Apostel einen zyprio-
tischen Leviten namens Joseph bedachten, der eine Weile lang zum
wichtigsten Gefährten des *Paulus wurde. In der Apostelgeschichte
wird der Name fälschlicherweise als »Sohn des Trostes« übersetzt; die
sehr viel wahrscheinlichere Transliteration lautet »Sohn der Prophezeiung«. Barnabas führte seinen Bekannten Saul von Tarsus – den
künftigen Paulus – bei den Aposteln in Jerusalem ein, nachdem dieser
auf dem Weg nach Damaskus ein mystisches Erlebnis gehabt hatte.
Als Barnabas von Jerusalem nach Antiochia geschickt wurde, um
dort die Kirche aufzubauen, reiste er zuerst nach Tarsus, um Paulus
zu überreden, ihn als Stellvertreter zu begleiten. Gemeinsam wurden
sie später mit dem Geld nach Jerusalem geschickt, das in Antiochia
während der großen und vom Propheten *Agabus vorausgesagten
Hungersnot unter Kaiser *Claudius zur Unterstützung der judäischen
Brüder gesammelt worden war. Nach ihrer Rückkehr gesellte sich
in Antiochia noch Barnabas' Vetter Johannes, *Markus genannt, zu
ihnen. Gemeinsam brachen die drei zur ersten Missionsreise auf, und
auf dieser Reise ging die Führungsrolle von Barnabas auf Paulus über.
Nachdem Paulus und Barnabas beim Apostelkonzil in Jerusalem ihren gemeinsamen Versuch verteidigt hatten, Nichtjuden zu bekehren,
wurden sie wieder nach Syria geschickt, um dort weiterhin ihre »Hei-
denmission« zu betreiben. In Antiochia zerbrach die Freundschaft
von Barnabas und Paulus jedoch, weil sich *Petrus und Barnabas
unter dem moralischen Druck der judenchristlichen Besucher aus
Jerusalem geweigert hatten, neben nichtjüdischen Christen zu spei-
sen, und dafür öffentlich von Paulus gerügt worden waren. Als vor der
zweiten Missionsreise ein weiterer Streit ausbrach, trennten sich ihre
Wege endgültig. Barnabas segelte mit Johannes Markus nach Zypern,
während Paulus in der Begleitung von *Silas über Land durch Syria
und Zilizien reiste. Von da an sollte Paulus Barnabas vollends in den

Schatten stellen. Die Apostelgeschichte berichtet kein einziges Wort
mehr über ihn.

Der angebliche Barnabasbrief, ein frühchristliches Dokument mit
heftigen antijüdischen Untertönen, das aus der Zeit zwischen 70 und
135 n.d.Z. stammt, hat nicht das Geringste mit dem Barnabas aus der
Apostelgeschichte zu tun. (Quellen: Apg 4,36; 9,27; 11,21; 30; 12,25;
13–15; 1 Kor 9,6; Gal 2,1; Kol 4,10)

BARTHOLOMÄUS

Den Listen der synoptischen Evangelien und der Apostelgeschichte
zufolge (Mk 3,16–19; Mt 10,2–4; Lk 6,14–16; Apg 1,12–14) war
Bartholomäus einer der zwölf Apostel Jesu. Im Evangelium des *Johannes taucht sein Name nicht auf, aber es wird oft vermutet, dass
Nathanael, der Johannes zufolge von Philippus aus Bethsaida zu Jesus gebracht wurde (Joh 1,45–46), mit Bartholomäus identisch war.
Mehr erfahren wir weder aus dem Neuen Testament noch aus historisch verlässlichen späteren Quellen über Bartholomäus.

Der Kirchenhistoriker Eusebius berichtete im 4.Jahrhundert von
einer Überlieferung, nach der Bartholomäus das christliche Evangelium in Indien verkündet und den Indern »die Schrift des Matthäus
in hebräischer Sprache hinterlassen« habe. (Quelle: Eusebius, *Hist.
Eccl.* 5,10.3)

BERENIKE

Berenike (Berenice), die Tochter von König *Agrippa I. und die
Schwester von König *Agrippa II., war ein beliebtes Gesprächsthema
für die Klatschbasen der alten jüdischen und römischen Welt. Sie war
drei Mal verheiratet. Zuerst mit Marcus Iulius Alexander, dem Sohn

des jüdischen Kapitalgebers Alexander Alabarch aus Alexandria, der ein Bruder von Tiberius Iulius *Alexander, dem römischen Prokurator von Judäa (46–48 n. d. Z.), und somit der Neffe des *Philo von Alexandria war. Nach Alexanders Tod wurde Berenike, wie so viele herodianische Prinzessinnen, mit einem Onkel verheiratet – in ihrem Fall mit König *Herodes von Chalkis. Im Jahr 48 n. d. Z. wurde sie zum zweiten Mal Witwe. Ab diesem Zeitpunkt befand sie sich in der ständigen Gesellschaft ihres Bruders Agrippa II., weshalb sich in Palästina und den obersten Rängen der römischen Gesellschaft schnell das Gerücht verbreitete, dass die beiden Liebende waren. Um den Klatsch Lügen zu strafen, überredete Berenike König Polemon von Zilizien zu einer zeremoniellen Eheschließung. Doch schon bald darauf folgte die Scheidung, und Berenike lebte wieder mit Agrippa zusammen. Nicht nur *Josephus, sondern auch der römische Dichter Juvenal spielt deutlich auf diese Liaison an. Der bekannte Satiriker schreibt von einem berühmten, kostbaren Diamantring an Berenikes Finger, der der inzestuösen Schwester vom Barbaren Agrippa geschenkt worden sei *(adamas notissimus et Beronices / in digito factus pretiosior. Hunc dedit olim / barbarus incestae dedit hunc Agrippa sorrori).*

Berenikes größte Eroberung war jedoch *Titus, der Sohn *Vespasians, der vom Vater kurz nach dessen Ausrufung zum Kaiser im Jahr 69 n. d. Z. mit der Aufgabe betraut wurde, den Krieg gegen die Juden zu beenden. Der römischen Gerüchteküche zufolge hatte die Affäre zwischen den beiden schon vor 69 n. d. Z. in Palästina begonnen. Der römische Historiker Tacitus schreibt, Titus sei »entflammt vor Sehnsucht nach der Königin Berenice« schnellstens nach Judäa zurückgekehrt, nachdem ihn der Vater nach *Neros Selbstmord beauftragt hatte, die politische Lage in Rom auszukundschaften. Im Jahr 75 n. d. Z., nach dem Ende des Jüdischen Krieges, war Berenike in Rom, wo sie offen als Titus' Geliebte lebte. Wenn man den Stadtgesprächen Glauben schenken darf, war Titus derart verliebt in sie, dass man fast schon die Hochzeitsfanfaren hören konnte *(propterque*

insignem reginae Berenices amorem, cui etiam nuptias polliticus ferebatur,
»Nicht minder tadelte man [...] seine heftige Leidenschaft zur Königin Berenice, der er, wie man allgemein sagte, sogar die Ehe versprochen hatte«, Sueton, *Titus*, 7,1). Tatsächlich gestattete Titus ihr, sich
wie sein Eheweib aufzuführen (Cassius Dio). Doch als er nach dem
Tod Vespasians im Jahr 79 n. d. Z. den Thron bestieg, wurde ihm klar,
dass eine Ehe mit Berenike von den Römern kaum akzeptiert würde.
Daher zwang er sich, sie aus Rom fortzuschicken, »so schmerzlich es
ihn und sie auch ankam« (*invitus invitam*: Sueton, *ibd.*, 7,2).

Berenikes Lebenslust und sexuelle Freizügigkeit konnten sie allerdings nicht davon abhalten, hingebungsvoll den jüdischen Glauben
zu praktizieren und im Tempel sogar das Nasiräergelübde abzulegen.
Was die neutestamentarischen Querverbindungen betrifft, so heißt
es in der Apostelgeschichte nur, dass auch Berenike im Jahr 60 n. d. Z.
bei der berühmten Begegnung in Caesarea anwesend gewesen sei, als
*Paulus ihrem Bruder Agrippa II. im Palast des römischen Prokura-
tors *Festus seine Glaubensvorstellungen vortrug.

Sie wurde auch zur namengebenden Heldin der Tragödie *Béré-
nice*, die der große französische Dramatiker Jean Racine im Jahr 1670
schrieb. (Quellen: Apg 25,13 u. 23; 26,30; Josephus, *BI* 2; *AJ* 18–20;
Tacitus, *Historien* 2,2; Sueton, *Titus* 7,1–2; Dio 66:15,4; Juvenal,
Satiren, 6,156–158)

C

CAESAR

Gaius Iulius Caesar (100–44 v. d. Z.) war ein römischer Feldherr
und Staatsmann. Abgesehen von den Lesern des Neuen Testaments,
die in römischer Geschichte bewandert sind, machen sich nur wenige Menschen bewusst, wie stark Iulius Caesar in seinen letzten
Lebensjahren (49–44 v. d. Z.) Einfluss auf die Geschicke der Juden

von Palästina und in der Diaspora nahm. *Jüdische Altertümer*, das Werk des Historikers Flavius *Josephus, enthält Auszüge aus mehreren amtlichen Dokumenten, in denen es um Caesars Judenpolitik geht und die trotz ihrer Lückenhaftigkeit einen guten Einblick in das Wesentliche dieser Geschichte bieten können.

Um die Lage zu verstehen, sollte man sich in Erinnerung rufen, dass Judäa im Jahr 63 v. d. Z. von *Pompeius erobert worden war. Er hatte den amtierenden jüdischen Hohepriester *Aristobulos II. abgesetzt, inhaftiert und durch dessen Bruder *Hyrkanos II. ersetzt. Das bedeutet, dass nicht nur Hyrkanos, sondern auch der Idumäer *Antipater – der aufstrebende politische Führer Palästinas und Vater von *Herodes dem Großen – anfänglich auf der Seite von Pompeius gestanden hatte. Als im Jahr 49 v. d. Z. der Krieg zwischen Caesar und Pompeius ausbrach, bemühten sich Caesar und seine Gefolgsleute jedoch um die Unterstützung der jüdischen Elite. Deshalb ordnete er auch die Entlassung des von Pompeius abgesetzten Aristobulos II. aus der römischen Haft an und stellte ihm zwei Legionen zur Verfügung, mit denen er Pompeius in Syria angreifen sollte. Doch dieser Plan schlug fehl, da Pompeius' Anhänger Aristobulos in Rom vergifteten, noch bevor er sich auf den Weg nach Syria machen konnte. Nach Pompeius' Tod, kurz nach dem Sieg von Caesars Truppen in der Schlacht bei Pharsalos (48 v. d. Z.), wechselten der Hohepriester Hyrkanos II. und Antipater die Seiten und schworen dem Sieger die Treue. Antipater stieß mit dreitausend jüdischen Fußsoldaten zu Caesars Truppen, die gegen Ägypten in den Krieg zogen, und Hyrkanos schmeichelte sich bei Caesar ein, indem er die ägyptischen Juden aufforderte, ihn zu unterstützen. Zur Belohnung bestätigte Caesar Hyrkanos im Amt des Hohepriesters und als Ethnarch der Juden; Antipater verlieh er das römische Bürgerrecht sowie den Titel eines Statthalters von Judäa und befreite ihn von allen Abgaben. Damit hatte er den Aufstieg der Herodianischen Dynastie gesichert, die von nun an rund einhundert Jahre in Palästina herrschen sollte.

Zu den Gefälligkeiten, die Caesar Hyrkanos künftig erweisen sollte, zählte zum Beispiel, dass er die Hafenstadt Jaffa (Ioppa) sowie all die anderen Städte, die Pompeius den Juden genommen hatte, seinem Hoheitsgebiet zuschlug. Außerdem erlaubte er ihm, die Mauern Jerusalems wieder aufzubauen, und befreite alle Juden in seinem Gebiet vom Militärdienst. Auch die Juden in der Diaspora genossen Caesars Wohlwollen: Die Bürgerrechte der jüdischen Gemeinde von Alexandria wurden bestätigt, und die Juden Kleinasiens erhielten die Zusicherung voller Religionsfreiheit.

So gesehen ist es nicht überraschend, dass Caesar zum Helden der Juden in der gesamten römischen Welt wurde. Nachdem er 44 v.d.Z. an den Iden des Mars ermordet worden war, soll er von den Juden heftiger betrauert worden sein als von allen anderen Volksgruppen. »Während dieser großen Staatstrauer«, schreibt Sueton, »konnte man auch bei den vielen Ausländern, die in Rom wohnten, gruppenweise je nach ihrer Sitte Trauergesänge hören, *besonders bei den Juden, die sogar viele Nächte hintereinander die Verbrennungsstätte besuchten*« (Hervorhebung des Autors).

Im Jahr 42 v.d.Z. wurde Caesar zum Gott erhoben und seitdem als *divus Iulius* verehrt. (Quellen: Josephus, *AJ* 14,8.127–142; Sueton, *Caesar* 84,5)

CALIGULA

Gaius Iulius Caesar Germanicus, genannt Caligula (12–41 n.d.Z.), amtierte von 37 bis 41 n.d.Z. Er war der Sohn eines Neffen von *Tiberius und fünfundzwanzig Jahre alt, als er dessen Nachfolger wurde. Die Juden, so heißt es, gehörten zu den ersten Volksgruppen im Römischen Reich, die seine Thronbesteigung begrüßten; sie brachten im Tempel von Jerusalem sogar Opfer für sein Wohlergehen dar (*Philo, *Legatio* 231–232). Während seiner kurzen Regentschaft intervenierte Caligula wiederholt in die politischen und religiösen Angelegenheiten der Juden von Judäa und Alexandria. Zunächst zur Politik: Er setzte Herodes *Antipas als Tetrarch von Galiläa ab und verbannte ihn nach Lugdunum (Lyon) in Gallien. Antipas' Gebiete und die Tetrarchie von *Philippos übertrug er seinem Freund *Agrippa I., dem Enkel von *Herodes dem Großen, dem er auch den Königstitel gewährte.

Caligulas religiöser Konflikt mit den Juden ergab sich aus seiner Überzeugung, dass er, der römische Kaiser, selbst als leibhaftiger Gott zu verehren sei. Die Weigerung, ihn anzubeten, wurde als Majestätsbeleidigung geahndet. In diesem Zusammenhang kam es im Jahr 38 n. d. Z. denn auch prompt zu gewalttätigen und offenbar vom Kaiser selbst geschürten Ausschreitungen gegen die Juden von Alexandria. *Flaccus, der römische Präfekt von Ägypten, bot diesen Tumulten nicht nur keinen Einhalt, sondern stiftete sogar noch zu weiteren Unruhen an, indem er den Ägyptern gestattete, Bildsäulen des Kaisers in Synagogen aufzustellen (Philo, *Gegen Flaccus* 8–24). Zudem beraubte er die Juden von Alexandria gegen herrschendes Gesetz ihrer Bürgerrechte (*ibd.*, 40–57) und befahl sogar die öffentliche Auspeitschung von Mitgliedern ihres Ältestenrats. Die Verfolgung dauerte mehrere Monate an, bis zum Herbst des Jahres 38 n. d. Z., als Flaccus schließlich seines Amtes enthoben wurde. Später wurde er auf Anordnung Caligulas hingerichtet (*ibd.*, 97–191). Sowohl die Griechen als auch die Juden Alexandrias entsandten Deputationen nach Rom, um dort ihre jeweilige Sache vorzutragen. Die Griechen wurden vom Polemiker Apion angeführt, gegen dessen antijüdische Schmähungen sich *Josephus in seiner Schrift *Gegen Apion* zur Wehr setzte; die Delegation der Juden leitete der berühmte Philosoph Philo von Alexandria. Letztendlich machte jedoch keine der beiden Gesandtschaften Eindruck auf Caligula: Er sprach beiden gegenüber Drohungen für den Fall aus, dass sie seine Göttlichkeit nicht anerkennen würden.

Im Jahr 39 n. d. Z. kam es zu einem weiteren Aufruhr in Judäa, weil Caligula beschlossen hatte, im Tempel von Jerusalem sein Standbild aufstellen zu lassen. *Petronius, der Statthalter von Syria, stellte die Hälfte der römischen Legionen unter seinem Kommando auf, um die Ausführung dieses Befehls notfalls mit Gewalt durchzusetzen. Er war ein vernünftiger Mann und wollte mit den jüdischen Abgeordneten einen Kompromiss aushandeln, hatte damit jedoch keinen Erfolg. Schließlich versuchte er einfach, Zeit zu gewinnen. Caligula war derart erzürnt über diese mangelnde Bereitschaft, dem kaiserlichen Dekret Folge zu leisten, dass er ihm schriftlich den Selbstmord befahl. Doch im Januar 41 n. d. Z. fiel der Kaiser einem Meuchelmord zum Opfer, und da sich die Nachricht von seinem Tod schneller verbreitete, als das Schreiben mit dem Todesurteil bei Petronius eintreffen konnte, verzichtete der Statthalter von Syria auf den Selbstmord und ignorierte den Befehl zur Errichtung eines Standbilds von Kaiser Caligula in Jerusalem. (Quellen: Philo, *Legatio*, 231–231, 349–373; Josephus, *BI* 2,10–11; *AJ* 18,8.257–261)

CLAUDIUS

Claudius Tiberius Drusus (10 v. d. Z.–54 n. d. Z.), ein Enkel von *Marcus Antonius sowie Stiefenkel und Großneffe von *Augustus, war der vierte Kaiser Roms. Die Prätorianer hatten ihn nach dem Mord an *Caligula zum Kaiser ausgerufen. Er herrschte von 41 bis 54 n. d. Z.

Claudius' einzige direkte Einmischung in die inneren Angelegenheiten von Judäa bestand aus einem Dekret, welches das von den Römern beanspruchte Recht auf die Aufbewahrung der hohepriesterlichen Gewänder wieder den Juden zusprach und dem Hohepriester somit erneut mehr Handelsfreiheit zusicherte. Eine entscheidende Rolle spielte er außerdem bei der Beilegung des Konflikts, der während der Regentschaft seines Vorgängers Caligula zwischen den Griechen und Juden Alexandrias ausgebrochen war. Claudius gewährte den Juden wieder Religionsfreiheit und verurteilte die beiden ägyptischen Anführer der antijüdischen Ausschreitungen zum Tode. In einem Schriftstück, datiert auf Oktober 41 n. d. Z., fordert der Kaiser beide Parteien auf, Ruhe zu bewahren und sich nicht in die Angelegenheiten der jeweils anderen Seite einzumischen. Gleichzeitig erinnerte er die Juden jedoch ausdrücklich an ihre besonderen Rechte und Pflichten in einer Stadt, die nicht die ihre war (Papyrus London 19,2). Die Schlichtungsbedingungen unterscheiden sich allerdings von den Auflagen, die uns *Josephus überliefert, denn er schreibt, dass die Juden »gleiches Bürgerrecht mit den Letzteren [Alexandrinern] erhalten haben« (*Ant.* 19,5.281).

Im Neuen Testament wird Claudius zweimal erwähnt. Der erste Hinweis findet sich im Zusammenhang mit der großen Hungersnot, die Palästina während seiner Regentschaft heimsuchte: »Agabus trat auf und weissagte durch den Geist, eine große Hungersnot werde über die ganze Erde kommen. Sie brach dann unter Claudius aus« (Apg 11,28). Josephus begrenzt das Notstandsgebiet auf Judäa (*Ant.* 20,5.101). Der zweite Hinweis findet sich im Zusammenhang mit Claudius' Befehl, alle Juden aus Rom auszuweisen, darunter auch Aquila und Priscilla, die beiden judenchristlichen Gefährten von *Paulus während dessen Mission in Korinth (Apg 18,2). Dass Josephus diese Ausweisung von Juden stillschweigend übergeht, überrascht. Der römische Historiker Sueton berichtet davon: »Die Juden, welche von Chrestos aufgehetzt, fortwährend Unruhe stifteten, vertrieb er aus Rom.« Obwohl »Chrestos« ein gebräuchlicher Name war, ist es durchaus möglich, dass es sich hier um eine von Sueton abgewandelte Form des Namens »Christus« handelt und mit der »Unruhe« die Probleme zwischen den Juden und Judenchristen in Rom gemeint waren. Möglicherweise hatte Sueton andeuten wollen, dass »Chrestos« selbst zu diesen Unruhen angestiftet habe. In diesem Fall hätte

es ihm allerdings an der Genauigkeit eines Tacitus gemangelt, dem
nicht nur bewusst war, dass die Menschen, die »das Volk Christen
nannte«, Anhänger von Christus waren, sondern auch, dass »der, von
welchem dieser Name ausgegangen, Christus [...], unter der Regierung des Tiberius vom Prokurator Pontius Pilatus hingerichtet worden« war. (Quellen: Josephus, *BI* 2,11; *AJ* 19 u. 20; Sueton, *Claudius*
25,4; Tacitus, *Annalen* 15.44, 2−3)

COPONIUS

Coponius war der erste römische Präfekt von Judäa (6−8 n.d.Z.).
Er wurde von *Augustus eingesetzt, nachdem *Archelaos, der Sohn
von *Herodes dem Großen, als Ethnarch von Judäa abgesetzt worden
war. Coponius war »ein Römer aus dem Ritterstand«, der »vom Kaiser alle Gerechtsame einschließlich der Verhängung der Todesstrafe
erhielt« (Josephus, *BI* 8,1). Während seiner Amtszeit ließ *Quirinius
die steuerpflichtige Bevölkerung von Judäa erfassen, und *Judas der
Galiläer (Jehuda aus Gamala) begründete mit dem Pharisäer Zadok
die aufständische zelotische Bewegung der Sikarier. In dieser Zeit
geschah es auch, dass eine Gruppe von Samaritanern den Tempel
entweihte, indem sie sich heimlich in die heiligen Hallen schlich und
dort menschliche Gebeine verstreute. Nach dem Ende seiner Amtszeit kehrte Coponius nach Rom zurück.

Seine Nachfolger waren Marcus Ambivius (auch Ambibulus genannt; 9−12 n.d.Z.), über dessen Verwaltung *Josephus nichts berichtet, und Annius Rufus (12−15 n.d.Z.), während dessen Amtszeit
Augustus starb und *Tiberius den Thron erbte (14 n.d.Z.). (Quellen:
Josephus, *BI* 2,8.1; *AJ* 18,2.29-30)

CORNELIUS

Cornelius war ein in Caesarea stationierter römischer Zenturio. Der
Autor der Apostelgeschichte bezeichnet ihn als »gottesfürchtig«, was
bedeutet, dass es sich um einen nichtjüdischen Sympathisanten mit
dem jüdischen Glauben handelte. Ob historisch belegt oder nicht,
Cornelius spielte jedenfalls eine große Rolle im Drama der Aufnahme
von Nichtjuden in die judenchristliche Urgemeinde. Zwei Visionen
bereiten in der Apostelgeschichte auf diese Episode vor: Zuerst erscheint Cornelius beim jüdischen Gebet der neunten Stunde ein Engel, der zu ihm sagt, er solle Männer nach Joppe schicken und einen
gewissen Simon mit Beinamen Petrus herbeiholen lassen. Anschließend hat Petrus eine Vision, in der ihm eine Stimme sagt: »Was Gott
für rein erklärt, nenne du nicht unrein!« Nachdem Cornelius' Männer
bei Petrus eingetroffen sind, begibt er sich mit ihnen auf den Weg
nach Caesarea, wo er bereits von ihm, seiner Familie und Freunden
erwartet wird. Da sagt Petrus zu ihnen: »Ihr wisst, dass es einem
Juden nicht erlaubt ist, mit einem Nichtjuden zu verkehren oder sein
Haus zu betreten; mir aber hat Gott gezeigt, dass man keinen Menschen unheilig oder unrein nennen darf.« Dann vermittelt er ihnen
die Grundlagen des Evangeliums und berichtet vom Geschehen seit
der Taufe durch Johannes, »wie Gott Jesus von Nazareth gesalbt hat
mit dem Heiligen Geist und mit Kraft, wie dieser umherzog, Gutes
tat und alle heilte, die in der Gewalt des Teufels waren«. Er erzählt
vom Sterben Jesu und von der Auferstehung und erklärt schließlich,
dass Jesus »der von Gott eingesetzte Richter der Lebenden und der
Toten« sei und »dass jeder, der an ihn glaubt, durch seinen Namen
die Vergebung der Sünden empfängt«. Da kam plötzlich »der Heilige Geist auf alle herab, die das Wort hörten«, und alle »redeten in
Zungen«.

Die Lehre, die man aus dieser Geschichte zog, war, dass auch
gottesfürchtige Nichtjuden die Taufe empfangen und Mitglieder der

Kirche werden konnten, ohne zuvor alle nötigen Schritte für einen Übertritt zum Judentum unternommen zu haben. Das war der Kern von *Paulus' Missionsbotschaft. Doch diese Anekdote hat einen deutlichen politischen Unterton. Wenn man den Konflikt bedenkt, der zwischen Petrus und Paulus wegen der Behandlung von Nichtjuden schwelte, dann lag es ganz eindeutig im Interesse von Petrus' Gefolgschaft, diese grundlegende liberalisierende Neuerung beim Apostolischen Konzil, an dem auch Paulus teilnahm, Petrus zuzuschreiben. Für ein gewisses Maß an historischer Wahrheit hinter der Geschichte von Cornelius könnte sprechen, dass sehr konkrete Details von Petrus' Aufenthaltsort in Joppe angegeben werden (wo er »zu Gast bei einem Gerber namens Simon« war, der »ein Haus am Meer hat«) oder dass Cornelius ausdrücklich als ein »Hauptmann in der sogenannten Italischen Kohorte« von Caesarea bezeichnet wird. Es wäre denkbar, dass ein römischer Offizier in die christliche Gemeinschaft von Caesarea aufgenommen wurde, ohne zuvor dem Zwang unterworfen worden zu sein, alle Rituale des Übertritts zum Judentum zu durchlaufen. (Quelle: Apg 10)

CUMANUS

Ventidius Cumanus war von 48 bis 52 n.d.Z. römischer Prokurator von Judäa. Unter seinen beiden Vorgängern hatten ständig Unruhen geschwelt, die in der Mitte des 1. Jahrhunderts schließlich offen ausbrachen.

Zum ersten Aufruhr kam es, als einer der römischen Soldaten, die während des Passahfests auf dem Dach des Tempels postiert waren, den Juden das nackte Gesäß zeigte und dazu »ein entsprechend unanständiges Geräusch« machte. Das empörte Volk begehrte laut auf und begann die Soldaten mit Steinen zu bewerfen, woraufhin eine ganze Kohorte herbeizitiert wurde. Viele protestierende Juden mussten aus dem Tempel in die Stadt fliehen; viele kamen bei dieser panischen Flucht ums Leben. Die von *Josephus angegebenen Zahlen – an einer Stelle spricht er von 20 000, an anderer von 30 000 Toten – scheinen allerdings übertrieben.

Der nächste Aufstand brach aus, nachdem Juden auf einer Landstraße das Gepäck eines kaiserlichen Sklaven geraubt hatten. Cumanus schickte daraufhin eine Militärstreife in die benachbarten Ortschaften, um alle Einwohner zu verhaften. In einem Dorf stieß einer seiner Soldaten »auf das heilige Gesetz, zerriß das Buch und warf es ins Feuer«. Sofort strömte das Volk nach Caesarea und verlangte von Cumanus, den Missetäter zu bestrafen. Um die Juden wieder zu beruhigen, ließ er den Soldaten vorführen und öffentlich hinrichten.

Der dritte Aufruhr war um einiges ernsthafter und sollte schließlich auch zu Cumanus' Amtsenthebung führen. Diesmal war der Anlass der Mord an einem Galiläer gewesen, der die Ebene von Samaria auf der Pilgerschaft nach Jerusalem durchquerte. Weil Cumanus von Samariern bestochen worden war, nicht auf das Verbrechen zu reagieren, beschlossen die Juden aus Galiläa und Judäa, die Dinge selbst in die Hand zu nehmen. Daraufhin schritt Cumanus jedoch sofort ein, ließ die Juden angreifen und viele von ihnen töten oder als Gefangene nach Caesarea bringen. Sofort wandten sich Juden wie Samarier hilfesuchend an Ummidius Quadratus, den römischen Statthalter von Syria. Er leitete eine Untersuchung in die Wege, die damit endete, dass alle aufständischen Juden, die von Cumanus gefangen genommen worden waren, ans Kreuz geschlagen wurden. Die einflussreichsten Juden und Samarier wurden mitsamt Cumanus nach Rom transportiert. Kaiser *Claudius, der vom jüdischen König *Agrippa II. beraten wurde, entschied jedoch zugunsten der Juden und ließ die führenden Samarier hinrichten. Cumanus »schickte er nach Jerusalem, dass er den Juden zur Folterung übergeben werde«. Am Horizont brauten sich die Sturmwolken des großen Aufstands zusammen. (Quellen: Josephus, *BI* 2,12.1-7; *AJ* 20,5.103 – 6.36)

D

DOMITIAN

Titus Flavius Domitianus (51–96 n.d.Z.), der jüngere Sohn *Vespasians, war von 81 bis 96 n.d.Z. Kaiser von Rom. Während seiner Regentschaft herrschte in Rom nicht nur eine antijüdische, sondern ganz offensichtlich auch eine antichristliche Stimmung. Die Feindseligkeit gegenüber den Juden fand ihren wesentlichen Ausdruck in einer Tempelsteuer für Jupiter Capitolinus. Die zwei Drachmen, die jeder erwachsene männliche Jude an den Tempel von Jerusalem abzuführen pflegte, wurden einfach in die Schatzkammer des römischen Tempels umgeleitet. Bereits Vespasian hatte diesen berüchtigten *fiscus Iudaicus* eingeführt, doch unter Domitian wurde noch wesentlich strenger auf die Eintreibung dieser »Judensteuer« geachtet. Erst unter dessen Nachfolger Nerva (96–98 n.d.Z.) wurde das Verfahren wieder ein wenig gelockert. Sueton liefert uns einen lebendigen Bericht:

Besonders hart verfuhr man bei der Eintreibung der Judensteuer. Ihr wurden sowohl die unterworfen, welche, ohne sich als Juden zu bekennen, nach jüdischer Weise lebten, wie auch die, welche durch Verheimlichung ihrer Abstammung sich der Zahlung der ihrem Volk auferlegten Steuer zu entziehen versucht hatten. Ich erinnere mich, als ganz junger Mensch zugegen gewesen zu sein, als vor dem Prokurator und einem zahlreichen Kollegium bei einem neunzigjährigen Greis geprüft wurde, ob er beschnitten sei.

Konversionen zum jüdischen Glauben wurden als Hinwendung zum Atheismus betrachtet und waren bei schwerster Strafe verboten. Sogar ein Vetter des Kaisers, der Konsul Flavius Clemens, wurde wie so viele andere Menschen aus diesem Grund zum Tode verurteilt. Wer mit dem Leben davonkam, hatte zumindest sein Recht auf Eigentum verwirkt (Cassius Dio). Eusebius erklärt, bevor er einen entsprechenden Bericht des christlichen Autors Hegesippus aus dem 2. Jahrhundert zitiert, dass Domitian die Christen verfolgt habe, weil »einige Häretiker die Nachkommen des Judas, eines leiblichen Bruders unseres Erlösers, angezeigt haben, mit dem Bemerken, sie stammen aus dem Geschlechte Davids«. Die historische Wahrheit dieser Darstellung ist jedoch fragwürdig.

Domitian wurde vermutlich zu Unrecht verdächtigt, seinen Bruder und Vorgänger *Titus ermordet zu haben (Sueton, Dio). Dass er selbst im Jahr 96 n.d.Z. eines gewaltsamen Todes starb, steht jedoch außer Zweifel. (Quellen: Sueton, *Domitian* 12,2; Dio 66,17; 67,14.1−2; Eusebius, *Hist. Eccl.* 3,19)

DRUSILLA

Drusilla war eine herodianische jüdische Prinzessin, die laut Apostelgeschichte (24,24) bei dem Gespräch zugegen war, das ihr Ehemann *Felix, der römische Prokurator von Judäa (58−60 n.d.Z.), mit *Paulus während dessen Haft in Caesarea führte.

Drusilla war die Tochter des jüdischen Königs *Agrippa i. und dessen Frau Kypros, ergo die jüngere Schwester von *Agrippa ii. und Königin *Berenike, die ihr aus Neid auf ihre große Schönheit das Leben schwer machte. Die problematische Geschichte von Drusillas Ehen gewährt einen interessanten Einblick in die gesellschaftlichen Regeln, von denen der jüdische Adel im 1. Jahrhundert n.d.Z. bestimmt wurde. Zunächst hatte man sie mit Epiphanes verlobt, dem Sohn des nichtjüdischen Kommagenerkönigs Antiochos. Doch die Verbindung wurde vom Bräutigam wieder gelöst, weil er nicht der Forderung von Drusillas Familie nachkommen und sich beschneiden lassen wollte, obwohl sich die Herodianer als Juden betrachteten und in der Öffentlichkeit entsprechend verhielten. Im Anschluss arrangierte Drusillas Bruder Agrippa ii. ihre Hochzeit mit Azizus, dem

König von Emesa, der ebenfalls Nichtjude war, aber nichts gegen eine vollständige Konversion einzuwenden hatte. Diese Ehe zerbrach jedoch, als der römische Prokurator Antonius Felix die schöne Drusilla mithilfe eines jüdischen Magiers dazu verleitete, den jüdischen Glaubensgesetzen untreu zu werden und einen unbeschnittenen römischen Freigelassenen zu heiraten, der, wie Sueton schreibt, schließlich zum Ehemann von drei Königinnen avancieren sollte. Ihr gemeinsamer Sohn Agrippa kam im Jahr 79 n. d. Z. neben vielen anderen Menschen beim Ausbruch des Vesuv ums Leben, der Pompeji und Herculaneum zerstörte. (Quellen: Josephus, *AJ* 19,9.354–355; 20,7.1; *BI* 2,12; Sueton, *Claudius* 28)

E

ELEAZAR BEN BOETHOS

Siehe unter *Joazar ben Boethos.*

ELEAZAR BEN HANNAS

Siehe unter *Hannas ben Hannas.*

ELEAZAR BEN JAIR

Eleazar ben Jair oder Sohn des Jairus gehörte der von *Judas dem Galiläer gegründeten Familie von Aufständischen an. Vermutlich war er dessen Enkel und außerdem verwandt mit *Menachem, dem Anführer der Sikarier. Eleazar war der Befehlshaber der letzten jüdischen Widerstandsgruppe, die noch nach der Zerstörung Jerusalems im Jahr 70 n. d. Z. auf der Festung Masada Krieg gegen die Römer führte.

Die Felsenburg, die als uneinnehmbar galt, seit sie von *Herodes dem Großen zu einem Bollwerk ausgebaut worden war, wurde vom Römer Flavius *Silva belagert. Vor seiner Erstürmung, vermutlich im Jahr 74 n. d. Z., beschwor Eleazar die Verteidiger und ihre Familien, lieber freiwillig in den Tod zu gehen, als sich versklaven zu lassen. Mit einer langen Rede, die ihm ohne Zweifel von *Josephus in den Mund gelegt wurde, überzeugte er seine Anhänger, sich selbst zu opfern. Nach dem Losverfahren wurden zuerst zehn Männer bestimmt, die alle anderen Familienmitglieder töten sollten, dann der Mann, der die letzten neun erschlagen und anschließend sich selbst töten sollte. Insgesamt starben neunhundertsechzig Menschen. Nur zwei Frauen und fünf Kinder überlebten in einem unterirdischen Gang, um von dieser heroischen Tat und der ganzen Tragödie zu berichten.

Josephus datiert dieses Ereignis auf den »15. Tag des Monats Xanthikos« (nach dem jüdischen Kalender der Monat Nisan). Damit fiel es genau auf das Passahfest. Lange Zeit ging man davon aus, dass sich der Tod von Eleazar, der Fall von Masada und das Ende des Ersten Jüdischen Kriegs gegen Rom im Jahr 73 n. d. Z. ereigneten. Es sind jedoch zwei römische Inschriften erhalten, die beweisen, dass Flavius Silva vor dem Jahr 73 n. d. Z. noch kein Statthalter von Judäa gewesen war. Aus diesem Grund kann die Belagerung der Festung Masada auch nicht vor dem Frühjahr 74 n. d. Z. abgeschlossen gewesen sein.

Der Name »ben Jair« ist auf einem der elf Tonscherben zu lesen, die in den Sechzigerjahren des 20. Jahrhunderts vom israelischen Archäologen Yigael Yadin in den Überresten von Masada ausgegraben wurden. Yadin vermutete allerdings, dass sich diese Worte auch als *Söhne des Lichts (benej or)* lesen ließen; das war die Bezeichnung, die sich die Mitglieder der Gemeinschaft von Qumran gegeben hatten, von der uns die Schriftrollen vom Toten Meer erhalten sind. (Quellen: Josephus, *BI* 7,8 – 9.2.; Yigael Yadin u. Joseph Naveh, *Masada I: The Yigael Yadin Excavations 1963-1965, Final Reports*, Jerusalem, 1989,

Nr. 437, S. 28. Siehe auch Yigael Yadin, *Masada. Der letzte Kampf um die Festung Herodes*, aus dem Englischen von Eva und Arne Eggebrecht, Hamburg, 1967, S. 201.)

ELEAZAR BEN SIMON

Eleazar, Sohn des Simon, war Anführer einer der jüdischen Splittergruppen, die während des ersten antirömischen Aufstands zwischen 66 und 70 n. d. Z. die Römer bekämpften, aber noch grimmiger vielleicht andere jüdische Gruppen in Jerusalem. Zu Beginn des Aufstands fielen Eleazar und seine Männer über die von *Menachem geführte Gruppe her. Menachem war ein Sohn von *Judas dem Galiläer und wurde mitsamt seinem Stellvertreter Absalom bei diesem Angriff getötet. Eleazars Horde war auch für die Ermordung des einstigen Hohepriesters *Hananias Nedabiah und seines Bruders Ezechias verantwortlich. Im Jahr 70 n. d. Z. tauchte Eleazar erneut auf, diesmal jedoch als einer der drei Rebellenführer, die sich gegenseitig bekämpften. Die beiden anderen waren *Johannes von Gischala und *Simeon bar Giora. Eleazar hielt mit zweitausendvierhundert Mann den inneren Vorhof zum Tempel in Jerusalem besetzt, Johannes verteidigte den Tempelberg und Simeon die obere und einen Großteil der unteren Stadt. Nachdem bekannt geworden war, dass Eleazar am Passahfest des Jahres 70 n. d. Z. Pilger in das Heiligtum einlassen würde, konnte man ihn jedoch durch eine List ausschalten. Die Kämpfer des Johannes von Gischala nutzten diese Gelegenheit, um Waffen unter ihren Gewändern in den Tempelvorhof einzuschmuggeln und einen Überraschungsangriff auf Eleazars Truppen zu starten. Damit wurde er zum Rückzug gezwungen. Sein Ende wird von *Josephus nicht überliefert, aber es ist unwahrscheinlich, dass er das letzte Stadium der Belagerung überlebt hat. (Quelle: Josephus, *BI* 2,20.3; 5,1.2-4; 3,2; 6,1)

ELEAZAR DER ZAUBERER

Eleazar, vermutlich ein Essener, war zu Zeiten des Ersten Jüdischen Krieges gegen Rom (66–70 n.d.Z.) ein bekannter Exorzist. *Josephus erlebte als Augenzeuge, wie er »in Gegenwart des Vespasianus, seiner Söhne, der Obersten und der übrigen Krieger die von bösen Geistern Besessenen davon befreite«. Dabei hielt er jedem von ihnen einen Ring unter die Nase, in dem eine Wurzel eingeschlossen war, so wie es König Salomo einst vorgeschrieben hatte. Salomo hatte nicht nur über das größte Wissen über die Kräfte der Natur verfügt, sondern auch selbst die entsprechenden Zauberformeln zur Dämonenaustreibung formuliert. Der Geruch der Wurzel brachte die Person zum Niesen und zog den bösen Geist durch die Nase heraus: »Der Besessene fiel sogleich zusammen, und Eleazar beschwor dann den Geist, indem er den Namen Salomos und die von ihm verfassten Sprüche hersagte, nie mehr in den Menschen zurückzukehren.« Um dem Ganzen etwas mehr Theatralik zu verleihen, stellte Eleazar vor jeder Austreibung einen mit Wasser gefüllten Becher in der Nähe des Besessenen auf und befahl dem bösen Geist, ihn beim Ausfahren aus dem Menschen umzustoßen.

Eleazars Auftritt weist deutliche Ähnlichkeiten mit den Austreibungen auf, die *Jesus von Nazareth praktizierte. Auch er befahl dem »unreinen Geist« in einem Besessenen zu schweigen und den Mann zu verlassen (Mk 1,25; 9,25). Allerdings sagte Jesus dabei weder Zauberformeln auf, noch schmückte er den Prozess mit theatralischen Mitteln aus.

Die spätere mystische Literatur des Judentums verweist auch auf einen mit einem kostbaren Stein besetzten Siegelring Salomos (Testament Salomos 1,6) oder auf einen Ring des Salomo, auf dem der unaussprechliche Gottesname eingegraben war (bGit 68b). (Quelle: Josephus, *AJ* 8,2.46–48)

ELIONAIOS BEN KANTHERAS

Siehe unter *Simon Kantheras ben Boethos*.

ELYMAS

Elymas, auch unter dem Namen Bar Jesus bekannt, war ein jüdischer Zauberer und Prophet, der zum Gefolge des römischen Prokonsuls Sergius Paulus auf Zypern gehörte und dem Apostel *Paulus in der Stadt Paphos begegnete, wo sich dieser in Begleitung von *Barnabas – selbst Zypriote – aufhielt. Der Prokonsul hatte Paulus aufgefordert, ihm seine Glaubensvorstellungen darzulegen, aber Elymas, der Paulus zweifellos als einen Konkurrenten betrachtete, konnte sich gegen ihn behaupten. Laut dem Autor der Apostelgeschichte soll Paulus daraufhin seine »vom Heiligen Geist erfüllte« Kraft eingesetzt haben, um den Zauberer erblinden zu lassen. Nachdem der Prokonsul Paulus' übermächtige Kräfte mit eigenen Augen gesehen hatte, »wurde er gläubig«.

Die Anekdote mag erfunden sein, in jedem Fall aber bezeugt sie, in welcher charismatischen Atmosphäre sich das Urchristentum nicht nur in Palästina, sondern auch im griechisch-römischen und Paulinischen Umfeld bewegte. (Quelle: Apg 13,8)

EXORZIST, ANONYMUS

Berichten zufolge gab es einen »fremden Wundertäter«, der nicht zum Kreis der Apostel zählte, aber dennoch im Namen *Jesu Dämonen austrieb. Der hitzige Johannes, Sohn des Zebedäus, versuchte ihm mithilfe seiner Gefährten das Handwerk zu legen. Nachdem ihnen das nicht gelang, berichteten sie Jesus von ihm, der die Wogen jedoch schnell glättete und ihren Eifer bremste: Wer sich für das

Himmelreich Gottes einsetze und Dämonen bekämpfe, »ist für uns«
(Mk 9,28–40; Lk 9,49–50).

Diese Geschichte zeigt, dass Exorzismus kein ungewöhnliches
Phänomen im Palästina des 1. Jahrhunderts war. Die Geschichte von
den sieben Söhnen des ansonsten unbekannten Hohepriesters Skeva,
die als Wanderbeschwörer umherzogen, zeigt darüber hinaus, dass
es sogar professionelle Exorzisten gab, die die erfolgreichen Rezepte
ihrer Rivalen imitierten. Laut der Apostelgeschichte riefen auch die
Söhne des Skeva in Ephesus den Namen Jesu bei ihren Beschwö-
rungen an, nur mit dem Unterschied, dass sich der böse Geist über
sie lustig machte: »Jesus kenne ich [...]. Doch wer seid ihr?« (Apg
19,13–15) (Quelle: Neues Testament)

EZECHIAS

Der »Räuberhauptmann« Ezechias machte Mitte des 1. Jahrhunderts
n. d. Z. mit seiner großen Bande Galiläa unsicher. Der künftige Kö-
nig *Herodes der Große war gerade fünfundzwanzig Jahre alt und
Statthalter dieser Region. Gesichert weiß man über Ezechias nur, dass
er gefangen genommen und mit vielen seiner Kumpane vom jungen
Herodes zum Tode verurteilt wurde. Doch anstatt der erhofften
Glückwünsche für die Befreiung der Provinz von den Räubern erwartete Herodes ein Verfahren vor dem jüdischen Sanhedrin. Die
Mütter der Hingerichteten hatten Herodes beim Ethnarchen und
Hohepriester *Hyrkanos II. der Gesetzlosigkeit angeklagt, weil er
ihre Söhne ohne Prozess hatte hinrichten lassen. Das legt nahe, dass
es sich bei Ezechias und seinen Männern gar nicht um gewöhnliche
Räuber, sondern vielmehr um politisch motivierte Aufständische
handelte, die sich gegen die wachsende Macht von Herodes und
seiner Familie aufgelehnt hatten. *Josephus, der die Gründung der
zelotischen Widerstandsbewegung bestenfalls als eine Ausuferung

des Bandentums betrachtete, bezeichnete Rebellen häufig mit dem
gebräuchlichen griechischen Wort für Räuber, *lestes*.

Man kann also mit gutem Grund davon ausgehen, dass die Ereignisse, die sich im Jahr 47 n.d.Z. in Galiläa abspielten, der Beginn
des heimlichen nationalen Widerstands gegen die Römer und deren
Handlanger, die Herodianer, waren. Dass Josephus' »Räuberhauptmann« Ezechias mit dem gleichnamigen Vater des großen Rebellen-
führers identisch war, den man *Judas den Galiläer nannte und der
nach Herodes' Tod auf der öffentlichen Bühne auftauchte, lässt sich
zwar nicht mit letzter Sicherheit beweisen, scheint aber sehr wahrscheinlich. Wenn dem so ist, waren die Ereignisse, die sich Mitte des
1. Jahrhunderts n.d.Z. in Galiläa abspielten, tatsächlich die Geburts-
stunde der zelotischen Bewegung, die in den kommenden hundert
Jahren eine so große Rolle in der jüdischen Geschichte spielte, bevor
sich der Aufstand im Jahr 66 n.d.Z. schließlich zu einem großen
Jüdischen Krieg gegen Rom auswuchs. (Quellen: Josephus, *BI* 1,10-20;
AJ 14,9.159 u. 167)

F

FADUS

Cuspius Fadus diente in den Jahren 44–46 n.d.Z. als erster Prokurator von Judäa unter Kaiser *Claudius. Über seine beiden Vorgänger
Marcellus (36/37 n.d.Z.) und Marullus (37–41 n.d.Z.) ist abgesehen
von ihren Namen nichts bekannt. Zwischen 41 und 44 n.d.Z. wurde
*Agrippa I. von Claudius, bei dessen Ausrufung zum Kaiser er eine
beträchtliche Rolle gespielt hatte, zum König von Judäa, Samaria und
Galiläa ernannt. Damit war das jüdische Königtum wiederhergestellt,
und es gab während dieser drei Jahre auch keine Notwendigkeit für
einen römischen Statthalter. Die Regierungsverantwortung lastete
allein auf Agrippas Schultern.

Fadus' Amtsperiode war von politischen und religiösen Tumulten gezeichnet. Zwischen dem Volk von Peräa (Transjordanien) und den Bewohnern der hellenistischen Stadt Philadelphia (dem heutigen Amman) schwelte ein offener Konflikt um den Grenzverlauf. Fadus intervenierte zugunsten von Philadelphia. Kaum war der Friede wieder hergestellt, empörte er die Juden erneut, weil er sich das Recht herausnehmen wollte, die Gewänder ihres Hohepriesters aufzubewahren. Der Streit wurde von Claudius zugunsten des Status quo geschlichtet.

Der nächste Aufruhr unter Fadus ist auch im Neuen Testament verzeichnet. Ein selbsternannter Prophet namens *Theudas führte eine Menge gutgläubiger Juden an den Jordan und versprach ihnen, sie ebenso wundersam trockenen Fußes ans andere Ufer zu führen wie einst Josua das Volk während der Eroberung Kanaans. Theudas wollte allerdings die Fluten des Jordan teilen und seinem Gefolge die Durchquerung ermöglichen, um zu beweisen, dass er von Gott gesandt war, um die Juden gegen die Römer anzuführen. Fadus schickte jedoch eine Reiterabteilung, die dem Treiben der überraschten Aufrührer ein Ende setzte. Theudas wurde gefangen genommen und enthauptet; sein Kopf wurde triumphierend nach Jerusalem gebracht. Die Apostelgeschichte (5,36) bezieht sich auf diesen Vorfall in ihrem Bericht über die Rede, die *Gamaliel der Alte vor dem Sanhedrin in Jerusalem hielt und in der er am Beispiel von Theudas den Beweis erbracht haben soll, dass ein Werk, das nicht »von Gott stammt«, niemals zum Erfolg geführt werden könne. (Quellen: Josephus, *BI* 2,11.6; *AJ* 19,9.363; 20,5.97–99)

FALCO

Quintus Roscius Coelius Pompeius Falco folgte dem ansonsten nahezu unbekannten Gaius Iulius Quadratus Bassus (102/3–104/5 n. d. Z.) als römischer Statthalter von Judäa (105–107 n. d. Z.) nach.

Über die Art und Weise, wie sich Falco während seiner Amtszeit
mit den inneren Angelegenheiten der Juden befasste, fanden sich
keine Aufzeichnungen. Es liegt lediglich ein Empfehlungsschreiben
vor, das ihm Plinius der Jüngere aus Rom sandte, wo er als hoher
Beamter für die Instandhaltung des Flussbetts und der Ufer des Ti-
ber sowie für die städtischen Abwasserkanäle zuständig war. Dieser
Brief illustriert auf wunderbare Weise, zu welch hoher Kunst sich die
schriftliche Einflussnahme in den hochgebildeten Kreisen Roms entwickelt hatte. Plinius schrieb ihm, kurz bevor er von Trajan zum Statthalter der Provinz Bithynien-Pontus in Kleinasien ernannt wurde.
(Zu Plinius' Korrespondenz mit dem Kaiser bezüglich der Frage, wie
Christen zu behandeln seien, siehe den Eintrag zu *Trajan.) Die
Formulierungen dieses Schreibens legen nahe, dass es bereits einen
Schriftverkehr zwischen Falco und Plinius gegeben und Falco, der
Plinius' Anliegen offenbar wohlwollend gegenüberstand, bereits um
weitere Informationen über den ungenannten Freund gebeten hatte,
dem er auf Plinius' Bitten hin eine Position im römischen Heer unter
seinem Kommando verschaffen sollte. Die erhielt er nun mit dieser
Antwort des Plinius:

*Du wirst Dich weniger wundern, dass ich Dich so eindringlich
gebeten habe, meinem Freunde das Tribunat zu verschaffen, wenn
Du weißt, wer er ist und was für ein Mann. Nachdem Du mir
Dein Versprechen gegeben hast, kann ich aber jetzt den Namen
angeben und den Mann selbst beschreiben.*

*Es ist Cornelius Minicianus, eine Zierde meiner Gegend hier, so-
wohl wegen seiner Stellung als auch wegen seines Charakters. Er
ist von vornehmer Herkunft, besitzt ein sehr großes Vermögen,
liebt die Studien, wie das sonst nur Arme tun. Er ist ein außerordentlich gewissenhafter Richter, ein sehr mutiger Anwalt und ein
äußerst treuer Freund.*

Du wirst glauben, eine Wohltat von mir empfangen zu haben,

wenn Du diesen Mann näher kennenlernst, der jedem Ehrenamt,
jedem Titel gewachsen ist – ich will nicht zu pathetisch über einen
ganz bescheidenen Menschen sprechen. Lebe wohl!

Man kann nicht mit Gewissheit sagen, ob Cornelius Minicianus
das Tribunat angeboten wurde. Nach diesem Brief von Plinius zu
schließen, hätte er es eigentlich bekommen müssen, aber der große
Althistoriker Ronald Syme bezweifelte, dass Minicianus jemals die
Stellung in Judäa antrat, die Plinius ihm vermitteln wollte, denn es
gibt einen inschriftlichen Nachweis über einen gewissen »Cornelius
Minucianus«, der in der entsprechenden Zeit als Tribun der dritten
(Augusta-)Legion in Nordafrika angehörte. Hatte er sich letztendlich für einen besseren oder sichereren Posten entschieden, obwohl
er damit seinen Gönner Plinius brüskiert hätte? (Quelle: Plinius der
Jüngere, *Briefe* 7,22)

FELIX

Antonius Felix, der ein Günstling von Kaiser *Claudius und vom
jüdischen Hohepriester *Jonathan ben Hannas war, wurde im Jahr
52 n. d. Z. zum Nachfolger des abberufenen *Cumanus im Amt des
Prokurators von Judäa bestimmt und hatte diesen Posten für die relativ lange Zeit von acht Jahren bis 60 n. d. Z. inne. Er selbst und auch
sein Bruder Pallas waren sehr einflussreiche Freigelassene aus dem
claudianischen Haus. Felix stieg erfolgreich die gesellschaftliche Lei-
ter hoch und sollte hintereinander drei königliche Prinzessinnen ehelichen. Eine von ihnen war die Enkelin von *Kleopatra und *Marcus
Antonius. Die nächste, *Drusilla, eine Tochter des jüdischen Königs
*Agrippa i., überzeugte er mithilfe eines jüdischen Magiers, sich über
das Mosaische Eheverbot mit einem nichtjüdischen Partner hinweg-
zusetzen und sich mit ihm zu vermählen.

Doch Felix entpuppte sich trotz seines hohen Rangs als die Frucht
seiner niederen Vorfahren. Der römische Historiker Tacitus schreibt
über ihn: »Von den [Freigelassenen] übte Antonius Felix in jeder
Art von Tyrannei und Willkür Königsrecht mit Sklavenlaune aus«
(Historien). Die Art seiner Machtausübung beurteilt Tacitus mit den
vernichtenden Worten, Felix habe »jede Übeltat für erlaubt« gehalten
(Annalen).

Im ganzen Land herrschte Gesetzlosigkeit. Schuld an diesem Zu-
stand war hauptsächlich die harte Behandlung, die Felix den unzu-
friedenen Juden angedeihen ließ. Eleazar, den Sohn des Dinaeus und
Anführer der Zeloten, ließ er mithilfe einer List gefangen nehmen
und zum Prozess nach Rom bringen. Außerdem arrangierte er die
Ermordung seines ständigen Kritikers, des Hohepriesters Jonathan,
indem er sich durch Bestechung die Dienste der *Dolchträger* sicherte,
wie man die aufrührerischen Sikarier nannte, die die Bevölkerung ter-
rorisierten, indem sie sich unter die Menge mischten und mit einem
im Gewand versteckten Dolch jeden politischen Gegner niedersta-
chen. Ständig kam es zu neuen politischen oder religiösen Spannun-
gen. Betrüger und Schwindler hatten leichtes Spiel mit den vielen
leichtgläubigen Juden, die ihnen in die Wüste folgten, um Zeuge der
versprochenen Befreiung von den Römern zu werden, nur um dann
von Felix' Legionären grausam mit dem Schwert hingeschlachtet
zu werden. Der Bekannteste dieser Betrüger, der *»Ägypter«, gab
sich sogar als Prophet aus und überzeugte viele Juden, ihm zum Ölberg zu folgen, von wo aus er den Weg nach Jerusalem freikämpfen
wollte. Felix' schwere Reiter machten jedoch Hackfleisch aus seinen
Anhängern, während ihm selbst die Flucht gelang. Die Zahlenanga-
ben für die an diesem Aufstand Beteiligten schwanken: Im *Jüdischen
Krieg* spricht *Josephus von dreißigtausend Anhängern des Ägypters
und berichtet, dass sie fast alle umgebracht worden seien (*BJ* 2,13.5);
die Apostelgeschichte (21,38) spricht von viertausend; im Werk *Jüdische Altertümer* (20,8.171) schreibt Josephus realistischer – diesmal

ohne Angabe einer Gesamtzahl –, dass eine starke Abteilung von römischen Reitern und Fußsoldaten vierhundert Männer umgebracht und zweihundert gefangen genommen habe. Aber der Schrecken nahm kein Ende, und es kam zu einer Eskalation, als sich politische und religiöse Fanatiker zusammenschlossen, um ihrem Zorn gegen den verhassten Felix gemeinsam Luft zu machen.

Die Geschichte vom Ägypter verbindet Antonius Felix auch mit dem Neuen Testament, oder genauer gesagt: verbindet Felix mit *Paulus. Laut Apostelgeschichte (21,38) hielt ein römischer Tribun den Griechisch sprechenden Paulus für den flüchtigen Ägypter, als er ihn vor dem Tempel in Jerusalem verhaftete, nachdem ihn eine aufgeregte Menge herausgezerrt hatte, weil sie glaubte, er habe verbotenerweise einen Nichtjuden in das Heiligtum mitgenommen. Der Tribun ließ ihn nach Caesarea vor den Prokurator bringen, wo er sich seinen jüdischen Anklägern stellen sollte. Am Ende vertagte Felix den Fall jedoch und ließ Paulus in Caesarea nur in Gewahrsam nehmen. Später soll er ihn nochmals gerufen haben, auf dass er ihm und seiner jüdischen Frau Drusilla seinen Glauben darlege. Paulus' Rede über die Gerechtigkeit, Enthaltsamkeit und das bevorstehende Gericht scheint Felix zwar nicht behagt zu haben, aber es heißt, dass er sich während der beiden Jahre, die der Apostel in Caesarea in Haft verbrachte, trotzdem noch häufig mit ihm unterhalten habe. (Quellen: Josephus, *BI* 2,12.8–13; *AJ* 20,7.137–181; Tacitus, *Historien* 5,9.3; *Annalen* 12,54; Apg 21,38)

FESTUS

Porcius Festus wurde von Kaiser *Nero als Nachfolger von *Felix im Amt des Prokurators von Judäa bestimmt und übte es von 60 bis 62 n. d. Z. aus. Die Probleme, die während der Amtszeit seines Vorgängers zwischen den syrisch-griechischen und jüdischen Einwohnern Caesareas um deren Bürgerrechte entstanden waren, erbte Festus

ebenfalls. Beide Seiten reklamierten die Stadt für sich: die Syrer, weil
sie die Bevölkerungsmehrheit bildeten, und die Juden ausgerechnet
mit der Begründung, dass der Stadtgründer *Herodes der Große
Jude gewesen sei! Felix hatte die Angelegenheit zuerst zum Nachteil
der Juden entschieden, dann aber beschlossen, den Fall lieber dem
kaiserlichen Urteil in Rom zu überlassen. Prompt beschwerte sich
eine jüdische Delegation über die Vorgehensweise des Prokurators
in diesem Fall. Felix' Bruder Pallas, der beim Kaiser noch immer in
hohem Ansehen stand, gelang es jedoch mithilfe eines Mannes, der
Neros griechische Korrespondenz besorgte, ein Dekret zu erwirken,
das Caesarea schließlich den hellenisierten Syrern zuschrieb. Damit
war anhaltender Aufruhr unter den Juden vorprogammiert, und diese
Entscheidung sollte schließlich auch zu einem entscheidenden Auslöser für den Jüdischen Krieg gegen Rom werden, der im Jahr 66 n.
d. Z. ausbrach.

Die Sikarier sorgten dafür, dass sich die Unruhen häuften. Festus
versuchte zwar, ihrem Treiben Einhalt zu gebieten, konnte aber nur
kurzlebige Erfolge verbuchen. Erschöpft von seinen Anstrengungen
starb er im Jahr 62 n.d.Z. im Amt. Da es danach eine Weile lang
keinen Vertreter der römischen Macht in Judäa gab, war nicht nur ex-
tremer Anarchie Tür und Tor geöffnet, sondern auch dem jüdischen
Hohepriester *Hannas ben Hannas die Gelegenheit verschafft worden, sich seiner Gegner zu entledigen. Darunter befand sich auch
*Jakobus, der Bruder Jesu, den er zu Tode steinigen ließ.

Kurz nach seinem Eintreffen in Judäa war Festus mit dem Fall
des inhaftierten *Paulus konfrontiert worden, der ihm unentschieden
von seinem Vorgänger Felix hinterlassen worden war. Paulus weigerte
sich, vor einem jüdischen Gericht auszusagen, und forderte sein römisches Bürgerrecht ein, um Berufung vor dem kaiserlichen Tribunal einlegen zu können. Der Prokurator war rechtlich gezwungen,
dieser Forderung nachzukommen. Die Apostelgeschichte berichtet,
dass Paulus dem zu Besuch weilenden König *Agrippa II. und seiner

Schwester *Berenike vorgeführt wurde, um vor ihnen wortgewaltig
seinen Glauben zu verteidigen. »Du bist verrückt, Paulus!«, kommentierte Festus diese Rede verständnislos, während sich Agrippa sar-
kastisch an Paulus wandte: »Fast überredest du mich dazu, mich als
Christ auszugeben.« (Quellen: Josephus, *BI* 2,14.1; *AJ* 20,8.182–200.;
Apg 24,27; 25; 26)

FLORUS

Gessius Florus (64–66 n.d.Z.) war der letzte römische Prokurator
von Judäa. Seine Amtszeit endete mit dem Ausbruch des großen
Krieges der Juden gegen Rom. Florus war ein Grieche aus Kleinasien
und verdankte seine Ernennung den Machenschaften seiner Frau
Kleopatra und ihrer Freundschaft mit Kaiserin Poppaea, der Gemahlin des *Nero. Florus war der bei Weitem korrupteste unter allen judäischen Statthaltern Roms. *Josephus berichtet, er habe »einen so
schmählichen und nichtswürdigen Missbrauch [getrieben], dass die
Juden gegenüber seiner Schlechtigkeit *Albinus noch als Wohltäter
priesen«! Albinus habe seine Bosheit wenigstens noch zu verbergen
gesucht, wohingegen Florus offen mit seinen Missetaten prahlte.
Im zweiten Jahr seiner Amtszeit brach der große Aufstand aus.

Zwei besonders abscheuliche Taten hatten das Fass zum Überlaufen gebracht. Josephus berichtet, dass der Prokurator im Mai des
Jahres 66 n.d.Z. dreitausendsechshundert[4] »friedliche Bürger […]
erst schmachvoll geißeln und dann ans Kreuz schlagen ließ«. Männer, Frauen und Kinder waren darunter, auch hochrangige Juden mit
römischem Bürgerrecht. Nicht einmal die wiederholte Intervention
von Königin *Berenike, der Schwester von *Agrippa II., konnte das

---

[4] Anm. d. Übers.: In der Übersetzung von Hermann Endrös, München, 1965, steht die
Zahl 630 (*BJ* 2,14.9).

Blutbad verhindern, das Florus aus Rache an einer Gruppe von Juden
verübte, die spöttisch auf den Straßen um Almosen für den »armen,
bedauernswerten Florus« gebettelt hatten, nachdem sich dieser ge-
setzeswidrig siebzehn Talente aus dem Tempelschatz gegriffen hatte.
Auch Agrippa II. bemühte sich erfolglos, die Lage zu beruhigen. Die
fortwährenden Provokationen, ständigen Grausamkeiten und Gesetzesmissachtungen von Florus führten unweigerlich zum Chaos des
Ersten Jüdischen Krieges gegen Rom. Josephus' Beschreibung nach
lastete sogar *Cestius Gallus, der zu dieser Zeit Statthalter von Syria
war, Florus den Ausbruch der Kämpfe an. Der römische Historiker
Tacitus fasst die Lage der Dinge in seiner üblich lakonischen Art mit
den Worten zusammen: »Dennoch hielt sich die Geduld der Juden
bis auf den Prokurator Gessius Florus. Unter diesem brach der Krieg
aus.« *(Duravit tamen patientia Iudaeis usque ad Gessium Florum pro-
curatorem: sub eo bellum ortum.)* (Quellen: Josephus, *BI* 2,14.2–9; *AJ*
20,11.252–253; Tacitus, *Historien*, 5,10.1)

G

GABINIUS

Aulus Gabinius war von 57 bis 55 v. d. Z. römischer Statthalter von
Syria. Die Eroberung Judäas unter Pompeius war zwar grundsätzlich
*Scaurus, dem ersten Statthalter von Syria, zu verdanken. Doch die
Niederschlagung des Aufstands, der von *Aristobulos II. und seinem
Sohn *Alexander angefacht wurde, sowie die administrative Umstruk-
turierung zur neuen römischen Provinz Judäa waren das Werk von
Gabinius, der Scaurus als Dritter im Amt nachfolgte. Er teilte das
seiner Verwaltung unterstehende Gebiet in fünf Gerichtshöfe (Sy-
nedrien) für ebenso viele Bezirke auf. Dabei handelte es sich um die
Verwaltungszentren Jerusalem und Jericho in Judäa, Sepphoris in
Galiläa sowie Gadara und Amathus in Transjordanien (es sei denn,

Gadara wäre ein Schreibfehler und eigentlich Adora in Idumäa gemeint gewesen). Die nichtjüdischen Bewohner der Städte, die dem
hasmonäischen Herrscher *Hyrkanos ii. von den Römern abgenom-
men worden waren – darunter Skythopolis, Samaria, Javne (Jamnia)
und Gamala –, standen tief in Gabinius' Schuld, da er ihnen ihre
glorreiche Unabhängigkeit zurückgegeben hatte. Bei seinem Feldzug
gegen Ägypten sollten ihm die Heere von Hyrkanos und *Antipater,
dem Vater von *Herodes dem Großen, zur Seite stehen. Als Gabinius
im Jahr 55 v. d. Z. nach Rom zurückkehrte, wurde er keiner Missetat für
schuldig befunden, später jedoch wegen räuberischer Erpressung verurteilt, obwohl *Pompeius für ihn aussagte und Cicero sein Verteidiger
war. (Quellen: Josephus, *AJ* 14,6.92–104; *BI* 1,8; Dio 39,59–63)

GALLIO

Lucius Iunius Annaeus Gallio war zwischen 51/52 und 52/53 n. d. Z.
römischer Prokonsul von Achaia. Bevor er von seinem wohlhabenden
Namensgeber Lucius Iunius Gallio adoptiert worden war, hatte er
den Namen Annaeus Novatus getragen. Sein leiblicher Vater war
der Rhetor Marcus Annaeus Seneca; Seneca, der berühmte Philosoph und Lehrer von Kaiser *Nero, war sein Bruder. Im Neuen Testament wird Gallio als das Oberhaupt der römischen Verwaltung
von Korinth aufgeführt, vor deren Richterstuhl *Paulus wegen seines
Versuchs gebracht wurde, die Juden Korinths von der Jesusbewegung
zu überzeugen. Allerdings war ihm dabei wenig Erfolg beschieden.
Die Juden der Stadt beschuldigten Paulus vor Gallio sogar, ihren
Gemeindefrieden gestört zu haben und sie zu einer ungesetzlichen
Gottesverehrung verführen zu wollen. Der Prokonsul weigerte sich
jedoch, den Anschuldigungen nachzugehen, da seiner Meinung nach
kein Anscheinsbeweis eines Verbrechens erbracht worden war. Da
sich Gallio außerstande sah, ein Urteil in dieser Angelegenheit zu fäl-

len, ließ er Paulus gar nicht erst zu seiner Verteidigung antreten und riet den jüdischen Beschwerdeführern, das Ganze unter sich zu regeln, da es bei diesem Streit um die jüdische Glaubenslehre ging. Wie es scheint, verfolgten die römischen Behörden generell eine Nichteinmischungspolitik, wenn es im Detail um das jüdische Gesetz ging. Gallio erwies sich jedenfalls als ein unparteiischer und weitsichtiger Richter. Bald nach diesem zufälligen Zusammentreffen mit Paulus kehrte er nach Rom zurück, wo er im Jahr 58 n.d.Z. Konsul wurde. Sein Leben sollte jedoch ein tragisches Ende finden: Sowohl er als auch sein berühmterer Bruder Seneca wurden der Verschwörung gegen Nero beschuldigt und zum Selbstmord verurteilt. (Quellen: Apg 18,12–16; Dio 62,25)

GALLUS

Cestius Gallus war von 63 bis 66/67 n.d.Z. römischer Statthalter von Syria und spielte eine entscheidende Rolle beim Beginn des jüdischen Aufstands, der im Mai des Jahres 66 n.d.Z. ausbrach. Nur wenige Monate später führte er bereits eine große Legion von Alexandria nach Judäa. Von Lydda aus, wo er zum Zeitpunkt des Laubhüttenfests (September/Oktober) eintraf, startete er einen Angriff auf Jerusalem. Er entschied sich jedoch zum Rückzug, nachdem ihm bewusst geworden war, dass seine Truppenstärke nicht ausreichte, um die Stadt einzunehmen. Doch noch während er sich zurückzog, warteten jüdische Kämpfer mit einem Überraschungsangriff bei Bet Horon auf ihn. Weil die erschöpften römischen Soldaten einfach ihre gesamte Ausrüstung von sich warfen, kehrte Cestius Gallus nach Antiochia zurück. Er starb im Jahr 67 n.d.Z., möglicherweise eines »natürlichen Todes oder aus Lebensüberdruss«, wie Tacitus schreibt, da er in seinem Leben mehr Niederlagen als Siege erlebt hatte. (Quellen: Josephus, *BI* 2,18.6–11 u. 2,19; Tacitus, *Historien* 5,10.1)

GAMALIEL DER ALTE

Gamaliel der Alte, Enkel oder möglicherweise Sohn von *Hillel, zählte zu den führenden Pharisäern aus der ersten Hälfte des 1. Jahrhunderts n. d. Z. Über sein Leben und Wirken ist wenig bekannt. Die talmudische Literatur schreibt ihm die Briefe zu, die auf dem Tempelberg diktiert und an die Juden von Galiläa und vom südlicher gelegenen Darom sowie an das babylonische und medische Judentum gesandt wurden, um ihnen die Pflicht des Zehnten und das Schaltjahr zu erläutern. Er genoss den Ruf eines gütigen Mannes, der sich auch um die Rechte der Frauen sorgte. So genehmigte er beispielsweise einer Witwe die Wiederverheiratung, nachdem nur ein einziger Zeuge den Tod ihres Ehemannes bestätigt hatte.

Gamaliel der Alte erscheint im Neuen Testament in einem positiven Licht. Dort wird nicht nur berichtet, dass *Paulus »zu Füßen Gamaliels genau nach dem Gesetz der Väter ausgebildet« worden sei (Apg 22,3), sondern auch, dass sich Gamaliel zugunsten der Apostel ausgesprochen habe, als diese vor dem Sanhedrin verhört wurden. Am Beispiel der Geschichten von *Theudas und *Judas dem Galiläer habe er erläutert, dass Menschenwerk immer zerstört würde, wenn es nicht von Gott stamme, und auf diese Weise das Gericht überzeugt, die Apostel laufen zu lassen und es der Vorsehung zu überlassen, das Schicksal der neuen Glaubensgemeinschaft zu entscheiden (Apg 5,34–39). (Quellen: *Enc. Jud.* 7,295–296; *HJP* II, S.367–8[5])

---

[5] Anm. d. Übers.: »*HJP*« bezieht sich auf die von Geza Vermes u. a. völlig neu bearbeitete und ergänzte englische Fassung des deutschen Originals (»*GJV*«) von Emil Schürer, *Geschichte des jüdischen Volkes im Zeitalter Jesu Christi*, Leipzig 1886 ff. Da die englischsprachige Revision Erkenntnisse und Daten enthält, die Schürer noch nicht zur Verfügung gestanden hatten, können dem Leser hier keine entsprechenden Quellenangaben aus dem deutschen Originalwerk zur Verfügung gestellt werden.

GAMALIEL II.

Gamaliel II. oder Rabban Gamaliel, der Sohn von *Simeon ben Gamaliel, war von etwa 90 bis 110 n. d. Z. das Oberhaupt des Lehrhauses von Javne (Jamnia). Er war zwar ein Autokrat und strenger Interpret der Tora, aber ein Eiferer war er nicht. Beispielsweise hatte er keine Skrupel, sich im Bad von Akko im Angesicht des Standbilds der Aphrodite zu waschen. Als ihn ein nichtjüdischer Philosoph deshalb zur Rede stellte, soll er geantwortet haben: »Nicht ich kam in ihr Gebiet, sondern sie kam zu mir«; außerdem habe er nicht das Standbild der Göttin aufgesucht, sondern das Bad (bAZ 44b). Einmal soll er in Begleitung von anderen Rabbanan sogar nach Rom gereist sein.

Dem Talmud zufolge wurde der *Birkat ha-minim* (die Segenssprüche gegen Häretiker beziehungsweise deren Verfluchung) während der Amtszeit von Gamaliel in das Achtzehnbittengebet eingefügt, das dreimal täglich gesprochen wird und eines der wichtigsten vorgeschriebenen Gebete im Judentum ist. Gamaliel hatte einen Freiwilligen gebeten, die achtzehn Segenssprüche zu verfassen, während Samuel der Kleine den Segensspruch formulierte, der für den baldigen Niedergang der Nazaräer und anderen Häretiker sorgen und ihre Namen aus dem Buch des Lebens löschen sollte (bBer 28b). Der Wortlaut des Gebets ist durch eine frühmittelalterliche Version beurkundet, die in der Kairoer Geniza entdeckt wurde. In dieser Fassung waren mit der Bezeichnung *Nazaräer* fraglos Judenchristen gemeint, man geht jedoch davon aus, dass der ältere Wortlaut dieses Segensspruchs nur den Oberbegriff *Häretiker (minim)* enthielt. Wenn das stimmt, bedeutet es jedoch, dass die so häufig angeführte These, erst die Einführung des *Birkat ha-minim* unter Gamaliel II. in den Neunzigerjahren des I. Jahrhunderts n. d. Z. habe für die Abspaltung des Judentums vom Judenchristentum gesorgt, haltlos oder doch zumindest fragwürdig ist. (Quellen: *Enc. Jud.* 7,296–298; *HJP* II, S. 372-3)

H

HADRIAN

Publius Aelius Hadrianus (76–138 n.d.Z.) war der Nachfolger von
Kaiser *Trajan und beherrschte die römische Welt von 117 bis 138 n.d.Z.
Seinen bleibenden Ruhm erwarb er sich durch die Befestigung der
Reichsgrenzen. Die bis heute sichtbare Anlage des Hadrianswall ver-
läuft rund 120 Kilometer von Newcastle bis Carlisle quer durch Eng-
land. Da Hadrian aber auch der Kaiser war, der den zweiten jüdischen
Aufstand gegen Rom niederschlug, hinterließ er auch in der jüdischen
Geschichte eine tiefe Kerbe. Dabei hatte er die längste Zeit seiner
Herrschaft keinerlei feindselige Gefühle gegen das Judentum gehegt.
Der Konflikt, der unter der Führung von Bar Kochba (siehe den Ein-
trag zu *Simeon bar Kosiba) als der Zweite Jüdische Krieg gegen die
Römer in die Geschichte einging, brach im Jahr 132 n.d.Z. aus und
währte bis 135 n.d.Z. Wie es dazu kam, ist nach wie vor umstritten.

Die am wenigsten wahrscheinliche Erklärung bietet die jüdische
Legende. Ihr zufolge hatte Hadrian zunächst dem Ansinnen der Juden entsprochen, ihren Tempel in Jerusalem wiederaufzubauen, seine
Zustimmung wegen des Einwands der Samaritaner dann aber wieder
zurückgezogen. Das habe den bewaffneten Aufstand nach sich gezogen, der sich schließlich zu einem dreijährigen Krieg ausweitete.
Diese Variante wird im Midrasch *Bereschit Rabba* (der rabbinischen
Exegese zum Buch Genesis) überliefert, der vermutlich im 5. Jahrhundert n.d.Z. schriftlich kompiliert wurde. Doch das wird von keiner
römischen Quelle belegt. Ganz abgesehen davon wäre der Wiederaufbau des jüdischen Tempels mit Hadrians eigenen Bauplänen kol-
lidiert.

Ein schon wahrscheinlicherer, aber noch immer zweifelhafter
Grund für diesen Krieg könnte ein von Hadrian erlassenes Beschneidungsverbot gewesen sein. Dem römischen Historiker Spartian zufolge wurde der Aufstand durch ein Dekret ausgelöst, das es den

Juden verbot, »ihre Geschlechtsteile zu verstümmeln« *(vetabantur mutilare genitalia)*. Tatsächlich war dieses Beschneidungsverbot jedoch gar nicht ausdrücklich gegen das Judentum, sondern vielmehr gegen alle Kulturen gerichtet, die diesen Ritus vollzogen, demnach beispielsweise auch gegen nabatäische Araber, Samaritaner oder die ägyptische Priesterkaste. Der Grund für dieses Dekret war, dass eine Beschneidung von Rom als die Unterkategorie einer Kastration betrachtet wurde, die kraft eines entsprechenden Gesetzes in den *Leges Corneliae* mit Verbannung oder sogar dem Tod bestraft wurde. Es überrascht nicht, dass Juden dies als einen direkten Angriff auf ihren Glauben betrachteten, dem sie sich unter allen Umständen widersetzen mussten. Hadrians toleranterer Nachfolger Antoninus Pius (138–161 n. d. Z.) sollte das generelle Verbot zwar beibehalten, die Juden jedoch davon ausnehmen, indem er ihnen die Beschneidung ihrer Söhne ausdrücklich wieder gestattete. Ein dritter möglicher Auslöser dieses Krieges könnte Hadrians Beschluss gewesen sein, auf den Trümmern von Jerusalem eine römische Stadt zu errichten, die er nach dem eigenen Familiennamen Aelius *Aelia* nannte (Cassius Dio). Bedenkt man den allgemeinen historischen Kontext, dann scheint diese Erklärung die wahrscheinlichste zu sein. Cassius Dio berichtet, dass der Bau der Stadt Colonia Aelia Capitolina – kurz Aelia – um das Jahr 130 n. d. Z. begann, während sich Hadrian in Ägypten, Judäa und Syria aufhielt. Bekannt ist, dass der von Simeon bar Kosiba angeführte Krieg im Jahr 132 n. d. Z. ausbrach. Es ist also durchaus vorstellbar, dass die durch den Bau der neuen Stadt geschürte feindselige Stimmung der Juden mit ihrer Empörung über das Beschneidungsverbot zu einer explosiven Mischung verschmolz. Allerdings ist ebenso gut möglich, dass dieses Verbot den Juden erst als eine Strafmaßnahme auferlegt wurde, nachdem der Aufstand niedergeschlagen worden war.

Mit der Aufgabe, dem Aufstand ein Ende zu bereiten, war ursprünglich der judäische Statthalter *Tineius Rufus betraut worden.

Erst als er der Lage nicht mehr Herr wurde, zitierte Hadrian mit Iulius Severus einen seiner fähigsten Feldherren aus Britannien herbei. Er sollte den Krieg im Jahr 135 n.d.Z. mit der Einnahme von Bethar, der letzten Hochburg der jüdischen Rebellen im Süden von Jerusalem, tatsächlich beenden.

Die auf den Ruinen von Jerusalem errichtete neue Stadt wurde vollständig paganisiert, und kein Jude durfte sie mehr betreten. Der jüdische Tempel wurde durch ein Heiligtum für Jupiter Capitulinus ersetzt, sein Allerheiligstes wurde von einem Reiterstandbild Hadrians beherrscht. Es sollte über tausendachthundert Jahre dauern, bis die Juden ihre politische Unabhängigkeit zurückgewannen.

Den Christen erging es unter Hadrian besser als den Juden, denn ihnen gegenüber setzte er Trajans relativ liberale Politik fort. In seiner Antwort auf ein Schreiben, das Quintus Licinius Silvanus[6] Granianus, der von 121/22 n.d.Z. Prokonsul der römischen Provinz Asia war, an den Kaiser adressiert hatte, das jedoch erst im Jahr 122/23 n.d.Z. von seinem Nachfolger Minucius Fundanus in Empfang genommen werden konnte, erklärt Hadrian, dass man sich nicht »aufs Fordern und nur aufs Schreien verlegen« dürfe, wenn man eine Anklage gegen Christen vorbringen wolle, sondern ordentlich vor den Richterstuhl des Prokonsuls treten müsse: »Wenn also jemand als Kläger auftritt und nachweist, dass sie in irgendwelcher Weise gegen die Gesetze handeln, dann fälle dein Urteil entsprechend dem Vergehen!« Dem fügte der Kaiser noch hinzu: »Wer aber in verleumderischer Absicht Klage stellt, den fürwahr ziehe wegen seiner Frechheit zur Verantwortung und für dessen Bestrafung trage Sorge!« (Justin, Eusebius) (Quellen: Spartian, *Historia Augusta*: *Vita Hadriani* 14,2; Dio 69,12.1–2; Justin, *Apologia* 1,68; Eusebius, *Hist. Eccl.* 4,9; *Bereschit Rabba* 64,8)

---

[6] Anm. d. Übers.: In Eusebius' *Kirchengeschichte*, übersetzt von Philipp Haeuser (1932), neu durchgesehen von Hans Armin Gärtner, München, 1967, S.202, wird er unter dem Namen »Serenius Granianus« aufgeführt.

HANAN

Hanan, oder Hanin, trug den Beinamen *ha-Nehba* (*der Versteckte*, womit jedoch vermutlich eher *der Scheue* gemeint war), wurde aber wie *Abba Hilkia, sein Vetter ersten Grades, mit *Abba* (Vater) angeredet. Hanan war ein Enkel von *Honi dem Kreiszeichner und wahrscheinlich ein älterer Zeitgenosse des *Jesus von Nazareth. Es hieß, dass ein Bittgebet des Hanan zur Dürrezeit ebenso unfehlbar Regen bringen würde wie ein Gebet von Honi oder Abba Hilkia. Über Hanan hat nur eine einzige Anekdote überlebt, die jedoch keinerlei biografische Details enthält: Laut dem Talmud pflegten die Rabbanan jedes Mal, wenn händeringend auf Regen gewartet wurde, Schulkinder zu ihm zu schicken. Wie alle Kinder genossen auch sie solche Extratouren. Sie jagten dem Gottesmann hinterher, fassten ihn »an den Rockschößen« und riefen: »Vater, Vater, gib uns Regen!« *(Abba, Abba hav lan mitra!)* Wenn dann Regen fiel, schrieben ihn die dankbaren Nutznießer allein der Kraft von Hanans Gebet zu. Dabei hatte der bescheidene Hanan gebetet: »Herr der Welt, tue es um derer willen, die zwischen einem Vater, der Regen gibt [Gott], und einem Vater, der keinen Regen gibt [Hanan], nicht zu unterscheiden wissen!« Dass Gott als Vater angesprochen wurde, entspricht ganz der Art, in der den Evangelien zufolge auch Jesus betete. (Quelle: bTaan 23b)

HANANIAS NEDEBIAH
Siehe unter *Hannas ben Seth*.

HANINA BEN DOSA

Der Charismatiker Hanina ben Dosa lebte im 1. Jahrhundert n. d. Z. in der Stadt Arav (Araba/Gabara), rund zwanzig Kilometer nörd-

lich von Nazareth. Er war ein jüngerer Zeitgenosse des *Jesus von
Nazareth und der talmudischen Literatur zufolge ein Schüler von
*Jochanan ben Zakkai, der laut rabbinischer Überlieferung achtzehn
Jahre lang der geistige Führer von Arav war.

Über Haninas familiären Hintergrund ist nichts bekannt. Sein
griechischer Vatername Dosa, die Kurzform von Dositheos, war ein
gebräuchlicher Name unter den Rabbanan und deutet daher nicht
zwingend auf eine Hellenisierung hin. Hanina lässt sich zwar mit
keinem einzigen datierbaren historischen Ereignis in Verbindung
bringen, doch es gibt genügend Indizien, um ihn im 1. Jahrhundert
und sehr wahrscheinlich im Zeitraum vor dem Jahr 70 n. d. Z. anzusiedeln. So wird er zum Beispiel mit drei bedeutenden Persönlichkeiten in Zusammenhang gebracht: mit Jochanan ben Zakkai zu der
Zeit, die dieser in Galiläa verbrachte, mit Nehunia, einem Tempel-
diener und somit definitionsgemäß einem Mann, der sein Amt nur
bis zum Jahr 70 n. d. Z. ausüben konnte, und mit Gamaliel. Wenn es
sich bei diesem Gamaliel um *Gamaliel den Alten handelte, um den
Lehrer des *Paulus also, würde das ebenfalls für die Zeit vor dem
Fall Jerusalems sprechen. Jedenfalls gibt es keine Überlieferung, die
belegen würde, dass Hanina in der Zeit nach der Tempelzerstörung
anzusiedeln wäre.

Während die spätere talmudische Tradition über die ständigen
Wundertaten Haninas berichtet, wird er in der rabbinischen Primär-
darstellung als ein außerordentlich frommer Chassid mit ungewöhn-
lichen Heilerfähigkeiten geschildert. Seine Frömmigkeit schöpfte
er aus der völligen Konzentration auf das Gebet. Es hieß, dass sich
Hanina weder von der Ankunft eines Königs noch durch die be-
drohliche Gegenwart einer Schlange von seiner Andacht abbringen
ließ. Einmal habe er sein Gebet sogar nach einem Schlangenbiss
unverletzt fortgesetzt – nicht er, sondern die Schlange starb daran.
Dieser Anekdote verdankt sich das Sprichwort: »Wehe dem Menschen, dem eine Wasserschlange begegnet, und wehe der Wasser-

schlange, der R. Hanina b. Dosa begegnet« (mBer 5,1; tBer 2,20; yBer 9a; bBer 33a).

Im 1. Jahrhundert n. d. Z. war Haninas Ruf als spiritueller Heiler so groß, dass angeblich sogar die pharisäischen Führer um seine Hilfe baten. Den Sohn seines einstigen Lehrers Jochanan ben Zakkai heilte Hanina, indem er in einer mystischen Gebetshaltung zu Gott flehte – den Kopf zwischen die Knie gepresst, so wie es der wundertätige Prophet Elija zu tun pflegte. Einer anderen Geschichte zufolge sandte Gamaliel, vermutlich der Alte, zwei seiner Schüler von Jerusalem ins entfernte Galiläa, damit sie von Hanina Fürbitte zum Wohl seines kranken Sohnes erflehten. Tatsächlich soll Hanina ihn nicht nur aus der Ferne geheilt, sondern die Heilung sogar bereits vollbracht haben, bevor die beiden Abgesandten überhaupt Gelegenheit hatten, ihm Gamaliels Bitte vorzutragen.

> *Einst erkrankte der Sohn R. Gamliéls und er sandte zwei Schriftgelehrte zu R. Hanina b. Dosa, dass er für ihn um Erbarmen flehe. Als dieser sie sah, stieg er auf den Söller und flehte für ihn um Erbarmen. Beim Herabsteigen sprach er zu ihnen: Gehet, das Fieber hat ihn verlassen. Da sprachen sie zu ihm: Bist du denn ein Prophet? Er erwiderte: Weder bin ich ein Prophet, noch der Sohn eines Propheten; allein so ist es mir überliefert: ist mir das Gebet im Munde geläufig, so weiß ich, dass es angenommen wurde, wenn nicht, so weiß ich, dass es gewirrt wurde. Hierauf ließen sie sich nieder und schrieben die Stunde genau auf, und als sie zu R. Gamliél kamen, sprach er zu ihnen: Beim Kult, weder habt ihr vermindert noch vermehrt: genau dann geschah es, in jener Stunde verließ ihn das Fieber, und er bat uns um Wasser zum Trinken. (nBer 34b; yBer 9d)*

Es hieß von Hanina, dass er nicht nur die Dämonen, sondern sogar die Königin aller bösen Geister, Agrath bat Mahlath, kontrollieren konnte. Und wie *Honi und dessen Enkel oder wie *Hanan und *Abba

Hilkia stand auch er in dem Ruf, ein Regenmacher zu sein. Da seine Zeitgenossen glaubten, dass er die Natur durch seine Gebete wieder fruchtbar machen konnte, verehrten sie ihn als den Retter der ganzen Menschheit. Der talmudischen Legende nach feierte man ihn als einen »Sohn Gottes«. Gott habe an jedem Tage seine »Hallstimme« ertönen lassen und gesprochen: »Die ganze Welt wird wegen *meines Sohnes* Hanina ernährt« (bTaan 24b; Hervorhebung des Autors). Die religiöse Spekulation ging so weit, dass man schließlich sogar überzeugt war: »Die Welt wurde nur für […] R. Hanina b. Dosa erschaffen« – und damit war nicht nur diese, sondern auch »die zukünftige Welt« gemeint (bBer 61b). Nur Hanina ben Dosas Verdiensten glaubte man es zu verdanken, dass Gott »die ganze Generation achtet« (bHag 14a).

Hanina lebte in äußerster Armut. Er war eher ein Wunderrabbi als ein Lehrer: »Mit dem Tode des R. Hanina b. Dosa hörten die Männer der [Wunder-]Tat auf«, heißt es in der Mischna (mSot 9,15). Nur wenige seiner Sprüche haben überlebt. Beispielsweise sagte Hanina: »Wessen Sündenscheu seiner Weisheit vorangeht, dessen Weisheit hat Bestand«, und er empfahl Freundlichkeit gegenüber den Mitmenschen, denn »an wem Menschen Wohlgefallen finden, findet auch Gott Wohlgefallen« (mAb 3,9–12).

Viele Merkmale von Hanina ben Dosa erinnern an Eigenschaften des Jesus von Nazareth, wenngleich gewiss in geringerem Maße. Besonders die Heilung von Gamaliels Sohn weckt Erinnerungen an die »Fernheilung« des Knechtes vom Hauptmann aus Kfar Nahum (Kapernaum). Haninas Macht über die Dämonen ruft das Bild von Jesus dem Exorzisten ins Gedächtnis. Und die Geschichte von Hanina und der Schlange erinnert an das Jesuswort: »Seht, ich habe euch die Vollmacht gegeben, auf Schlangen und Skorpione zu treten und die ganze Macht des Feindes zu überwinden. Nichts wird euch schaden können« (Lk 10,19). Am interessantesten aber ist, dass jene himmlische Stimme, die Jesus, Hanina und zum Beispiel auch Rabban Meir »meinen Sohn« nennt, vortrefflich verdeutlicht, dass der Begriff des »Gottessohns« im religiösen Denken des palästinensischen Judentums ursprünglich eine rein metaphorische Bedeutung hatte.

Auf der Sollseite lässt sich die Kritik des konventionellen Judentums an den unorthodoxen Verhaltensweisen des Charismatikers anführen. So wurde Hanina beispielsweise getadelt, weil er seine kultischen Verpflichtungen vernachlässigte oder weil er nachts allein auf den Straßen umherwanderte, was für einen Gottesmann höchst ungebührlich war. Als er verkündete, einen Menschen geheilt zu haben, obwohl er ihm räumlich fern gewesen war, provozierte das die sarkastische Frage: »Bist du denn ein Prophet?« Die wundersame Kraft seines Gebets wurde nicht ihm selbst zugeschrieben, sondern als ein Verdienst von Abraham, Isaak und Jakob betrachtet.

Alles in allem wirft das Bild, das von Hanina ben Dosa gezeichnet wurde, nicht nur ein sehr erhellendes Licht auf das Jesusporträt in den Evangelien, sondern auch auf die Art und Weise, wie die frühtheologischen Entwicklungen des Judenchristentums in Palästina vonstatten gingen. (Quellen: mBer 51,1; tBer 2,20; yBer 9a; bBer 33a; bBer 34b; yBer 9d; bTaan 24b; bBer 61b; bHag 14a; mSot 9,15; mAb 3,9–12. Siehe auch G. Vermes, *Jesus der Jude*, S. 53-60.)

HANNAS BEN HANNAS

Hannas (Ananus) war der fünfte Sohn des Hohepriesters *Hannas ben Seth (Ananus, Sohn des Seti; 6–15 n.d.Z.), der zum Hohepriester ernannt wurde. Das war ein einzigartiger Vorgang in der Geschichte der jüdischen Hohepriesterschaft. Eingesetzt wurde er im Jahr 62 n.d.Z. von König *Agrippa II. nach dem Tod des römischen Prokurators *Festus, noch bevor dessen Nachfolger *Albinus eintraf. Hannas, der ein überzeugter Sadduzäer war, hatte das Hohepriesteramt jedoch nur drei Monate inne. Er war, so *Josephus, »von heftiger und verwegener Gemütsart« und nutzte die Abwesenheit eines römischen

Prokurators, um sich seiner Kritiker zu entledigen, darunter auch des
*Jakobus, »Bruder des Jesus, der Christus genannt wird«. Sie wurden
vor den Sanhedrin gebracht und anschließend zu Tode gesteinigt. Josephus zufolge waren die frommen und gesetzestreuen Juden Jerusalems
von Hannas' Selbstherrlichkeit derart erzürnt, dass sie sich sowohl an
König Agrippa als auch an den neuen Prokurator *Albinus wandten:
Albinus war wütend, Agrippa entzog Hannas das Hohepriesteramt.

Nach Ausbruch des Krieges gegen Rom wurden Hannas und Joseph ben Gorion mit der Aufgabe betraut, die Verteidigungsfähigkeit
Jerusalems zu verstärken. Im Zuge der Zwistigkeiten zwischen den
diversen jüdischen Fraktionen tat sich Hannas als Sprecher der Frie-
densstifter hervor und versuchte, die Gemüter zu beruhigen. Hinsichtlich seines politischen Verhaltens bezeichnet ihn Josephus denn
auch als »einen sehr vernünftigen Mann«. Mit Unterstützung seiner
Gesinnungsgenossen opponierte Hannas gegen die Aufständischen
und zwang einen ihrer wichtigsten Anführer, *Simeon bar Giora, sich
zumindest zeitweilig in die Festung Masada zurückzuziehen. Schließlich gelang es den Sikariern und ihren idumäischen Bündnispartnern
jedoch, Hannas gefangen zu nehmen und zu töten. Er wurde nicht
einmal begraben. Man warf ihn seiner Kleider beraubt den Hunden
und wilden Tieren zum Fraße vor (Josephus, *BJ* 4,5.2).

Der Kontrast zwischen dem negativen Bild, das Josephus in seinem Werk *Jüdische Altertümer* von Hannas zeichnet, und der wohl-
wollenden Darstellung, die er in seinem früheren Werk *Der Jüdische
Krieg* liefert, ist frappierend und ergibt ein völlig unvereinbares Bild:
auf der einen Seite ein grausamer, auf der anderen ein ausgesprochen
rechtschaffener Mensch. In seinem Nachruf auf Hannas schildert
Josephus ihn in schmeichelhaftesten Tönen als einen höchst integren
Menschen, der immer freundlich gegenüber Geringeren, voller Sehnsucht nach Freiheit und Frieden war, und als einen Führer, der das
öffentliche Wohlergehen immer über die eigenen Interessen stellte
(*BI* 4,1−5). Ob das vorteilhafte Porträt des Hannas im *Jüdischen Krieg*

darauf zurückzuführen ist, dass Josephus die Zeloten ebenso hasste wie der Hohepriester, der sie als seine Todfeinde betrachtete, oder darauf, dass Hannas' brutales Wesen durch den Schock der Absetzung als Hohepriester besänftigt wurde, ist schwer zu beurteilen. Jedenfalls sollte man bei der Behandlung dieser Frage immer im Auge behalten, dass der Josephus, der die *Jüdischen Altertümer* schrieb, generell ein härterer Kritiker der damaligen jüdischen Lebensumstände war als der Josephus, der den *Jüdischen Krieg* verfasste. (Quellen: Josephus, *BI* 2,20.3 u. 4,3.7; *AJ* 20,9.197–203; *Vita* 193–196, 216, 309)

HANNAS BEN SETH

Hannas ben Seth (Ananus, Sohn des Seti), im Hebräischen auch Hanan oder Hanin, war der einflussreichste Hohepriester im 1. Jahrhundert n. d. Z. und wurde zum Patriarchen einer ganzen Hohepriesterdynastie. Fünf seiner Söhne sowie sein Schwiegersohn Joseph *Kaiaphas und einer seiner Enkel besetzten zwischen 16 und 66 n. d. Z. das Amt des Hohepriesters. Der erste Hannas wurde von *Quirinius benannt, dem römischen Statthalter von Syria, nachdem *Joazar ben Boethos im Jahr 6 n. d. Z. abgesetzt worden war, weil er sich angeblich zu stark vom gemeinen Volk hatte beeinflussen lassen. Hannas blieb neun Jahre lang im Amt des Hohepriesters, bis zum Eintreffen von *Valerius Gratus, der das Amt des Präfekten von Judäa von 15 bis 26 n. d. Z. besetzte.

Auch nach seiner Absetzung blieb Hannas noch einflussreich und lenkte aktiv die Geschicke des jüdischen Volkes. Im Evangelium des *Lukas (3,2) heißt es über die Zeit, als *Johannes der Täufer öffentlich in Erscheinung zu treten begann: »Hohepriester waren Hannas und Kajaphas«. Da das jüdische Glaubensgesetz allerdings immer nur einen amtierenden Hohepriester zuließ, handelt es sich hier um eine Fehlinformation Lukas', die sich am ehesten erklären lässt, wenn der einstige Hohepriester Hannas während der Amtszeit seines Schwiegersohnes Kaiaphas tatsächlich der eigentliche Strippenzieher hinter den Kulissen blieb. Laut dem Johannesevangelium, das einen regulären Prozess gegen Jesus gar nicht erwähnt, wurde dieser »zuerst zu Hannas« geführt (Joh 18,13). Erst nachdem er von Kaiaphas' »Schwiegervater« verhört worden sei, habe dieser ihn an Kaiaphas selbst übergeben. Auch als sich die jüdischen Führer, Ältesten und Schriftgelehrten in Jerusalem versammelten, um die Apostel *Petrus und *Johannes vor dem Sanhedrin zu verhören, wird Hannas unter den Anwesenden angeführt (Apg 4,6). Abgesetzte Hohepriester spielten im 1. Jahrhundert n. d. Z. oft eine wichtige Rolle im jüdischen Leben, und somit waren auch Hannas' Verwicklungen in die Geschichte von Jesus und den Führern der Urkirche nichts Ungewöhnliches.

Nach Hannas' Absetzung ernannte Valerius Gratus in schneller Reihenfolge drei Hohepriester. Über sie hat *Josephus nichts weiter zu sagen. Die talmudische Literatur enthält jedoch eine Lamentation über die Gewalttätigkeit des Hauses, dem der zuerst ernannte Hohepriester *Ismael ben Phabi (15–16 n. d. Z.) angehörte. (Es könnte allerdings auch sein, dass sich dieser Kommentar auf jenen *Ismael ben Phabi bezieht, der von 59 bis 61 n. d. Z. Hohepriester war.) Der nächste Hohepriester Eleazar ben Hannas (16–17 n. d. Z.) bleibt völlig im Dunkeln, es sei denn, die Verleumdungsklage gegen das Haus Hanin, die an derselben Stelle im Talmud erhoben wird, bezöge sich auf ihn. Was den dritten Hohepriester Simeon ben Kamitos (bei Josephus: des Kamith Sohn; 17–18 n. d. Z.) betrifft, so erinnern Talmud und Mischna nur wegen einer levitischen Unreinheit an ihn: Da er mit der Spucke eines Arabers in Berührung gekommen war, musste er am Versöhnungstag von seinen liturgischen Pflichten entbunden werden. Der Unbeständigkeit im Amt des Hohepriesters wurde schließlich von Valerius Gratus ein Ende gesetzt: Er ernannte Joseph Kaiaphas zum Hohepriester, der für die Rekordzeit von achtzehn Jahren (18–36 n. d. Z.) im Amt bleiben sollte. (Quellen: Zu Hannas siehe Josephus,

BI 5,12; *AJ* 18,2.26 u. 34; zu Ismael: *AJ* 18,2.34; zu Eleazar: *AJ* 18,2.34; zu Simon: *AJ* 18,2.35; tNid 5,3; yJom 38d ff.)

HERODES DER GROSSE

Herodes der Große war ein Sohn des idumäischen Emporkömmlings *Antipater und wurde von Rom zum König der Juden ernannt. Er regierte von 40 (oder 37) bis 4 v. d. Z. Sein Herkunftsland Idumäa, das biblische Edom, entsprach der Region im Süden Palästinas, die man heute als Negev bezeichnet. Seinen bleibenden Ruf verdankt dieser König im Wesentlichen der Wiedererrichtung des Heiligtums in Jerusalem (Tempel des Herodes) und der Überlieferung, dass die Geburt des *Jesus von Nazareth in die letzten Jahre seiner Herrschaftszeit fiel.

Die Idumäer galten als Juden, seit der hasmonäische Herrscher Johannes *Hyrkanos 1. (134–104 v. d. Z.) zum Judentum übergetreten war und sein Volk zum Mosaischen Gesetz verpflichtet hatte, was bedeutete, dass die Männer seines Stammes das rituelle Beschneidungsgesetz einhalten mussten. Damit wurden die Idumäer zwar rechtlich als Juden betrachtet, doch in den Augen der judäischen Aristokratie waren sie bestenfalls Juden zweiter Klasse. Herodes selbst wurde von seinem hochmütigen Rivalen, dem hasmonäischen Priesterkönig *Antigonos, als »halber Jude« bezeichnet; talmudische Quellen stufen ihn zu einem »Sklaven im Hause der Hasmonäer« herab (bBB 3b; bSanh 19a).

Herodes selbst sah sich jedenfalls als Jude, sobald er unter Juden war. Er unterhielt gute Beziehungen zu den Pharisäern, erfüllte aber nicht alle ihre Forderungen, was zur Folge hatte, dass sie sich zweimal weigerten, den Treueeid auf ihn und seinen Herrn, den Kaiser *Augustus, zu leisten. Nur weil Herodes einigen pharisäischen Führern Respekt entgegenbrachte, kamen sie ungestraft davon. Auch die Essener genossen eine Vorzugsbehandlung, da sich der König dankbar der Prophezeiung des Esseners *Menachem erinnerte, dass er eines Tages den Thron besteigen würde.

Jahre bevor ihn sein römischer Gönner *Marcus Antonius zum Tetrarchen und im Jahr 40 v.d.Z. schließlich zum König ernannte, war Herodes von seinem Vater Antipater als Statthalter von Galiläa eingesetzt worden. In dieser Zeit unterwarf er den aufständischen »Räuberhauptmann« *Ezechias aus Galiläa, nahm ihn und mehrere seiner Männer gefangen und ließ sie allesamt hinrichten. Aufgrund dieser unrechtmäßigen Tat wurde er vor den Sanhedrin zitiert, konnte dank der Intervention des Hohepriesters *Hyrkanos II. seiner Strafe jedoch entgehen. Nach seiner Erhebung zum König sah er sich sofort mit einem Kampf gegen den letzten hasmonäischen Priesterkönig *Antigonos konfrontiert, der drei Jahre währte, obwohl *Sosius, der römische Statthalter von Syria, ihm beträchtliche Unterstützung gab. Als Sieger ging Herodes letztlich daraus hervor, weil er Marcus Antonius im Jahr 37 v.d.Z bestochen hatte, den letzten Hasmonäerkönig zu enthaupten, und anschließend sicherheitshalber beschloss, seinen Thronanspruch durch die Eheschließung mit der hasmonäischen Prinzessin *Mariamne, einer Enkelin von Hyrkanos II., zu festigen. Ihm sollte diese eheliche Verbindung mit der jüdischen Königsdynastie tatsächlich einen festeren Stand bescheren, den Hasmonäern aber bekam sie schlecht. Kaum zehn Jahre nach ihrer Hochzeit ließ Herodes, der König von Judäa, nicht nur Mariamne selbst, sondern auch ihre Mutter, Herodes' Schwiegermutter *Alexandra, sowie ihren Großvater, den einstigen Hohepriester Hyrkanos, und ihren jüngeren Bruder, Herodes' Schwager, den Hohepriester *Aristobulos III., per Dekret hinrichten.

Das erste Jahrzehnt seiner Herrschaft verbrachte Herodes damit, Freundschaften zu knüpfen, die seine Position festigen und seine Gegner ausschalten konnten. Im Zuge dessen gewann er auch die Unterstützung der beiden einflussreichen Pharisäer *Pollion (möglicher-

weise identisch mit Abtalion) und *Sameas (Schemaja), die nicht nur
bei dem Prozess für ihn aussagten, der ihm während seiner Zeit als
Statthalter von Galiläa vermutlich im Jahr 47 v. d. Z. wegen der unrechtmäßigen Hinrichtung der galiläischen Aufständischen vor dem
jüdischen Sanhedrin gemacht wurde, sondern später auch das Volk
von Judäa dazu bewegten, Herodes als ihren König anzuerkennen.
Die judäische Oberschicht, die eng mit den Hasmonäern verbunden
war, lehnte ihn zwar ab, sah sich aber gezwungen, klein beizugeben,
nachdem Herodes fünfundvierzig der bedeutendsten und wohlha-
bendsten Bürger Jerusalems hatte töten lassen. Durch die Aneignung
ihrer Besitztümer erwarb Herodes einen außerordentlichen Reich-
tum.

Der bejahrte Hasmonäer Hyrkanos II., der nicht mehr in der Lage
war, sein Amt als Hohepriester auszuüben, weil ihm sein herrschsüch-
tiger Neffe Antigonos ein Ohr oder beide Ohren abgebissen hatte,
wurde von Herodes durch einen obskuren babylonischen Priester
namens Ananel ersetzt. Herodes' Schwiegermutter Alexandra, die
Tochter von Hyrkanos, fand sich mit dieser Berufung jedoch nicht
ab, weil sie längst schon ihren siebzehnjährigen Sohn *Aristobulos III.
für das Hohepriesteramt vorgesehen hatte. Also nutzte sie das Wohlwollen ihrer Freundin, der ägyptischen Königin *Kleopatra, um deren
Gemahl und Herodes' Gönner Marcus Antonius zu bewegen, vom
König die Übertragung des Hohepriesteramts an den jungen Aristobulos zu verlangen. Der Konflikt schien gelöst, doch das Manöver
endete in einer Tragödie. Die Beliebtheit des jungen Hohepriesters
hatte Herodes' Misstrauen geweckt. Und als sich Aristobulos mit
Freunden in einem Teich von Jericho vergnügte, nutzte der König
seine Chance, um den Hohepriester bei einem vorgetäuschten Unfall
ertränken zu lassen. Obwohl nicht nur Alexandra, die Mutter des
Opfers, sondern auch Kleopatra den König daraufhin des Mordes
anklagten, gelang es Herodes wieder einmal, sich seiner Probleme
durch Bestechungen zu entledigen und einen Freispruch von Marcus

Antonius zu erwirken, als er von diesem nach Ägypten zitiert wurde, um Rechenschaft vor ihm abzulegen.

Die größte Bedrohung für Herodes war jedoch Kleopatra, die Königin von Ägypten. Sie war nicht nur mit seiner Schwiegermutter Alexandra befreundet, die Herodes zutiefst verachtete, sondern auch eine unabhängige Königin, die es eindeutig nach Herodes' Herrschaftsgebiet gelüstete. Abgesehen davon war sie mit Herodes' römischem Gönner Marcus Antonius vermählt. Dank dieses Einflusses sollte es ihr schließlich auch gelingen, ihrem Hoheitsgebiet einen Großteil der Küstenzonen Palästinas und Phöniziens sowie der fruchtbaren Region von Jericho zuzuschlagen. Trotzdem musste ihr Herodes pflichtschuldigst mit verschwenderischer Gastfreundschaft aufwarten, als sie Judäa besuchte. Während dieser Reise versuchte die sexlüsterne Königin, Herodes zu verführen; möglicherweise wollte sie ihn damit vor ihrem Gemahl Marcus Antonius kompromittieren. Auch Herodes spielte mit der Idee, das Schlafzimmer zu benutzen, um Kleopatra ein für alle Mal loszuwerden. Seine Freunde rieten ihm jedoch, sich lieber von ihr fernzuhalten und die guten Beziehungen zu seinem Gönner nicht aufs Spiel zu setzen.

Mit dem Beginn des römischen Bürgerkriegs zwischen Antonius und Octavian, dem künftigen *Augustus, wurde das diplomatische Geschick von Herodes auf eine harte Probe gestellt. Er schuldete Antonius die Treue, doch das hätte das Ende seiner Karriere bedeuten können. Wie üblich hatte er auch diesmal Glück. Von Kleopatra unter Druck gesetzt, ordnete Antonius dem König einen Angriff auf die Nabatäer an, anstatt ihn zu zwingen, seine Truppen gegen Octavian einzusetzen. Trotzdem bestand nach Antonius' Niederlage bei der Schlacht von Actium im Jahr 31 v. d. Z. die Möglichkeit, dass sich Herodes dem Zorn des Siegers ausgesetzt sehen würde. Daher beschloss der clevere und berechnende König, das Risiko einzugehen und Augustus auf Rhodos einen Besuch abzustatten. Zuvor erteilte er sicherheitshalber noch den Befehl, den harmlosen und betagten

Hyrkanos II., den er nach wie vor als einen potenziellen Anspruchs-
berechtigten auf den judäischen Thron betrachtete, eines erdichteten
Verbrechens wegen anzuklagen und hinrichten zu lassen.

Die riskante Reise nach Rhodos beschleunigte auch das Ende
von Herodes' Lieblingsfrau Mariamne. Da dem König der Gedanke
unerträglich war, dass sie wieder heiraten könnte, falls Augustus be-
schließen würde, ihn auszuschalten, erneuerte er den Geheimbefehl,
den er erteilt hatte, bevor er einst zu Marcus Antonius zitiert worden
war: Mariamne sollte umgebracht werden, falls er nicht zurückkehren würde. Wie damals wurde der Königin das Mordkomplott auch
diesmal von dem mit dieser Aufgabe betrauten Mann enthüllt. Auch
er sollte mit seinem Leben dafür bezahlen. Beim ersten Mal war es
Joseph gewesen, ein Onkel und Schwager von Herodes, den *Salome,
die Schwester des Königs, beschuldigt hatte, während dessen Abwesenheit eine Affäre mit Mariamne eingegangen zu sein, woraufhin
er ohne Anhörung hingerichtet worden war. Diesmal war es ein gewisser Soemus, der während Herodes' Reise zu Augustus ein Auge
auf Mariamne haben sollte. Auch er wurde von der Königinmutter
Kypros und Herodes' Schwester Salome beschuldigt, mit Mariamne
Ehebruch begangen zu haben. Dieses Mal bezichtigten sie Mariamne allerdings, einen Giftanschlag auf ihren Ehemann zu planen.
Sofort wurden sowohl Mariamne als auch ihre Mutter Alexandra
von Herodes zum Tode verurteilt, seine Frau im Jahr 29 v.d.Z., die
Schwiegermutter im Jahr 28 v.d.Z. *Josephus zufolge ging Mariamne »unverzagt und ohne auch nur die Farbe zu wechseln« in den
Tod (*AJ* 15,7.236). Ihre Mutter Alexandra soll sich hingegen alles andere als ihrem Rang entsprechend verhalten haben, um den eigenen
Hals zu retten: Vor aller Augen erhob sie ein großes Geschrei gegen
die Tochter und zerrte an ihren Haaren. Tatsächlich gelang es Alexandra damit, dem Henker noch eine Weile zu entgehen. Im darauffolgenden Jahr plante sie jedoch Herodes' Sturz, um den Thron an
sich zu reißen. Und da am herodianischen Hof kein Geheimnis lange

gewahrt blieb, musste sich bald auch die Schwiegermutter des Königs
in die lange, aber noch lange nicht vollständige Liste der königlichen
Familienmitglieder einreihen, die von Herodes hingerichtet wurden.

Der Verlust seiner leidenschaftlich geliebten Frau brachte Herodes völlig aus dem Gleichgewicht. Erfolglos versuchte er seinen
Kummer bei Gelagen zu ertränken oder sich bei Jagdausflügen ab-
zulenken – er war ein ungewöhnlich guter Reiter, Bogenschütze und
Speerwerfer. Allmählich begann er jedoch, alle Anzeichen einer
zeitweiligen krankhaften Umnachtung zu zeigen.

Herodes' familiäre Beziehungen waren ziemlich kompliziert. Er
heiratete zehn Frauen. Die erste, die Idumäerin Doris, schenkte
ihm Antipater. Die zweite, die Hasmonäerin Mariamne, gebar ihm
drei Söhne – Alexander und Aristobulos, der dritte starb in Rom –
und zwei Töchter. Seine dritte Frau hieß ebenfalls Mariamne; sie
war die Tochter eines Hohepriesters und wurde die Mutter seines
Sohnes Herodes. Von den anderen Frauen schenkte ihm die Samarierin Malthake die Söhne *Archelaos und *Antipas, die beide in
den Evangelien angeführt werden und Herodes' Thron erben sollten.
*Philippos, der ebenfalls im Neuen Testament erwähnt wird, war sein
Sohn mit Kleopatra aus Jerusalem. Die drei ältesten Söhne Antipater, Alexander und Aristobulos verbrachten viele Jahre in Rom. Die
beiden Letzteren erhielten dort ihre Ausbildung und genossen die
Gastfreundschaft des römischen Staatsmanns Asinius Pollio (möglicherweise Vedius Pollio), der mit Augustus befreundet war. Aber
der herodianische Hof war bekanntlich eine Brutstätte für Intrigen.
Im Jahr 7 v. d. Z. führten Eifersüchteleien zwischen dem idumäischen
Familienzweig (Königinmutter Kypros, Herodes' Bruder Pheroras,
seine Schwester Salome und sein ältester Sohn Antipater) und dem
hasmonäischen Zweig zur Hinrichtung von Alexander und Aristobulos durch den Strang. Am Ende sollte sogar der Idumäer Antipater das
Schicksal seiner halb-hasmonäischen Brüder teilen: Nur fünf Tage
vor seinem eigenen Tod im Jahr 4 v. d. Z. ließ ihn Herodes hinrichten.

Die Art, wie Herodes mit der eigenen Familie umging, kann den
Titel *der Große*, der ihm in der neuzeitlichen Literatur meist gegeben
wird, wahrlich nicht rechtfertigen. Von *Josephus wurde der äquiva-
lente Beiname *ho megas* interessanterweise nur ein einziges Mal verwendet, und auch das scheinbar nur, um Herodes von seinen historisch weniger bedeutenden Nachfolgern unterscheidbar zu machen.
Dennoch gibt es Aspekte, die seine Herrschaftszeit hervorheben. Die
mittlere Periode (25–13 v.d.Z.) zeichnete sich durch glorreiche Bau-
projekte im eigenen Land und im Ausland aus. In Jerusalem und
Umgebung errichtete Herodes ein Theater, ein Amphitheater, einen
neuen Königspalast und die Festung Antonia, die er nach seinem
einstigen Gönner Marcus Antonius benannte. Er ließ Samaria wieder
aufbauen und nannte die Stadt zu Ehren von Augustus (griechisch:
Sebastos) Sebaste. Im Jahr 22 v.d.Z. begann er mit dem Bau einer
neuen Stadt und herausragenden Hafenanlage an der Stelle des alten
Turris Stratonis (Stratons Turm); als sie zwölf Jahre später fertiggestellt war, widmete er sie Caesar Augustus, indem er ihr den Namen
Caesarea gab. Einen Tempel zu Ehren des Kaisers ließ er nordöstlich
des Sees Genezareth in Caesarea Philippi errichten, dort, wo *Petrus
einmal *Jesus von Nazareth als »den von Gott verheißenen Retter«
anerkennen sollte. Die Städte Antipatris und Phasaelis verdankten
ihre Namen dem Gedenken an Herodes' Vater Antipater und seinen
Bruder Phasael. Schließlich errichtete der König noch eine Festung,
die er nach sich selbst Herodium nannte, und befestigte mehrere ältere Zitadellen, darunter als wichtigste Machaerus, wo *Johannes der
Täufer später enthauptet werden sollte, und Masada, das letzte Bollwerk des jüdischen Widerstands im Ersten Jüdischen Krieg gegen
Rom. Sowohl Machaerus als auch Masada wurden zu königlichen
Palästen ausgebaut. Mit Ausnahme von Masada waren alle Paläste
von Parkanlagen umgeben, die mit Standbildern geschmückt und
von Teichen durchzogen waren und in denen es eigens Kolumbarien
für die vom König gezüchteten »Tauben des Herodes« gab.

Herodes' berühmtestes Bauprojekt war jedoch zweifellos die Wiedererrichtung des Tempels von Jerusalem, mit der er im Jahr 20 v. d. Z. begann. Die Arbeiten dauerten während seiner gesamten Regierungszeit an und zogen sich noch lange nach seinem Tod hin. Fertiggestellt wurde der »Tempel des Herodes« unter dem Prokurator *Albinus (62 – 64 n. d. Z.), also erst kurz bevor er von den Römern im Jahr 70 n. d. Z. endgültig zerstört werden sollte. Heute ist von der West- oder Klagemauer abgesehen kaum noch etwas von diesem Herodianischen Tempel übrig. Während der Bauarbeiten war der König sehr darum bemüht gewesen, seine jüdischen Untertanen zufriedenzustellen, und hatte die Überwachung des gesamten Baus jüdischen Priestern anvertraut. Kein einziges Bildnis wurde im Tempelinneren zur Schau gestellt, und auch Herodes selbst sollte niemals das Allerheiligste betreten. Auf keiner einzigen Münze, die aus seiner Zeit erhalten blieb, prangt ein Bildnis, und es gibt kein einziges Standbild von ihm. Allerdings ist der Sockel einer Statue erhalten, auf dem in griechischer Schrift festgehalten wurde, dass er in der auranitischen Stadt Fia südlich von Damaskus von einer Herodes-Statue gekrönt wurde. Außerdem ließ Herodes nicht nur in Caesarea, sondern zur Empörung der frommen Juden sogar in Jerusalem Sportwettkämpfe veranstalten.

Herodes war für die Ernennung von acht jüdischen Hohepriestern verantwortlich. Neben den bereits erwähnten Männern Anael und Aristobulos setzte er unter anderem *Jesus ben Phabi, *Simeon ben Boethos, *Mattatias ben Theophilos, *Joseph ben Ellem und *Joazar ben Boethos ein.

Jenseits des eigenen Herrschaftsbereichs, auf Rhodos, in Antiochia und in Athen, finanzierte Herodes prächtige Tempel und öffentliche Gebäude. Auch die näher gelegenen Städte Tyros, Sidon, Byblos, Berytus und Damaskus profitierten von seiner Großzügigkeit.

Er selbst betrachtete sich zwar als ein jüdischer König, war aber in erster Linie an der Verbreitung von griechischer Kultur interessiert. In den nichtjüdischen Städten seines Reichs verhielt er sich dementsprechend auch nicht als Jude. Dort ging er sogar so weit, pagane Kultstätten zu fördern. Er umgab sich mit gebildeten Hellenisten, darunter als berühmtester der Universalgelehrte Nikolaus von Damaskus, der Herodes Philosophie, Rhetorik und Geschichte lehrte und ihm als Botschafter beim Kaiser diente. Nikolaus' großes historisches Werk diente auch Josephus als Hauptquelle für seine ausführliche Darstellung der Herodes-Geschichte in den Büchern 15–17 seiner *Jüdischen Altertümer*.

Herodes' Außenpolitik war durchweg erfolgreich. Wie schon sein Vater Antipater war auch er römischer Bürger und außerdem ein Günstling von Augustus. Herodes genoss den Privilegiertenstatus eines *rex socius et amicus populi Romani*, eines »verbündeten Königs und Freund des römischen Volkes«. Durch die Annexion der nichtjüdischen Städte Palästinas und der Regionen nordöstlich von Galiläa, der Trachonitis, Batanäa, Auranitis, sowie der Gemarkungen Ulatha und Panäa wurde sein Herrschaftsgebiet während seiner Regierungszeit nahezu verdoppelt. Josephus schreibt, dass Augustus nur seinen engsten Freund Marcus Agrippa höher schätzte als Herodes. Doch am Ende sollte sogar Kaiser Augustus seine Achtung vor dem König der Juden verlieren.

Herodes war ein Despot, der sich von Söldnern aus Gallien, Germanien und Thrakien schützen ließ. Andererseits legte er Fürsorglichkeit und sogar Großmut gegenüber seinen jüdischen Untertanen an den Tag. Mit dem Hafen, den er in Caesarea errichten ließ, verbesserte er die Handelsmöglichkeiten des Volkes; während der Hungersnot im Jahr 25 v. d. Z. unterstützte er die Armen; in den Jahren 20 und 14 v. d. Z. verringerte er die Steuern erst um 33 und dann nochmals um 25 Prozent, um der Wirtschaft Auftrieb zu geben. Das Leben in seinem Reich war nicht unangenehm, obwohl es von einem hellenisierten Idumäer, der sich als Jude gab, mit eiserner Faust regiert wurde.

Nachdem der todkranke siebzigjährige Herodes bereits drei seiner älteren Söhne hatte umbringen lassen, bestimmte er schließlich
Antipas zum Erben. Wenige Tage, bevor er starb, revidierte Herodes
diese Entscheidung jedoch zugunsten von Archelaos. Augustus bestätigte dessen Ernennung zum König aber nicht, sondern stufte ihn
zum Ethnarchen herab. Antipas wurde zum Tetrarchen von Galiläa
ernannt, Philippos zum Tetrarchen der Gaulanitis, Trachonitis, Batanäa, Panäa und Auranitis. Um sicherzugehen, dass die Untertanen
bei seiner Beerdigung wirklich trauern würden, hatte Herodes seinen
Schwager Alexas und seine Schwester Salome verpflichtet, am Tage
seines Todes die vielen hoch angesehenen Juden hinrichten zu lassen,
die er im Hippodrom von Jericho gefangen hielt. Glücklicherweise
wurde dieser letzten grausamen Bitte nicht Folge geleistet. Der König
starb im Jahr 4 v.d.Z. in Jericho und wurde unbeweint von seiner
Familie und vom jüdischen Volk in Herodium begraben.

Herodes war eine zutiefst gespaltene Persönlichkeit. Einerseits
war er sehr generös und wohltätig, andererseits verhielt er sich barba-
risch und auf grausame Weise rachsüchtig gegenüber seinen Untertanen und seiner engsten Familie. Josephus' Ansicht nach waren sowohl
seine Großzügigkeit als auch seine Grausamkeit der unersättlichen
Gier nach Ruhm und Ehre zu verdanken. Das bedeutet: Wenn er sich
großzügig gegenüber dem Volk und seiner Familie zeigte, wollte er
sich damit nur Respekt und Bewunderung verdienen, und als ihm
solche Gefühle versagt blieben, löste es unerbittliche Rachegelüste
bei ihm aus. Infolgedessen hassten ihn die Juden trotz seiner Frei-
gebigkeit, und sein barbarisches Verhalten im eigenen Familienkreis
befremdete sogar seine römischen Gönner. Man braucht nur das
Augustus zugeschriebene sarkastische Epigramm zu zitieren: »Bei
Herodes ist es besser, sein Schwein zu sein als sein Sohn.« (Macro-
bius, *Saturnalia* 2,4.11) Josephus war da anderer Ansicht: Herodes war
»meiner Meinung nach aber ein höchst unglücklicher und bedauerns-
werter Mensch« (*AJ* 17,8.192).

Herodes' weltweit schlechter Ruf ist allerdings im Wesentlichen
auf den historischen Zufall zurückzuführen, dass Jesus von Nazareth
am Ende seiner Herrschaftszeit geboren und der Name des Königs in
den Evangelien des *Matthäus (2,1–22) und des *Lukas (1,5) festgehalten wurde. Die Geburt Jesu wird jedoch von beiden in einen falschen
zeitlichen Zusammenhang mit dem Zensus des *Quirinius gebracht,
der erst im Jahr 6 n.d.Z. und somit zehn Jahre nach Herodes' Tod
durchgeführt wurde (siehe die Einträge zu *Quirinius, *Maria und *Joseph). Die Geschichte vom Mord an allen männlichen Neugeborenen,
den Herodes für die Region Bethlehem befohlen haben soll, folgt dem
Muster der im Buch Exodus überlieferten Geschichte vom Befehl des
Pharao, alle neugeborenen Säuglinge des Volkes Israel in Ägypten zu
töten. Die allseits bekannte Grausamkeit, die Herodes seinen eigenen
Kindern gegenüber an den Tag legte, verlieh dieser Legende eine gewisse Glaubhaftigkeit. Als abschließende Bemerkung über Herodes
findet sich bei Matthäus die Aussage, dass Joseph mit seiner Familie
erst aus der Fremde zurückgekehrt sei und sich in Galiläa niedergelassen habe, als ihn die Nachricht vom Tode Herodes' des Großen in
Ägypten erreicht habe. (Quellen: Josephus *BI* 1; *AJ* 15–17)

HERODES VON CHALKIS

Herodes von Chalkis, der Bruder von *Agrippa 1., war ein Enkel von
*Herodes dem Großen und der Sohn des vom Großvater ermordeten
*Aristobulos. Kaiser *Claudius übertrug ihm die Herrschaft über
Ituräa und Abilene im Norden von Galiläa, die er dann als König von
41 bis 48 n.d.Z. ausübte. Aus Dankbarkeit nannte er sich auf seinen
Münzen »Freund des Claudius«. Wie die meisten herodianischen
Fürsten schloss auch er Ehen mit engen Verwandten. Seine erste Frau
war Mariamne, die Enkelin von Herodes dem Großen; zur zweiten
Frau nahm er *Berenike, die Tochter von Agrippa 1. Herodes war einer

der fünf mit Rom verbündeten Könige, die an dem von Agrippa einberufenen und von Marsus, dem Statthalter von Syria, sofort wieder aufgelösten Treffen in Tiberias teilnahmen. Nach dem Tod von Agrippa I. im Jahr 44 n.d.Z. erhielt Herodes von Chalkis von Claudius das Aufsichtsrecht über den Tempel in Jerusalem und somit auch die Genehmigung, jüdische Hohepriester zu berufen. Kurz nach seinem Tod erbte sein Neffe *Agrippa II. sein Königreich. (Quellen: Josephus, *BI* 2,11.5; *AJ* 20,5.103–104)

HERODIAS

Herodias war die zweite Ehefrau von Herodes *Antipas und eine Tochter von Aristobulos, des Sohnes von *Herodes dem Großen mit *Mariamne I. Herodias zeichnete sich durch eine eigenartige Mischung aus der Rohheit ihres Großvaters und dem Stolz ihrer königlichen hasmonäischen Großmutter aus. Sie war die Schwester von König *Agrippa I. und in erster Ehe mit ihrem ebenfalls Herodes genannten Onkel verheiratet gewesen, einem Sohn von Mariamne II., die eine Tochter des Hohepriesters *Simeon ben Boethos war. Antipas begegnete Herodias erstmals, als er seinem Halbbruder Herodes einen Besuch abstattete. Er verliebte sich auf der Stelle in sie und ließ sich eilig von seiner damaligen Frau, der Tochter des Nabatäerkönigs Aretas IV., scheiden, um Herodias heiraten zu können. Dass er die nabatäische Prinzessin ihretwegen verlassen hatte, löste einen Krieg zwischen ihrem Vater Aretas IV. und ihrem geschiedenen Ehemann aus, den Antipas verlor. Aber Herodias' Ehrgeiz war Antipas' Untergang. Weil Kaiser *Caligula ihren Bruder Agrippa I. im Jahr 37 n.d.Z. in den Königsstand erhoben hatte, drängte die erboste Herodias ihren Ehemann, den Kaiser ebenfalls um die Ernennung zum König zu bitten. Doch der Schachzug schlug fehl. Im Jahr 39 n.d.Z. wurde Antipas von Caligula abgesetzt und nach Lugdunum (Lyon) in

Gallien verbannt. Herodias wurde weiterhin der Aufenthalt in Galiläa gestattet, doch sie verschmähte diese kaiserliche Begünstigung und folgte ihrem Ehemann in die Verbannung.

Dem Neuen Testament zufolge trug Herodias die Verantwortung für die Hinrichtung des Täufers *Johannes, der von Antipas inhaftiert worden war, weil er seine Eheschließung mit der Frau des Bruders kritisiert hatte. *Salome habe im Auftrag ihrer rachsüchtigen Mutter Herodias gehandelt, als sie den Kopf des Täufers auf einer Schale und somit Johannes' Enthauptung gefordert habe, nachdem Antipas ihr wegen ihres Tanzes anlässlich seines Geburtstags jeden Wunsch zu erfüllen geschworen hatte. *Josephus liefert eine andere Erklärung für die Hinrichtung des Täufers: Seine Redegewandtheit habe ihn zu einer politischen Gefahr in der aufwieglerischen Atmosphäre jener Zeit gemacht. Abgesehen davon siedelt Josephus dieses Ereignis in der transjordanischen Bergfeste Machaerus an, wohingegen die Evangelien den Ort von Johannes' Ermordung nicht benennen, aber den Eindruck erwecken, als habe sie in Galiläa stattgefunden. (Quellen: Mk 6,17–19; Mt 14,3–12; Josephus, *AJ* 18,5.116–119)

HILLEL

Hillel der Alte war ein herausragender jüdischer Lehrer, der in den letzten Jahrzehnten des 1. Jahrhunderts v.d.Z. und den ersten Jahrzehnten des 1. Jahrhunderts n.d.Z. wirkte. Sein Beiname lautet *der Alte (ha-Zaken)*. Erst ab der zweiten Hälfte des 1. Jahrhunderts n.d.Z., wurde ein Bibelexeget und Kenner des überlieferten Gesetzes als *Rabbi* bezeichnet. Der berühmte Lehrer Hillel, der nach talmudischer Überlieferung die Lehre des gesamten künftigen rabbinischen Judaismus prägen sollte, war ein Zeitgenosse des *Jesus von Nazareth.

Wie bei den meisten frührabbinischen Gelehrten weiß man auch über Hillels Hintergrund nur sehr wenig. Nicht einmal der Name seines Vaters wurde verzeichnet. Wir erfahren, ohne dass es dafür stichhaltige Beweise gibt, dass er ursprünglich aus Babylon stammte und dem königlichen Hause David angehörte, so wie es die Stammbäume in den Evangelien des *Markus und *Lukas auch von Jesus behaupten. Seinen Lebensunterhalt verdiente er sich offenbar als Tagelöhner, was ihm wahrscheinlich »einen Denar« pro Tag einbrachte, wie den Arbeitern im Weinberg aus dem Gleichnis des Matthäusevangeliums. Im Mischna-Traktat *Pirke Awot* (Sprüche der Väter) werden Hillel und *Schammai als das letzte der fünf *Paare (zugot)* aufgeführt, die vom Anfang des 2. Jahrhunderts v. d. Z. an, über die Ära von *Herodes dem Großen hinweg bis zum Beginn des christlichen Zeitalters die Lehrer und geistigen Führer des Judentums waren. *Josephus erwähnt den berühmten Hillel nicht einmal, obwohl er in seinem Werk *Jüdische Altertümer* gleich zwei Mal Bezug auf das *Paar* Schemaja und Abtalion nimmt, das Hillel und Schammai unmittelbar vorangegangen war und bei Josephus unter den Namen *Sameas und *Pollion angeführt wird (*AJ* 14,9.175 u. 15,1.3). Es waren die einzigen beiden Lehrer, die *Herodes verschonte, als er sich im Jahr 37 v. d. Z. an den Mitgliedern des Sanhedrin rächte, die ihn zehn Jahre zuvor wegen seiner Untaten in Galiläa zur Rechenschaft hatten ziehen wollen.

Der talmudischen Tradition zufolge nahm Hillel enormen Einfluss auf die anschließende Entwicklung der *Halacha*, des gesetzlichen Teils der Überlieferung. Vor allem drei entscheidende Neuerungen sind untrennbar mit seinem Namen verbunden. Seinen ersten Ruhm erwarb er sich dem Talmud zufolge mit einer Argumentationskette, die er im Namen seiner Lehrer Schemaja und Abtalion zur Klärung der Frage anbot, weshalb die Opferung eines Lammes zum Passahfest auch dann erlaubt sei, wenn das Fest auf einen Sabbat fällt (bPes 66a).

Dann entwarf Hillel die Klausel des *Prosbul (prosbolê)*, ein rechtliches Konstrukt, das durch die wirtschaftlichen Umstände der Zeit notwendig geworden war. Das biblische Gesetz sah für das Ende eines jeden siebten Jahres (Sabbatjahr) vor: »Es erlasse jeglicher Schuldherr

sein Darlehn, das er seinem Nächsten geliehen« (Dt 15,1–11). Diese
Ausnahmeklausel zugunsten des Schuldners erschwerte es jedoch ungemein, gegen Ende des Siebentjahres überhaupt noch einen Kre-
dit zu bekommen, da der Darlehensgeber keine Garantie hatte, dass
er die Schulden rechtzeitig wieder eintreiben konnte. Hillel rettete
dieses System, indem er festlegte, dass jeder Gläubiger das Recht habe,
vor den »Richtern des Ortes« in den Darlehensvertrag die Klausel
einzufügen, »dass ich jede mir ausstehende Schuld zu jeder mir beliebigen Zeit einfordern darf« (mSheb 10,4). Eine Rechtsurkunde in
aramäischer Sprache, die sich auf das zweite Jahr der Amtszeit von
Kaiser *Nero (55/56 n. d. Z.) datieren lässt und in einer Höhle in der
Judäischen Wüste entdeckt wurde, beschreibt eine Rechtspraxis, die
dem *Prosbul* sehr ähnlich war. Nach dieser Urkunde musste sich der
Schuldner allerdings verpflichten, sein Darlehen auch in einem Sie-
bentjahr zurückzuzahlen, sofern er dazu aufgefordert wurde.

Auch die Erschaffung der sogenannten sieben Regeln *(Middot)*, die
die Möglichkeit bieten, bereits bestehende Gesetze neu auszulegen,
wird Hillel zugeschrieben. Seine sieben *Middot* und deren Erweiterung
auf dreizehn Regeln durch Rabban Jischmael bildeten die Grundlage für einen Großteil der späteren talmudischen Rechtsentwicklung.

Als Moralist war Hillel für seine Güte und Liebenswürdigkeit gegenüber den Menschen bekannt. »Sei von den Jüngern Ahrons, Frieden liebend und nach Frieden strebend; die Menschen liebend und
sie der Tora zuführend« (mAb 1,12), zitiert der Talmud seinen Leit-
spruch. Es wird häufig angeführt, dass Jesus, der die Liebe zu Gott
und die Liebe zum Nächsten an die oberste Stelle seiner ethischen
Forderungen stellte, von Hillel beeinflusst gewesen sei. Diese These
wäre auch durchaus einleuchtend, wenn sich beweisen ließe, dass
Jesus ganz allgemein die Lehren und religiösen Ansichten der Pharisäer teilte. Dieser Theorie widersprechen jedoch zwei entscheidende
Umstände: Erstens lebte und predigte Jesus in Galiläa, und es gibt
keinerlei Nachweise für die Präsenz von Pharisäern in dieser Region

vor dem Jahr 70 n. d. Z. Zweitens war das Wesen des pharisäischen Judentums essenziell *halachisch*, also religionsgesetzlich, ausgerichtet, wohingegen Jesus' Glaube primär der ethischen und charismatischen Kategorie zuzuordnen war.

Auch das ethische Prinzip, das man unter dem Begriff der *goldenen Regel* kennt, stellt einen Bezug zwischen Hillel und Jesus her, auch mit dem hellenistischen jüdischen Philosophen *Philo von Alexandria. Hillel und Philo formulierten diese Regel in jener negativ gewendeten Form, in der sie von der jüdischen Literatur tradiert wurde: »Was dir verhasst ist, das mute auch einem anderen nicht zu«, schreibt Philo (*Hypothetica* 7,6); Hillel werden ähnliche Worte zugeschrieben: »Was dir nicht lieb ist, das tue auch deinem Nächsten nicht«; allerdings folgt bei ihm noch der Zusatz: »Das ist die ganze Tora« (bShab 31a). Jesus hingegen verwandelte den negativ gewendeten Rat in einen positiven: »Alles, was ihr also von anderen erwartet, das tut auch ihnen!« (Mt 7,12; Lk 6,31) Diesen Worten schloss er dann einen Satz an, der auffallend der Aussage des Hillel gleicht: »Darin besteht das Gesetz und die Propheten« (Mt 7,12). Der anekdotische Kontext, in den dieser Spruch von Hillel gestellt wurde – dass es seine Antwort auf die ermüdende Forderung eines Nichtjuden gewesen sei, man möge ihn die ganze Tora lehren, solange er »auf einem Fuße stehen« könne –, kann getrost ignoriert werden.

Eine Lehre Hillels wirft Licht auf die Frage, die Jesus dem Matthäusevangelium zufolge (19,3) von Pharisäern gestellt wurde: »Darf man seine Frau aus jedem beliebigen Grund aus der Ehe entlassen?« Hillel hatte eine ziemlich entspannte Einstellung zur Scheidung. So erklärte er beispielsweise, dass auch ein geringer Anlass die Auflösung der Ehe rechtfertigen könne, und sei es nur, dass die Frau »ihm die Suppe versalzen hat« (mGit 9,10) Josephus' nonchalante Begründung der eigenen Scheidung war nicht minder lakonisch: »Zu dieser Zeit entließ ich meine Frau, deren Charaktereigenschaften mir missfielen.« (*Vita*, 426) Jesus selbst soll sich absolut gegen das

Scheidungsrecht ausgesprochen haben (Mk 10,2 – 9), Matthäus erläutert hingegen eine Ausnahmeregel, die »um des Himmelreiches willen« (Mt 19,12) implizit die Auflösung einer Verbindung im Falle der
»Unzucht« einer Frau erlaubt (Mt 5,32 u. 19,9). In dieser Auslegung
spiegelt sich die strengere Lehre von Hillels Gegenspieler Schammai,
der sagte, »man dürfe sich von seiner Frau nur dann scheiden lassen,
wenn man an ihr etwas Schändliches gefunden hat« (mGit 9,10).

Die halachischen Kontroversen zwischen den Schulen Hillel und
Schammai beherrschten die Auslegung und Anwendung des bib-
lischen Gesetzes während des gesamten 1. Jahrhunderts n. d. Z. Die
Lehren beider Schulen galten als maßgeblich, beide wurden »als das
Wort des lebendigen Gottes« behandelt (yBer 3b). Dennoch überwo-
gen im Allgemeinen die Auslegungen der Schule Hillel. Einer spä-
teren talmudischen Legende zufolge verkündete eine himmlische
Stimme *(bat qol)* wie jene, welche laut Evangelienbericht bei der Taufe
Jesu zu vernehmen gewesen sein soll, dass die einzig wahre Lehre
»gemäß den Worten der Schule Hillel« sei (yBer 3b).

Obwohl Hillel wahrscheinlich der größte und einflussreichste
jüdische Lehrer im Altertum war, wissen wir nichts über sein Le-
ben und Sterben. Die Tatsache, dass Josephus es versäumte, auf eine
Persönlichkeit von der Statur eines Hillel oder eines *Jochanan ben
Zakkai einzugehen, beweist, was für ein glücklicher Zufall es ist, dass
er, wie flüchtig auch immer, *Johannes den Täufer, Jesus und dessen
Bruder *Jakobus überhaupt erwähnte. (Quellen: *Enc. Jud.* 8,482 – 485;
HJP ii, S. 363 – 7)

HONI

Honi der Kreiszeichner, auch Onias der Gerechte genannt, war ein
berühmter Mann im Palästina des 1. Jahrhunderts v. d. Z. Das entscheidende Moment seiner Geschichte, die sich aus einer Kombina-

tion von talmudischen Quellen und Flavius *Josephus' Werk *Jüdische Altertümer* zusammenreimen lässt, war das allmächtige Gebet, mit dem er eine lange Dürrezeit beendete. Deshalb wurde er im ganzen Land zu einer Berühmtheit und einem gefeierten charismatischen Gottesmann oder Chassid.

Sowohl die Rabbanan als auch Josephus verlegen Honis Wirken in die Anfangszeit der Sechzigerjahre des 1. Jahrhunderts v. d. Z. Die talmudischen Schriften lassen diese Chronologie zu, weil sie Honi in einen Zusammenhang mit *Simeon ben Schetach stellen, dem Bruder der Königin Alexandra Salome (76–67 v. d. Z.); Josephus lässt diesen Schluss zu, weil er die Geschichte des Honi in die Zeit des Bruderkrieges zwischen Alexandras Söhnen *Aristobulos 11. und *Hyrkanos 11. verlegt. Fest steht jedenfalls, dass die relevanten Ereignisse nach dem Tod von Alexandra (67 v. d. Z.) stattfanden, wahrscheinlich um die Zeit des Passahfestes im Jahr 65 v. d. Z., also zwei Jahre vor der Eroberung Jerusalems durch *Pompeius. Der jüngere Aristobulos, der seinem Bruder Hyrkanos die Hohepriesterschaft streitig machte, wurde von ihm und seinem Bündnispartner, dem Nabatäerkönig Aretas 111., auf dem Tempelberg belagert. Um ihn besiegen zu können, ergriffen Hyrkanos' Anhänger den berühmten Honi und verlangten von ihm, über Aristobulos und seine Parteigänger »den Fluch herabzurufen«. Doch der gottesfürchtige Mann weigerte sich, seine charismatischen Kräfte einzusetzen, um einen Juden für einen anderen Juden zu vernichten und Hyrkanos auf diese Weise zum Sieg zu verhelfen. Seine Ablehnung, sich auf diese Weise in das Geschehen einzumischen, kostete ihn das Leben. »Als er so geredet hatte, töteten ihn einige Bösewichter aus den umstehenden Juden mit Steinwürfen« (*AJ* 14,2.24). Josephus zufolge wurden die Mörder mit einer verheerenden Lebensmittelknappheit nach einem Orkan bestraft, der »alle Feldfrüchte der Gegend zerstörte« und somit das von Honi bewirkte Regenwunder null und nichtig machte (*AJ* 14,2.28).

Da Honis Geschichte sowohl in der talmudischen Literatur als auch im Werk von Josephus erhalten blieb, haben wir die Möglichkeit, die religiös ausschmückende Erzählweise der Rabbanan mit dem nüchterneren hellenistischen Stil des Josephus zu vergleichen. Sowohl er als auch die Rabbanan begründen Honis Ruhm mit dem Volksglauben, dass er Wunder vollbracht und Regen gemacht habe. Seit biblischen Zeiten wurde die Gabe des Regenmachens als das Privileg von Gottesmännern betrachtet, nach dem Vorbild des großen Propheten Elija, der einst verkündet hatte: »Es wird nicht sein in diesen Jahren Tau und Regen, es sei denn auf mein Wort« (1 Kön 17,1).

Josephus berichtet, Honi sei »ein gerechter und Gott wohlgefälliger Mann« gewesen, und schließt dieser Aussage nur noch die kurze Bemerkung an, dass er »einst bei einer Dürre Gott um Regen gebeten« habe und »augenblicklich erhört« worden sei (AJ 14,2.22). Der aus der Mischna erhaltene Bericht der Rabbanan (mTaan 3,8) erzählt im Wesentlichen dieselbe Geschichte, aber hier wird das Natürliche mit dem Übernatürlichen vermischt. Dieser Version nach trieb Gott sein Spiel mit Honi und neckte ihn, bevor er ihm seinen Wunsch erfüllte: Der Charismatiker betet, »jedoch fiel kein Regen«, daraufhin beginnt er wie ein trotziges Kind einen Kreis zu zeichnen, stellt sich hinein und droht Gott, dass er sich nicht rühren werde, bis sein Gebet erhört wird. Gott neckt ihn weiter und lässt etwas Regen tröpfeln, aber Honi besteht auf einem anständigen Regen. »Da schlug er stürmisch nieder.« Nach einigem Hin und Her kleidet Honi sein Bittgebet schließlich in Demut – und herab fällt Regen, »segensreich und wohltuend«.

Josephus vermeidet es wie üblich, ein Ereignis irgendwelchen übernatürlichen Kräften zuzuschreiben. Die Rabbanan sind da weniger zurückhaltend. Aus ihrer Sicht beweist Honis Erfolg, dass zwischen Gott und ihm eine Vater-Sohn-Beziehung bestand. Sie schildern einen Honi, dessen kapriziöses Verhalten wie das eines verzogenen Kindes wirkt. Der talmudischen Überlieferung verdankt sich auch Honis Beiname *der Kreiszeichner*, der wiederum Assoziationen mit Zauberei hervorruft. Von *Simeon ben Schetach, der zu Honis Zeiten die Pharisäer führte, heißt es im Talmud, dass er entsetzt über die familiäre Art und Weise gewesen sei, in der Honi mit Gott sprach. Als Simeon dann jedoch mit eigenen Augen erlebte, welche Wirkung dessen Worte hatten, konnte er sich nur seufzend ergeben: »Wärest du nicht Honi, so würde ich über dich den Bann verhängt haben […] Was aber kann ich gegen dich machen, wo du gegen Gott ungezogen bist und er dir dennoch deinen Willen tut, wie ein Kind gegen den Vater ungezogen ist und er ihm dennoch seinen Willen tut?« (mTaan 3,8). Wie in anderen talmudischen Erzählungen wird also auch diesem Charismatiker zugeschrieben, der Sohn Gottes zu sein, ganz so wie die Evangelien es *Jesus von Nazareth zuschreiben.

Honi wurde zum Patriarchen einer ganzen Dynastie von Charismatikern. Zwei seiner Enkel, *Hanan der Versteckte und *Abba Hilkia, gehörten ebenfalls zur Klasse der Chassidim im Altertum.

Honis charismatische Kräfte, die eine so besondere Nähe zu Gott erkennen ließen, führten die Rabbanan zu allen möglichen Spekulationen über seine Rolle in der Glaubensgeschichte des Judentums und sogar für die Geschicke der ganzen Menschheit. Simeon ben Schetach mag Honi zwar wegen seiner ungebührlichen Rede mit Gott gerügt haben, doch das hinderte ihn keineswegs daran, ihn als den »Sohn« Gottes zu betrachten, durch den sich die Worte der Heiligen Schrift – »freuen wird sich dein Vater« (Sprüche 23,25) – erfüllten. Einer anderen alten jüdischen Quelle nach haben die Mitglieder des Sanhedrin den Spruch des Job – »Du flehest zu ihm, und er erhört dich, und deine Gelübde bezahlst du« (Job 22,27) – mit den Worten auf Honi umgemünzt: »Du befiehlst hienieden, und der Heilige, gepriesen sei er, bestätigt deinen Spruch droben.« (bTaan 23a) Dass es zwischen dem irdischen und dem himmlischen Gottesdienst eine unbedingte Übereinstimmung geben müsse, betonte auch die Qumran-Gemeinschaft; aber auch die Evangelien sprechen von einer gleichzeitigen Vergebung der Sünden auf Erden wie im Himmel.

Noch bedeutender ist, dass Honi als ein Epigone des Propheten Elija
dargestellt wird, der das große Vorbild aller Chassidim im Hinblick
auf aufrichtige Buße war: Niemand habe die Menschheit jemals derart zum Gottesdienst berufen wie Elija und Honi der Kreiszeichner
(*Bereschit Rabba* 13,7).

Es sollte eigens hervorgehoben werden, dass Honi von der talmudischen Auslegung mit einem umfassenden, ja möglicherweise sogar
universellen Einfluss auf das Schicksal des gesamten Judentums
und vielleicht sogar der ganzen Menschheit ausgestattet wurde.
Viele typische Eigenschaften des Honi tauchen in der Persönlichkeit eines anderen berühmten galiläischen Chassiden wieder auf,
nämlich in der Figur des *Hanina ben Dosa aus dem 1. Jahrhundert n. d. Z. Doch nicht nur Honi, auch Hanina weist beträchtliche
Parallelen zu Jesus auf, dem berühmtesten aller Charismatiker und
Gottesmänner aus dem alten Judentum. (Quellen: Josephus, *AJ*
14,2.22–29; mTaan 23a; Bereschit Rabba 13,7; siehe auch *Vermes,
Jesus der Jude S. 51-3*.)

HYRKANOS II.

Johannes Hyrkanos II. (111–30 v. d. Z.) war der bemitleidenswerteste,
ja gewiss tragischste aller hasmonäisch-jüdischen Hohepriester und
Ethnarchen (63–40 v. d. Z.). Als ältester Sohn von Alexander Jannaios und dessen Frau Alexandra Salome (Schelemzion) erbte er nach
dem Tod des Vaters im Jahr 76 v. d. Z. das Amt des Hohepriesters,
das er während der Regentschaft seiner Mutter bis zum Jahr 67 v.
d. Z. ausübte. Nach dem Tod der Mutter wäre es eigentlich ihm
vorbehalten gewesen, die Hohepriester- und Königswürde auf sich
zu vereinen, doch sein aggressiver jüngerer Bruder Judas *Aristobulos II. beraubte ihn beider Ämter. Nachdem der schwache und
beeinflussbare Hyrkanos von Aristobulos besiegt worden war, wurde

er zu einer Marionette des ehrgeizigen Idumäers *Antipater, dem Vater von *Herodes dem Großen, und des Nabatäerkönigs Aretas III. Dieser glaubte, die politische Bühne beherrschen zu können, wenn er Hyrkanos' Beschützer spielte. Gemeinsam zwangen ihre verbündeten Heere Aristobulos zum Rückzug auf den Tempelberg in Jerusalem, wo sie ihn eine Weile belagerten. Während dieses Konflikts wurde der charismatische Regenmacher *Honi der Kreiszeichner / Onias der Gerechte von Hyrkanos' zornigen Anhängern zu Tode gesteinigt, weil er sich geweigert hatte, Aristobulos und sein Gefolge mit einem Fluch zu belegen. Im Jahr 63 v.d.Z. eroberte *Pompeius Jerusalem, enthob Aristobulos seiner Ämter und unterstützte Hyrkanos, den er zwar wieder als Hohepriester einsetzte, aber nicht mit dem Königstitel bedachte. Faktisch wurde ihm jegliche Verwaltungsmacht versagt. Sie blieb in den Händen der Römer, bis Iulius *Caesar Hyrkanos' politischen Rang wiederherstellte, indem er ihn als Ethnarchen von Judäa bestätigte, während Antipater das Amt des Statthalters besetzte. Es war die Familie von Antipater, die nun die Macht besaß, und es waren seine beiden Söhne *Phasael und *Herodes, die die Verantwortung für Jerusalem und Galiläa trugen. Die ungezügelte Gewalt, mit der Herodes über Galiläa herrschte, brachte ihn bald vor den jüdischen Sanhedrin, doch mit der Duldung von Hyrkanos und dem Rückhalt der Römer gelang es ihm, seiner Verurteilung zu entgehen. Als Phasael und Herodes von *Marcus Antonius schließlich zu Tetrarchen von Judäa ernannt wurden, war das nur noch eine Bestätigung des Status quo: Hyrkanos war lediglich dem Titel nach ein Herrscher.

Im Jahr 40 v.d.Z. fielen die Parther in Judäa ein und machten ihrerseits *Antigonos, den Sohn von Aristobulos II. und Neffen des Hyrkanos, zu ihrer Marionette, als sie ihn zum König und Hohepriester ernannten. Herodes floh in die arabische Stadt Petra, Hyrkanos und Phasael wurden dem neuen Herrscher überstellt. Um zu verhindern, dass sein Onkel jemals wieder als Hohepriester eingesetzt werden konnte, verstümmelte Antigonos ihn – ein Hohepriester biss dem anderen Hohepriester ein Ohr oder beide Ohren ab!

Das Ende von Hyrkanos war ebenso tragisch wie sein Leben. Obwohl Herodes mit Hyrkanos' Enkelin Mariamne verheiratet war, beschloss er, sich seines letzten potenziellen Rivalen zu entledigen, indem er den inzwischen einundachtzigjährigen letzten hasmonäischen Herrscher wegen einer angeblichen Verschwörung mit dem Nabatäerkönig erdrosseln ließ.

Weitere Informationen über Hyrkanos II. (und Aristobulos II.) lassen sich sehr wahrscheinlich den pseudepigraphischen Psalmen Salomo und einigen Schriftrollen vom Toten Meer entnehmen. Denn mit den beiden Herrschern von Jerusalem, über die es im Psalm Salomo 8,15–17 heißt, sie hätten den ruchlosen Eroberer (Pompeius) willkommen geheißen, können letztlich nur diese beiden gemeint sein. Der französische Qumran-Forscher André Dupont-Sommer identifizierte Hyrkanos und Aristobulos außerdem als die »Frevelpriester«, die in den Habakuk- und Nahum-Kommentaren der Qumran-Bibel angeführt werden. (Quellen: Josephus, *BI* 1,2; *AJ* 15,5. 80–13.369.)

I

ISMAEL BEN PHABI

Siehe unter *Hannas ben Seth.*

ISMAEL BEN PHABI II.

Ismael, Sohn des Phabi (Phiabi/Phabes; 59–61 n.d.Z.), nicht zu verwechseln mit dem gleichnamigen Hohepriester (15–16 n.d.Z.) aus derselben Familie, war der erste Hohepriester, den König *Agrippa II.

(50–92/93 n. d. Z.) ernannte. Er trat sein Amt in stürmischen Zeiten an. Die hohepriesterlichen Familien, gewöhnlichen Priester und das Volk gerieten derart aneinander, dass sie sich schließlich sogar gegenseitig zu steinigen begannen. Auch mit Agrippa II. hatten die Familien Streit, seit sie den Bau einer Mauer im Tempel angeordnet hatten, damit der König ihre Zeremonien nicht mehr von seinem Palast aus beobachten konnte und auch den Römern der Blick auf die Vorgänge im heiligen Tempelbezirk versperrt bleiben würde. Nicht nur der König war darüber empört, sondern auch der römische Prokurator *Festus (60–62 n. d. Z.), der daraufhin eilends den Befehl gab, die Mauer niederzureißen. Kurz darauf führte der Hohepriester Ismael eine Delegation nach Rom, um die kaiserliche Annullierung von Festus' Anordnung zu erreichen. *Nero entsprach der Bitte, nachdem sich seine Frau Poppaea für die Juden ausgesprochen hatte, behielt den Hohepriester jedoch als Geisel in Rom. *Josephus berichtet ohne weitere Erklärungen, dass Ismael schließlich »in Kyrene durch Enthauptung hingerichtet« wurde (BI 6,2.2).

Die Folge dieser Intervention von Kaiserin Poppaea war, dass Ismael ben Phabi von König Agrippa als Hohepriester abgesetzt und durch Joseph Kabi ersetzt wurde, den Sohn des Hohepriesters *Simon Kantheras ben Boethos (41 n. d. Z.). Über Joseph sind keine weiteren Informationen erhalten, abgesehen von der Auskunft, dass er zu den jüdischen Führern zählte, die sich während der Belagerung von Jerusalem den Römern ergaben.

Die talmudische Literatur enthält mehrere Anekdoten über Ismael ben Phabi, beispielsweise dass er zu den wenigen Hohepriestern gehörte, die eine rote Kuh opferten (siehe den Eintrag zu *Simon Kantheras ben Boethos), oder dass sich sein Haus dem Volk gegenüber gewalttätig verhalten habe (mPar 3,5; mSot 9,15; bPes 57a). Von dem prächtigen Gewand, das ihm seine Mutter schenkte, rührt die Redensart her, dass es seit Ismael ben Phabis Tod mit dem priesterlichen Prunk vorbei gewesen sei. (Quellen: Zu Ismael siehe Josephus,

AJ 20,8.179 u. 195–195; *BI* 6,2.2. Zu Joseph Kabi siehe Josephus, *AJ* 20,8.196.)

IZATES UND HELENA VON ADIABENE

Izates herrschte Mitte des 1. Jahrhunderts n. d. Z. über das kleine Königreich Adiabene östlich des Tigris in unmittelbarer Nachbarschaft zum parthischen Reich. *Josephus berichtet, dass Izates während der Regentschaft von Kaiser *Claudius (41–54 n. d. Z.) durch einen jüdischen Kaufmann namens Ananias zur Konversion zum jüdischen Glauben bewegt worden sei. Auch seine Mutter Helena konvertierte, nachdem sie »von einem anderen Juden unterrichtet worden war«. Doch nicht nur Helena, sogar der Kaufmann Ananias selbst riet Izates von einer Beschneidung ab, weil sie ein solches Bekenntnis für politisch unklug, wenn nicht gar gefährlich hielten. Abgesehen davon fanden sie, dass Izates Gott durchaus auch unbeschnitten verehren könne. Kurze Zeit später ließ sich der König jedoch von einem Juden aus Galiläa, »der für besonders gesetzeskundig galt«, von der Notwendigkeit einer Beschneidung überzeugen. Nachdem er die Zeremonie vollzogen hatte, versammelte er die gesamte königliche Familie unter dem Dach des jüdischen Glaubens. Fünf seiner Söhne erhielten eine jüdische Erziehung in Jerusalem. Während der Hungersnot, die in Claudius' Tagen in Judäa herrschte und sowohl von Josephus als auch in der Apostelgeschichte (11,28) erwähnt wird, begab sich Königin Helena höchstpersönlich nach Jerusalem, um die Bürger der Stadt mit Nahrungsmitteln zu versorgen, die sie aus Ägypten und Zypern einführen ließ. Ihr Sohn Izates half den hungernden Juden mit hohen Geldsummen.

Dieser Fall einer Konversion zum jüdischen Glauben ist von beträchtlichem Interesse angesichts der Evangelisierung, die *Paulus und seine Gefährten zur damaligen Zeit unter den Völkern in der griechisch-römischen Region betrieben. Die eigentliche Bedeutung dieser Konversionsgeschichte liegt jedoch beim Punkt der Beschneidung, denn sofern das Beispiel des Kaufmanns Ananias typisch war, bestätigt es, dass dieses Ritual unter liberalen Juden offenbar nicht als unabdingbar galt.

Helena und ihr zweiter Sohn Monobazus, der Izates auf den Thron folgte, besaßen mehrere Paläste in Jerusalem und stifteten dem Tempel laut Mischna (mYom 3,10) kostbare Gaben. Monobazus setzte Königin Helena schließlich neben Izates in dem prächtigen Mausoleum bei, das sie »drei Stadien von der Stadt entfernt hatte erbauen lassen«. In den sogenannten Königsgräbern von Jerusalem, die man für die Begräbnisstätte der königlichen Familie von Adiabene hält, wurde ein Sarkophag mit der Inschrift *Königin Zadda* (oder *Zaddan*) gefunden; das ist die aramäische Form für Helena. (Quelle: Josephus, *AJ* 20,2.17–4.96)

J

JAKOB AUS KEFAR SECHANIA

Jakob aus Kefar Sechania (Kfar Sama) war ein charismatischer Judenchrist und Heiler, auf den sich die talmudische Literatur mehrfach bezieht. Die Persönlichkeiten, mit denen sein Name in Verbindung gebracht wird, legen nahe, dass er dem Volk um die Wende vom 1. zum 2. Jahrhundert n. d. Z. im Namen des *Jesus von Nazareth Heilungen versprach und dessen Lehren verbreitete.

Es gibt eine Anekdote, die einen Bezug zwischen ihm, Rabban Eleazar ben Dama und dessen Onkel Rabban Jischmael ben Elischa herstellt: Jakob bietet an, Eleazar im Namen Jesu zu heilen, nachdem er von einer giftigen Schlange gebissen worden war. Rabban Jischmael lehnt dieses Angebot ab, aber Eleazar erfleht seine Heilung und will es auf einen Streit mit dem Onkel ankommen lassen. Er stirbt, bevor es dazu kommen kann. Eine andere Geschichte verknüpft Jakob mit Eliezer ben Hyrkanos, einem Schüler von *Jochanan ben Zakkai: Eliezer wird wegen Gotteslästerung verhaftet, dann aber wieder freigelassen. Dass es Grund zu seiner Verhaftung gegeben hatte, beunruhigt ihn jedoch sehr, und er fragt sich, was er sich eigentlich zuschulden hatte kommen lassen. Rabbi Akiba überlegte, ob Eliezer möglicherweise an den Aussagen eines Häretikers Gefallen gefunden haben könnte, und erinnerte sich plötzlich daran, dass ihm Jakob aus Kefar Sechania einmal in der galiläischen Stadt Sepphoris einen Bibelspruch nach der Auslegung des Jesus von Nazareth dargelegt und Eliezer dieser Interpretation wohlgefällig zugestimmt hatte.

Solche Geschichten legen nahe, dass galiläische Judenchristen gegen Ende des 1. Jahrhunderts n. d. Z. ebenso im Namen Jesu heilten und lehrten, wie es nach Aussage der Apostelgeschichte die Apostel und ihre unmittelbaren Nachfolger taten. Die talmudischen Texte beweisen, dass das offizielle Judentum angesichts solcher Praktiken zwar die Stirn runzelte, aber nicht alle Juden und nicht einmal alle Rabbanan aus der jüdischen Gesellschaft am Ende des 1. Jahrhunderts in Palästina unbedingt dagegen gewesen waren. (Quellen: tHul; 2,22–24; yShab 14de; bAZ 27b; bAZ 16b–17a)

JAKOBUS, BRUDER JESU

Jakobus, der Bruder des *Jesus von Nazareth, spielt in der Evangeliendarstellung keine Rolle zu dessen Lebzeiten, außer dass sein Name in einer einzigen Passage erwähnt wird. Den Evangelien zufolge wurde Jesus während seines öffentlichen Wirkens in Galiläa von keinem seiner Brüder unterstützt. In der Apostelgeschichte treten nicht nur sie, sondern auch seine Mutter *Maria erstmals im Eröffnungskapitel (1,14) in Erscheinung, und zwar in Gesellschaft der Apostel. Bei *Paulus wird das Recht der Apostel und »Brüder des Herrn« (1 Kor

9,5) verteidigt, in der Begleitung einer gläubigen Frau christliches Missionswerk zu vollbringen. Dennoch berichten sowohl die Apostelgeschichte als auch spätere christliche Überlieferungen, dass der bis dahin nicht weiter in Erscheinung getretene Jakobus zu einer der führenden Persönlichkeiten, wenn nicht *dem* führenden Mann der Urkirche geworden sei. Bedeutsamerweise ist Jakobus tatsächlich die einzige neutestamentarische Gestalt neben *Johannes dem Täufer und Jesus selbst, die der Historiker *Josephus in seinem Werk *Jüdische Altertümer* erwähnt.

Bei Paulus wird Jakobus mit dem Beinamen »Bruder des Herrn« (Gal 1,19) bedacht, von Josephus wird er als »Bruder des Jesus« (*AJ* 20,9.200) bezeichnet. In der Apostelgeschichte, die ihn eindeutig als den Vorsitzenden der Jerusalemer Kirchengemeinde und als Ältesten des Apostelkonzils anführt, wird er schlicht Jakobus genannt, ohne irgendeinen Hinweis auf seine Verwandtschaft mit Jesus, obwohl es unter den zwölf Aposteln noch zwei weitere Männer dieses Namens gab, nämlich *Jakobus, Sohn des Zebedäus, und *Jakobus, Sohn des Alphäus. Im Grußwort des neutestamentarischen Briefes des Jakobus (Jak 1,1) wird er als der »Knecht Gottes und Jesu Christi, des Herrn« bezeichnet, also nicht als »Bruder des Herrn«. Dagegen ist im Grußwort des Judasbriefs vom »Knecht Jesu Christi, *Bruder* des Jakobus« (Hervorhebung des Autors) die Rede, was die Bedeutung des Letzteren hervorhebt.

Jakobus' sukzessiver Aufstieg in der Hierarchie des erblühenden Jerusalemer Christentums während der ersten Jahrzehnte lässt sich historisch nachvollziehen. Die entscheidende Quelle dafür ist der Brief des Paulus an die Galater. Als Saul von Tarsus nach seiner sogenannten Bekehrung beschloss, die Führer der Jesusbewegung in Jerusalem aufzusuchen, kontaktierte er zuerst Kephas (*Petrus), den Führer der judenchristlichen Gemeinde, dann erst Jakobus, den »Bruder des Herrn« (Gal 1,19). Als Paulus vierzehn Jahre nach dem Erlebnis, das er auf dem Weg nach Damaskus gehabt hatte, zu seiner

Teilnahme am Apostelkonzil (49 n. d. Z.) in Jerusalem eintraf (Gal 2,1), war es zwar immer noch Petrus, der als Erster das Wort ergriff, um für die Aufnahme von unbeschnittenen Nichtjuden in die Kirche einzutreten, doch die formelle Entscheidung wurde vom Ältesten Jakobus getroffen. Er war es, der mit seinen Ausführungen den Beschluss herbeiführte, der es »Heiden« ermöglichen sollte, ohne vorherige Konversion zum jüdischen Glauben in die Kirche aufgenommen zu werden, sofern sie bestimmte Bedingungen einhielten (Apg 15,6–20).

Dass Jakobus mächtiger als Petrus war, legt auch Paulus nahe, wenn er Jakobus, Kephas und *Johannes in dieser Reihenfolge als die drei Säulen der Kirche bezeichnet (Gal 2,9). Die neue Rangordnung wird außerdem durch das heuchlerische Verhalten bestätigt, das Petrus nach der Ankunft des streng gesetzestreuen Jakobus in Antiochia an den Tag legte: »Bevor nämlich Leute aus dem Kreis um Jakobus eintrafen, pflegte er zusammen mit den Heiden zu essen. Nach ihrer Ankunft aber zog er sich von den Heiden zurück und trennte sich von ihnen.« (Gal 2,11–13) Bei Paulus' letztem Besuch in Jerusalem (58 n. d. Z.) war Jakobus der einzige Kirchenführer, dem er noch seine Aufwartung machte; allerdings könnte Kephas auch nur deshalb übergangen worden sein, weil er zu dieser Zeit gar nicht mehr in der Heiligen Stadt weilte (Apg 21,18).

Das Neue Testament bietet keine Erklärung für Jakobus' kometenhaften Aufstieg. Er lässt sich auf zwei mögliche Ursachen zurückführen: einerseits auf die Heiligkeit seiner Person, die ihm indirekt von Josephus und direkt von der christlichen Überlieferung attestiert wurde, andererseits auf die Bedeutung, die er aufgrund seiner Verwandtschaft mit Jesus hatte.

Wie Josephus den Bruder Jesu einordnete, lässt sich seinem Bericht über dessen Hinrichtung entnehmen – ein Ereignis, das im Neuen Testament nicht einmal erwähnt wird. Sie fand im Jahr 62 n. d. Z. statt, zeitlich zwischen dem Tod des Prokurators *Festus und dem Eintreffen seines Nachfolgers *Albinus. Der ruchlose *Hannas, der erst kurze Zeit vorher von König *Agrippa II. zum Hohepriester ernannt worden war, nutzte die Abwesenheit des amtierenden römischen Prokurators, um seine politischen Muskeln spielen zu lassen und »den Bruder des Jesus, der Christus genannt wird, mit Namen Jakobus« vor den jüdischen Hohen Rat zu zitieren, wo er ihn und einige andere dann »der Gesetzesübertretung anklagte und zur Steinigung führen ließ«. Die gerechtesten und frommsten Bürger Jerusalems waren von Hannas' Verhalten so empört, dass sie, wie Josephus berichtet, sogar Abgeordnete zu König Agrippa schickten, um ihn zu bewegen, den Hohepriester abzusetzen. Die vom Kirchenhistoriker Eusebius (3./4. Jahrhundert n.d.Z.) festgehaltene frühchristliche Tradition, die auf einer Überlieferung des Schriftstellers Hegesippus aus dem 2. Jahrhundert n.d.Z. beruht, berichtet in allen Einzelheiten von Jakobus' Hinrichtung: Man habe ihn von einer Zinne des Tempels herabgestürzt, doch wundersamerweise habe er sowohl den Sturz als auch die anschließende Steinigung überlebt. Erst als ein Walker mit einem Stück Holz auf seinen Kopf eindrosch, sei der Tod eingetreten.

Hegesippus schildert Jakobus als einen außerordentlich heiligen Mann, der als *der Gerechte* bezeichnet wurde und in allen Punkten die Enthaltungsschwüre der Nasiräer eingehalten habe:

Schon vom Mutterleib an war er heilig. Wein und geistige Getränke nahm er nicht zu sich, auch aß er kein Fleisch. Eine Schere berührte nie sein Haupt, noch salbte er sich mit Öl oder nahm ein Bad [...] Allein pflegte er in den Tempel zu gehen, und man fand ihn auf den Knien liegend und für das Volk um Verzeihung flehend. Seine Knie wurden hart wie die eines Kamels, da er ständig auf den Knien lag, um zu Gott zu beten ...« (Eusebius, Hist. Eccl., 2,23)

Wegen seiner »hervorragenden Gerechtigkeit« wählten Petrus, der andere Jakobus und Johannes schließlich Jesu Bruder und nicht einen aus ihren eigenen Reihen in das höchst ehrenwerte Amt des Bischofs von Jerusalem. Eusebius schreibt, sogar der Jude Flavius Josephus habe erklärt, dass die Eroberung Jerusalems durch *Vespasian »den Juden als Rache für [die Ermordung des] Jakobus« widerfahren sei. Origenes zitiert eine ähnliche Aussage von Josephus (siehe *Contra Celsum* i.47 u. ii.13), allerdings enthält keine der erhaltenen Handschriften von Josephus' *Jüdischen Altertümern* eine solche Bemerkung.

Der zweite und offensichtliche Grund für Jakobus' Aufstieg in der Kirchenhierarchie war seine Verwandtschaft mit Jesus. Weder bei Paulus noch an irgendeiner anderen Stelle im Neuen Testament findet sich ein Hinweis, der diese Begründung nahelegen würde, doch es gibt andere Fingerzeige aus der frühchristlichen Überlieferung. Dem bereits zitierten Hegesippus zufolge wurde die Frage, wer als Jakobus' Nachfolger auf dem Bischofsstuhl von Jerusalem in Betracht kam, gewissermaßen dynastisch gelöst: »Nachdem Jakobus der Gerechte [...] den Martertod erlitten hatte, wurde *Symeon, der Sohn des Klopas, eines Onkels des Herrn, zum Bischof ernannt. Alle hatten ihn als zweiten Bischof vorgeschlagen, weil er ein Vetter des Herrn war.« (Eusebius, *Hist. Eccl.* 4,22) Eusebius zitiert zudem Hegesippus' Aussage, dass die ziemlich verarmten Enkel des *Judas, Bruder des Jakobus (Jud 1,1) und somit Großneffen von Jesus, zur Zeit des Kaisers *Domitian von den Römern auf die schwarze Liste gesetzt worden seien, weil sie »aus dem Geschlechte Davids« stammten und deshalb als potenzielle messianische Aufrührer galten (*Hist. Eccl.* 3,20). Allem Anschein nach war die Verwandtschaft mit Jesus also auch sechzig oder siebzig Jahre nach dessen Tod noch ein entscheidendes Plus, wenn es um die Führung der Kirche ging. Am Beginn des 2. Jahrhunderts n. d. Z., als ein Großteil der Jesusbewegung bereits aus dem Heiligen Land abgewandert war, spielten familiäre Beziehungen zum Urchristentum keine wichtige Rolle mehr.

Ob es sich bei dem Brief des Jakobus im Neuen Testament tatsächlich um ein Schreiben vom »Bruder des Herrn« handelt, ist

höchst umstritten. Es sollte hier nicht unerwähnt bleiben, dass sogar Kirchenautoritäten wie Hieronymus diesen Brief dem Apostel
*Jakobus, Sohn des Alphäus, zuschrieben. Wenn man sich bewusst
macht, welch meisterhafte Beherrschung der griechischen Sprache
und welch große Vertrautheit mit dem Stil der Septuaginta aus der
überlieferten Form dieses Schreibens sprechen, dann ist es in der
Tat kaum vorstellbar, dass es von einem ungebildeten galiläischen
Fischer verfasst wurde. Bedenkt man außerdem, dass Jakobus im
Ruf eines Vorreiters der Gruppe stand, die dem Urchristentum die
jüdische Perspektive erhalten wollte, hätte sich in einem Brief aus
seiner Feder gewiss auch irgendein Hinweis auf die Notwendigkeit
des unbedingten Gehorsams der Judenchristen gegenüber dem Mosaischen Gesetz gefunden. Aber es gibt keinen.

Aber auch wenn dieser Brief nicht unmittelbar Jakobus zugeschrieben werden kann, spiegelt sich in ihm ein authentisch jüdisch-
religiöser und jüdisch-kultureller Hintergrund. Denn im Zentrum
seiner Botschaft steht Gott und nicht Christus. Außerdem enthält
er, von den zahlreichen Anspielungen und Zitaten aus der Bibel
abgesehen, nicht nur die absolute Grundlehre des jüdischen Glaubens – »Es gibt nur den einen Gott« (2,19) –, sondern betont auch,
dass der Glaube untrennbar vom Gesetz ist (1,19 – 25). Der Verfasser
»grüßt die zwölf Stämme, die in der Zerstreuung leben« (1,1) und
bezeichnet die christliche Kultstätte nach Art der Synagoge als eine
»Versammlung« (2,2). Er bestätigt zwar das anhaltende Warten auf
die Rückkehr des Messias, indem er erklärt, »die Ankunft des Herrn
steht nahe bevor« (5,7 – 9), aber es finden sich auch Elemente der
chassidischen Frömmigkeit Jesu in diesem Brief wieder, etwa wenn
Jakobus den Armen das Königreich Gottes verheißt (2,5) oder wenn
er den Ältesten erklärt: »Das gläubige Gebet wird den Kranken retten,
und der Herr wird ihn aufrichten; wenn er Sünden begangen hat,
werden sie ihm vergeben« (5,14 – 15; siehe auch Mk 6,13). Außerdem
ruft er die Gläubigen zur Imitatio des so erfolgreich wundertätig

betenden Propheten Elija auf, der das Vorbild eines jeden charismatischen Chassiden war (5,17–18). Kurzum, angesichts des griechischen Stils dieses Briefes ist es unwahrscheinlich, dass er von Jakobus
verfasst wurde, doch zumindest einige Ideen darin könnten tatsächlich von ihm stammen.

Es gibt zwei umstrittene archäologische Funde, die mit Jakobus
in Verbindung gebracht werden: Pilger in Jerusalem werden von Tou-
ristenführern zum »Grabmal des Jakobus« geführt, das sich zwischen
den Grabstätten von Absalom und Zacharias im Osten des Kidron-
tals unterhalb des Tempelbergs befinden soll. Allerdings wurde in
dem Grabmal eine Inschrift aus dem 2. Jahrhundert v. d. Z. entdeckt,
derzufolge in dieser Stätte kein Jakobus, sondern vielmehr die jüdische Priesterfamilie Bene Hezir begraben liegt.

Das andere Artefakt, mit dem Jakobus in Verbindung gebracht
wird, ist ein Kalkstein-Ossuar, der sich in Privatbesitz befindet und
im Jahr 2002 Schlagzeilen machte. Eine aramäische Inschrift identifiziert die Person, deren lange entschwundenen Gebeine einst in
diesem Knochenkasten lagen, als einen gewissen »YA'AQÔB BAR
YÔSEPH 'AHÔY DEYESHÛA'«, »Jakob Sohn des Joseph Bruder des
Jesus«. Einige Experten datierten die Schrift als solche auf das 1. Jahrhundert n. d. Z. Es ist nur so, dass die Erwähnung eines Bruders auf
dem Ossuar eines Juden ausgesprochen unüblich, wenn auch nicht
ohne Präzedenz war. Wie auch immer, die Ungewissheiten um die
Herkunft dieses Ossuars, die chemische Zusammensetzung der Pa-
tina, die sich auf der Inschrift gebildet hat, und nicht zuletzt die
Fälscherwerkzeuge, die im Hause seines Besitzers gefunden wurden,
sprechen massiv gegen seine Echtheit. Sollte sich eines Tages dennoch herausstellen, dass dieser »Jakob Sohn des Joseph Bruder des
Jesus« wirklich der »Bruder des Herrn« war, dann würde uns dieses
Ossuar nicht nur fantastisch nahe an die reale Welt des Jesus, son-
dern sogar an die eines Mitglieds seiner eigenen Familie heranführen.
(Quellen: *AJ* 20,9.200–201; Eusebius, *Hist. Eccl.*, 2,23; 4,22; 3,20; An-

dré Lumaire, »Burial Box of James the Brother of Jesus«, *BAR* 28/6, Nov.–Dez. 2002, S. 24–33)

JAKOBUS, SOHN DES ALPHÄUS

Über Jakobus, Sohn des Alphäus, wissen wir praktisch nichts oder ebenso wenig wie über Thaddäus, Simon den Kananäer (oder Zeloten) und Matthias. Sie sind die vier Apostel des *Jesus von Nazareth, deren Namen nur in den Listen der synoptischen Evangelien und der Apostelgeschichte aufgeführt werden.

Jakobus, Sohn des Alphäus, könnte ein Bruder des Zöllners Levi, Sohn des Alphäus, gewesen sein, von dem man seinerseits annimmt, dass er mit dem Apostel *Matthäus identisch war. Jakobus wird durch das Patronym »Sohn des Alphäus« vom Apostel *Jakobus, Sohn des Zebedäus und Bruder des Apostels *Johannes, unterschieden.

Thaddäus oder Lebbäus, wie er in einigen Handschriften auch genannt wird, wird bei Matthäus und *Markus aufgeführt. Bei *Lukas (6,16) findet sich hingegen statt dieses Namens der Name »Judas, Sohn des Jakobus«. Einer vom Kirchenhistoriker Eusebius berichteten Legende zufolge soll Thaddäus die Evangelisierung des nördlichen Mesopotamien übernommen haben. Auch bei dem fiktiven Briefwechsel zwischen Abgar, dem König von Edessa (4 v. d. Z.–50 n. d. Z.), und Jesus spielt sein Name eine Rolle. Der Legende nach soll der an einer unheilbaren Krankheit leidende Abgar Jesus schriftlich um Heilung angefleht und Jesus ihm daraufhin brieflich versprochen haben, einen seiner Jünger (Thaddäus) zu schicken, »um ihn von der Krankheit zu befreien und zugleich ihm und allen seinen Angehörigen das Seelenheil zu geben«.

Simon der Kananäer – was sich aus dem Aramäischen *qanna'an* oder *qannay*, Eiferer, ableitet – könnte ein Mitglied der jüdischen Widerstandsbewegung der Zeloten gewesen sein.

Matthias wurde nach dem Ausscheiden von Judas Iskarioth durch das Los in den Zwölferkreis der Apostel aufgenommen. Zweifellos verdankte er seine Wahl eher der Notwendigkeit, den Symbolismus des Zwölferkreises für die Repräsentanten der zwölf Stämme Israels zu erhalten, als irgendwelchen praktischen Zwängen. Eusebius zufolge war Matthias einer der siebzig Jünger Jesu, die in den Stand eines Apostels erhoben wurden.

Kurzum, von der Erwähnung ihrer Namen abgesehen enthält das Neue Testament keinerlei Nachweise irgendwelcher Art über ein Drittel der Apostel Jesu. (Quellen: Mk 3,16–19; Mt 10,2–4; Lk 6,14–16; Apg 1, 12–14; Eusebius, *Hist. Eccl.* 1,12–13)

JAKOBUS, SOHN DES ZEBEDÄUS

Jakobus, Sohn des Zebedäus, war ein Fischer, der zum Apostel des *Jesus von Nazareth wurde. Neben seinem Bruder *Johannes und möglicherweise auch ihrem Vater Zebedäus bildeten sie mit den Fischern *Petrus und *Andreas eine Zweckgemeinschaft (Lk 5,10; Mt 4,21). Jakobus zählte zu den ersten Aposteln, die von Jesus berufen wurden, und galt neben Johannes und *Simon (Petrus) als Führer der Gruppe. Er war einer der drei Apostel, die die Auferweckung der Tochter des Jairus miterlebten (Mk 5,37; Lk 8,51), und gehörte auch dem Trio an, das der »Verklärung Jesu« beiwohnte (Mk 9,2; Mt 17,1). Doch ungeachtet der so offensichtlich wichtigen Position, die Jakobus im Kreise der Apostel einnahm, berichten die Evangelien sehr wenig über ihn. Die wenigen Aussagen, die überliefert blieben, sind nicht immer schmeichelhaft. *Markus zufolge (10,35–37) traten Jakobus und Johannes an Jesus heran und baten ihn um die besten Plätze am Tisch des Herrn im Himmelreich. (*Matthäus 20,20–21 schreibt diese Bitte der Mutter von Jakobus und Johannes zu.) Jakobus und sein Bruder waren es auch, die Feuer vom Himmel auf ein Dorf in

Samaria herabkommen lassen wollten, weil es Jesus und seiner Gefolgschaft die Gastfreundschaft verweigerte. Jesus, der sie wegen ihres Jähzorns »Donnersöhne« (aramäisch *Boanerges*) zu nennen pflegte
(Mk 3,17), tadelte sie dieses Ansinnens wegen (Lk 9,54–55).

Dieser Mangel an Informationen über einen der engsten Gefolgs-
männer Jesu ist wirklich bemerkenswert. In einem Punkt ergeht es
Jakobus jedoch besser als den anderen Aposteln: Sein Tod wird im
Neuen Testament vermerkt. Nach Aussage der Apostelgeschichte
ordnete König Herodes – das heißt also Herodes *Agrippa i. (41–
44 n. d. Z.) – seine Enthauptung an. *Josephus verzeichnet nichts über
ein solches Ereignis, das auch wirklich nicht zu dem bekannt groß-
zügigen und liebenswerten Agrippa passen will.

Die frühchristliche Tradition überliefert die Legende, dass der
Mann, der Jakobus bei Agrippa als ein Mitglied der Urkirche ange-
schwärzt hatte, den Apostel noch selbst um Verzeihung gebeten habe,
um dann gemeinsam mit ihm auf Befehl des herodianischen Königs
enthauptet zu werden (Eusebius). Einer späteren Legende nach soll
Jakobus jedoch nach Spanien gereist und dort gestorben sein. Seine
Gebeine sollen in Santiago de Compostela, das im Mittelalter zu
einer der großen Pilgerstätten des Christentums wurde, begraben
liegen. (Quellen: Apg 12,1–2; Eusebius, *Hist. Eccl.* 2,9.3)

JESUS BEN DAMNAIOS

Jesus, Sohn des Damnaios (Damnaeus), wurde von König *Agrippa
ii. nach der nur dreimonatigen Amtszeit von *Hannas ben Hannas
zum Hohepriester ernannt und hatte das Priesteramt von 62 bis 63
n. d. Z. inne. Über seine Amtsführung ist nichts bekannt. Dass er
schon so bald durch *Jesus ben Gamala ersetzt wurde, könnte an
Agrippas Verdruss angesichts des Volkszorns gelegen haben, der
sich wegen seiner kostspieligen Aktivitäten in fremden Ländern

aufgestaut hatte. In den Jahren vor und während des Ersten Jüdischen Krieges wurde das heilige Amt des Hohepriesters immer
deutlicher vernachlässigt. *Josephus verzeichnet nur, dass sich Jesus
ben Damnaios nicht so einfach von seinem Posten verdrängen ließ
und jeder der beiden Hohepriester des Namen Jesus »eine Schar
verwegener Menschen« um sich versammelte, die sich gegenseitig
schmähten und auf den Straßen mit Steinen bewarfen. (Quelle:
Josephus, *AJ* 6,9.203 u. 213)

JESUS BEN GAMALA

Jesus, Sohn des Gamala (Jehosua ben Gamla), wurde von König
*Agrippa II. im Jahr 63 n.d.Z. als Ersatz für *Jesus ben Damnaios
zum Hohepriester ernannt. Laut Aussage der Mischna war er durch
seine Ehe mit Martha, Tochter des Boethos, mit der Priesterdynastie
Boethos verbunden. Da sich Jesus ben Damnaios jedoch nicht einfach aus dem Amt drängen lassen wollte, hatten die Anhänger der
rivalisierenden Hohepriester begonnen, einander auf den Straßen
zu bekämpfen. Der talmudischen Überlieferung nach war es Jesus
ben Gamala, der eine Grundschule für Jungen im Alter zwischen
sechs und sieben Jahren ins Leben rief. Im Jahr 64 n.d.Z. wurde er
von Agrippa II. durch *Mattatias ben Theophilos II. ersetzt, blieb
jedoch auch nach Ausbruch des Krieges im Zentrum des politischen
Geschehens aktiv. Obwohl dieser Jesus eng mit *Josephus befreundet war, beschuldigt der Historiker ihn und den anderen einstigen
Hohepriester *Hannas ben Hannas in der *Vita* des Versuchs, seinen
eigenen militärischen Ruf »im Wuchs abzusägen«, damit er »den
Befehl über Galiläa verlöre«. Außerdem kritisiert Josephus die Zeloten wegen ihrer Entscheidung für Phanni ben Samuel, der im Jahr
67 n.d.Z. als Letzter in das Amt des Hohepriesters berufen wurde.
Später versuchte Jesus ben Gamala vergeblich, die idumäischen Ver-

bündeten der Zeloten zu beschwichtigen, denen er neben Hannas
ben Hannas schließlich selbst zum Opfer fallen sollte.
Mattatias ben Theophilos II. war der letzte Hohepriester (64/65
n.d.Z.), der noch von Agrippa II. ins Amt berufen wurde. Er war
der Sohn von Theophilos ben Hannas und ein Enkel von *Hannas
ben Seth, dessen fünf Söhne ihm allesamt ins Amt des Hohepriesters
folgten. Ansonsten ist über ihn nichts bekannt. (Quellen: Zu Jesus
siehe Josephus, *BI* 4,3.9; *AJ* 20,9.222; *Vita* 193, 204; mJab 6,4; mJom
3,9; bBB 21a. Zu Mattatias siehe Josephus, *BI* 6,2.2; *AJ* 20,9.223.)

JESUS BEN HANNAS

Jesus ben Hannas (Sohn des Ananias oder Ananus) war ein Gottesmann vom Lande und wurde bekannt, weil er während des Laubhüttenfests im Jahr 62 n.d.Z. Probleme mit den Behörden in Jerusalem
bekommen hatte. *Josephus berichtet, dass er Tag und Nacht in der
ganzen Stadt umhergelaufen sei und lautstark die baldige Zerstörung
von Stadt und Tempel geweissagt habe: »Wehe vom Anfang, wehe
vom Untergang, wehe von den vier Winden, wehe über Jerusalem und
über den Tempel, wehe über alle, die Bräutigam und Braut sind, wehe
über das ganze Volk!« Mit diesen unheilvollen prophetischen Worten, die an Jeremia 7 erinnerten, beunruhigte er das Volk dermaßen,
dass die jüdische Obrigkeit ihn schließlich verhaften und schlagen
ließ, damit er zur Besinnung komme. Doch es half alles nichts: Jesus
stellte sein Wehgeschrei nicht ein. Aus Furcht, er könnte tatsächlich
»von einer höheren Macht getrieben« sein – Josephus erklärt, dass
man das »zu Recht« geglaubt habe –, beschloss die Obrigkeit schließlich, drastischere Schritte zu unternehmen und ihn zum römischen
Statthalter *Albinus zu führen. Bevor man ihn dort verhörte, wurde
er noch heftiger als zuvor gegeißelt. Als Jesus ben Hannas weiterhin
auf jede Frage nur mit einer neuerlichen Wehklage reagierte, tat ihn

Albinus als Verrückten ab und ließ ihn frei. Sieben Jahre und fünf
Monate lang, bis zum Ausbruch des Krieges gegen Rom im Jahr 66
n. d. Z., erhob Jesus Tag für Tag seine Klagerufe. Erst als er im Jahr 69
n. d. Z. tödlich von einem Stein aus einer Wurfmaschine der Römer
getroffen wurde, erstarb seine Stimme.

Die Geschichte des Jesus ben Hannas erinnert in einer Hinsicht
an die des *Jesus von Nazareth: Die Evangelien erwähnen zwar mit
keinem Wort, dass *Kaiaphas und seine Kollegen geglaubt haben
könnten, auch Jesus sei von einer »höheren Macht« getrieben, doch
es ist durchaus vorstellbar, dass abergläubische Ängste und der tiefe
Widerwille, als Juden einen Juden zum Tode zu verurteilen, unbe-
wusst Anteil an ihrer Entscheidung hatten, Jesus an Pontius *Pilatus
auszuliefern. (Quelle: Josephus, *BI* 6,5.3)

JESUS BEN PHABI

Jesus, Sohn des Phiabi oder Phabes, war Hohepriester unter *Herodes dem Großen und gehörte einer führenden Priesterdynastie an,
die noch zwei weitere Hohepriester hervorbrachte, nämlich Ismael
ben Phabi (15–16 n. d. Z.) und dessen Namensvetter (59–61 n. d. Z.).
Über Jesus ben Phabi ist nichts außer der Bemerkung des *Josephus
bekannt, dass er durch *Simeon ben Boethos ersetzt wurde, der seine
Karriere der Schönheit seiner Tochter verdankte, die Herodes zur
Frau nehmen wollte. Abgesehen von Simeon gingen aus der Dynastie
Boethos noch diverse weitere Hohepriester hervor. (Quelle: Josephus,
AJ 15,9.322)

JESUS BEN SIÈ

Siehe unter *Joazar ben Boethos.*

JESUS VON NAZARETH

Jesus von Nazareth (etwa 6/5 v. d. Z.–30 n. d. Z.) war ein charismatischer jüdischer Prophet, Heiler, Exorzist und Lehrer, dessen Botschaft vom Nahen des göttlichen Königreichs kündete. Über sein
Leben berichten die vier Evangelien mit beträchtlichen Abweichun-
gen. Die einzigen mageren Informationen aus anderen frühen Quellen finden sich bei *Josephus und dem römischen Historiker Tacitus.
Nur wenige Einzelheiten seines Lebens können wirklich als historisch fundiert betrachtet werden. Jesus wurde während der Amtszeit
von Pontius *Pilatus gekreuzigt, der von 26 bis 36 n. d. Z. römischer
Präfekt von Judäa war. Die Evangelien bezeichnen Jesus als Galiläer
und führen die Region am See Genezareth als seinen primären Wirkungskreis an. Das matthäische Kindheitsevangelium (2,1) legt seine
Geburt in die letzten Jahre der Herrschaft von König *Herodes dem
Großen, der bereits 4 v. d. Z. starb (siehe auch Lk 1,5). Abgesehen
von einer zweifellos frei erfundenen Anekdote über den zwölfjährigen Jesus (Lk 2,41–52) berichten die Evangelisten nichts über seine
Kindheit oder Jugend.

Der Beginn des öffentlichen Wirkens Jesu, bei dem *Markus – das
älteste Evangelium – ansetzt, fällt in die Zeit, als der Eremit *Johannes der Täufer seine Bußpredigten hielt; laut der Chronologie im
Evangelium des *Lukas (3,1) war das im fünfzehnten Jahr der Regierung des Kaisers *Tiberius (29 n. d. Z.). Nachdem Jesus von Johannes
getauft worden war, hatte er eine Vision: Er hörte eine Stimme aus
dem Himmel, die zu ihm sprach: »Du bist mein geliebter Sohn, an
dir habe ich Gefallen gefunden.« (Mk 1,10–11; Lk 3,21–22). Nach der
Aussage von Matthäus (3,16–17) und *Johannes (1,32–34) hatte nicht
Jesus selbst, sondern Johannes der Täufer diese überirdische Vision,
folglich ist es in diesen Evangelien auch er, der anschließend allen
Anwesenden bezeugt: »Er ist der Sohn Gottes.«

Jesus selbst begann erst öffentlich in Galiläa zu predigen, nachdem

Johannes vom Tetrarchen Herodes *Antipas inhaftiert worden war.
Wie lange er seiner Lehrtätigkeit genau nachging, wird nirgendwo
festgehalten. Hält man sich an die Chronologie der früheren synoptischen Evangelien, in denen nur ein einziges Passahfest während
des öffentlichen Wirkens Jesu erwähnt wird, nämlich das Fest der
ungesäuerten Brote, das zur Zeit der Kreuzigung stattfand, dann
beschränkte sich diese Tätigkeit auf maximal zwölf Monate, wahrscheinlicher aber auf nicht mehr als ein halbes Jahr (Herbst 29 n. d. Z.
bis Frühjahr 30 n. d. Z.). Das Johannesevangelium erwähnt dagegen
zwei bis drei Passahfeste und lässt damit die Berechnung eines Zeit-
raums von zwei bis drei Jahren für das öffentliche Wirken Jesu zu.
   Bevor sich Jesus Johannes anschloss, der die Menschen im Jordantal taufte, hatte er mit seiner Familie – das heißt, mit seinen Eltern
*Joseph und *Maria, mit seinen Brüdern *Jakobus, *Judas, Joses und
Simon und mit mindestens zwei Schwestern – in dem kleinen galiläischen Ort Nazareth gelebt. Markus' und Matthäus' Darstellungen
zufolge war Jesus ein Zimmermann, doch aus der Metaphorik seiner Lehren lässt sich kaum herauslesen, dass er wirklich Handwer-
ker war. Die Sprache seiner Gleichnisse legt eher einen kleinbäuer-
lichen Hintergrund nahe. Das älteste Evangelium des Markus, dessen
Schilderungen sich bei Matthäus spiegeln, erweckt den Eindruck,
als habe Jesus' Familie seine neue Berufung nicht gutgeheißen und
sich deshalb bemüht, seinen charismatischen Aktivitäten Einhalt zu
gebieten. Es scheint sich sogar eine tiefe Kluft zwischen Jesus und
seinen nahen Verwandten – auch seiner Mutter – aufgetan zu haben,
denn in den Evangelien der Synoptiker spielt kein einziges Mitglied
seiner Familie irgendeine weitere Rolle. Dieser Fakt ist so merkwür-
dig, dass er für die Authentizität dieser Berichte spricht. Der Autor
des vierten Evangeliums weicht stellenweise von diesem Szenario ab.
Seiner Darstellung nach nahm Jesus kurz nach dem Beginn seines
öffentlichen Wirkens gemeinsam mit der Mutter und den Brüdern
an einer Hochzeit im galiläischen Dorf Kanaan teil. Am Ende dieses

Evangeliums erscheint die Mutter noch einmal zu Füßen des Gekreuzigten.

Vom Beginn seines öffentlichen Wirkens an empfand Jesus die
Pflicht, das Nahen des göttlichen Himmelreichs zu verkünden und
seine Zeitgenossen darauf vorzubereiten, indem er sie zur Buße und
Ergebung in Gott aufrief. Um Unterstützung bei dieser Aufgabe
zu haben, wählte er eine Gruppe von Gefährten aus, die aus einem
inneren Kreis von zwölf Aposteln und einer größeren Schar von siebzig Jüngern bestand. Jesus wandte sich ausschließlich an Juden, »die
verlorenen Schafe des Hauses Israel«, und wies sein Gefolge ausdrücklich an, weder auf Nichtjuden noch auf Samaritaner zuzugehen.
Folgt man den Darstellungen der Evangelien, dann rückte Jesus von
dieser explizit jüdischen Orientierung niemals ein Jota ab. Abgesehen
davon überschritt er ohnedies kaum die Grenzen jüdischen Territori-
ums. Zwei oder drei Mal wagte er sich auf die benachbarten Gebiete
von Tyros und Sidon im Libanon oder nach Caesarea Philippi in der
Golanregion und in die transjordanische Dekapolis. Doch dort trat
er immer nur als Heiler und Exorzist und niemals als der Künder des
kommenden Himmelreichs Gottes auf. Dem vierten Evangelium
zufolge soll Jesus auf dem Weg nach Jerusalem Samaria durchquert
haben. Historisch plausibler erscheint jedoch die Aussage von Lukas
(17,11), dass er auf dem Weg zum Tempel von Jerusalem nur »das
Grenzgebiet« von Samaria streifte und die längere, aber weniger ge-
fährliche Route durch das Jordantal wählte.

Jesus war ein Wanderprediger. Er verkündete seine Botschaft in
Synagogen, auf Straßen und Plätzen, in der Wüste und manchmal
auch von einem Boot an der Küste des Sees aus. Er sprach zu großen
Versammlungen wie zu kleinen Gruppen von Passanten oder zu Ein-
zelpersonen. Er soll eine magnetische Anziehungskraft besessen und
meist in prägnanten Weisheitssprüchen oder anschaulichen poeti-
schen Gleichnissen gesprochen haben. Seine Glaubensbotschaft war
ganz und gar jüdischer Art: Sie fokussierte sich auf das Mosaische

Gesetz und betonte nachdrücklich den Sinngehalt der Gebote und
die ihnen innewohnende Spiritualität. Doch im Gegensatz zu den
traditionellen jüdischen Schriftgelehrten berief er sich dabei nicht
ständig auf biblische Zeugnisse, sondern »lehrte sie wie einer, der
(göttliche) Vollmacht hat« (Mk 1,22). Diese Vollmacht äußerte sich
bei charismatischen Handlungen und spirituellen Heilungen, für
die er üblicherweise Körperkontakt herstellte, oder bei Exorzismen
durch ein schlichtes Machtwort. Auf das Aufsagen festgelegter For-
meln verzichtete er. Damals herrschte unter Juden der weit verbreitete Glaube, dass Krankheiten und Besessenheit die Folgen von sün-
digem Verhalten seien. Folglich offenbarte eine erfolgreiche Heilung
oder Dämonenaustreibung immer zugleich göttliches Vergeben und
Heil, sofern eine Buße vorangegangen war. Wo sich so etwas tagtäglich wiederholte, waren die Menschen leicht zu überzeugen, dass das
Zeitalter der Erlösung kurz bevorstünde oder sogar bereits angebro-
chen sei.

Bei seinen religiösen Aktivitäten folgte Jesus den Vorbildern biblischer Propheten, insbesondere Elija und Elischa, die rund achthundert Jahre früher in den nördlichen Provinzen und somit weit
entfernt vom Zentrum Jerusalem gewirkt hatten. Josephus und die
Autoren der talmudischen Literatur berichten noch von einigen anderen jüdischen Charismatikern, die zwischen dem 1. Jahrhundert
v.d.Z. und dem 1. Jahrhundert n.d.Z. wirkten: *Honi, seine Enkel
*Abba Hilkia und *Hanan oder der Galiläer *Hanina ben Dosa, der
ein jüngerer Zeitgenosse von Jesus war. Sie alle wurden als wundertätige Regenmacher verehrt, nur Hanina war auch als Heiler berühmt.
Seine Fernheilung des Sohnes von Gamaliel, dem damals führenden Pharisäer, erinnert verblüffend an die Fernheilung, die Jesus am
Knecht des römischen Hauptmanns von Kfar Nahum (Kapernaum)
vollbrachte. Josephus bezeichnet Jesus in der berühmten Passage, die
man das *Testimonium Flavianum* nennt, als einen »weisen Menschen«
und den »Vollbringer ganz unglaublicher Taten«, also als einen Leh-

rer und Wunderrabbi. Damit bestätigt Josephus aus der Sicht des
Außenstehenden das allgemeine Porträt, das die Evangelien von Jesus
zeichnen.

Jesus' Predigten und Heilungen wurden in Galiläa unterschiedlich
aufgenommen. Sieht man einmal von seiner verstimmten Familie und
der einzigen weiteren, aber ziemlich unverständlichen Ausnahme ab,
die von Lukas geschildert wird – die Bewohner von Nazareth seien
wegen der Heilung eines Aussätzigen so in Wut geraten, dass sie Jesus vom Abhang eines Berges stürzen wollten (Lk 4,28–29) –, dann
scheinen Jesus in Galiläa höchstens kleinliche Synagogendiener und
Dorfschreiber feindselig begegnet zu sein. Sie beanstandeten, dass
er am Sabbat heilte und damit aus ihrer Sicht das Gesetz der Sabbatruhe brach. Außerdem betrachteten sie es als Blasphemie, dass er
einem Gelähmten die Sünden vergab, da die Vergebung von Sünden
ihrer Meinung nach einzig und allein göttliches Vorrecht war. Fakt
ist jedoch, dass nach jüdischem Gesetz beide Vorwürfe haltlos sind,
denn das Gebot der Heilung eines Kranken bricht grundsätzlich das
Gebot der Sabbatruhe, und wenn man eine Krankheit als Strafe für
eine begangene Sünde betrachtet, dann muss bei erfolgter Heilung
logischerweise auch die Ursache der Krankheit, die Sünde, vergeben
worden sein. Das heilende Charisma eines Propheten oder Gottes-
mannes kündigte letztendlich von nichts anderem als der Erlösung
von den Sünden.

Die Klagen der überheblichen lokalen Führungsfiguren waren
allerdings völlig unbedeutend im Vergleich zu der begeisterten Zustimmung, die Jesus' Predigten unter den gewöhnlichen Galiläern
fanden. Überall versammelten sich die Massen, um seinen Lehren zu
lauschen. Kranke wurden auf Bahren an die Wege herangetragen, auf
denen man sein Kommen erwartete, sogar seinem Schatten wurde
eine heilende Wirkung zugeschrieben. Allenthalben pries man ihn
als den »Propheten Jesus von Nazareth«. Nur im Johannesevangelium
findet sich die Aussage, dass die Juden – hier ein abfälliges Syno-

nym für sämtliche Feinde Jesu – oder die jüdischen Hohepriester vor seinem einzigen, beziehungsweise laut Johannes letztem, Besuch in Jerusalem seinen Tod gefordert hätten, und zwar im Wesentlichen, weil »er nicht nur den Sabbat brach, sondern auch Gott seinen Vater nannte« (Joh 5,18). In Wahrheit ist es völlig unvorstellbar, dass Juden auch nur eine dieser Anschuldigungen vorgebracht haben, denn die Art und Weise, wie Jesus heilte – nämlich allein durch Worte oder Berührung –, ließ sich nicht als Arbeit bezeichnen, und jeder Jude, ob in den Tagen Jesu oder heute, spricht Gott als seinen Vater an und bezeichnet sich somit implizit als Gottes Sohn, ohne dass dies irgendjemand als Gotteslästerung empfunden hätte oder empfinden würde. Die synoptischen Evangelien, die historisch verlässlicher sind als das Johannesevangelium, bieten keine weitere Erklärung für den plötzlichen Popularitätsverlust an, der Jesus in der Woche seines letzten Passahfestes in Jerusalem ereilte.

Sein Besuch in der Heiligen Stadt hatte sogar ausgesprochen viel versprechend begonnen. Die Evangelisten schildern seinen Einzug in Jerusalem als den reinsten Triumphzug (bei Lukas bestehen die »vielen Menschen«, die von den anderen Evangelisten bezeugt werden, allerdings nur aus den galiläischen »Jüngern« Jesu). Noch aufschlussreicher ist, dass sich »die Hohepriester und Schriftgelehrten« im Tempel vor seiner öffentlichen Verhaftung scheuten, weil die Menschen so beeindruckt von seinen Worten waren (Mk 11,18 u. 14,1–2; Mt 26,3–5; Lk 19,47–48 u. 22,2). Niemand hinderte Jesus in diesen Tagen vor dem Passahfest daran, täglich im Tempel zu predigen, und selbst als die Behörden seine Verhaftung bereits beschlossen hatten, hielten sie es für klüger, ihn im Schutz der Dunkelheit festzunehmen. Warum seine Anhänger plötzlich allesamt verschwunden und durch einen feindseligen Mob ersetzt worden waren, wird in den Evangelienberichten über den Prozess und die Kreuzigung Jesu mit keinem Wort erklärt.

Das einzige Ereignis, das möglicherweise eine Erklärung für das

Misstrauen und die Feindseligkeit bieten kann, die die Behörden Jesus gegenüber an den Tag legten, ist der Aufruhr, den er ein oder zwei Tage nach seinem Eintreffen in Jerusalem im Tempel ausgelöst hatte. Der hitzige Prophet vom Lande schien so schockiert vom Anblick all der Händler, die sich im Vorhof des Allerheiligsten niedergelassen hatten, dass er in seinem Zorn nicht nur die Stände, an denen die Opfertiere feilgeboten wurden, sondern auch die Tische der Geldwechsler umwarf. Jesus war zwar gewiss kein Rebell, doch mit einer solchen Aktion in einer derart unruhigen Zeit konnte er letztendlich nur einen Tumult hervorrufen. Jerusalem war voller Menschen, die zum bevorstehenden Passahfest angepilgert waren, und somit ein gefährliches Pulverfass. Die Nerven der jüdischen Behörden, die für Recht und Ordnung sorgen mussten, waren bis zum Zerreißen gespannt, während die Römer, die in immer größerer Zahl einrückten, allzeit bereit waren, die geringste Störung des Friedens zu verhindern und zu ahnden. Die Verantwortlichen im Tempel fühlten sich einfach verpflichtet einzugreifen.

Die Hohepriester, Schriftgelehrten und Ältesten, die Jesus im Tempel fragten, mit welchem Recht er dies alles tue, waren ohne Zweifel geschickt worden, um die Gemüter zu beruhigen. Da war es nicht wirklich hilfreich, dass Jesus sie mit der Antwort provozierte: »Zuerst will ich euch eine Frage vorlegen. Antwortet mir, dann werde ich euch sagen, mit welchem Recht ich das tue. Stammte die Taufe des Johannes vom Himmel oder von den Menschen?« Also beschlossen die Autoritäten zwei Tage vor Beginn des Passahfestes (interessanterweise werden die Pharisäer in der Passionsgeschichte mit keinem Wort erwähnt), Jesus still und leise in Gewahrsam zu nehmen. Eine günstige Gelegenheit bot sich, als sie von *Judas Iskarioth, einem Mitglied des inneren Zirkels der Galiläer, die Information erhielten, dass sich Jesus in einen Garten außerhalb der Stadt zurückziehen würde. Sie schickten eine Gruppe von Tempelwächtern los, um ihn dort gefangen zu nehmen und vor den Hohepriester zu bringen.

Die vier Evangelien enthalten drei unterschiedliche und miteinander völlig unvereinbare Berichte über diese Ereignisse. Die erste Abweichung findet sich bei den Zeitangaben. Hier hebt sich Johannes deutlich von den Synoptikern ab, denn laut den synoptischen Evangelien wurde Jesus nach dem Passahmahl festgenommen, das heißt also nach Beginn des Passahfestes am Abend des 15. Nisan. Dieser Version zufolge fanden der Prozess und die Kreuzigung Jesu also während des Festes statt. Das ist allerdings höchst unwahrscheinlich, denn kein jüdisches Gericht trat jemals an einem Feiertag oder Sabbat zusammen, ebenso wenig wie in einer solchen Zeit Verhöre und Untersuchungen vorgenommen oder Urteile gefällt wurden. Bei Johannes findet sich eine schon wahrscheinlichere Angabe: Er verlegt das gesamte Geschehen vierundzwanzig Stunden vor. Das letzte Abendmahl, das Jesus mit seinen Aposteln einnahm, wird nicht als das traditionelle Passahmahl dargestellt, und es wird ausdrücklich festgehalten, dass Jesus am Morgen *vor* Beginn des Passahfestes, also am 14. Nisan, vom Hohepriester an Pilatus überstellt worden sei.

Hinsichtlich der letzten Phase des Prozesses Jesu decken sich die Darstellungen der vier Evangelien: Am Morgen nach seiner Festnahme händigt der Hohe Rat den der Aufwiegelung angeklagten Jesus an den römischen Präfekten von Judäa aus. Der wenig begeisterte Pilatus befiehlt seine Kreuzigung. Über den gesamten übrigen Verlauf dieser Geschichte herrscht jedoch wieder völlige Uneinigkeit.

Bei Johannes wird Jesus zuerst von den Soldaten zu *Hannas gebracht und von diesem verhört, aber nicht verurteilt. Hannas lässt ihn zu *Kaiaphas bringen, der den »Übeltäter« ohne weitere Untersuchung zum Zweck seiner Bestrafung an Pilatus übergibt.

Laut den synoptischen Evangelien findet vor dem römischen Prozess ein Verhör vor dem jüdischen Hohen Rat statt. Bei Markus und Matthäus versammelt sich das vom Hohepriester geleitete Tribunal noch in derselben Nacht, um wegen der Ordnungswidrigkeiten im Tempel über Jesus zu richten. Doch die Aussagen der vorgeladenen

Zeugen reichen nach jüdischem Gesetz nicht für einen Schuldspruch aus. Kaiaphas, der den Fall endlich zum Abschluss bringen will, stellt Jesus schließlich eine konkrete Frage:»Bist du der Messias, der Sohn des Hochgelobten?« Als Jesus eine ausweichende Antwort gibt, betrachtet Kaiaphas das als Eingeständnis und verurteilt ihn wegen Gotteslästerung zum Tode. Am nächsten Morgen tritt der Hohe Rat erneut zusammen und beschließt, Jesus als einen Feind des Kaisers an die Römer auszuliefern. Bei Lukas gibt es keine nächtliche Ratsversammlung. In seinem Evangelium tritt der Sanhedrin erst am Morgen zusammen, hört keine Zeugen an und verurteilt Jesus, weil er nicht bestreitet, der Messias zu sein. Der synoptische Bericht über den Prozess vor der Glaubensbehörde ist schon in sich völlig unstimmig. Es gibt und gab kein einziges jüdisches Gesetz, das eine Person, die sich als Messias ausgibt, als Gotteslästerer bezeichnen würde oder bezeichnet hätte. Abgesehen davon findet sich auch kein einziger Hinweis in den Evangelien, dass das Gericht das Todesurteil der Steinigung ausgesprochen hätte, doch das wäre die einzige Strafe gewesen, die die Bibel für Gotteslästerer zugelassen hätte. Schließlich wird auch keine Erklärung angeboten, warum man plötzlich von der Verurteilung wegen Gotteslästerung zu einer Verurteilung wegen Aufwiegelung gegen Rom überging. Jesus wurde als ein potenzieller Aufständischer an die Römer ausgeliefert. Johannes' Erklärungsversuch, dass kein jüdisches Gericht die Todesstrafe aussprechen konnte, ist höchst fragwürdig (siehe den Eintrag zu *Pilatus). Jesus wurde für ein Verbrechen gekreuzigt, das er nicht begangen hatte. Sein Aufschrei in der neunten Stunde, »*Eloi, Eloi, lama sabachthani?*« (»Mein Gott, mein Gott, warum hast du mich verlassen?« [Mk 15,34; Mt 27,46]), ist das Gebet eines Menschen, der nicht versteht, warum ihm dies geschieht.

Da der Sabbat kurz bevorsteht, wird Jesus in aller Eile in einer Felshöhle begraben. Beim Morgengrauen des dritten Tages kommen drei Galiläerinnen zur Grabstätte, um das zeremonielle Begräbnis zu vollenden, stellen aber fest, dass der Leichnam verschwunden ist. Laut Markus fliehen sie erschrocken und sagen niemand etwas davon. Bei Lukas informieren sie die Apostel, doch die chauvinistischen Männer tun es als typisches Weibergeschwätz ab. Bei Matthäus trägt ihnen eine Gestalt auf, den Aposteln mitzuteilen, dass sie nach Galiläa gehen sollen, wo Jesus auf sie warte. Bei Johannes fragt *Maria von Magdala einen Mann, den sie für den Gärtner hält – es ist Jesus, aber sie weiß es nicht –, ob er den Leichnam in eine andere Grabstätte umgebettet habe. Das angeblich typisch unzuverlässige Zeugnis, das die Frauen vom leeren Grab ablegten, wird schließlich von zwei Männern überprüft und bestätigt. Einer davon ist *Petrus.

Die einzig gültige Bestätigung der Auferstehung war für die Evangelisten letztendlich das persönliche Erlebnis. Zu diesem Zweck wurden nun eine Reihe von Visionen angeführt: Zwei Jünger begegneten auf dem Weg nach Emmaus einem Fremden, der sich ihnen als Jesus zu erkennen gab. Die elf Apostel in Jerusalem hatten ähnliche Erlebnisse; der Geist, den sie sahen, gab sich ebenfalls als Jesus aus. Laut Matthäus fand eine Erscheinung auf einem Berg in Galiläa statt. Das letzte Wort aber hatte *Paulus, der behauptete, dass Jesus nicht weniger als fünfhundert Brüdern erschienen sei, bevor er sich schließlich ihm selbst zeigte. Die Kirchendoktrin von der Auferstehung Jesu beruht einzig und allein auf der kumulativen Wirkung solcher Visionen.

Für die Jünger, die nach der Verhaftung ihres Herrn allen Mut verloren hatten und verschwanden, war ein solch praktischer Beweis, dass Jesus nicht unter den Toten weilte, sondern bei ihnen geblieben war und durch sie handelte, gleichbedeutend mit dem Beweis, dass der Urkirche das Charisma erhalten geblieben war. Erstmals manifestierte es sich mit dem Pfingstgeist, dann mit der Rückkehr der Kräfte, die die Apostel in die Lage versetzten, im Namen Jesu Heilungen und Exorzismen zu vollbringen. Der Jesus, der sie mit derart wundertätigen Kräften ausstattete, war nicht tot. Er lebte und handelte in und durch seine Jünger in der Kirche. Mithilfe des auf diese Weise auferstandenen Jesus konnten sie ihre charismatische Mission fortsetzen.

Die Lehre, die mit Jesus in Verbindung gebracht wird, hat sich parallel aus zwei Strängen entwickelt. Der eine besteht aus den Predigten und der Botschaft Jesu, wie sie lauteten, bevor sie im Neuen Testament und seither immer weiter ausgeschmückt wurden. Der andere Strang, der sich sehr vom ersten unterscheidet, besteht aus den Lehren, die erklären sollen, was Jesus für die Menschheit getan hat. Diese Lehren beruhen im Wesentlichen auf den Paulinischen Briefen und dem Johannesevangelium; sie bilden den Grundstock des christlichen Glaubens.

Jesus' Glaubensbotschaft lässt sich zu fünf großen Themenkomplexen zusammenfassen: das Königreich Gottes, der Tora-Gehorsam im messianischen Zeitalter, die eschatologische Frömmigkeit, seine Lehren über das Gebet und seine Sicht von Gott.

Das Königreich Gottes weist auf eine neue Wirklichkeit hin, in der Gottes Herrschaft über Israel und die Welt erfassbar wird. Wie alles andere in der Literatur dieser Zeit wird auch das Himmelreich immer mit dem Mittel des Vergleichs dargestellt. Von Jesus wurde dieses Reich regelmäßig an irdischen Realitäten gemessen, wobei jedoch ganz entscheidend ist, dass er es niemals einer politischen oder militärischen Sache gegenüberstellte. Sein Himmelreich erinnert an eine reiche Ernte oder eine herrlich große Gemüsestaude, die aus dem kleinsten Senfkorn erwächst; es gleicht einem Klumpen Sauerteig, einem verborgenen Schatz in einem Feld oder einer kostbaren Perle, deren Erwerb jedes Opfer wert ist. Einzelheiten spielten für Jesus keine Rolle, weil ihn nur die Handlung interessierte, die zum Ziel führte. Das Himmelreich war für ihn der höchste spirituelle Wert, und sein wahrstes Streben galt der Offenbarung des Weges und der Mittel, die garantiert Einlass in dieses Reich gewährten.

Jesus' Frömmigkeit war absolut auf die Tora zentriert, das Lebenselixier des jüdischen Glaubens. Seit er nach langer Suche zu seiner eschatologischen Haltung gefunden hatte, erwartete er das unmittelbare Kommen des Königreichs Gottes. Dabei verstand und praktizierte er das Mosaische Gesetz in einer nur für ihn typischen Weise, die ihn denn auch prompt mit konventionelleren Glaubensbrüdern aneinandergeraten ließ. Aus seiner eschatologischen Sicht wohnte selbst den prosaischen Gesetzen, die das tägliche Leben regelten, eine spirituelle Bedeutung inne. Aus genau diesem Grund beharrte Jesus auch darauf, dass die Mosaischen Gesetze bis ins Kleinste befolgt werden mussten.

Jesus' Überzeugung, dass sich das Himmelreich bereits am Horizont abzeichnete, rief ein Gefühl äußerster Dringlichkeit hervor. Er hasste Verzögerungen und verlangte immer die völlige Hingabe an die Sache. Aus seiner Sicht war es ein sehr steiniger Pfad, der ins Himmelreich führte, deshalb erforderte das Vorankommen auf diesem Weg auch ständig neue Opfer. So hatte der Verzicht auf materielle Güter unbedingt Hand in Hand mit der Bereitschaft zu gehen, zum Wohle des Himmelreichs auch alle familiären Bande zu kappen. Die Opferbereitschaft und das Gefühl, unter einem extremen Zeitdruck zu stehen, beflügelte wiederum zur Tugend der Großzügigkeit. Dem freigebigen Spender wurde ein besonderer Lohn versprochen, hasserfüllte Feinde sollten mit Liebe entwaffnet werden.

Das Gebet stand im Zentrum von Jesus' Glauben. Charakterisiert wurde es durch drei wesentliche Merkmale: Vertrauen, die Bereitschaft zum Vergeben und die Vermeidung jeglicher Zurschaustellung. Der Reumütige, der sich die göttliche Lossprechung von seinen Sünden erhoffte, musste bereit sein, erst einmal selbst allen zu vergeben, die ihn verletzt hatten. Auch die Forderung, in aller Abgeschiedenheit zu beten, war typisch für die nichtöffentliche Religion, die Jesus lehrte. Er beharrte darauf, dass seine Jünger in aller Stille und ohne von anderen Menschen dabei gesehen zu werden zu Gott sprachen, Almosen gaben und fasteten.

Es wäre sinnlos, von Jesus eine theoretische Gottesdefinition zu erwarten. Er war kein Philosoph, ja nicht einmal ein Theologe. Für ihn war Gott das, was Gott tut. Mit anderen Worten: Gott enthüllte sich in allem, was Jesus und seine Anhänger als einen göttlichen Eingriff in das Leben jener eigenen Gegenwart verstanden, die schon bald in das Zeitalter des Himmelreichs übergehen sollte.

Jesus' Gottesbild ist unkompliziert. Im Gegensatz zur jüdischen Tradition wird Gott von ihm nur in Gleichnissen – die vermutlich nicht authentisch sind – mit dem Königstitel bedacht. Für ihn ist Gott *Abba*, der »Vater«, also jemand, der sich um Blumen, Vögel, Füchse und um die Menschen sorgt, die an ihn glauben. Aus Jesus' Sicht sind Sorgen und Ängste Gottesverleugnungen. Für die Herde seiner Kinder ist Gott der liebende Hirte, der keine Mühe scheut, um sie auf den rechten Weg zurückzuführen, wenn sie sich verirrt haben, und der sich freut, wenn er sie heil wieder bei den anderen weiß (Mt 18,12–14; Lk 15,4–7). Jesus' Gott ist ein besorgter Familienvater, der die Bedürfnisse eines jeden Familienmitglieds kennt. Doch dieser Gott ist Jesus und allen anderen Geschöpfen auch weit überlegen. Er steht über allen Herren, und er alleine bestimmt, wann der Moment für das Kommen des Himmelreichs da ist.

Letztendlich ist Jesus' Gott ein liebender Vater. Er sorgt dafür, dass zum Wohle aller die Sonne aufgeht und Regen fällt. Er gibt seinen Kindern ihr täglich Brot. Er schützt die Kleinen vor der Versuchung und erlöst sie von allem Übel. Er vergibt ihnen allen, auch den »Zöllnern und Dirnen«. Er heißt alle in seinem Himmelreich willkommen. Kurzum, Härte und Strenge ist Jesus' Gottesbild völlig fremd. Implizit heißt das, dass Jesus voller Optimismus den erfolgreichen Ausgang seiner Mission erwartete. Er ging davon aus, dass alle Kinder Gottes Erlösung im Königreich ihres himmlischen Vaters finden werden.

Der von Jesus gelehrte Glaube war positiv und hoffnungsvoll. Von dem, der ihn annahm, wurde erwartet, dass er mit voller Kraft voranstürmte. Man kann das mit einem Wettlauf vergleichen, der auch das letzte bisschen Energie vom Läufer fordert, obwohl an der Ziellinie einen jeden Läufer die Siegermedaille erwartet.

Gegen diesen vollkommen auf Gott zentrierten, eschatologischen und existenziellen Glauben, den Jesus predigte und praktizierte, hebt sich das auf Christus zentrierte Christentum ab, das die überirdischen Errungenschaften eines fleischgewordenen Gottes betont. Das Christentum fordert nicht primär das Streben des Menschen, die Lehren Jesu zu befolgen und seinem Beispiel zu folgen, sondern zeichnet sich vielmehr durch den Glauben an die Erlöserkraft des leidenden, toten und wiederauferstandenen Christus aus: durch den Glauben an die Kraft eines vergöttlichten Menschen. Das ist eine ganz neue Religion. Sie wurde nicht auf dem einfachen und bodenständigen Evangelium des Propheten aus Nazareth aufgebaut, sondern auf den mystischen Visionen des Autors des vierten Evangeliums und des Paulus, die von den verschiedenen Kirchen im Laufe der Jahrhunderte bis zum heutigen Tage zum erwachsenen Christentum weiterentwickelt wurden. (Quellen: die Evangelien; Josephus, *AJ* 18,3-64–64)

JOAZAR BEN BOETHOS

Joazar ben Boethos war der letzte Hohepriester, der noch von *Herodes (4 v.d.Z.) ernannt wurde. Als Bruder von *Mariamne II. war er mit dem König verschwägert. Er ersetzte den Hohepriester *Mattatias ben Theophilos I., den Herodes wegen seiner Verwicklungen in einen Vorfall entlassen hatte, der zur Entfernung des goldnen Adlers aus dem Tempel führte. Joazar hatte eine ziemlich stürmische Laufbahn. Nachdem er beschuldigt worden war, den Aufstand nach Herodes' Tod im Jahr 4 v.d.Z. unterstützt zu haben, entließ ihn dessen Sohn, der Ethnarch *Archelaos, aus dem Amt und ersetzte ihn durch seinen Bruder Eleazar ben Boethos. Doch Eleazar sollte das

Hohepriesteramt nur kurz innehaben und bald schon von Jesus ben Sië, über den man gar nichts weiß, abgelöst werden. Aus ebenso unbekannten Gründen wurde Joazar von Archelaos dann erneut zum Hohepriester berufen. Nur weil er wieder die Autorität dieses Amtes genoss, konnte er so viele seiner Zeitgenossen überzeugen, sich dem Zensus zu beugen, den *Quirinius, der römische Statthalter von Syria, nach Archelaos' Sturz im Jahr 6 n. d. Z. organisierte. Joazar blieb jedoch nicht lange auf einer Linie mit Quirinius. Unter dem Einfluss des Volkes begann er einen national orientierten Kurs zu verfolgen, der ihn für Quirinius' Zwecke natürlich nutzlos machte und dazu führte, dass er noch im selben Jahr durch den neuen und mächtigen Hohepriester *Hannas ben Seth, Oberhaupt einer weiteren führenden Priesterdynastie, abgelöst wurde. Dem Johannesevangelium zufolge war es dieser Hannas, der später *Jesus verhörte und an seinen Schwiegersohn Joseph *Kaiaphas übergab. (Quellen: Zu Joazar und Eleazar siehe Josephus, *AJ* 17,13.339 – 341; zu Mattatias siehe Josephus, *AJ* 17,6.164 – 167.)

JOCHANAN BEN ZAKKAI

Jochanan ben Zakkai, der gewöhnlich als Rabban (»unser Rabbi« oder Oberrabbiner) bezeichnet wird, war der religiöse Führer, dem sich die Neuordnung des Judentums nach dem Fall Jerusalems und dem Zusammenbruch aller jüdischen Institutionen im Jahr 70 n. d. Z. verdankt. In der talmudischen Überlieferung haben nur wenige Details aus seinem Leben vor der Zeit der Belagerung Jerusalems überlebt, abgesehen von den Bemerkungen, dass *Hillel und *Schammai seine Lehrer gewesen waren und er vor seinem Eintreffen in Jerusalem im galiläischen Arav (Gabara) lebte, wo die ungehobelten Provinzler seine Bildung nicht zu schätzen wussten, was ihn laut Talmud zu dem enttäuschten Ausruf bewegte: »Galiläa, Galiläa, du hasst die Tora!«

(ySab 15d) In Arav soll Jochanan auch den berühmten Charismatiker
*Hanina ben Dosa unterrichtet haben.

Eine talmudische Legende, die historisch durchaus fundiert scheint,
bestätigt Jochanans Anwesenheit in Jerusalem während der Belagerung und seine anschließende Flucht aus der Stadt: Zwei seiner Schüler legten ihn auf eine Bahre, auf der er reglos wie ein Toter ausharrte,
und trugen ihn ins römische Lager vor den Toren der Stadt. Dort
begrüßte er *Vespasian mit den Worten »Friede mit dir, o König,
Friede mir dir, o König«, dann prophezeite er dem Oberkommandierenden des römischen Heers – wie *Josephus es auch selbst getan zu
haben behauptet (*BI* 4,10.7) –, dass er bald schon König sein werde
(bGit 56ab). Die Vorhersage erfüllte sich im Jahr 69 n. d. Z. Als Belohnung für seine Weissagung durfte Jochanan in Javne (Jamnia)
sein eigenes Lehrhaus aufbauen. Dort versuchten die Lehrer, die den
Ersten Jüdischen Krieg überlebt hatten, unter seiner Anleitung einen
jüdischen Glauben ohne Tempel und ohne Opferkult zu gestalten.
Einige liturgische Neuerungen, die wegen der Zerstörung des Heiligtums nötig geworden waren – beispielsweise das Tragen des Lulab
(Palmzweigs) während der sieben Tage des Laubhüttenfests oder das
Blasen des Schofar (Widderhorn) –, werden ausdrücklich Jochanan
ben Zakkai zugeschrieben (mRSh 4,1.3).

Der Ersatz des Tempels durch Synagogen gewährleistete einen
schnellen Übergang im religiösen Alltag des Judentums. Auch dieser relativ schmerzlose Wandel verdankte sich der weitsichtigen
Klugheit Jochanan ben Zakkais. Ungeachtet der enormen Verdienste
dieses außerordentlichen Mannes hält Josephus nicht einmal den
Namen seines Zeitgenossen fest. (Quellen: *Enc. Jud.* 10,148–154; *HJP*
11., S. 369–370)

JOHANNES DER ÄLTESTE

Johannes der Älteste (oder Presbyter) war laut Papias, dem Bischof von Hierapolis in Kleinasien, ein Jünger Jesu, der von etwa 60 bis 130 n. d. Z. lebte. Nach der Aussage des Eusebius von Caesarea unterschied Papias eindeutig zwischen Johannes dem Ältesten und dem Apostel *Johannes. Beide Männer des Namens Johannes lebten in der römischen Provinz Asia und wurden in Ephesus beerdigt, doch während Papias nur zu den Schülern des Apostels direkten Kontakt gehabt hatte, hatte er den Presbyter Johannes persönlich predigen hören können. Die Existenz von Johannes dem Ältesten spielt bei der Debatte um die Autorenschaft des vierten Evangeliums und die Johannitische Literatur eine wichtige Rolle. Besondere Beachtung verdient, dass sich der Autor des zweiten und dritten jener Briefe, die traditionell dem Apostel Johannes zugeschrieben werden, schlicht als »der Älteste« bezeichnet, ohne an irgendeiner Stelle einen konkreten Namen anzugeben. (Quellen: der zweite und dritte Brief des Johannes; Eusebius, *Hist. Eccl.* 3,39)

JOHANNES DER APOSTEL

Johannes, Sohn des Zebedäus und Bruder des *Jakobus, war einer der führenden Apostel *Jesu und gilt in der christlichen Tradition als der Autor des vierten Evangeliums. Neben Jakobus, der wie Johannes ein Fischer war, wurde er sofort nach *Petrus von Jesus berufen. Seither bildeten diese drei den inneren Zirkel im Kreis der Apostel. Sie allein bezeugten die Auferweckung der Tochter des Jairus, sie befragten Jesus über die kommende Zerstörung des Tempels und sie wurden im Garten Getsemani gebeten, in Jesus' Nähe zu bleiben, wo sie jedoch einschliefen.

Johannes und sein Bruder werden als Männer mit dem typisch

hitzigen Temperament der Galiläer dargestellt, daher gab ihnen Jesus
auch den aramäischen Beinamen *Boanerges*, »Söhne des Donners«
(Mk 3,17). Dass Johannes tatsächlich sehr hitzköpfig war, verdeutlicht
auch der Bericht über sein entschiedenes Einschreiten gegen einen
Dämonenaustreiber, der im Namen Jesu handelte, obwohl er nicht
den Jüngern angehörte. Einem Dorf in Samaria, das sich ungastlich
verhielt, drohten er und sein Bruder einmal mit einem vernichtenden Feuer vom Himmel. Mit ebenso viel Ehrgeiz wie Ungestüm
beanspruchten Johannes und Jakobus die besten Plätze am Tisch des
Herrn im Himmelreich.

Im vierten Evangelium werden weder Johannes noch Jakobus
beim Namen genannt; dort gibt es nur einen kurzen Verweis auf die
Söhne des Zebedäus. Der christlichen Überlieferung nach soll es sich
bei Johannes um den Jünger gehandelt haben, »den Jesus liebte«, der
beim letzten Abendmahl neben ihm saß, der ihn zum Ort der Kreuzigung begleitete, der beauftragt wurde, sich um die Mutter Jesu zu
kümmern, und der sich beeilte, noch vor Petrus die Geschichte vom
leeren Grab zu überprüfen. Es ist eigenartig, dass ein derart wichtiger
Mann ungenannt bleibt; andererseits erwähnt das vierte Evangelium
ja auch den Namen von Jesus' Mutter nicht.

Aus den synoptischen Evangelien verschwindet Johannes wie
alle anderen Apostel nach Jesus' Verhaftung. Im Neuen Testament
tritt er in der Apostelgeschichte (3,1–4 u. 11; 4,13 u. 19; 8, 14) wieder
in Erscheinung, unter den Jüngern Jesu und als Einziger stets im
gleichen Atemzug mit Petrus genannt. Gemeinsam gehen sie zum
Gebet in den Tempel. Johannes ist es, der die Heilung des Lahmen
durch Petrus bezeugt. Seite an Seite treten sie als die Sprecher der
Apostel vor den Sanhedrin, und beide werden von den Mitgliedern
des Hohen Rats als »ungelernte und einfache Leute« bezeichnet. An
späterer Stelle wird Johannes zusammen mit Petrus ausgeschickt,
um die Evangelisierung der Samaritaner zu vollenden. Paulus bestätigt Johannes' Führungsrolle in der Urchristengemeinde, indem

er ihn, Jakobus und Kephas als »die Säulen« der Kirche bezeichnet (Gal 2,9). Nach dieser Bemerkung verschwindet Johannes jedoch aus dem Neuen Testament – jedenfalls wenn wir von der höchst unwahrscheinlichen Idee Abstand nehmen, dass die Offenbarung des Johannes von dem Mann stammt, der als Sohn des Zebedäus bezeichnet wird. Auch die drei »Johannes«-Briefe lassen sich auf keine historisch begründbare Weise diesem Apostel zuschreiben.

Eusebius' zustimmendem Bericht nach hatte Irenäus, der Bischof von Lugdunum (Lyon), um das Jahr 180 n. d. Z. versichert, dass sich Johannes in Ephesus niedergelassen und dort bis ins hohe Alter gelebt habe. Eine frühere Quelle, die diese Behauptung bestätigen würde, gibt es nicht. Ignatius, der Bischof von Antiochia, widerspricht dieser Aussage sogar implizit: In seinem etwa 110 n. d. Z. verfassten Brief an die Epheser, die er als »die Miteingeweihten des Paulus« bezeichnet, bezieht er sich mit keinem Wort auf Johannes, der sich dieser Behauptung zufolge nur wenige Jahre zuvor noch unter ihnen befunden haben müsste.

Hinsichtlich der Frage, ob Johannes der Autor des vierten Evangeliums war, sind die Nachweise ziemlich dürftig. Da Papias zu diesem Thema schweigt, bleibt als frühestes Zeugnis nur die Aussage von Irenäus, dass Johannes sein Evangelium in Ephesus verfasst habe. Das Evangelium selbst gibt den Namen seines Autors nicht preis. In der unbestreitbar nachträglich angefügten Schlussbemerkung (Joh 21,24) steht: »Dieser Jünger [den Jesus liebte] ist es, der all das bezeugt und der es aufgeschrieben hat.« Ebenso unbestreitbar wusste der Glossator, dass der Autor dieses Evangeliums bereits gestorben war (Joh 21,23). Vom Beginn des öffentlichen Wirkens Jesu an wird Johannes als ein aktives Mitglied der apostolischen Gemeinschaft dargestellt, trotzdem wird vor dem letzten Abendmahl niemand als der Jünger bezeichnet, den Jesus liebte. Somit gibt es auch keinen besonderen Grund, Johannes als diesen Mann zu identifizieren. Der geliebte Jünger könnte jeder Apostel mit Ausnahme von Petrus und

*Judas gewesen sein. Andererseits gibt es nur einen einzigen Freund, von dem ausdrücklich festgestellt wird, dass Jesus ihn liebte – und das war Lazarus. Doch er war weder ein Apostel, noch gibt es irgendeine Überlieferung, die ihn zu den Evangelisten zählt.

Auch der Inhalt des vierten Evangeliums hilft nicht weiter. Doch angesichts seiner äußerst durchdachten Lehrbotschaft, die in einem philosophisch-mystischen Prolog gipfelt, kann geschlussfolgert werden, dass das Evangelium des »Johannes« jünger sein muss als die synoptischen Evangelien – viele Forscher datieren es auf die Zeit um 100–110 n. d. Z. In diesem Fall ist es jedoch ausgesprochen unwahrscheinlich, dass sein Autor ein Zeitgenosse Jesu war. Außerdem unterscheidet sich das vierte Evangelium ganz grundlegend von *Markus, *Matthäus und *Lukas, und zwar nicht nur in seiner narrativen Struktur, sondern auch in seiner doktrinären Substanz. Mit Ausnahme von einigen Stellen im Passionsbericht (der Passionsbeginn wird auf den Tag vor Anbruch des Passahfestes datiert, und es wird von keinem Prozess vor dem Sanhedrin berichtet) und einigen Anekdoten, die mehr oder weniger identisch in den anderen Evangelien auftauchen, weicht der Bericht des »Johannes« in einem solchen Maße von den anderen ab, dass sich nur ein Schluss ziehen lässt: Wenn »Johannes« Recht hat, liegen die Synoptiker falsch; wenn die Synoptiker Recht haben, dann liegt »Johannes« falsch. In diesem vierten Evangelium wird das öffentliche Wirken Jesu auf zwei bis drei Jahre ausgedehnt, in den synoptischen Evangelien hingegen auf sechs Monate bis ein Jahr begrenzt. Es gibt keinen erklärbaren Grund, weshalb diese grundlegende Geschichte von den früheren Zeugen in solchem Maße gekürzt worden sein soll. Gegen die historische Verlässlichkeit des vierten Evangeliums spricht auch das Fehlen sämtlicher Exorzismusberichte und Gleichnisse, die so ungemein typisch für die anderen drei Evangelien sind. Eine bezeichnende weitere Abweichung von den Synoptikern ist, dass »Johannes« Juden von Anbeginn des öffentlichen Wirkens Jesu an als dessen Todfeinde darstellt. Tatsächlich drängt sich angesichts dieses alles durchdringenden Judenhasses und der so offensichtlichen Vertrautheit des Evangelisten mit der griechischen Philosophie und Mystik die Frage auf, ob »Johannes« überhaupt ein Jude gewesen sein kann. Kein anderer neutestamentarischer Autor lässt sich so weit hinreißen, Juden als die blutrünstigen Kinder ihres Vaters, des Teufels, darzustellen (Joh 8,44). Die Frage nach der Herkunft dieses Evangeliums ist nach wie vor ungeklärt, und es gibt ungefähr ebenso viele Argumente für eine Urheberschaft des Johannes wie dagegen. Doch eines steht außer Frage: Das Publikum, das dieser »Johannes« ansprach, war kein jüdisches, denn er fand es notwendig, sogar für die einfachsten hebräischen Begriffe wie *Messias* oder *Rabbi* eine griechische Übersetzung anzubieten.

Das Evangelium des »Johannes« erzählt nicht die Geschichte eines charismatischen galiläischen Propheten, sondern die eines von Gott gesandten Fremden. Es ist die Geschichte des ewigen Wortes *(logos)*, das zum Fleisch des einzigen Sohnes des Vaters wurde, der eine kurze Zeit unter den Menschen weilte, um Gnade und Wahrheit zu bringen, bevor er sein irdisches Exil wieder verließ, um zum Vater im Himmel zurückzukehren. (Quellen: Johannesevangelium; Irenäus, zitiert von Eusebius, *Hist. Eccl.* 3,23)

JOHANNES DER ESSENER

Johannes der Essener war ein jüdischer General, der im ersten Aufstand gegen die Römer kämpfte (66–70 n.d.Z.). Im Gegensatz zu den drei anderen Essenern, die *Josephus namentlich anführt (Judas, *Menachem und *Simon), wird Johannes nicht als ein charismatischer Prophet, sondern ausschließlich als ein militärischer Kommandeur dieses Krieges dargestellt, der den Befehl über Thamna im Süden Judäas und die Städte Lydda, Joppe (Jaffa) und Emmaus führte. Im Verbund mit zwei weiteren überaus mutigen und fähigen Komman-

deuren namens Niger aus Peräa und Silas aus Babylon griff Johannes
die hellenisierte Stadt Askalon an, doch die jüdischen Truppen wurden von den Römern geschlagen. Johannes, Silas und zehntausend
ihrer Männer fielen. Die Tatsache, dass im jüdischen Oberkommando
auch Essener vertreten waren, bezeugt implizit, dass Mitglieder dieser Sekte aktiv am Volksaufstand teilnahmen. Das steht den pazi-
fistischen Ideen, die den Essenern im Allgemeinen zugeschrieben
werden, jedoch konträr entgegen. Da man auf der Zelotenfestung
Masada ein Fragment der »Sabbatopferlieder« aus den Schriftrollen
von Qumran fand, liegt auch die Annahme nahe, dass einige Mitglieder dieser Sekte neben *Eleazar ben Jair und seinen Getreuen
sogar bis zum Schluss in diesem Wüstenbollwerk kämpften, und
das beweist wiederum, dass äußerste Frömmigkeit und revolutio-
närer Eifer durchaus Hand in Hand gehen konnten, wie es ja auch
bei einigen Jüngern Jesu der Fall gewesen sein könnte, die ebenfalls
nach der nationalen Unabhängigkeit für die Juden strebten. (Quelle:
Josephus, *BI* 2,20.4 u. 3,2.1–2)

JOHANNES DER TÄUFER

Johannes der Täufer war ein jüdischer Asket und Prediger, der den
Weg für das öffentliche Wirken des *Jesus von Nazareth bereitete.
*Josephus schließt sich den vier Evangelisten an, indem auch er den
Täufer als eine Persönlichkeit von großer Bedeutung für das religiöse jüdische Leben im 1. Jahrhundert n. d. Z. darstellt. Mit Johannes
beginnt der grundlegende Bericht aller Evangelien: *Lukas zufolge
betrat er die öffentliche Bühne im fünfzehnten Jahr der Regierung
des Kaisers *Tiberius (29 n. d. Z.), als Pontius *Pilatus Präfekt von
Judäa war (26–36 n. d. Z.). Die synoptischen Evangelisten führen ihn
als eine unabhängige religiöse Instanz ein, die eine eigene Mission
verfolgte. Erst im späteren Johannesevangelium werden die Bußpre-

digten des Täufers als zweitrangig, weil lediglich das Wirken Jesu vorbereitend, betrachtet. Lukas' Kindheitslegende beinhaltet auch die Geschichte von der Geburt des Täufers und stellt eindeutig eine verwandtschaftliche Beziehung zwischen Johannes und Jesus her: Johannes' Vater, der Priester Zacharias, war mit Elisabeth verheiratet, einer Verwandten der Mutter Jesu, die auf wundersame Weise noch im »vorgerückten Alter« schwanger wurde. Die neutestamentarische Darstellung lässt sich durch den Bericht ergänzen, den Josephus aus der Sicht eines Außenstehenden über die Mission und den Tod des Johannes schrieb.

Bei *Markus, *Matthäus und Lukas wird Johannes als ein Asket und Prophet eingeführt, der von Gott mit der Aufgabe betraut wurde, »Umkehr und Taufe zur Vergebung der Sünden« zu predigen und seine jüdischen Zeitgenossen in Palästina auf das kommende Königreich Gottes vorzubereiten. Man war überzeugt, dass sich mit Johannes die Prophezeiung des Deuterojesaja (»zweiter Jesaja«) erfüllte, und glaubte, dass er der Stimme in der Wüste folgte, die dazu aufgefordert hatte, dem Herrn den Weg zu bereiten (Jes 40,3; Mk 1,3, Mt 3,3; Lk 4,3). Buße und Umkehr sind gebräuchliche prophetische Themen in der jüdischen Eschatologie. Doch im Gegensatz zu dem liturgisch bereits festgelegten Ritual des Tauchbades zur spirituellen Reinigung, das die Sektierer am Toten Meer alljährlich zur Erneuerung des Bundes nahmen, war das von Johannes gepredigte und praktizierte Taufbad ein einmaliges Ereignis. In seinem Ausruf: »Kehrt um! Denn das Himmelreich ist nahe.« (Mt 3,2) schwang Dringlichkeit mit – und genau diese Worte sollte Jesus später von Johannes übernehmen (Mt 4,17; Mk 1,15). Die Quintessenz dieses Mahnrufs des Täufers erinnert an den Aufruf des Propheten zur aufrichtigen Umkehr. Aber Johannes genügte es nicht, dass sich der Täufling seiner Abstammung von Abraham bewusst war; er musste auch seinen Besitz mit den Armen teilen, der Zöllner durfte nicht mehr verlangen als festgesetzt, der Soldat durfte niemanden misshandeln oder

erpressen (Mt 3,7–10; Lk 3,7–14). Angesichts seines messianischen
Zeitalters kam Johannes nicht umhin, sich die Frage stellen zu lassen,
ob er selbst der erwartete Messias sei. Er bestritt es, versicherte dem
Volk aber, dass der Messias nicht mehr fern sei.

Nichts bei ihrer ersten Begegnung am Jordan legt nahe, dass Johannes und Jesus einander kannten, geschweige denn Verwandte gewesen wären. Bei der Frage, ob der Täufer Jesus als Messias anerkannte,
sind sich die Evangelien uneins. Laut Markus und Lukas wurde Jesus
von Johannes einfach nur getauft, so wie alle anderen bußfertigen
Juden. Hier ist es Jesus, der von einer himmlischen Stimme erfährt,
dass er Gottes geliebter Sohn sei (Mk 1,9–11; Lk 3,21–22). Diesen
Evangelien zufolge hatte Johannes der Täufer weder die Stimme gehört noch sonst etwas Ungewöhnliches bemerkt. Sogar später, als er
im Gefängnis von Jesus' wachsendem Ruhm erfährt, ist sich Johannes
unsicher, ob Jesus der Erwartete ist (Mt 11,2; Lk 7,19).

Im Gegensatz zu Markus und Lukas lassen Matthäus und *Jo-
hannes keinen Zweifel daran, dass der Täufer wusste, wer Jesus war.
Laut Matthäus war es sogar Johannes selbst, nicht Jesus, der den
Geist Gottes wie eine Taube herabkommen sah und eine himmlische
Stimme sagen hörte: »Das ist mein geliebter Sohn.« (Mt 3,17) Im
vierten Evangelium wird eine identische Geschichte erzählt.

Nachdem Herodes *Antipas Johannes hatte festnehmen lassen,
begann Jesus, in Galiläa die Botschaft seines Herrn zu predigen, Buße
zu fordern und das nahende Königreich Gottes zu verkünden (Mk
1,14–15; Mt 4,12–17; Lk 4,14–25). Das vierte Evangelium spielt auf
Eifersüchteleien und Rivalitäten zwischen den Jüngern Jesu und den
Anhängern des Täufers in diesem frühen Stadium an (Joh 3,25–30).
Wenn man die Evangelien aufmerksam liest, lässt sich jedoch einiges
entwirren: Jesus selbst scheint niemals eine abfällige Bemerkung über
Johannes gemacht zu haben. Im Gegenteil, er sprach immer nur in
höchsten Tönen von ihm. Für ihn war Johannes der wiedergekehrte
Prophet Elija, »unter allen Menschen hat es keinen größeren gege-

ben« (Mt 11,11); in ihm vereinten sich das Gesetz und die Propheten (Lk 16,16). Manche fragten sich sogar, ob Jesus der auferstandene Täufer war (Mk 6,14; Mt 14,2 u. 16,14; Lk 9,7).

Den Evangelisten zufolge nahm Herodes Antipas Anstoß am Täufer, weil dieser seine Neuvermählung verurteilt hatte. Er ließ ihn auf Drängen seiner Frau *Herodias gefangen nehmen, sah wegen Johannes' Beliebtheit und Bekanntheitsgrad aber von einem Todesurteil ab. Während seiner Haft erfuhr Johannes vom Wirken Jesu und ließ ihn durch seine Jünger verunsichert fragen: »Bist du der, der kommen soll, oder müssen wir auf einen andern warten?« (Mt 11,3; Lk 7,19) Doch die gerissene Herodias, Antipas' zweite Frau, wollte sich an Johannes rächen und setzte ihren Kopf durch: Sie befahl ihrer Tochter *Salome, vom König den Kopf des Täufers auf einer Schale zu fordern, da er ihr als Dank für einen wundervollen Tanz anlässlich seines Geburtstags alles versprochen hatte, was sie sich wünschte. Salome tat es, Johannes wurde enthauptet.

Die historische Begebenheit als solche, Johannes' Bedeutung und die Umstände seines Todes werden voll und ganz von Josephus bestätigt. Auch den Beinamen »Täufer« hält er fest, so wie er auch über Jesus schreibt, dass er der Mann war, »der Christus genannt wird« (*AJ* 20,9.200). In seinem Werk *Jüdische Altertümer* bezeichnet Josephus den Johannes als einen »edlen Mann«, der »die Juden anhielt, nach Vollkommenheit zu streben, indem er sie ermahnte, Gerechtigkeit gegeneinander und Frömmigkeit gegen Gott zu üben« (18,5.117). Infolge der »wunderbaren Anziehungskraft« seiner Reden sei »eine gewaltige Menschenmenge« zu ihm geströmt und zu allem bereit gewesen, was er ihr auftrug. Das aber konnte nur seinen Untergang bedeuten. Da Antipas fürchtete, Johannes würde das Volk »zum Aufruhr treiben«, beschloss er, ihn in der transjordanischen Festung Machaerus zu inhaftieren, und ließ ihn dort schließlich hinrichten. Josephus stellt zweimal fest, wie schockiert die Juden von dieser Bluttat waren. Die Niederlage, die Antipas einige Jahre später durch die

Nabatäer zugefügt wurde, betrachteten sie als eine göttliche Strafe für das Verbrechen, das er am Täufer begangen hatte. Für sich genommen sind sowohl der Evangelienbericht als auch Josephus' Darstellung von der Hinrichtung glaubhaft, und sie lassen sich auch durchaus miteinander in Einklang bringen. Wenn man allerdings gezwungen ist, die Wahl zwischen beiden Berichten zu treffen, dann erscheint einem Josephus letztendlich doch als die verlässlichere Quelle.

Wie groß Johannes' Einfluss auf seine Zeitgenossen wirklich war, ist schwer einzuschätzen. Aus der Apostelgeschichte erfahren wir, dass Paulus und seine Gefährten bei ihrer Missionsreise durch Kleinasien auf Juden trafen, die von Johannes getauft worden seien. Der bekannteste unter den getauften Juden, denen Paulus in Ephesus begegnete, war der redegewandte Apollos aus Alexandria. Doch es ist höchst unwahrscheinlich, dass sich die Anhängerschaft des Täufers lange halten konnte, nachdem er in der grandiosen Hügelfestung Machaerus im Jahr 29 oder 30 n. d. Z. zu Tode gekommen war. (Quellen: Neues Testament; Josephus, *AJ* 18,5.116 – 119)

JOHANNES VON GISCHALA

Johannes von Gischala aus der Stadt Gusch Halav in Obergaliläa (woraus sich das hellenisierte *Gischala* ableitet) war einer der bedeutendsten Anführer im jüdischen Aufstand gegen Rom. Zuerst agierte er in Galiläa, ab 67 n. d. Z. dann von Jerusalem aus. Da alle Schilderungen von ihm *Josephus zu verdanken sind, der alles andere als auf freundschaftlichem Fuße mit ihm stand, ist es kein Wunder, dass er Johannes als einen höchst unsympathischen Mann, einen skrupellosen, tückischen, hinterlistigen Lügner und Schurken präsentiert: Josephus' Darstellungen dieses Mannes müssen mit Vorsicht genossen werden.

Mit einem »Haufen von 400 Männern« zog der mittellose und

vom typischen Kampfgeist der Galiläer erfüllte Johannes plündernd durch die nördlichen Distrikte von Galiläa, die zu Beginn des Aufstands unter dem Befehl von Josephus, dem militärischen Kommandeur der galiläischen Juden, standen. Mit dem Bau einer Stadtmauer um seine Heimatstadt Gischala sowie einer Art von Monopol auf den Export des Öls, das in dieser Region hergestellt wurde, konnte sich Johannes beträchtlich bereichern. Josephus' Darstellung zufolge war er ein echter Gauner: »Um eine tyrische Münze im Gegenwert von vier attischen Drachmen kaufte er nun je vier Amphoren Öl, wovon er je eine halbe Amphore zum gleichen Preis verkaufte.«

Schließlich zettelte Johannes in der Stadt Tarichea am See Genezareth sogar einen Aufstand gegen Josephus an, bei dem es ihm fast gelang, sich seiner zu entledigen. Doch diese Abart des jüdischen Widerstands in Galiläa sollte nicht von Dauer sein, denn *Titus, der von seinem Vater *Vespasian beauftragt worden war, diese Provinz endlich vollständig zu erobern, gelang es, Gischala mit einem Handstreich zu besetzen und Johannes mitsamt seinen Zeloten Anfang November des Jahres 67 n.d.Z. in die Flucht nach Jerusalem zu schlagen. Erst dort stieg er bis zum Frühjahr 69 n.d.Z. zu einem der beiden wichtigsten Anführer des jüdischen Aufstands auf. Laut Josephus herrschte er wie ein Tyrann. Abgesehen davon war ihm auch der verheerende Streit anzulasten, der unter den diversen jüdischen Fraktionen in Jerusalem ausbrach. Zwanzig Befehlshaber und sechstausend Mann standen unter Johannes' Oberkommando. Eine Weile lang tat sich *Eleazar ben Simon, ein Renegat aus Johannes' Trupp, als Anführer einer dritten Rebellengruppe hervor, doch während des Passahfestes im Jahr 70 n.d.Z. konnten Johannes' Männer den von Eleazar gehaltenen Sektor erobern. Die Verteidigung der Hauptstadt wurde erneut von dem Zweierbündnis übernommen, das Johannes von Gischala mit *Simeon bar Giora eingegangen war. Ersterer verteidigte die Burg Antonia, Letzterer die Oberstadt. Dieser sinnlos blutige Widerstand dauerte bis August 70 n.d.Z. Am Ende floh

Johannes von Gischala vor den Römern und verschanzte sich im
Tunnelsystem der Stadt, bis ihn der Hunger zwang, sich zu ergeben.
Er wurde nach Rom verschleppt und bei der Siegesparade im Jahr
71 n. d. Z. gemeinsam mit Simeon bar Giora gezwungen, vor Titus'
Triumphwagen in die Stadt einzumarschieren. Er hatte dabei mehr
Glück als Simeon, der nach Abschluss des Triumphzuges feierlich
hingerichtet wurde: Johannes wurde wegen seiner Beteiligung am
Aufstand gegen das allmächtige Römische Reich zu lebenslangem
Karzer verurteilt. (Quellen: Josephus, *BI* 2,21; *Vita*, 43ff)

JONATHAN BEN HANNAS

Jonathan wurde als zweiter Sohn von *Hannas ben Seth (Ananus,
Sohn des Seti) zum Hohepriester ernannt. Der erste war der von *Valerius Gratus, dem römischen Präfekten von Judäa, berufene Eleazar
(16–17 n. d. Z.). Jonathan verdankte seine Erhebung in den Hohe-
priesterstand *Vitellius, dem Statthalter von Syria. Er blieb jedoch
nur von 36 bis 37 n. d. Z. im Amt, da Vitellius ihn zugunsten seines
Bruders Theophilos ben Hannas absetzte, über den keine weiteren
Informationen erhalten blieben. Er könnte bis zur Ernennung von
*Simon Kantheras ben Boethos im Amt gewesen sein, der im Jahr 41
n. d. Z. von König *Agrippa I. eingesetzt wurde.

Jonathan war auch nach dem Verlust seiner Hohepriesterwürde
ein einflussreicher Mann. Er gehörte zu den Führern der jüdischen
Delegation, die bei Ummidius Quadratus, dem römischen Statthalter
von Syria, vorsprach, um sich zu beschweren, dass die Samarier jüdische Reisende aus Galiläa ermordeten und *Cumanus, der römische
Prokurator von Judäa, nichts dagegen unternahm. Kaiser *Claudius
verurteilte die samarischen Rädelsführer zum Tode, schickte Cumanus in die Verbannung und ersetzte ihn im Jahr 52 n. d. Z. auf Jonathans Bitten hin durch Antonius *Felix. Doch die Regierung des

neuen Prokurators war kaum erträglicher. Erneut war es Jonathan, der unermüdlich dessen Amtsstil kritisierte. Um ihn endlich zum Schweigen zu bringen, verschwor sich Felix mit jüdischen Aufständischen aus der Gruppe der Sikarier: Sie ermordeten Jonathan, nachdem sie als Pilger verkleidet, den Dolch unter ihren Gewändern versteckt, die Tore von Jerusalem passiert hatten. Der Hohepriester sollte nur das erste ihrer vielen Opfer gewesen sein.

Jonathan ben Hannas ist ohne Zweifel mit dem Johannes identisch, dessen Name im neutestamentarischen Bericht über das Verhör der Apostel *Petrus und *Johannes vor dem jüdischen Hohen Rat nach den Namen Hannas und *Kaiaphas aufgeführt wird (Apg 4,5 – 6). (Quellen: Zu Jonathan siehe *BI* 2,12-13; *AJ* 18,4.95 u. 5.123; 19,6.313; 20,8.163. Zu Theophilos siehe *AJ* 18,5.123.)

JOSEPH

Joseph war der Ehemann von *Maria und Vater – beziehungsweise der christlichen Überlieferung nach Ziehvater – des *Jesus von Nazareth. Die Weihnachts-Ikonografie präsentiert Joseph als einen Mann beträchtlichen Alters, der in Begleitung einer hochschwangeren jungen Frau auf einem Esel von Nazareth nach Bethlehem unterwegs ist. Solche pittoresken Details finden sich in den kanonischen Schriften des Neuen Testaments nicht; sie haben ihren Ursprung in der Legendenbildung der späteren apokryphen Evangelien.

Die vier kanonischen Evangelien erzählen wenig über Joseph. Der sogenannte Kindheitsbericht über die Geburt und frühen Jahre Jesu ist die Hauptquelle unserer Informationen über ihn. Doch nur zwei der vier Evangelien, *Matthäus und *Lukas, beginnen überhaupt mit der Geburtsgeschichte. Die Tatsache, dass das älteste Evangelium des *Markus nichts darüber enthält, legt nahe, dass diese Kindheitsberichte spätere Schöpfungen sind und von Matthäus und Lukas

dem Hauptteil ihrer Berichte über das Leben Jesu vorangestellt wurden, um dem Kirchenglauben an das messianische Wesen Jesu als
dem legitimen Nachfahren des Hauses David Ausdruck zu verleihen
und die Lehre von der jungfräulichen Empfängnis und Geburt zu
manifestieren. Hinsichtlich der davidischen Abstammung Jesu wäre
Josephs Rolle die einzig entscheidende gewesen, trotzdem wird ihm
in der endgültig ausformulierten Evangelientradition jegliche Vaterschaft bestritten: Die Empfängnis sei das Werk des Heiligen Geistes
und Jesus folglich der »Sohn Gottes«.

Weil nach jüdischer Glaubensüberlieferung der König Messias
ein Abkömmling von König David und diese Abstammung allein
durch die männliche Linie – von den Vätern auf die Söhne also –
nachweisbar ist, fügten Matthäus und Lukas noch eine detaillierte
Genealogie für Jesus in ihre Evangelien ein. Matthäus (1,1–17) zeichnet Jesus' Stammbaum von Abraham über David bis Joseph auf, während Lukas (3,23–34) eine ausführlichere Abstammung in umge-
kehrter Reihenfolge von Joseph über David zurück zu Abraham
und Adam auflistet. Die Namen der frühen Vorväter wurden den
diversen genealogischen Listen der Bibel entnommen; die Namen,
die für die Zeit nach dem babylonischen Exil angegeben werden
(nach dem Jahr 540 v. d. Z.), sind nicht nur per se völlig unbekannt,
sondern in den beiden Genealogien, die Matthäus und Lukas bis
zu Jesus' Vater Joseph erstellten, auch jeweils völlig unterschiedlich.
Bei Matthäus (1,16) ist Jakob der Vater von Joseph, bei Lukas (3,23)
ist es ein Mann namens Eli. Kurz gesagt: Keiner der beiden Stammbäume ist verlässlich.

Matthäus bezeichnet Joseph als den »Mann [anêr] Marias« (Mt
1,16), schreibt dann aber, dass Maria mit Joseph »verlobt« gewesen sei
(1,18). Dieses Detail legt nahe, dass Maria rechtlich noch unmündig
war, denn das jüdische Gesetz gestattet nur minderjährigen Mädchen
eine Verlobung. Die Mündigkeit wurde mit dem zwölften Lebensjahr oder dem Beginn der Pubertät erreicht, je nachdem, was zuerst

eintrat. Matthäus datiert die Geburt Jesu auf die Herrschaftszeit von
*Herodes dem Großen, nimmt jedoch mit keinem Wort Bezug auf
Nazareth als Ort, in dem Joseph und Maria zu dieser Zeit wohnten.
Er erwähnt keine Reise vor der Geburt oder während der Schwan-
gerschaft, spricht dafür aber von einem »Haus« in Bethlehem, was
vermuten lässt, dass Joseph und Maria dort fest ansässig waren (Mt
2,11). Nach der uns heute vorliegenden Darstellung des Matthäusevangeliums war das Kind, das Maria erwartete, nicht von Joseph,
sondern »vom Heiligen Geist« (Mt 1,20–21). Joseph habe Maria
nicht »erkannt«, also keinen Geschlechtsverkehr mit ihr gehabt. Auf
die Art ihrer Beziehung nach Jesu Geburt wird zwar nicht spezifisch
eingegangen, doch die Aussage über Josephs zeitweilige Zurückhal-
tung, »bis sie ihren Sohn gebar« (Mt 1,25), lässt nicht darauf schließen, dass sie sich dauerhaft zu einer sexuell enthaltsamen Verbindung
entwickelt hätte. Im Kindheitsbericht des Matthäus ist Joseph die
Hauptfigur. Er ist es, dem im Traum ein Engel erscheint, um ihn vor
den Mordplänen des Herodes zu warnen, woraufhin er die Flucht
der Familie in die Wege leitet und sie nach Ägypten entkamen (Mt
2,13–14). Und er ist es auch, der in mehreren weiteren Träumen nach
Herodes' Tod (4 v. d. Z.) von einem Engel unterrichtet wird, nicht in
das von Herodes' Sohn (*Archelaos) regierte Judäa zurückzukehren,
sondern sich im galiläischen Nazareth niederzulassen (Mt 2,19–23).
Dass auch Galiläa von einem Sohn des Herodes (*Antipas) beherrscht
wurde, wird dabei völlig ignoriert.

Bei Lukas wird Joseph niemals als der Ehemann, sondern immer
nur als der Verlobte von Maria bezeichnet. Hinsichtlich der Vaterschaft steht dort geschrieben: »Man *hielt* ihn [Jesus] für den Sohn
Josefs.« (Lk 3,23; Hervorhebung des Autors) Laut diesem Evangelium waren Joseph und Maria in Nazareth ansässig (Lk 1,26–27),
und Josephs Reise nach Bethlehem wurde durch den von *Augustus
in Rom erlassenen und vom syrischen Statthalter *Quirinius ausge-
führten Befehl notwendig, dass sich ein jeder in Steuerlisten einzu-

tragen habe. Der von Lukas berichtete Zensus ist historisch jedoch
unhaltbar (siehe den Eintrag zu *Quirinius). Die Geschichte von
der Reise nach Bethlehem soll versichern, dass Jesus, der künftige
Messias, in der Stadt Davids geboren wurde, so wie es die überlieferte Prophezeiung weissagte. Lukas weiß weder etwas von einem
Kindermord zu berichten, der von Herodes angeordnet worden sein
soll, noch von einer Aufwartung der Weisen (Magier) aus dem Mor-
genland, ebenso wenig von einer Flucht des Joseph mit Maria und
Jesus nach Ägypten. Im Gegenteil, in diesem Evangelium werden
sie als eine friedfertige Familie dargestellt, die in Bethlehem und
Jerusalem strikt alle jüdischen Gebote nach der Geburt eines Sohnes
befolgt (Lev 12,1−8): Am achten Tag wird das Kind beschnitten (Lk
2,21), am vierzigsten Tag bringen es die Eltern zur vorgeschriebenen
Reinigung nach Jerusalem (Lk 2,22−24). Nach Lukas' Darstellung
lebten Joseph und seine Familie also unbehelligt in Judäa, bis es an
der Zeit war, wieder in ihren Heimatort Nazareth zurückzukehren,
wo sie über die nächsten drei Jahrzehnte unbeachtet wohnten (Lk
2,39). Jesus' Vater spielt im Bericht des Lukas nur noch einmal eine
Rolle, nämlich bei der Pilgerreise, die die gesamte Familie anlässlich
des Passahfests in Jesus' zwölftem Lebensjahr nach Jerusalem antritt.
Im Gewühl der Stadt verlieren die Eltern den Jungen und beginnen
besorgt nach ihm zu suchen. Schließlich finden sie ihn bei den Lehrern im Tempel (Lk 2,41−50). Als Maria ihn deshalb rügt, erklärt sie
ihm mit Verweis auf Joseph, sein »Vater« habe ihn gesucht.

In den endgültig bearbeiteten Versionen ihrer Genealogien geben
jedoch sowohl das Matthäus- als auch das Lukasevangelium zu verstehen, dass Joseph entgegen allem Anschein nicht der leibliche Vater
von Marias Sohn gewesen sei. Der Wortlaut des traditionellen Mat-
thäus-Texts (1,16) versucht das Problem mit folgender Formulierung
zu umgehen: »Jakob war der Vater von Josef, dem Mann Marias;
von ihr wurde Jesus geboren [oder: eingeboren], der der Christus (der
Messias) genannt wird« (Hervorhebung des Autors). Mehrere Texte,

einige griechische Handschriften und die sogenannte sinaitisch-syrische Abschrift bezeugen jedoch eindeutig, dass Joseph der Vater von Jesus war: »Joseph, dem die Jungfrau Maria angelobt war, *zeugte* Jesus, der der Christ genannt wurde« (Hervorhebung des Autors). Auch im Dialog des Timotheus mit Aquila, der seine endgültige griechische Form im 5. Jahrhundert n. d. Z. erhielt und eine Auseinandersetzung zwischen einem Juden und einem Christen beschreibt, heißt es kurz und bündig, dass Joseph den Jesus, den man Christus nannte, *gezeugt* habe. Lukas weicht in seiner Liste der Vorfahren Jesu zwar nicht von der textlichen Abstimmung ab, fügt der Äußerung, »Jesus war etwa dreißig Jahre alt, als er zum ersten Mal öffentlich auftrat«, jedoch die rettende Bemerkung an: »*Man hielt ihn für den Sohn Josefs*« (Lk 3,23; Hervorhebung des Autors). Die Versuche einiger früher Lektoren der Genealogie des Matthäus, allzu offenkundige Hinweise auf die Vaterschaft des Joseph zu tilgen oder wenigstens abzuschwächen, zeigen, wie viel Mühe man sich gab, um den Eindruck zu korrigieren, dass Joseph der Vater des Jesus gewesen sein könnte. Die Ersatzformulierungen: »von ihr [der Jungfrau Maria] wurde Jesus geboren«, oder: »bis sie ihren Sohn gebar«, wurden sogar auf die Gefahr hin eingefügt, dass der Nachweis einer davidischen Abstammung Jesu damit hinfällig wurde. Dass Joseph der leibliche Vater von Jesus war, wurde jedoch auch von der judenchristlichen Gemeinschaft der Ebioniten beurkundet.

In den Evangelienpassagen, die sich mit dem öffentlichen Wirken Jesu befassen, wird er schlicht als »Sohn des Zimmermanns« oder »der Sohn Josefs« dargestellt (Mt 13,55; Lk 4,22; Joh 6,42; vgl. auch Mk 6,3). Tatsächlich wird sogar konstatiert, dass Joseph und Maria auch die Eltern der vier jüngeren Brüder Jesu, *Jakobus, Joses, Simon und *Judas (Jehuda), sowie von mehreren Schwestern waren (Mk 6,3; Mt 13,55). Zu genau dieser Schlussfolgerung führt auch die Überlieferung der judenchristlichen Ebioniten, die am Ende des 2. Jahrhunderts n. d. Z. vom Kirchenvater Irenäus festgehalten wurde,

oder die Inschrift »Jakob Sohn des Josef Bruder des Jesus« auf dem
Jakobus-Ossuar – wenn es denn authentisch ist (siehe den Eintrag
zu *Jakobus, Bruder Jesu).

Die Kirchenlehre von der ewigen Jungfräulichkeit Mariens, die
sich seit dem 2. Jahrhundert n. d. Z. sukzessiv entwickelte, beeinflusste
logischerweise auch die christliche Darstellung von Joseph. Die früheste und einflussreichste Quelle dafür ist ein legendäres apokryphes
Evangelium, das sogenannte Protoevangelium des Jakobus, dessen
griechisches Original auf die letzten Jahrzehnte des 2. Jahrhunderts
n. d. Z. zurückreichen könnte und das der Ursprung fast aller traditionellen Geschichten über die Beziehung zwischen Maria und Joseph ist.

Dieses Protoevangelium ist nichtjüdisch-christlichen Ursprungs
und berichtet die unwahrscheinliche Geschichte, dass Maria ihre
Kindheit im Tempel von Jerusalem in priesterlicher Obhut verbracht
habe. Als sie zwölf Jahre alt gewesen sei, hätten die Priester beschlossen, sie einem Witwer anzuvertrauen, den Gott durch ein Zeichen
bestimmen würde. Die Wahl sei schließlich auf Joseph gefallen, der
bereits vier Söhne und zwei Töchter aus erster Ehe gehabt habe, die
Jesus' Stiefgeschwister gewesen wären. Außerdem bietet das hohe
Alter, das Joseph in diesem Protoevangelium zugeschrieben wird, eine
Erklärung für die enthaltsame »Ehe« des Paares und die ewige Jungfräulichkeit Mariens.

Über die späteren Jahre in Josephs Leben und über seinen Tod
liegen keine Berichte vor. Einige fiktive Details finden sich in der
Geschichte von Joseph dem Zimmermann, einer koptischen Legende,
die frühestens aus dem 4. Jahrhundert n. d. Z. stammen kann. Dieser Darstellung zufolge war Joseph bei seiner ersten Eheschließung
vierzig Jahre alt gewesen; aus dieser Ehe seien vier Söhne und zwei
Töchter hervorgegangen. Neunundvierzig Jahre später sei Maria dem
mittlerweile neunundachtzigjährigen Joseph anvertraut worden, der
noch zweiundzwanzig Jahre an ihrer Seite gelebt habe, im Alter von

hunderteins gestorben und vom zweiundzwanzigjährigen Jesus beerdigt worden sei. (Quellen: die Evangelien; »Das Protoevangelium
des Jakobus« in: *Apokryphen zum Alten und Neuen Testament*, hg. von
Alfred Schindler, Zürich, 1998, S. 409–436; *Die Geschichte von Joseph
dem Zimmermann*, hg. u. übers. v. Siegfried Morenz, Berlin, 1951)

JOSEPH BEN ELLEM

Siehe unter *Mattatias ben Theophilos I.*

JOSEPH BEN KAMI

Nachdem König *Herodes von Chalkis (44–48 n. d. Z.) von Kaiser
*Claudius das Recht gewährt worden war, den Tempel von Jerusalem
zu überwachen, ernannte er zwei Hohepriester. Im Jahr 44 n. d. Z.
ersetzte er *Elionaios ben Kantheras durch Joseph ben Kami (auch
Kamitos; in den deutschen *Josephus-Übersetzungen uneinheitlich
Sohn des Kamus oder des Kemede genannt). Joseph stammte vermutlich aus derselben Familie wie *Simeon ben Kamitos, der von 17
bis 18 n. d. Z. Hohepriester gewesen war, und blieb drei Jahre lang im
Amt. Über seine Amtsführung gibt es keine Aufzeichnungen.

Sein Nachfolger wurde Hananias Nedebiah (Ananias ben Nede-
baios), der das Amt des Hohepriesters über den ungewöhnlich langen
Zeitraum von zwölf Jahren (47–59 n. d. Z.) ausübte. Er war in die
Probleme verstrickt, die zwischen Juden und Samaritanern ausbrachen, und einer der jüdischen Führer, die vom Statthalter in Syria,
Ummidius Quadratus, schließlich inhaftiert wurden. Gemeinsam mit
*Cumanus, dem in Ungnade gefallenen Prokurator von Judäa, wurde
er nach Rom vor Kaiser Claudius gebracht. All das geschah kurz
vor dem Passahfest im Jahr 52 n. d. Z. Nachdem König *Agrippa II.

zugunsten der Männer interveniert hatte, wurden der Hohepriester
Hananias und seine Gefährten freigelassen und konnten nach Judäa
zurückkehren, wo Hananias weitere sieben Jahre lang das Hohepriesteramt führte. Der Talmud tadelt ihn wegen seiner Völlerei. Beim
Ausbruch des Aufstands im Jahr 66 n.d.Z. flohen Hananias, sein
Bruder Ezechias und andere jüdische Führer in den Herodespalast in
der Jerusalemer Oberstadt, wurden jedoch von den Aufständischen
des Zeloten *Menachem, einem Abkömmling von *Judas dem Galiläer, ergriffen und umgebracht.

Laut der Apostelgeschichte (23,2; 24,1) war Hananias der Hohepriester, der auf Bitten des römischen Oberst, der den Apostel *Paulus verhaftet hatte, den Vorsitz über die Untersuchung dieses Falles
übernahm. Mit der typischen Feindseligkeit, die der Autor der Apostelgeschichte gegenüber den jüdischen Autoritäten hegte, die mit
dem Fall Paulus befasst waren, wird Hananias als brutaler Richter
dargestellt, der sich nicht um Gesetze scherte und den Angeklagten
sogar prügeln ließ. Nachdem es Paulus gelungen sei, die Sympathie
der im Sanhedrin vertretenen Pharisäer zu gewinnen und diese gegen die Sadduzäer aufzubringen, sei die Versammlung so turbulent
geworden, dass die römischen Wachtruppen den Apostel aus dem
Saal schafften und in Sicherheit brachten. Schließlich wurde er nach
Caesarea überstellt, wo *Felix, der Prokurator von Judäa, sein Urteil
über ihn fällen sollte. Nach einigen Tagen erschien der Hohepriester
Hananias mit einer Delegation der Ältesten und dem Anwalt Tertullus in Caesarea, um beim Prokurator Klage gegen Paulus einzu-
reichen. Der Forderung des jüdischen Hohen Rats, den Fall an ihn
zurückzuverweisen, war Paulus bereits mit dem Appell zuvorgekom-
men, vom Kaiser selbst gerichtet zu werden. (Quellen: Zu Joseph
siehe Josephus, *AJ* 20,1.16 u. 5.103. Zu Hananias siehe Josephus, *BI*
2,12–17; *AJ* 20,5.103 u. 6.131.)

JOSEPH KABI BEN SIMON KANTHERAS

Siehe unter *Ismael ben Phabi II.*

JOSEPHUS

Josephus, oder Flavius Josephus, wie er genannt wurde, seit er den Namen seines späteren kaiserlichen Patrons *Titus Flavius Sabinus Vespasianus angenommen hatte, ist der bedeutendste jüdische Historiker des Altertums. Joseph ben Mattitjahu, wie er eigentlich hieß, stammte aus einer berühmten Priesterfamilie und wurde im ersten Amtsjahr des Kaisers *Caligula (37/38 n.d.Z.) in Jerusalem geboren. Sein Stammbaum lässt sich bis zum hasmonäischen Hohepriester Johannes *Hyrkanos I. zurückverfolgen; einer seiner Vorfahren hatte die Tochter des Priesterkönigs Alexander Jannaios (103–75 v.d.Z.) geheiratet. Josephus wurde in Jerusalem erzogen und zeichnete sich schon in jungen Jahren durch fundierte Kenntnisse des jüdischen Gesetzes aus. Nachdem er im Alter von sechzehn Jahren die Lehren der Pharisäer, Sadduzäer und Essener studiert hatte, verbrachte er drei Jahre bei dem asketischen Eremiten *Bannus. Mit neunzehn Jahren entschied er sich für die Seite der Pharisäer. Zweifellos hatte er bereits als Kind oder Jugendlicher die griechische Sprache erlernt, doch als er die ersten eigenen Texte zu schreiben begann, stellte er fest, dass seine Griechischkenntnisse noch sehr unzureichend waren. Daher verfasste er sein Werk *Der jüdische Krieg* in aramäischer Sprache. Bei der Bearbeitung der griechischen Ausgabe verließ er sich auf Gehilfen. Im Jahr 64 n.d.Z. trat er eine Schiffsreise nach Rom an, wo er bei Poppaea, der Frau des Kaisers *Nero, bald schon in hoher Gunst stand.

Zu Beginn des Aufstands gegen Rom im Jahr 66 n.d.Z. versuchte auch der mittlerweile in die Heimat zurückgekehrte Sechsundzwanzigjährige, wie so viele andere Juden der Oberschicht, die Aufstän-

dischen zu beschwichtigen. Doch er sollte seine Meinung schon bald
ändern und schließlich sogar selbst Kommandeur der jüdischen Widerstandstruppen in Galiläa werden. Sein Oberkommando endete im
Jahr 67 n. d. Z. mit dem unrühmlichen Fall der Festungsstadt Jota-
pata, die er zu verteidigen versucht hatte, und seiner Gefangennahme
durch die Römer. Als er *Vespasian vorgeführt wurde, prophezeite er
dem Oberkommandierenden der römischen Truppen die Erhebung
zum Kaiser, und weil sich diese Vorhersage bereits im Jahr 69 n. d. Z.
erfüllte, schenkte der dankbare Vespasian seinem Gefangenen die
Freiheit. Josephus begleitete den neuen Kaiser auf dessen Rückreise
nach Rom bis Alexandria. Dann kehrte er nach Jerusalem zurück,
um Vespasians Sohn *Titus zu beraten, der bis zur Unterdrückung
des jüdischen Widerstands im Jahr 70 n. d. Z. sämtliche Operationen
der Römer in Jerusalem leitete. Josephus' besondere Aufgabe bestand
darin, mit den Verteidigern der Stadt zu verhandeln und sie von
ihrer Kapitulation zu überzeugen. Seinen eigenen Aussagen zufolge
erreichte er die Freilassung vieler jüdischer Gefangener, darunter die
seines eigenen Bruders, und rettete sogar drei Freunde, die bereits
am Kreuz hingen. Einer von ihnen soll nach medizinischer Behandlung tatsächlich überlebt haben. Nach dem Sieg der Römer folgte
Josephus Titus nach Rom, wo er das römische Bürgerrecht erhielt.
Außerdem gewährte Vespasian ihm eine kaiserliche Leibrente, die es
ihm ermöglichte, den Rest seines Lebens in finanzieller Unabhängigkeit zu verbringen und seine literarischen Pläne zu verwirklichen.
Auch bei den Söhnen Vespasians, den Kaisern Titus (79–81 n. d. Z.)
und *Domitian (81–96 n. d. Z.), stand er in hoher Gunst. Josephus
sollte Rom bis an sein Lebensende (etwa 100 n. d. Z.) nicht verlassen.

Die Geschichte von Josephus' Ehen ist typisch für einen Juden
der Oberschicht in der turbulenten Zeit des ersten Aufstands. Seine
erste Frau war während der Belagerung Jerusalems in der Stadt zu-
rückgeblieben; während seiner Gefangenschaft wurde Josephus von
Vespasian angeordnet, eine jüdische Gefangene aus Caesarea zu hei-

raten, die ihn jedoch verließ, als er mit dem künftigen Kaiser nach Alexandria reiste; dort heiratete er sofort wieder, diesmal eine ägyptische Jüdin, mit der er drei Kinder zeugte, aber diese Ehe endete mit einer Scheidung; in Rom lernte er schließlich seine vierte Frau kennen, eine Jüdin aus einer illustren kretischen Familie, die ihm zwei weitere Söhne gebar. Drei seiner Jungen, Hyrkanos aus der dritten Ehe sowie Justus und Simonides aus der vierten, die der Reihe nach in den Jahren 73, 76 und 78 n. d. Z. geboren wurden, waren noch am Leben, als Josephus seine Autobiografie zu schreiben begann.

Die meisten Werke von Josephus haben überlebt. Sie wurden in griechischer Sprache verfasst oder ins Griechische übersetzt und von christlichen Kopisten verbreitet. Josephus sprach primär griechisch-römisch gebildete Leser an, und zwar mit der erklärten Absicht, der Welt von den kühnen Taten des jüdischen Volkes zu berichten. Zweifellos wollte er mit seiner betonten Verteidigungshaltung aber auch dem schlechten Eindruck entgegenwirken, den er wegen seiner Abtrünnigkeit im Laufe des Krieges bei einigen seiner Landsleute hinterlassen hatte.

Sein erstes großes Werk, die sieben Bücher des *Jüdischen Krieges*, war Ende der Siebzigerjahre des 1. Jahrhunderts fertiggestellt. Die letzten Bücher befassen sich mit der Herrschaftszeit Vespasians, sind diesem gewidmet und enthalten einen vollständigen Bericht über sämtliche Kampfhandlungen. Voran geht eine Zusammenfassung der jüdischen Geschichte von der Judenverfolgung des Antiochos Epiphanes (175–164 v. d. Z.) bis zum Ausbruch des jüdischen Aufstands gegen Rom im Jahr 66 n. d. Z. Stolz berichtet Josephus (*Vita* 363–366), dass Kaiser Titus sehr darauf bedacht gewesen sei, sein »Geschichtswerk [...] der Menschheit zu übergeben«, und es daher »versehen mit seiner eigenen Unterschrift veröffentlichen ließ«. Auch König *Agrippa II., der Josephus zweiundsechzig Briefe schrieb, bestätigte »die Wahrheit [seiner] Berichterstattung«: »Mit Freude habe ich dein Buch gelesen, und ich habe den Eindruck, dass du mit sehr

viel mehr Sorgfalt gearbeitet hast als diejenigen, die über diese Dinge
geschrieben haben.«

Josephus' umfangreichstes Werk, die zwanzig Bücher seiner *Jüdischen Altertümer*, ist eine Tour de force durch die biblische und spätere
jüdische Geschichte von der Erschaffung der Welt bis hin zum Ausbruch des Jüdischen Krieges gegen Rom im Jahr 66 n. d. Z. Fertiggestellt hatte Josephus dieses Projekt im Jahr 93/94 n. d. Z., als er etwa
fünfundfünfzig Jahre alt war. Die ersten zehn Bücher, die mit der
babylonischen Gefangenschaft der Juden im 6. Jahrhundert v. d. Z.
enden, beruhen auf biblischen Darstellungen und schmücken diese
immer wieder mithilfe von nichtbiblischen Texten und populären traditionellen jüdischen Auslegungen aus. Der zweite Teil des Werks
befasst sich mit der Zeit von Kyros und Alexander dem Großen bis
zum Kriegsausbruch und beruht auf einem Potpourri aus unterschied-
lichen Quellen, die teils griechischer Herkunft sind (Polybios, Strabon,
*Nikolaus von Damaskus, der Lehrer und Berater von *Herodes dem
Großen), teils auf offiziellen Dokumenten aus den Zeiten von Iulius
*Caesar und *Augustus beruhen und teils jüdischen Ursprungs sind
(Brief des Aristeas, 1 Makkabäer und ein Dokument, das sich mit den
jüdischen Hohepriestern befasst). Das Werk *Jüdische Altertümer* bietet
einen einzigartigen Einblick in die jüdische Geschichte während der
römischen Periode (63 v. d. Z.–66 n. d. Z.). Dank Josephus wissen wir
über das Zeitalter von Herodes dem Großen und damit im weiteren
Sinne auch über das Zeitalter Jesu mehr als über jede andere Periode
der jüdischen Geschichte im Altertum.

Vita war die Schrift, die Josephus nach den *Jüdischen Altertümern*
verfasste. Es ist keine Autobiografie im eigentlichen Sinne, sondern
im Kern ein Bericht über die Jahre 66 und 67 n. d. Z., die er als Kommandeur der jüdischen Widerstandstruppen in Galiläa verbrachte.
So gesehen ist dieses Werk eindeutig auch eine Rechtfertigung der
Entscheidungen, die Josephus angesichts der politischen Machenschaften seines Gegners *Johannes von Gischala und vor allem an-

gesichts der Vorwürfe getroffen hatte, die *Justus von Tiberius in seiner konkurrierenden Abhandlung über den Jüdischen Krieg gegen ihn vorgebracht hatte. Dieser Kern der *Vita* wird von biografischen Details über Josephus' Familie und seine eigene Geschichte im Heimatland eingerahmt, darunter auch solche Nichtigkeiten wie die Geschichte eines Sturzes vom Pferd, der ihm ein gebrochenes Handgelenk bescherte. Die *Vita* wurde nach 93/94 n.d.Z. geschrieben.

Josephus' letztes erhaltenes Werk ist eine Verteidigung des jüdischen Glaubens in zwei Büchern, die den Titel *Contra Apionem (Gegen Apion oder Über das hohe Alter des jüdischen Volkes)* tragen. Apion war ein ägyptischer Grammatiker und das führende Mitglied einer judenfeindlichen Gruppe von alexandrinischen Griechen, die unter seiner Leitung bei Kaiser *Caligula gegen die Juden klagten. Die jüdische Gegendelegation wurde von *Philo von Alexandria angeführt. Apion war nur einer von mehreren Judenhassern, die Josephus zur Rechenschaft zog, indem er kunstvoll die Versuche widerlegte, die Apion und seine Gesinnungsgenossen unternommen hatten, um die Geschichte der Juden in Ägypten und die ihres Glaubens völlig absurd zu verfälschen, beispielsweise indem sie so lächerliche Anschuldigungen wie die Verehrung eines Eselkopfes gegen sie vorbrachten. *Gegen Apion* enthält außerdem eine erste systematische, kurze Synopse des Mosaischen Gesetzes (2,164–219).

Einige andere Werke von Josephus gingen verloren. Ein wichtiges Vorhaben, nämlich »vier Bücher über die Lehre der Juden von Gott und seinem Wesen nach altehrwürdiger Überlieferung zu schreiben sowie ferner ein Werk über die Gesetze« (*AJ* 20,11.268), scheint er nie verwirklicht zu haben.

Es wurden schon die unterschiedlichsten Meinungen hinsichtlich der Frage laut, inwieweit auf Josephus als Historiker Verlass sei. Ganz eindeutig ist er dann, wenn er selbst das Thema einer Kontroverse war, nicht absolut zuverlässig. Abgesehen davon legt er historischen Personen sowohl im *Jüdischen Krieg* als auch in den *Jüdischen Alter-*

tümern lange Reden in den Mund, die fraglos apokryph sind. Wenn
er die Pharisäer mit den Stoikern und die Essener mit den Anhängern des Pythagoras vergleicht, dann färbt er jüdische Denkschulen
mit griechischer Philosophie ein. Er versucht, die Verantwortung
für den Krieg ganz und gar einer aufständischen Minderheit anzulasten, und spielt opportunistisch den Messianismus herunter, aus
Angst, dass ihm alles andere von den Römern angekreidet würde. Im
Großen und Ganzen wird er von der modernen Forschung jedoch
positiv beurteilt. Ein führender moderner Historiker der römischen
Geschichte, der Engländer Fergus Millar, nannte die *Jüdischen Altertümer* »das allerbedeutendste Werk auf weiter Flur, das je über das
Römische Reich geschrieben wurde« (*JJS* 38, 1987, S. 147).

Das Licht, das Josephus mit seinen Schilderungen auf die Darstellungen des Neuen Testaments wirft, ist wirklich einzigartig. Er
liefert einen solide strukturierten Hintergrund für die Geschichte
über *Jesus und die Urchristen in Palästina. Ohne ihn würden wir nur
Bruchstücke davon kennen. Die Krönung seines Beitrags zu unserem
Wissen darüber sind die drei Passagen, in denen er direkten Bezug
auf Persönlichkeiten aus den Evangelien nimmt: auf *Johannes den
Täufer, auf *Jakobus, den Bruder Jesu, und auf Jesus selbst. Johannes
nennt er einen »edlen Mann«, der von Herodes *Antipas geköpft
wurde, weil dieser fürchtete, er »möchte das Volk zum Aufruhr treiben« (*AJ* 18,5.117–118). Vom »Bruder des Jesus, der Christus genannt
wird, mit Namen Jakobus« berichtet er, dass ihn *Hannas ben Hannas im Jahr 62 n.d.Z. »der Gesetzesübertretung anklagte und zur
Steinigung führen ließ« (*AJ* 20,9.200). Die meisten der gerechten und
streng orthodoxen Jerusalemer Juden missbilligten diese Tat. Sie be-
schwerten sich bei Agrippa II. und erreichten die Absetzung des
Hohepriesters. Josephus' drittes Zeugnis, sein berühmtes *Testimonium Flavianum* über Jesus, ist problematischer, da es mit Sicherheit
Elemente enthält, die ganz einfach nicht der authentische Text von
Josephus sein können (beispielsweise die Aussagen »wenn man ihn

überhaupt einen Menschen nennen darf« oder »Er war der Christus« oder der Hinweis auf die Auferstehung). Formulierungen wie »ein weiser Mensch« und »Vollbringer ganz unglaublicher Taten« klingen hingegen echt und entsprechen ganz Josephus' Stil. Erwähnt wird auch, dass Pontius *Pilatus Jesus »zum Kreuzestod verurteilte«. Insgesamt betrachtet bieten diese drei Passagen der neutestamentarischen Forschung die gewiss wichtigsten Informationen nichtchristlichen Ursprungs. Es überrascht daher auch nicht, dass Josephus in christlichen Kreisen fast schon als ein fünfter Evangelist betrachtet wurde. Dem Kirchenhistoriker Eusebius zufolge wurde Josephus »in Rom durch Aufstellung einer Bildsäule geehrt« – aufgestellt nahezu sicher von Christen (*Hist. Eccl.* 3,9). (Quellen: Josephus, nach der Übersetzung von Hermann Endrös *[Der Jüdische Krieg]*; nach Flavii Josephi Opera recognovit Benedictus Niese in der Übersetzung von Heinrich Clementz *[Jüdische Altertümer]*; nach der kritischen Übersetzung von Siegert, Schreckenberg u. Vogel sowie dem Josephus-Arbeitskreis des Institutum Judaicum Delitzschianum *[Vita]*; nach der Übersetzung von Heinrich Clementz *[Gegen Apion]*. Siehe auch Tessa Rajak, *Josephus: The Historian and his Society*, London [1983], 2002.)

JUDA BEN SARIPHAI

Juda, auch Sohn des Sariphaeus oder Seppheraios genannt, und Mattatias ben Margaloth, auch Margalos oder Margalothos geschrieben, waren zwei vermutlich pharisäische Schriftgelehrte, denen es im Jahr 4 v. d. Z. gelang, den Zorn der frommen Juden in Jerusalem zu schüren. Grund dafür war der goldene Adler, den König *Herodes der Große über dem großen Tor des wiedererbauten Tempels hatte anbringen lassen. Als sich in der Öffentlichkeit herumsprach, dass der König todkrank sei, erklärten Juda und Mattatias den begeisterten jungen Menschen, die in Scharen herbeiströmten, um ihre Gesetzesausle-

gungen zu hören, dass der Augenblick günstig sei, um tapfer für die
Sache Gottes einzutreten und das Vätergesetz zu verteidigen, selbst
wenn es das Leben kosten könne. Kaum erreichte sie dann das falsche
Gerücht, dass der König gestorben sei, ermunterten sie ihre Schüler,
zur Tat zu schreiten. Also kletterten diese vor aller Augen auf das
Tempeldach, rissen den goldenen Adler herunter und hackten ihn in
Stücke. Die beiden Gelehrten und vierzig junge Leute wurden festgenommen, nach Jericho gebracht und dem moribunden König vorgeführt, der »vom Bette aus, da er schon nicht mehr stehen konnte«
über sie urteilte: Die Lehrer wie auch die Schüler, die den Adler
eigenhändig heruntergerissen hatten, wurden bei lebendigem Leibe
verbrannt. Jeder von ihnen war bereit gewesen, für seinen Glauben an
die Unversehrlichkeit der Vätergesetze in den Tod zu gehen. Diese
Episode bezeugt, dass ein Aufstand gegen die Zivilbehörden im Zeitalter *Jesu oft einer Mischung aus religiösen und politischen Motiven
entsprang. (Quellen: Josephus, *BI* 1,33.2–4; *AJ* 17,6.149–163 u. 167)

JUDAS

Jehuda (wie die hebräische Form des gräzisierten Namens Judas lautet) war einer der vier Brüder des *Jesus von Nazareth. *Jakobus (Ja-
kov) ist der berühmteste von ihnen, wohingegen uns über die beiden
anderen, Joseph (Joses) und Simon nichts überliefert wird (Mk 6,3;
Mt 13,55). Judas wird an keiner weiteren Stelle in den Evangelien
erwähnt. Wenn man ihn jedoch zu Jesus' Verwandten zählt, müsste
auch ihm vorgeworfen werden, gegen Jesus opponiert zu haben (Mk
3,21). So gesehen müsste auch Jesus ihm mit der Kälte entgegengetreten sein, die er seiner Mutter und seinen anderen Brüdern entgegenbrachte (Mk 3,32–34; Mt 12,46–50; Lk 8,20–21), und müsste auch
Judas neben den anderen Brüdern und der Mutter *Maria nach dem
ersten Osterfest der Urgemeinde beigetreten sein.

Nach den fragwürdigen Überlieferungen von Hegesippus aus dem
2. Jahrhundert n. d. Z., die vom Kirchenhistoriker Eusebius weitergegeben wurden, hielt man die Enkel des Judas und somit Großneffen
des Jesus am Ende des 1. Jahrhunderts n. d. Z. noch immer für so
wichtig, dass ihre Namen auf der schwarzen politischen Liste von
Kaiser *Domitian (81–96 n. d. Z.) unter den verarmten Abkömmlin-
gen des königlichen Hauses David auftauchten. Da die davidische
Genealogie von Jesus jedoch eine theologische und keine historische
ist – um als Messias anerkannt werden zu können, musste er ein
Nachkomme Davids sein –, handelt es sich bei dieser Geschichte
sehr wahrscheinlich um eine Legende.

Nicht weniger dubios ist, dass der kurze Brief des Judas (vierundzwanzig Verse) im Neuen Testament diesem Bruder von Jesus
zugeschrieben wird. In »Anschrift und Gruß« (1) wird dies indirekt
vom Autor bezeugt, indem er von »Judas, Knecht Jesu Christi, Bruder
des Jakobus« spricht. Der griechische Stil dieses Briefes ist jedoch viel
zu gekonnt, um von einem ungebildeten Galiläer verfasst worden zu
sein. Da er sich mit christlichen Häretikern befasst und dem zweiten
Brief des Petrus sehr ähnlich ist, wird der Brief des Judas oft in das
frühe 2. Jahrhundert n. d. Z. datiert. Mit Sicherheit war sein Verfasser ein Jude, der sich besonders für die nichtkanonische hebräische
und aramäische Literatur interessierte, was nicht zuletzt durch seine
Anspielungen auf die apokryphe *Himmelfahrt Moses* und durch den
expliziten Verweis auf das 1. Buch Henoch deutlich wird. (Quellen:
Neues Testament; Eusebius, *Hist. Eccl.* 3,20–21)

JUDAS DER GALILÄER

Judas der Galiläer oder Jehuda aus Gamala, einer Stadt in der Gaulanitis (dem heutigen Golan), war Mitbegründer der zelotischen Widerstandsgruppe der Sikarier und ganz zweifellos identisch mit Judas,

dem Sohn des *Ezechias, der bereits nach dem Tod von *Herodes
dem Großen an Widerstandsaktivitäten beteiligt gewesen war. Sein
Vater Ezechias kann folglich nur der »Räuberhauptmann« gewesen
sein, der im Jahr 47 v.d.Z. von Herodes hingerichtet wurde. Im Jahr
4 v.d.Z. versammelte Judas der Galiläer ein kleines Heer um sich und
drang mit ihm in das Waffenmagazin von Sepphoris ein, um dann,
gut mit gestohlenen Waffen versorgt, die Region mit seinen Männern
in Angst und Schrecken zu versetzen. Es kursierte sogar das Gerücht,
dass sich Judas selbst Hoffnungen auf den Thron machte. Mit dem
Eintreffen des römischen Statthalters *Varus in Syria waren die Aufständischen jedoch gezwungen, abzutauchen und auf eine günstigere
Gelegenheit zu warten. Die ergab sich im Jahr 6 n.d.Z., als *Quirinius, der nächste Statthalter von Syria, Herodes' Sohn *Archelaos
als Ethnarch absetzte und die Umsetzung des kaiserlichen Befehls
vorbereitete, zum Zweck der Steuererhebung in der neuen römischen
Provinz Judäa alle Juden zu zählen. Der Hohepriester *Joazar ben Boethos versuchte zwar, die Gemüter der empörten Bevölkerung zu
beruhigen, doch der Unmut gärte weiter – und das wusste Judas zu
nutzen. Mit der Unterstützung eines Pharisäers namens Zadok gründete er eine Widerstandsgruppe, die es sich zum Ziel setzte, einen
ebenso religiös wie politisch motivierten Aufstand zu lancieren.

Obwohl das Zelotentum gewiss mehr als nur eine extreme Form
des nationalen Unabhängigkeitsstrebens war und neben doktrinären
auch geistige Elemente enthielt, schmeichelt *Josephus den Anhängern Judas', denen er politisch alles andere als wohlgesonnen war, wenn
er sie als die Vertreter einer neuen Denkschule darstellt, die in allem
»mit den Pharisäern übereinstimmen, dabei aber mit großer Zähig-
keit an der Freiheit hängen und Gott allein als ihren Herrn und
König anerkennen« (*AJ* 18,2.23). Mit einem Wort, Judas rief eine extrem chauvinistische und von religiösem Eifer getriebene Bewegung
ins Leben, die während der gesamten ersten sechs Jahrzehnte des
1. Jahrhunderts n.d.Z. aktiv war und schließlich einen Krieg auslöste,

der dem institutionellen jüdischen Leben in Palästina für die kommenden tausendneunhundert Jahre ein Ende setzen sollte. Judas der Galiläer war kein Einzelfall, sondern der Begründer einer ganzen Dynastie von Widerständlern. Als Sohn des von Herodes hingerichteten Ezechias war er ja bereits in die Fußstapfen des Vaters getreten. Seine Söhne Jakob und Simon wurden von Tiberius Iulius *Alexander, dem romanisierten Neffen des *Philo von Alexandria, der von 46 bis 48 n.d.Z. Prokurator in Judäa war, als antirömische Rebellen gekreuzigt. *Menachem, ein weiterer Sohn, möglicherweise aber auch der Enkel, zählte bei Ausbruch des Krieges gegen Rom im Jahr 66 n.d.Z. zu den wichtigsten Freiheitskämpfern in Jerusalem. Der letzte berühmte Nachkomme von Judas dem Galiläer war *Eleazar ben Jair, der Befehlshaber der Festung Masada, wo der jüdische Widerstand gegen die Römer noch bis zum Jahr 73/74 n.d.Z. andauerte.

Auch im Neuen Testament kommt Judas der Galiläer vor: *Gamaliel der Alte erwähnt ihn in der Rede (Apg 5,34–39), die er beim Verhör der Apostel Jesu vor dem Sanhedrin hält, um an seinem Beispiel zu illustrieren, dass jedes Werk, das nicht von Gott stammt, zerstört werden wird. Anschließend versichert er, dass Judas nach dem von ihm angezettelten Aufstand ums Leben gekommen sei. Josephus bestätigt das nicht. Fälschlicherweise wird Judas der Galiläer vom Autor der Apostelgeschichte chronologisch nach dem Widerstandsführer *Theudas eingeordnet. In Wirklichkeit fand Judas' Aufstieg zur Zeit des Zensus im Jahr 6 n.d.Z. statt, während Theudas erst rund vierzig Jahre später aktiv war. Dieser Irrtum unterlief gewiss Lukas und nicht Gamaliel. (Quellen: Josephus, *BI* 2,4.1 u. 8.1; *AJ* 18,1.4–10 u. 23–25)

JUDAS ISKARIOTH

Judas Iskarioth wird im Neuen Testament als der Schurke unter den Aposteln Jesu dargestellt, der ihn an die jüdische Priesterobrigkeit ver-

riet. Die Herkunft des Namens Iskarioth ist ungewiss. Der gängigsten
Interpretation nach soll die Bezeichnung »der Mann aus Qeriot« oder
Qariot für seinen Heimatort stehen. Doch da *Qirya* schlicht und einfach *Stadt* bedeutet, ist das wenig hilfreich. Auch eine Ableitung
von *sicarius* (Dolchträger), wie man einen antirömischen Rebellen
nannte, wurde schon nahegelegt. Doch in den Judasdarstellungen der
Evangelien gibt es nichts, das in diese Richtung weisen würde. Laut
*Johannes (12,6) führte Judas »die Kasse« der apostolischen Gemein-
schaft. Das deutet darauf hin, dass er ein führendes Gruppenmitglied
war. Zugleich wird er jedoch als »Dieb« bezeichnet und als der Mann
herausgestellt, der seinen Herrn für dreißig Silberstücke verriet.

Über das tragische Ende des Judas gibt es zwei unterschiedliche
Berichte im Neuen Testament. Im Evangelium des *Matthäus (27,3 –
8) bereut Judas seine Tat und gibt die dreißig Silberstücke zurück. Da
es sich jedoch um Blutgeld handelt, erlaubt der Hohepriester nicht,
dass man es dem Tempelschatz zuführt, und verwendet es stattdessen
für den Erwerb eines Ackers, der als Begräbnisplatz für Fremde dienen sollte. Judas begeht Selbstmord durch Erhängen. In der Apostelgeschichte (1,18 – 19) steht kein Wort von Reue. Hier erfahren wir
vielmehr: »Mit dem Lohn für seine Untat kaufte er sich ein Grund-
stück. Dann aber stürzte er vornüber zu Boden, sein Leib barst aus-
einander und alle Eingeweide fielen heraus.« Beide Geschichten
könnten jedoch eine Erklärung für den Namen des *Blutackers*, aramäisch Akeldama *(haqal dema)*, in Jerusalem sein.

Wieso Judas bis zum Tode Jesu seinen Rang im Zwölferkreis wahren konnte, obwohl er doch die Kasseneinkünfte veruntreute, wird in
den Evangelien nicht erklärt. Die vielen Spekulationen, die sich um
ein ehrenvolles Motiv für diese Tat ranken – etwa dass er Jesus damit
zwingen wollte, sich als Messias zu offenbaren, oder dass er ihn in
den offenen Widerstand drängen wollte, um das Kommen des Himmelreichs zu beschleunigen –, entbehren jeder faktischen Grundlage.
(Quelle: Neues Testament)

JUSTUS VON TIBERIAS

Justus von Tiberias war ein jüdischer Politiker, Historiker und Schrift-
steller im 1. Jahrhundert n. d. Z. Es ist schade, dass alles, was wir über
ihn wissen, aus der Feder seines Erzrivalen und erbitterten Gegners
Flavius *Josephus stammt. Ein nicht geringer Teil der *Vita* besteht
einzig und allein aus Polemiken gegen Justus, oder genauer gesagt
aus dem Versuch darzulegen, warum sein eigenes Werk über den
Jüdischen Krieg eine fundiertere und verlässlichere Geschichtsquelle
sei als das verloren gegangene Werk, das Justus zum selben Thema
geschrieben hatte.

Justus und sein Vater Pistus waren hochrangige Bürger von Tiberias, wo Justus eine gründliche hellenistische Erziehung genossen
hatte. Sogar Josephus gibt zu, dass er »über beträchtliche griechische
Bildung« und »Redekunst« verfügte (*Vita* 40). Die Betonung der
griechischen Bildung beweist, dass sie unter Juden nicht üblich und
ein Privileg der Oberschicht war. Die heutzutage in bestimmten For-
scherkreisen weit verbreitete Meinung, dass die Galiläer durch und
durch hellenisiert und zweisprachig gewesen seien – dass sie also
Aramäisch ebenso gut gesprochen hätten wie Griechisch –, entbehrt
jeder historischen Grundlage.

Josephus und Justus bezichtigen sich gegenseitig, die Bürger von
Tiberias zum Widerstand gegen Rom angestachelt zu haben. Josephus beschuldigt Justus sogar, den Angriff der Tiberienser gegen
Orte in Transjordanien, die den Gemeinden Hippos und Gadara im
Städteverbund der Dekapolis angehörten, angeführt zu haben. In
Wirklichkeit war Justus ein ebenso moderater Politiker wie Josephus
und schloss sich dem Widerstand ebenfalls erst an, als es ihm un-
umgänglich schien. Seine Familie hatte selbst unter den galiläischen
und gaulanitischen Rebellen zu leiden gehabt: Sie ermordeten seinen Schwager und schlugen seinem Bruder wegen eines angeblichen
»Betrugs mit gefälschten Schriftstücken« die Hände ab (*Vita* 177).

Noch bevor die Römer Galiläa vollständig erobert hatten, floh Justus
nach Berytus (Beirut) und schloss sich König *Agrippa II. an, dessen
Schwester *Berenike bei *Vespasian zu seinen Gunsten interveniert
und damit erreicht hatte, dass sein Todesurteil aufgehoben wurde.
Seither ließ es sich Justus am königlichen Hof Agrippas II. wohl er-
gehen. Nach dem Krieg sollte er sogar zum Privatsekretär des Königs
aufsteigen. Josephus ließ es sich jedoch nicht nehmen zu berichten,
dass sein Gegner diesen Posten später wegen Inkompetenz verloren
habe. Zwanzig Jahre lang hielt Justus seine Geschichte des Jüdischen
Krieges unter Verschluss und veröffentlichte sie erst nach dem Tod
der beteiligten Protagonisten Vespasian, *Titus und Agrippa II. Josephus prahlt damit, dass Agrippa II. ausschließlich seine eigene Version gutgeheißen habe, was gleichbedeutend mit der Aussage ist, dass
Justus' Darstellung von diesem Krieg den Machthabern missfallen
habe. Er zitiert aus einem Brief des Königs: »König Agrippa grüßt
seinen lieben Freund Josephus […] Ich habe den Eindruck, dass du
mit sehr viel mehr Sorgfalt gearbeitet hast, als diejenigen, die über diese Dinge geschrieben haben. Schicke mir auch die Fortsetzungen!«
(*Vita* 365)

Justus muss am Beginn des 2. Jahrhunderts n.d.Z. noch gelebt
haben, denn offenbar erwähnte er in seinem Buch den Tod von König
Agrippa. Laut den Zeugnissen, die der Kirchenhistoriker Eusebius,
Hieronymus, das byzantinische Lexikon *Suida (Suda)* und Photios
hinterließen, war Justus von Tiberias der Autor von drei Werken, die
uns allesamt verloren gingen: einer Geschichte des Jüdischen Krieges,
eines Buches über die Könige der Juden in Stammbäumen (von Moses bis Agrippa II.) und, wenn Hieronymus' Aussage stimmt, auch
von diversen Kommentaren zur Heiligen Schrift. (Quellen: Josephus,
Vita 175–178, 336–367; Eusebius, *Hist. Eccl.* 3,10.8; Hieronymus, *De
viribus illustruis* 14; *Suida*, Eintrag zu »Justus von Tiberias«; Photios,
Bibliotheca 33)

K

KAIAPHAS

»Joseph, der auch Kaiaphas hieß«, wie *Josephus schreibt, erlebte die längste Amtszeit (18–36 n.d.Z.) von allen jüdischen Hohepriestern im 1. Jahrhundert n.d.Z. und spielte eine tragende Rolle im Drama, das zum Tode des *Jesus von Nazareth führte. Die verlässlichsten historischen Details über ihn stammen von Josephus, die Daten aus den Evangelien sind zum Teil fragwürdig. Kaiaphas wurde im Jahr 18 n. d.Z. von *Valerius Gratus zum Hohepriester ernannt. Er blieb über die gesamte Zeit der Präfekturen von Gratus und dessen Nachfolger Pontius *Pilatus im Amt. Um das Jahr 36/37 n.d.Z. wurden sowohl Kaiaphas als auch Pilatus von *Vitellius, dem römischen Statthalter von Syria, abgesetzt. Das Evangelium des *Johannes bezeichnet Kaiaphas als den Schwiegersohn des einstigen Hohepriesters *Hannas, Josephus schweigt zu diesem Thema.

In den Evangelien des *Markus und des *Lukas wird der Prozess Jesu im Hause eines ungenannten Hohepriesters geführt; *Matthäus hingegen stellt ausdrücklich fest, dass es sich dabei um den Hohepriester Kaiaphas gehandelt habe. Im Evangelium des Johannes wird kein regulärer Prozess erwähnt, sondern nur, dass Jesus vom ehemaligen Hohepriester Hannas verhört worden sei und dieser ihn dann an Kaiaphas weiterverwiesen habe, der ihn offenbar ohne weitere Befragung an den römischen Statthalter Pilatus übergab (Joh 18,13–14, 19–24, 28). Matthäus und Markus berichten von einer nächtlichen Sitzung des Hohen Rats in Kaiaphas' Haus, Lukas verliert kein Wort über eine solche nächtliche Versammlung, die das jüdische Gesetz auch tatsächlich verboten hätte. Während dieser Sitzung sollen mehrere Zeugen unterschiedliche Anschuldigungen gegen Jesus vorgebracht haben, darunter, dass er gedroht habe, den Tempel von Jerusalem zu zerstören. Da diese Aussagen jedoch in sich widersprüchlich waren, sahen die Richter die erforderlichen Voraussetzungen für eine Verurteilung als nicht gegeben an (Mt 26,59–61; Mk 14,55–59). Allerdings legen die Evangelisten nahe, dass der Hohepriester bereits vor dieser Anhörung mit dem Hohen Rat beschlossen habe, Jesus zum Tode zu verurteilen. Weil die Zeugenaussagen aber keine abschließende Bewertung des Falles zuließen, habe Kaiaphas entschieden, sich direkt an Jesus zu wenden: »Wenn du der Messias bist, dann sag es uns!« (Lk 22,67), »Bist du der Messias, der Sohn Gottes?« (Mt 26,63) oder »Bist du der Messias, der Sohn des Hochgelobten?« (Mk 14,61).

Matthäus und Lukas lassen Jesus in der üblich ausweichenden Art auf eine solche Frage reagieren: »Du hast es gesagt« (Mt 26,64) oder »Ihr sagt es – ich bin es« (Lk 22,70). In beiden Fällen ließe sich die Antwort mit der impliziten Verneinung »aber ich bin es nicht« ergänzen. Nicht so bei Markus. In seinem Evangelium (14,62) entfernt sich Jesus mit der kurzen, eindeutigen Aussage »Ich bin es« von seinem üblichen Stil. Abweichende Handschriftenvarianten geben die uneindeutige Antwort wieder, die sich auch bei Matthäus und Lukas findet. Daraufhin habe der Hohepriester Jesus ohne zu zögern für schuldig befunden, und der Hohe Rat verurteilte ihn wegen des glaubensgesetzlichen Verbrechens der Gotteslästerung zum Tode. Nun kennen wir allerdings kein einziges jüdisches Gesetz, das die Behauptung, der Messias oder Sohn Gottes zu sein, jemals als gotteslästerlich unter Strafe gestellt hätte. Mit einer Gotteslästerung im strikten Sinne des Wortes ist die Verfluchung des Namen Gottes gemeint, und Derartiges hat Jesus ganz offensichtlich nicht getan.

Nach dieser fragwürdigen Anklage wird die Todesstrafe verhängt, aber keines der Verfahren eingeleitet, die ein glaubensgesetzlicher Strafprozess vorgeschrieben hätte. Niemand fordert die einzige Strafe, die dem Verurteilten nach jüdischem Gesetz für ein solches Verbrechen auferlegt werden durfte, nämlich die Steinigung. Stattdessen wird der Fall Jesus unvermittelt an das Tribunal des römischen Statthalters verwiesen, und zwar nun mit der politisch gefärbten Begründung einer Aufwiegelung gegen den Kaiser. Markus, Matthäus und Lukas versuchen nicht einmal, diesen plötzlichen Sinneswandel zu erklären. Nur Johannes rechtfertigt ihn mit der Begründung, dass der jüdische Hohe Rat nicht berechtigt gewesen sei, die vom biblischen Gesetz vorgesehenen Strafen für ein Kapitalverbrechen zu vollstrecken. In seinem Bericht ist der Rat sogar so unverfroren, Pilatus zu gemahnen, dass es das römische Recht Juden nicht gestatte, eine Person hinzurichten (Joh 18,31).

Die Meinungen über die historische Stichhaltigkeit dieser Behauptung sind geteilt. Die eine Seite vertritt die Ansicht, dass der Sanhedrin nicht einmal die Macht gehabt habe, das Todesurteil an einem Juden zu vollstrecken, der nach jüdischem Glaubensgesetz ein Schwerverbrechen beging, und begründet dies mit der im Jahr 6/7 n.d.Z. in Kraft getretenen kaiserlichen Gesetzgebung, die einzig dem Präfekten der neu erschaffenen römischen Provinz Judäa das Recht vorbehalten habe, Verbrecher hinzurichten. Deshalb habe kein jüdisches Gericht ohne Zustimmung der Römer ein Todesurteil vollstrecken können. Die Vertreter der Gegenseite behaupten hingegen, dass der Sanhedrin nach wie vor das Recht gehabt habe, im Falle eines kapitalen Verstoßes gegen das biblische Gesetz das Todesurteil zu vollstrecken. Diese Sichtweise lässt sich auf mindestens so aussagekräftige, wenn nicht noch eindeutigere schriftliche und inschriftliche Nachweise stützen: Josephus wie auch eine Inschrift bezeugen, dass ein Nichtjude selbst dann, wenn er römischer Bürger war, hingerichtet wurde, falls man ihn im inneren Hof des Tempels aufgegriffen hatte. Dass dies einer römischen Zustimmung bedurft hätte, wird mit keinem Wort erwähnt. *Philo von Alexandria bestätigt, dass das Betreten des Allerheiligsten, des innersten Tempelbezirks also, sogar dann automatisch die Todesstrafe nach sich zog, wenn es sich bei der Person um einen dazu unberechtigten Juden handelte, selbst wenn er Priester war (*Legatio* 307). Im Übrigen geht bekanntlich auch der Verfasser der Apostelgeschichte in seinem Bericht über den Prozess gegen *Paulus (23–26 n.d.Z.) davon aus, dass der jüdische Hohe

Rat das Recht auf Vollstreckung eines Todesurteils hatte. Kurzum, Joseph Kaiaphas war zwar entscheidend an der Kreuzigung beteiligt, indem er Jesus an Pilatus auslieferte, doch die Verantwortung für das Fehlurteil trugen letztendlich Pontius Pilatus und das Römische Reich, das er repräsentierte.

Die Evangelienberichte über Kaiaphas müssen noch in drei weiteren Punkten berichtigt werden. Bei Lukas (3,2) heißt es:»Hohepriester waren Hannas und Kaiaphas.« Demnach seien *beide* während und nach dem öffentlichen Wirken des Täufers *Johannes im Amt gewesen. Das wäre jedoch eine eindeutige Zuwiderhandlung gegen das jüdische Gesetz gewesen, da es immer nur einen amtierenden Hohepriester zuließ. Die wahrscheinlichste Erklärung für Lukas' Falschdarstellung ist, dass Kaiaphas' Schwiegervater, der einstige Hohepriester Hannas, während dessen Amtszeit der eigentliche Strippenzieher hinter dem Hohepriesterthron war. Welchen Einfluss er tatsächlich ausübte, bezeugt nicht nur die Tatsache, dass er den eigenen Schwiegersohn zu seinem unmittelbaren Nachfolger machen konnte (Joh 18,13), sondern auch, dass er im Anschluss noch fünf seiner Söhne und einem Enkel das Hohepriesteramt sicherte. Johannes bezeichnet Kaiaphas einmal als den Hohepriester »jenes Jahres« und einmal als den Hohepriester »in jenem Jahr« (11,49; 18,13), womit implizit nahegelegt wird, dass alljährlich eine neue Ernennung stattgefunden habe. Diese Unterstellung wird jedoch von keinem einzigen historischen Nachweis gestützt. Zu biblischen Zeiten war das Amt des Hohepriesters erblich und auf Lebenszeit gültig. Unter Herodes und seinen Nachfolgern sowie unter den römischen Statthaltern oblag die Wahl des Hohepriesters der jeweiligen Zivilbehörde. Richtig ist, dass viele Hohepriester nur relativ kurze Zeit im Amt blieben, doch gerade Hannas und Kaiaphas bildeten hier mit ihren neun beziehungsweise achtzehn Amtsjahren beträchtliche Ausnahmen. Bei Johannes verkündet Kaiaphas einen wichtigen jüdischen Rechtsgrundsatz, nämlich »dass es besser für euch ist, wenn ein einziger Mensch für das

Volk stirbt, als wenn das ganze Volk zugrunde geht« (11,50). Dieses Thema wurde von den Rabbanan im Zeitalter von Mischna und Talmud wiederholt debattiert, vor allem wenn die römischen Behörden die Auslieferung eines jüdischen Widerständlers forderten und drohten, an der gesamten Bevölkerung Vergeltung zu üben, sofern sie dem Flüchtigen Unterschlupf gewähren würde. Im Allgemeinen waren die Rabbanan nicht bereit, einen Juden an Nichtjuden auszuliefern; wenn es jedoch um das Wohl der Allgemeinheit ging, versuchten sie den Flüchtigen wenigstens zu überzeugen, sich freiwillig zu stellen. So gesehen ist leicht vorstellbar, dass die Bereitschaft des Hohepriesters und des Hohen Rats, Jesus an Pilatus auszuliefern, letztendlich der Überzeugung zu verdanken war, dass Jesus, der einen solchen Aufruhr im Händlerquartier des Tempelbezirks ausgelöst hatte, ein potenzieller Unruhestifter war und es deshalb ihre Pflicht als Wächter von Gesetz und Ordnung war, das Volk vor der gewalttätigen Rache der Römer zu schützen – selbst wenn das bedeutete, einen Juden, der verantwortungslos gehandelt hatte, an den nichtjüdischen Staat auszuhändigen. Dass man den Schwarzen Peter einem anderen zuschieben kann, ist keine neuzeitliche Erfindung.

Was materielle Relikte betrifft, die sich mit Kaiaphas in Verbindung bringen lassen, so konstatiert die nicht verifizierbare frühchristliche Aufzeichnung eines anonymen christlichen Pilgers aus Burdigala (Bordeaux) aus dem Jahr 333 n. d. Z., dass das Haus des Kaiaphas nahe der Benediktinerabtei Dormition und der Stelle stand, an der sich heute das armenische Kloster zum Hl. Erlöser befindet. Wesentlich sensationeller ist allerdings, dass man im Jahr 1990 im Friedenswald am Südrand von Jerusalem eine jüdische Grabstätte entdeckte, die unter diversen anderen Artefakten auch vier Knochenkästen enthielt. Auf einem findet sich die Inschrift *Qafa* (Kaiaphas), auf einem anderen, einem aufwendig verzierten Ossuar, ist der Name *Jehosef bar Qajafa* zu lesen: Josef, Sohn des Kaiaphas. Die Buchstaben dieser einfachen Kursivschrift aus dem 1. Jahrhundert n. d. Z. sind deutlich lesbar. Somit liegt der Schluss nahe, dass diese Knochenkästen aus der Gruft der Kaiaphas-Familie stammen. Das Ossuar mit den reichsten Verzierungen enthielt die Knochen von sechs Personen: zweier Säuglinge, eines zwei- bis dreijährigen Kindes, eines männlichen Jugendlichen, einer erwachsenen Frau und eines Mannes, der ungefähr im Alter von sechzig Jahren gestorben war. Es besteht die reelle Möglichkeit, dass es sich bei diesem älteren Mann um den Hohepriester handelte, der über den Fall Jesus zu Gericht saß. (Quellen: Josephus, *AJ* 18,2.35 u. 4.95. Zum Ossuar des Kaiaphas siehe W. Horbury, *Palestine Exploration Quarterly* 126, 1994, S. 32–48.)

KLEOPATRA

Kleopatra VII. (69–30 v. d. Z.) war die letzte Königin Ägyptens und sowohl in die römische als auch in die jüdische Geschichte tief verstrickt. Sie war die Geliebte von Iulius *Caesar, mit dem sie den Sohn Caesarion bekam, bevor sie *Marcus Antonius verzauberte, mit ihm eine Affäre begann und ihn im Jahr 36 v. d. Z. schließlich heiratete. Von ihm bekam sie drei Kinder; eines davon sollte später eine Tochter haben, die mit *Felix, von 52 bis 60 n. d. Z. Prokurator von Judäa, die Ehe einging.

Kleopatra hatte ein Auge auf das Gebiet von *Herodes dem Großen geworfen. Dank ihres Einflusses auf Herodes' römischen Gönner Marcus Antonius konnte sie schließlich die Gemarkung Jericho in Besitz nehmen. Da sie außerdem eng mit Herodes' Schwiegermutter, der hasmonäischen Prinzessin *Alexandra, befreundet war, überzeugten die beiden Frauen Marcus Antonius, dem König von Judäa die Ernennung von Alexandras Sohn *Aristobulos III. zum Hohepriester anzuordnen. Als dieser daraufhin bei einem inszenierten Unfall ertrank, waren sie entschlossen, Herodes zur Rechenschaft zu ziehen, und entschieden, dass Kleopatra ihm einen Besuch abstatten sollte, um ihn zu verführen. *Josephus schreibt: »Da nun Kleopatra hier längeren Aufenthalt nahm und mit Herodes regen Verkehr unterhielt, versuchte sie, von Natur zu unkeuschen Vergnügungen geneigt, den König in verbotenen Umgang zu verstricken ...« (*AJ* 15,4.37) Josephus hielt es für möglich, »dass sie wirklich in ihn verliebt war«, fand aber wahrscheinlicher, dass sie aus kalter politischer Berechnung handelte, da sie wusste, dass eine solche Affäre den König vor Marcus Antonius kompromittieren würde. Herodes hingegen glaubte seinerseits, dass ihm eine Affäre mit Kleopatra die Möglichkeit verschaffen würde, sich dieser gefährlichen Frau endgültig zu entledigen, wurde sich aber noch rechtzeitig des Risikos bewusst, seinen politischen Gönner damit gegen sich aufzubringen, und ließ die Idee wieder fallen. Ausgerechnet Kleopatra sollte dann unabsichtlich Herodes' Hals retten, indem sie ihren Mann während seines Konflikts mit Octavian, dem künftigen *Augustus, dazu bewegte, Herodes' Heer für einen Angriff auf den König der Nabatäer einzusetzen, weil dieser ihr eine hohe Geldsumme schuldete, anstatt es gegen Octavian zu Felde ziehen zu lassen.

Schließlich wurde Kleopatra, die der lateinische Dichter Horaz als ein *fatale monstrum* bezeichnete (was in der deutschen Übersetzung als »Unheil-Unholdin« übertragen wurde, siehe Quellenangabe unten), von Octavian benutzt, um seinen Gegner Marcus Antonius im zweiten Triumvirat in Misskredit zu bringen. Nach dessen Niederlage in der Schlacht bei Actium im Jahr 31 v. d. Z. begingen sowohl Antonius als auch Kleopatra Selbstmord. (Quellen: Josephus, *BI* 1; *AJ* 14–15; Horaz, *Oden*, übersetzt von Winfried Tilmann, 1,37.21)

L

LUCILIUS BASSUS

Siehe unter *Silva*.

LUKAS

Lukas ist der Autor des dritten Evangeliums; die christliche Überlieferung schreibt ihm auch die Apostelgeschichte zu. Man hält ihn für identisch mit dem Mann namens Lukas, der dreimal im Korpus der Paulinischen Briefe erwähnt wird: einmal ohne weitere Angaben im 2. Brief an Timotheus (4,11), das nächste Mal im Brief an Philemon, wo er als »mein Mitarbeiter« aufgeführt wird (24), und ein drittes Mal im Brief an die Kolosser, wo sich Paulus auf ihn als den »Arzt Lukas, unser lieber Freund« bezieht (4,14). Da Lukas nicht zu den »Beschnittenen« unter Paulus' Gefährten bei den Kolossern gezählt wird, scheint er also kein Jude gewesen zu sein. Laut Eusebius wurde er in Antiochia geboren. Somit wäre er möglicherweise der einzige nichtjüdische Autor des Neuen Testaments. Eusebius überliefert keine einzige Aussage von Papias über das Lukasevangelium, obwohl sich der Bischof von Hierapolis mit *Matthäus und *Markus befasst hatte. Die frühesten Hinweise auf Lukas' Autorenschaft stammen aus dem Muratorischen Kanon und von Irenäus, dem Bischof von Lugdunum (Lyon), etwa aus dem Jahr 180 n.d.Z. Auch Eusebius vertritt in seiner *Kirchengeschichte* diese Ansicht und versichert zudem, ohne dies allerdings zu belegen, dass Lukas den Paulusbrief an die Hebräer, der in hebräischer oder aramäischer Sprache verfasst worden war, ins Griechische übersetzt habe. Die eigentlichen Gründe zur Skepsis bei der Frage, ob sich das dritte Evangelium und die Apostelgeschichte tatsächlich Lukas, dem Begleiter des Paulus, zuschreiben lassen, sind zum einen die vielen Widersprüche, die zwischen den autobiografischen Äußerungen in den Paulusbriefen und Lukas' relevanten Kommentaren über Paulus' Biografie in der Apostelgeschichte bestehen. Zum anderen spricht die Tatsache dagegen, dass den Lukas zugeschriebenen Werken jegliche Paulinische Theologie fehlt, auch wenn die Darstellungen der Eucharistie im dritten Evangelium und im 1. Brief an die Korinther das Gegenteil zu beweisen scheinen.

Betrachtet man den Beginn und das Ende des Lukasevangeliums genauer, stellt man fest, dass sie weitgreifender als die entsprechenden Berichte bei Matthäus sind. In der Genealogie von Lukas' Kindheitsevangelium wird der Stammbaum von *Jesus bis auf Adam zurückgeführt; die Namen der Vorfahren, die nicht unmittelbar der Bibel entnommen wurden, unterscheiden sich völlig von denjenigen, die Matthäus angibt. Ausschließlich Lukas verlegt die Geburt Jesu fälschlicherweise in die Zeit des von Kaiser *Augustus angeordneten und von *Quirinius, dem Statthalter von Syria, durchgeführten Zensus (siehe den Eintrag zu *Quirinius). Im Gegensatz zu Matthäus erwähnt Lukas eine Reise von *Joseph und *Maria, die sie von Nazareth nach Bethlehem führte, sowie eine Rückkehr nach Nazareth über Jerusalem ohne den Umweg über Ägypten. Lukas fügt seinem Evangelium außerdem nicht nur einen Bericht über die Geburt des Täufers *Johannes hinzu, sondern auch eine Anekdote über den zwölfjährigen Jesus, der den Gesetzeslehrern im Tempel sein kostbares Wissen enthüllt. Unter Lukas' Lehrmaterial finden sich viele Sprüche Jesu, die von keiner anderen Quelle verzeichnet werden, sowie vierzehn Gleichnisse, darunter auch das Gleichnis vom barmherzigen Samariter und das vom Pharisäer und Zöllner, über die weder Markus noch Matthäus etwas zu berichten wissen. Im Vergleich zu den entsprechenden Passagen bei Matthäus wurde auch sein Bericht von den Erscheinungen des Auferstandenen beträchtlich ausgeschmückt.

Lukas, der selbst kein Jude war und sich letztlich auch an eine ausschließlich nichtjüdische Leserschaft richtete, umgeht bewusst jeden Hinweis auf den Fakt, dass die Mission von Jesus und seinen Jüngern ursprünglich einzig und allein auf das Haus Israel begrenzt worden war. Außerdem tilgt er alle diskriminierenden Kommentare, in denen Jesus Nichtjuden als »Hunde« oder »Schweine« bezeichnet. Der Beginn und der Schluss seines Evangeliums bieten einen ausgesprochen universalistischen Ausblick: Als die Eltern den Säugling Jesus zu Simeon in den Tempel bringen, erklärt dieser, dass Jesus ein

Zeichen sei, das die Gedanken »vieler Menschen« offenbaren werde;
am Ende des dritten Evangeliums wird »allen Völkern« aufgetragen
umzukehren, damit ihnen ihre Sünden vergeben werden können. Die
Apostelgeschichte legt hingegen großen Nachdruck auf die angebliche Feindseligkeit, mit der die Juden den Aposteln und der aufkei-
menden Kirche entgegengetreten seien. Die erstaunlichste Übertrei-
bung ist die Aussage, dass »die Hohepriester und die Vornehmsten
der Juden« Paulus »aus einem Hinterhalt heraus ermorden« wollten
(Apg 25,2–3). Der inneren Logik dieser gesamten Schilderung nach
wollte der Sanhedrin Paulus in Wirklichkeit also gar keines Kapital-
verbrechens anklagen, sondern gleich umbringen.

Das Lukasevangelium tendiert außerdem ständig dazu, die der
Botschaft Jesu innewohnende eschatologische Dringlichkeit abzuschwächen. Der erste drängende Aufruf Jesu zur Umkehr und Buße
angesichts des nahenden Himmelreichs wird von Lukas schlicht
übergangen. Die eschatologischen Sprüche Jesu werden tendenziell
abgeschwächt, und seine apokalyptischen Metaphern werden wieder
und wieder ausgelassen. Es war Lukas, der der Kirche mit Bedacht
das Tor zu einer langlebigen Zukunft öffnete. (Quellen: Neues Testament; Eusebius, *Hist. Eccl.* 2,22; 3,4)

M

MARCELLUS

Siehe unter *Fadus.*

MARCUS AMBIVIUS

Siehe unter *Coponius.*

MARCUS ANTONIUS

Marcus Antonius (etwa 83–30 v.d.Z.) war ein römischer Feldherr und Politiker. Zusammen mit Octavian (dem künftigen *Augustus) und Lepidus bildete er das zweite Triumvirat. Verheiratet war er mit der ägyptischen Königin *Kleopatra VII. Er beherrschte das römische Ostreich, während er seinerseits von Kleopatra beherrscht wurde. In die jüdische Geschichte verstrickt war er, weil er *Herodes und dessen Bruder *Phasael zu Tetrarchen über jüdisches Gebiet ernannte und Herodes im Jahr 40 v.d.Z. zum König erhob. Außerdem beschädigte er die Unversehrtheit von Judäa, indem er Kleopatra die Balsamhaine von Jericho schenkte. Er ließ sich von Herodes bestechen, die Enthauptung des letzten hasmonäischen Priesterkönigs *Antigonos in Antiochia anzuordnen. Nachdem er Herodes unter dem Einfluss von Kleopatra gezwungen hatte, den jungen Hasmonäerprinzen *Aristobulos III. als Hohepriester einzusetzen, und dieser daraufhin bei einem inszenierten Unfall ertränkt wurde, entging der König seiner gerechten Strafe für das Verbrechen auch diesmal nur, weil er Antonius erneut mit einer hohen Summe bestochen hatte. Im Jahr 31 v. d.Z. wurde Marcus Antonius in der Schlacht bei Actium von Octavian geschlagen und im darauffolgenden Jahr in Alexandria endgültig besiegt. Kurz darauf begingen Antonius und Kleopatra Selbstmord. (Quellen: Josephus, *BI* 1; *AJ* 14–15)

MARIA

Maria, Mutter *Jesu und Frau des *Joseph, lebte zur Zeit des öffentlichen Wirkens ihres Sohnes in der galiläischen Stadt Nazareth. Die wenigen Anhaltspunkte, die das Neue Testament für ihr Leben bietet, lassen sich in drei Kategorien einteilen: in die Berichte des *Markus, *Matthäus und *Lukas über Jesus in Galiläa, in den Bericht des

*Johannes über Jesus in Galiläa und über die Kreuzigungsszene und in die Schilderungen, die Matthäus und Lukas von der Geburt und der Kindheit Jesu abgeben. Die Porträts von Maria unterscheiden sich je nach Quelle beträchtlich.

Von den Kindheitsberichten bei Matthäus und Lukas abgesehen, taucht Maria in den synoptischen Evangelien erst in der Passage auf, in der sie von Nachbarn und Bekannten aus ihrer Heimatstadt Nazareth (Mk 6,3; Mt 13,55) als die Mutter von Jesus und Frau von Joseph dem Zimmermann bezeichnet wird (siehe auch Joh 1,45; 6,42). Daneben erwähnen die Nachbarn vier weitere Söhne (*Jakobus, Joseph [bei Markus Joses genannt], *Judas und Simon) sowie mehrere Töchter, die ungenannt bleiben. Nichts in diesen Passagen könnte einen auf die Idee bringen, dass Maria nicht die Mutter von fünf Söhnen, Jesus als der älteste, und mindestens zwei Töchtern war. Die nächste Bezugnahme auf die Mutter, Brüder und, je nach Handschrift, auch Schwestern Jesu folgt in der Passage, in der sie alle unangekündigt vor einem Haus auftauchen, in dem sich Jesus gerade aufhält, und fordern, dass er seine Predigten einstellen und zu ihnen herauskommen solle. Angesichts der alles andere als entgegenkommenden Reaktion von Jesus – »Wer ist meine Mutter und wer sind meine Brüder?« – und angesichts der Erklärung, dass er seine Schüler als »meine Mutter und meine Brüder« bezeichnet habe, kann man nur den Schluss ziehen, dass ihm seine Familie nicht willkommen war (Mk 3, 31–35). Seine Angehörigen scheinen entschlossen, ihn von seiner charismatischen Mission abzubringen (Mk 3,21). Es finden sich noch andere abwertende Sprüche von Jesus über Eltern (»Wer Vater oder Mutter mehr liebt als mich, ist meiner nicht würdig« [Mt 10,37] oder: »Wenn jemand zu mir kommt und nicht Vater und Mutter [...] gering achtet, dann kann er nicht mein Jünger sein« [Lk 14,26]). Solche Aussagen deuten zweifellos auf eine ernsthafte Meinungsverschiedenheit zwischen Jesus und den Menschen hin, die ihm am nächsten standen. Tatsächlich wird weder seine Mutter noch irgendein anderes Familienmitglied in den synoptischen Evangelien ein weiteres Mal erwähnt. Mehrere galiläische Frauen sehen mit an, wie Jesus am Kreuz stirbt, doch seine Mutter Maria ist nicht darunter.

Johannes zeichnet ein etwas anderes Bild. In seinem Bericht von der Hochzeit in Kana gibt er zu verstehen, dass zwischen Mutter und Sohn Wärme und Verständnis herrschte, auch wenn Jesus nicht willens schien, seine charismatischen Kräfte einzusetzen, um den desorganisierten Veranstaltern des Festes mit Wein auszuhelfen. Maria wusste jedoch trotz des brüsken Tons ihres Sohnes (»Was willst du von mir, Frau?« – was zweifellos heißen sollte: »Warum lässt du mich nicht in Ruhe?«), dass Jesus ihre Bitte erfüllen wird. Während der übrigen Zeit seines öffentlichen Wirkens verschwindet Maria jedoch auch aus dem Blickfeld von Johannes, um auf einmal neben *Maria von Magdala, der der sterbende Jesus die Mutter anvertraut, und zwei weiteren Frauen aus Galiläa unter dem Kreuz wieder aufzutauchen (Joh 19,25–27). In der Apostelgeschichte taucht die Mutter (neben den Brüdern) schließlich noch einmal vor dem ersten Pfingstfest unter den Jüngern Jesu auf (Apg 1,14). Dann verliert sich Marias Spur im Neuen Testament. Bei *Paulus findet sich nur ein einziger indirekter Hinweis auf die namenlose jüdische Mutter des Jesus: »geboren von einer Frau und dem Gesetz unterstellt« (Gal 4,4).

Die Geburtsgeschichten von Matthäus und Lukas zeichnen ein anderes Bild von Maria, denn sie führen das Bild der Jungfrau ein, die ohne Beteiligung eines Mannes auf wundersame Weise vom Heiligen Geist einen Sohn empfängt. In jüdischen wie nichtjüdischen Glaubensüberlieferungen ist die Geburt eines Helden oft von Zeichen und Wundern umgeben: Als Noah das Licht dieser Welt erblickte, erstrahlte ein helles Licht, und nicht nur die Patriarchen Isaak, Jakob und Joseph, sondern auch der Prophet Samuel werden durch göttliche Intervention von bis dahin unfruchtbaren und bereits betagten Frauen empfangen. Doch die Darstellung von Jesus als Sohn einer jungfräulichen Mutter sollte alles bisher Dagewesene übertreffen.

Das Wort *Jungfrau* taucht im Zusammenhang mit Maria jeweils
nur ein einziges Mal in den beiden Kindheitsevangelien auf. Bei
Lukas wird die Empfängnis von der Vision eines Engels verkündet,
der der verwirrten »Jungfrau« erklärt, das der Heilige Geist über sie
kommen und das Kind der Sohn Gottes genannt würde (Lk 1,26–35).
Lukas bringt dieses Thema kein zweites Mal zur Sprache. Matthäus
behandelt es eher metaphorisch: Er zitiert zunächst den Spruch des
Propheten Jesaja – »Siehe, das junge Weib [hier verwendet Matthäus
stattdessen den Begriff »Jungfrau«: *parthenos*] wird schwanger und
gebiert einen Sohn, und du sollst seinen Namen nennen Immanuel
[Gott mit uns]« (Jes, 7,14) –, dann betrachtet er diese Weissagung
durch Maria als erfüllt (Mt 1,22–23). Aber trotz der von ihm ver-
wendeten ungenauen griechischen Übersetzung *parthenos, Jungfrau,*
für das von Jesaja benutzte hebräische Wort *almah, junge Frau* (beziehungsweise *junges Weib*) scheint die Idee von der jungfräulichen
Mutter Maria im restlichen Evangelium in Vergessenheit geraten
zu sein. Für die Leser der Hebräischen Bibel bedeutete dieser Jesa-
ja-Spruch etwas ganz anderes: Der Name Immanuel (Gott mit uns)
sollte, wenn er dem Sohn einer jungen Frau zur Zeit eines drohenden
Krieges gegeben wurde, dem belagerten Israel symbolisch göttlichen
Schutz versprechen. Erst in der kulturellen Atmosphäre des hellenisierten nichtjüdischen Christentums erhielt die Geburt eines auf
wundersame Weise empfangenen *Gott mit uns* seine theologische
Bedeutung.

Die in den Evangelien von Matthäus und Lukas dargestellte Geschichte von der jungfräulichen Geburt wurde zum Ausgangspunkt
aller christlich-religiösen Spekulationen über Maria. Die von den
frühen Kirchenvätern verfassten apokryphen Evangelien entwickelten diese Spekulationen weiter, indem sie die Heiligkeit und ewige
Jungfräulichkeit der Mutter Jesu hervorhoben. Die früheste und einflussreichste Quelle dafür ist das legendäre Protoevangelium, das
fälschlicherweise *Jakobus, dem Bruder Jesu, zugeschrieben wurde.

Tatsächlich stammt sein griechisches Original frühestens aus den letzten Jahrzehnten des 2. Jahrhunderts n. d. Z. Trotzdem wurde es zur Quelle fast aller traditionellen Vorstellungen von der Geburt und Kindheit Mariens und von der Art ihrer Beziehung zu Joseph.

Das Protoevangelium ist eindeutig das Werk eines nichtjüdischen Autors. Es berichtet, dass Maria im Alter von drei Jahren von ihren Eltern Joachim und Anna den Priestern im Tempel von Jerusalem übergeben worden sei, um in der heiligen Atmosphäre dieses Ortes aufzuwachsen. Diese Geschichte entbehrt jeder Grundlage, da die Möglichkeit der Anwesenheit eines Mädchens im heiligen Tempel einzig und allein das Fantasieprodukt eines nichtjüdischen Autors ist. Als Maria zwölf Jahre alt wurde und in die Pubertät kam, hätten die Priester Rat gehalten, was zu tun sei, damit sie das Heiligtum nicht »beflecke«. Der Hohepriester habe daraufhin beschlossen, sie in die Obhut eines Witwers zu geben, der ihnen durch ein göttliches Zeichen gewiesen werden sollte. Die Wahl sei schließlich auf den verwitweten Joseph gefallen, der bereits fünf Söhne und zwei Töchter aus erster Ehe gehabt habe, die man später als die Brüder und Schwestern Jesu bezeichnete. Und da das Protoevangelium Joseph als einen alten Mann darstellt, hatte man auch eine passende Erklärung für die keusche Ehe und ewige Jungfräulichkeit von Maria parat. Das Problem mit der für den Messias erforderlichen Abstammung von König David wollte der Protoevangelist lösen, indem er nicht nur Joseph – obwohl er gar nicht der leibliche Vater gewesen sein soll –, sondern auch Maria eine davidische Herkunft zuschreibt. Offenbar wusste der Autor nicht, dass nach jüdischem Gesetz für den Messias einzig und allein der Nachweis einer davidischen Abstammung des Vaters gefordert war.

Der theologische und religiöse Prozess, durch den die Glaubenslehre von der ewigen Jungfräulichkeit Mariens bis zum 4. Jahrhundert n. d. Z. entwickelt wurde, gipfelte schließlich in der Definition des Konzils von Ephesus (431 n. d. Z.), das Maria zur *Theotokos* (Gottesgebärerin) erklärte. Im 6. Jahrhundert n. d. Z. wurde auch die *Assunta* (Aufnahme) zum Bestandteil des christlichen Glaubens. 1950 erklärte der Papst die »leibliche Aufnahme Mariens in den Himmel« sogar zum Dogma. Die Lehre von der Unbefleckten Empfängnis, derzufolge Maria »von jedem Schaden der Erbsünde unversehrt bewahrt wurde«, war sogar im Mittelalter noch umstritten und wurde erst von Papst Pius IX. im Jahr 1854 verkündet – wahrlich ein weiter Weg von den spärlichen Informationen, die das Neue Testament über sie enthält. (Quellen: Neues Testament; Protoevangelium des Jakobus)

MARIA MAGDALENE

Maria Magdalene aus dem Fischerdorf Magdala am See Genezareth war eine enge Gefährtin von *Jesus. Von den Evangelisten werden keinerlei familiäre Details wie zum Beispiel der Name des Vaters oder Ehemanns vermittelt. Im Lukasevangelium (8,2) taucht sie bereits vor dem Bericht über die Kreuzigung und Auferstehung unter den Frauen auf, die sich um den Wanderprediger Jesus und seine Jünger kümmerten, was nahelegt, dass Maria Magdalene, die sich hingebungsvoll um Jesus sorgte, seit er sie exorziert und geheilt hatte, eine wichtige Rolle in seinem Umfeld spielte. Für die völlig unfundierte, aber in einigen Schichten der christlichen Überlieferung laufend weitergereichte Darstellung Maria Magdalenes als reuige Prostituierte, als die »Sünderin, die in der Stadt lebte« (Lk 7,37), ist zweifellos die Bemerkung verantwortlich, dass sieben Dämonen aus ihr ausgefahren seien. Ihre Gleichsetzung mit einer anderen Maria, nämlich der Schwester von Martha und Lazarus, ist mindestens so weit hergeholt.

In den Kreuzigungsberichten führen *Markus und *Matthäus Maria aus Magdala als Erste unter den galiläischen Frauen an, die der Kreuzigung von Weitem zusahen (Mk 15,40–41; Mt 27,55–56).

Bei *Johannes wird sie als Letzte nach *Maria, der Mutter Jesu, und
»deren Schwester, der Frau des Klopas« (Joh 19,25) aufgeführt.
Maria Magdalene ist die wichtigste Zeugin der Auferstehung Jesu.
Markus und Matthäus erwähnen sie als eine der Frauen, die zum
Grab kommen, um das Beerdigungsritual zu vollziehen. In den Evangelien des Matthäus und des *Lukas ist sie es, die gemeinsam mit
ihren Begleiterinnen den Jüngern von der Auferstehung berichtet.
Auch im Johannesevangelium wird Maria von Magdala als die entscheidende Zeugin der Auferstehung angeführt. In diesem Bericht
steht sie jedoch alleine vor dem leeren Grab und kehrt ohne Begleiterinnen zu den Aposteln zurück, um ihnen die Nachricht zu überbringen. Außerdem ist sie hier die Erste, der eine Vision des Auferstandenen gewährt wird. Sie »wusste aber nicht, dass es Jesus war«, und
hält ihn zuerst für den Gärtner, der sich um die Gräber kümmert.

Die Evangelientradition impliziert ohne weitere Erklärungen eine
sehr enge Bindung zwischen Jesus und Maria Magdalene. Erst die
christliche Überlieferung führte diese Geschichte weiter aus. Nach
der Tradition der Ostkirche ging Maria Magdalene gemeinsam mit
der Mutter Jesu und Johannes nach Ephesus, wohingegen das west-
liche Christentum glaubt, dass sie mit ihrer Schwester Martha und
ihrem Bruder in Massilia (Marseilles) eingetroffen sei und die christliche Kirche Galliens begründet habe. (Quelle: die Evangelien)

MARIAMNE I.

Mariamne I., nicht zu verwechseln mit Mariamne II., der Tochter des
Hohepriesters *Simeon ben Boethos und dritten Frau von *Herodes
dem Großen, war eine jüdische Prinzessin, die Herodes im Jahr 42 v.
d. Z. anverlobt wurde und ihn im Jahr 37 v. d. Z. heiratete, als er gerade
mit *Sosius, dem römischen Statthalter von Syria, Jerusalem belagerte. Diese Verbindung zwischen einer Angehörigen des hasmonäi-

schen Königshauses und einem Idumäer gewöhnlicher Herkunft versprach Glorie, endete aber in der totalen Katastrophe. Denn während
Herodes Mariamne vergötterte, empfand sie keinerlei Achtung vor
ihrem Ehemann und begann, angestiftet von ihrer Mutter *Alexandra, der Tochter von *Hyrkanos II., mit List und Tücke gegen die
Königinmutter Kypros und die königliche Schwester *Salome sowie
die führenden Hofdamen aus der Familie ihres Mannes zu intrigieren.
Die besitzergreifende Eifersucht des Königs brachte die Ehe schließlich zu Fall. Vor zwei für ihn potenziell gefährlichen Reisen – das
erste Mal zu seinem Gönner *Marcus Antonius, das nächste Mal zu
Octavian, dem künftigen Kaiser *Augustus – erließ Herodes den
Geheimbefehl, Mariamne hinzurichten, falls er nicht zurückkehren
würde, damit sie kein anderer Mann heiraten könne. Beim ersten
Mal vertraute er ihr Schicksal seinem Onkel Joseph an, das nächste
Mal seinem Freund Soemus. In beiden Fällen wurde Mariamne dieser Geheimbefehl zugetragen. Von nun an konnte sie ihre Abscheu
und Verachtung vor Herodes nicht mehr verbergen. Jedes Mal dra-
matisierte Salome, die intrigante Schwester des Königs, die Lage,
indem sie ihre Schwägerin unbegründet des Ehebruchs beschuldigte.
Beim ersten Mal schlug ihr Plan fehl, und Mariamne entkam einer
Bestrafung, beim zweiten Mal hatte sie jedoch Erfolg: Im Jahr 29 v.
d. Z. ließ der geradezu wahnsinnig eifersüchtige Herodes seine geliebte Frau hinrichten. Mariamne starb in wahrhaft königlicher Haltung. Schön, stolz, ruhig, »unverzagt und ohne auch nur die Farbe zu
wechseln« ging sie in den Tod »und wahrte so noch bei ihrem Ende
den Adel ihres Geschlechts« (Josephus, *AJ* 15,7.236). Gewiss hatten
auch ihre eigene Unvernunft und ihre streitsüchtige Natur zu dieser
Tragödie beigetragen, dennoch wurde Herodes von der Entscheidung,
die er selbst getroffen hatte, in den Wahnsinn getrieben. Nach ihrer
Hinrichtung wurde sein Verlangen nach ihr immer heftiger, und er
konnte nicht aufhören, nach der Frau zu rufen, die er so brutal ermordet hatte.

Mariamne hatte Herodes drei Söhne und zwei Töchter geboren.
Der Jüngste starb in Rom, wo er erzogen worden war; die beiden
Älteren, Alexander und Aristobulos, teilten schließlich das Schicksal
ihrer Mutter: Wie Mariamne wurden auch sie vom grausamen Herodes ermordet. (Quellen; Josephus, *BI* 1; *AJ* 15)

MARKUS

Markus (Johannes Markus) war der Sohn einer Gefährtin des *Petrus,
der Jerusalemer Jüdin Maria, und schloss sich *Paulus und seinem
Vetter *Barnabas bei deren ersten Missionsreise nach Zypern an (Kol
4,8). Als sich das Trio später auf den Weg machte, um seine Predigten
in Kleinasien fortzusetzen, trennte sich Markus zum Ärger von Paulus von der Gruppe. Trotzdem beharrte Barnabas vor der nächsten
Reise darauf, ihn wieder mitzunehmen. Der heftige Streit, der deshalb zwischen ihm und Paulus entbrannte, sollte ihrer Freundschaft
unwiderruflichen Schaden zufügen. Später knüpfte Markus jedoch
wieder an die Beziehung zu Paulus an und blieb sogar nach der Verhaftung des Apostels in Rom an dessen Seite (Phlm 24). Am Ende
des pseudonymen ersten Petrusbriefes wird auch »mein Sohn Markus« als Grüßender aufgeführt (1 Petr 5,13) – genau dieser Hinweis
sollte schließlich die Tradition begründen, die Markus als den Autor
des von Petrus gepredigten Evangeliums betrachtet. Papias, der im
2. Jahrhundert n. d. Z. Bischof von Hierapolis war, vermerkte Eusebius zufolge: »Markus hat die Worte und Taten des Herrn, an die er
sich als Dolmetscher des Petrus erinnerte, genau, allerdings nicht der
Reihe nach, aufgeschrieben«. Dem fügte der Bischof noch explizit an,
dass Markus »den Herrn nicht gehört und begleitet« habe, folglich
also kein Zeuge der in den Evangelien geschilderten Ereignisse war.
Nach Aussagen von Eusebius hat Markus »in Alexandrien selbst als
Erster Kirchen gegründet« und war als erster Bischof dort demnach

auch für die asketischen Therapeuten zuständig, die wir aus *Philos
Werk *Vita Contemplativa* kennen.

Das Markusevangelium gilt als das älteste unter den kanonischen
Evangelien. Möglicherweise wurde es bereits während des Jüdischen
Krieges gegen Rom (66–70 n. d. Z.) geschrieben, wahrscheinlicher ist
aber, dass es kurz danach entstand. Die Idee von der Parusie Christi,
die unmittelbar nach der »großen Not« der Zerstörung des Tempels
am Ende eines vernichtenden Krieges eintreffen sollte, ist bei Markus bereits enthalten (Mk 13). Sein Evangelium wurde jedoch eindeutig unabhängig von den Werken der anderen drei Evangelisten
geschrieben. Durch eine vergleichende Analyse lässt sich sogar fest-
stellen, dass *Matthäus und *Lukas auf der narrativen Struktur des
Markusevangeliums aufbauten. Markus ist das kürzeste unter den
synoptischen Evangelien, und zwar aus zwei Gründen: Es enthält
weniger Lehrstoff, denn Matthäus und Lukas wurden im Vergleich
zu den Exzerpten, die Markus aus einer inzwischen verloren gegan-
genen Sammlung der Sprüche oder *Logien* Jesu geschrieben hatte,
um einiges erweitert. Außerdem ist bei Markus der zeitliche Rahmen enger gesteckt als bei Matthäus und Lukas, da sein Evangelium
ohne die Präambel eines Kindheitsevangeliums beginnt und ihm das
glückliche Ende mit den Erscheinungen des Auferstandenen fehlt.
Das wirkliche Markusevangelium endet mit dem bestürzenden Bild
der Frauen, die erschrocken und entsetzt vor dem leeren Grab fliehen.
Die längere Version, bei der sich diesem Ende noch der Abschnitt
über »die Erscheinung des Auferstandenen« anschließt (Mk 16,9–20),
fehlt in sämtlichen älteren Handschriften des Markusevangeliums.

Wie von der ältesten Quelle nicht anders zu erwarten, lassen sich
bei Markus auch weit weniger Anzeichen für doktrinäre Revisionen
finden als bei Matthäus und Lukas. Passagen, die auf Gefühle, Un-
kenntnisse oder gar Unvollkommenheiten von Jesus anspielen, blieben noch völlig unangetastet. So hat der von Markus geschilderte
Jesus zum Beispiel »Mitleid« mit einem Aussätzigen, bevor er ihn

heilt (Mk 1,41) – einer abweichenden Handschriftenvariante zufolge war er über dessen Schicksal »erzürnt«. Weder Matthäus noch Lukas erwähnen Gemütszustände von Jesus. Bei Markus blickt Jesus »voll Zorn und Trauer« auf die Männer, »die einen Grund zur Anklage gegen ihn suchten« (3,5). Lukas strich die Wörter »Zorn« und »Trauer« aus seinem Bericht (Lk 6,10), Matthäus ließ den kompletten Satz aus (vgl. Mt 12,12–13). Markus berichtet, dass die Angehörigen von Jesus glaubten, er sei »von Sinnen« (Mk 3,21), Matthäus und Lukas ignorieren das. Bei Markus seufzt Jesus tief, bevor er auf die Pharisäer reagiert, die von ihm ein Zeichen vom Himmel forderten (Mk 8,12). Lukas legt dagegen nahe, dass Jesus darauf überhaupt nicht reagierte (Lk 11,16), während Matthäus nur den würdelosen Seufzer übergeht (Mt 16,2). Bei Markus stellt Jesus immer wieder einmal Unwissenheit zur Schau und bittet um eine Information, zum Beispiel um den Namen eines Dämons (5,9). Im Markusevangelium heilt Jesus nur »viele« Kranke (1,34; 3,10), in den Evangelien von Matthäus (8,16) und Lukas (4,40) »alle«. Bei Markus kann Jesus in Nazareth »*kein* Wunder tun« und heilt nur »einige Kranke« (Mk 6,5), bei Matthäus heißt es, er habe dort »nur *wenige* Wunder« vollbracht (Mt 13,58; Hervorhebungen des Autors); Lukas übergeht diese Angelegenheit stillschweigend.

Ein Merkmal des Markusevangeliums, nämlich seine Vorliebe für das Zitieren aramäischer Wörter in den Sprüchen Jesu, muss besonders hervorgehoben werden. Einzig Markus berichtet, dass Jesus die hitzköpfigen Apostel Jakobus und Johannes als »*Boanerges*, das heißt Donnersöhne« bezeichnete (3,17) oder dass er »*Effata!*, das heißt: Öffne dich!« sagte, während er den Taubstummen berührte, um ihn zu heilen (7,34; Hervorhebungen des Autors). Eine Opfergabe, die Gott geschuldet wird, bezeichnet Markus als »Korbin« (7,11). Den blinden Bettler in Jericho nennt er bei seinem aramäischen Namen *Bar*timäus und übersetzt ihn korrekt als »Sohn des Timäus« (10,46). In der Passage, in der sich Bartimäus an Jesus wen-

det, spricht er ihn als *Rabbuni* an (10,51), was Markus gar nicht erst
erklärt, da jedermann wusste, dass es *mein Meister* heißt. Matthäus
und Lukas scheuen sich vor dem Gebrauch solcher Begriffe. »Talita
kum« spricht Jesus zur Tochter des Jairus, was Markus noch durch
den Hinweis ergänzt: »das heißt übersetzt: Mädchen [wortwörtlich
eigentlich: Lämmchen], ich sage dir, steh auf!« (Mk 5,41) Bei Matthäus (9,25) werden diese Worte ganz ignoriert, bei Lukas (8,54) steht
nur der griechischsprachige Befehl: »Mädchen, steh auf!« Im Markusevangelium redet Jesus Gott mit dem aramäischen »Abba« an
(14,36); Matthäus ersetzt diese Anrede durch »mein Vater« (Mt 26,39)
und Lukas durch »Vater« (Lk 22,42) – in griechischer Sprache. Auch
den Aufschrei Jesu am Kreuz gibt Markus vollständig in aramäischer
Sprache wieder: »Eloï, Eloï, lema sabachtani?« (Mein Gott, mein
Gott, warum hast du mich verlassen? [Mk 15,34]), wohingegen Matthäus (27,46) das aramäische »Eloï, Eloï« durch das hebräische »Eli,
Eli« ersetzt.

Das Evangelium des Markus führt uns näher an den historischen
Jesus heran als irgendeine andere neutestamentarische Schrift. Abgesehen davon ist Markus der einzige Evangelist, der den Leser in
die Lage versetzt, wenigstens hie und da ein Echo der vielleicht tatsächlich gesprochenen Worte des Jesus in dessen eigener Sprache zu
hören.

Schließlich sollten wir uns auch endlich von einer häufigen Fehl-
vorstellung im Zusammenhang mit dem Markusevangelium verab-
schieden. Neutestamentler prägten im späten 19. und frühen 20. Jahrhundert den Begriff des *messianischen Geheimnisses*, weil der von
Markus dargestellte Jesus seinen Jüngern oder den Menschen, die er
heilte, immer wieder auftrug, nicht zu enthüllen, dass er der Messias
sei. Eine wesentlich bessere Erklärung für dieses Verbot ist jedoch,
dass Jesus die traditionelle jüdische Verknüpfung der Begriffe *Messias*
und *König* zu einem politischen Konzept nicht nur für völlig un-
angebracht hielt, sondern auch für völlig irreführend im Hinblick

auf seine eigene Mission, und den Gebrauch dieses Begriffs deshalb verhindern wollte. (Quellen: Neues Testament; Eusebius, *Hist. Eccl.* 2,16−17; 3,39; 6,14)

MARULLUS

Siehe unter *Fadus.*

MATTATIAS BEN HANNAS

Siehe unter *Simon Kantheras ben Boethos.*

MATTATIAS BEN MARGALOTH

Siehe unter *Juda ben Sariphai.*

MATTATIAS BEN THEOPHILOS I.

Mattatias, Sohn des Theophilos, folgte am Ende der Herrschaftszeit von *Herodes dem Großen (5/4 v.d.Z.) *Simeon ben Boethos ins Amt des Hohepriesters nach. Über ihn wissen wir nichts außer der von *Josephus und im Talmud festgehaltenen Geschichte, dass er eines Nachts vor dem Fasttag geträumt habe, »er wohne seinem Weibe bei«, und wegen seiner Unreinheit am nächsten Tag kein Opfer darbringen konnte. Sein ansonsten unbekannter Verwandter *Joseph ben Ellem, auch Sohn des Stummen genannt, übernahm den Dienst für ihn. Mattatias wurde von Herodes abgesetzt, weil er nichts gegen den Abriss des goldenen Adlers auf dem wiedererrichteten

Tempel unternommen hatte. (Quelle: Zu Mattatias siehe Josephus, *AJ*, 17,4.78 u. 6.164–166. Zu Joseph siehe Josephus, *AJ*, 17,6.166.)

MATTATIAS BEN THEOPHILOS II.

Siehe unter *Jesus ben Gamala*.

MATTHÄUS

Matthäus war einer der zwölf Apostel *Jesu. Ihm schreibt die Kirchentradition das erste Evangelium zu. Das Neue Testament bietet nur spärlichste Informationen über ihn. In der Liste der Zwölf (Mk 3,18; Mt 10,3; Lk 6,15; Apg 1,13) und bei der Schilderung seiner Berufung durch Jesus (Mt 9,9) wird er als »Matthäus« aufgeführt, in den Berichten, die die anderen Synoptiker von diesem Ereignis geben, heißt er jedoch »Levi, Sohn des Alphäus« (Mk 2,14; Lk 5,27 u. 29). Von Beruf war Matthäus Zöllner in den Diensten des Herodes *Antipas. Als Jesus ihn aufforderte, ihm zu folgen, saß er gerade »am Zoll«. Die synoptischen Evangelien berichten von einer Mahlzeit, die Jesus »mit vielen Zöllnern« im Haus des Matthäus einnahm, was die pharisäischen Schriftgelehrten zu der empörten Nachfrage bewegt habe, wie er sich mit solchen Leuten an einen Tisch setzen könne. Geschichten dieser Art verdeutlichen, wie viel Mitgefühl Jesus für soziale Außenseiter empfand, weshalb man ihn auch despektierlich »diesen Freund der Zöllner und Sünder« nannte (Mt 11,19; Lk 7,34). Abgesehen davon hat jedoch kein Bericht über Matthäus im Neuen Testament überlebt. Die frühe Kirchentradition hat ihm das erste Evangelium zugeschrieben; dass er wirklich der Autor war, wird von vielen modernen Forschern bezweifelt.

Die früheste Erwähnung seines Namens soll sich in einem verlorenen Werk von Papias, Bischof von Hierapolis (gestorben etwa 130 n.d.Z.), befunden haben, das vom Kirchenhistoriker Eusebius zitiert wird:»Matthäus hat in hebräischer [d.h. in aramäischer] Sprache die Reden zusammengestellt; ein jeder aber übersetzte dieselben so gut er konnte« (*Hist. Eccl.* 3,39). Ob mit diesen »Reden« nur die Lehrsprüche oder auch die narrativen Passagen aus dem Matthäusevangelium gemeint waren, ist fraglich. Sicher ist jedoch, dass Irenäus, der in der zweiten Hälfte des 2. Jahrhunderts n.d.Z. (um das Jahr 180 n.d.Z.) Bischof von Lugdunum (Lyon) war, von einem Evangelium sprach, das während des apostolischen Wirkens von *Petrus und *Paulus in Rom schriftlich niedergelegt worden sei. Die meisten heutigen Experten schreiben die endgültige Form dieses Evangeliums allerdings einem Judenchristen oder nichtjüdischen Christen aus den letzten Jahrzehnten des 1. Jahrhunderts n.d.Z. (80–100 n.d.Z.) zu. Vielleicht wäre es der beste Kompromiss, wenn man den Autor als einen griechischsprachigen Judenchristen betrachten würde.

Der Verfasser des Matthäusevangeliums war der Erste, der die von *Markus übernommene Grundgeschichte über Jesus durch ein hochtheologisches Kindheitsevangelium ergänzte und neben einem Stammbaum, der Jesus' Abstammung vom Hause David durch *Josephs Linie bezeugen sollte, auch die Geschichten von seiner Geburt, von der Flucht nach Ägypten vor den mörderischen Soldaten des Herodes und von der Rückkehr der Familie nach Nazareth in Galiläa hinzufügte. Mit dem Verweis auf die Passage Jesaja 7,14 – die Prophezeiung von der Geburt des Immanuel durch eine »Jungfrau« *(parthenos)*, wie es in der Septuaginta übersetzt wurde – wollte der Autor gleich zu Beginn des Evangeliums die im späten 1. Jahrhundert n.d.Z. herrschende Vorstellung verkünden, dass Jesus der auf wundersame Weise empfangene Messias und Sohn Gottes sei (Mt 1–2). Das Matthäusevangelium enthält auch als Erstes eine rudimentäre Schilderung der Jesusvision der Frauen, die das leere Grab entdeckten. Im Anschluss berichtet es aber nur von einer einzigen Erscheinung

des Auferstandenen, nämlich vor den elf Jüngern auf einem Berg in
Galiläa, wobei einige Jesus zu sehen glaubten, andere daran zwei-
felten (Mt 28,9−10 u. 16−17).

Hinsichtlich der Frage von Jesus' Einstellung zu Juden und Nichtjuden findet sich im Matthäusevangelium Widersprüchliches. Einerseits enthält es mehr jüdische Elemente als irgendein anderes Evangelium: Es schreibt Jesus die meisten Verweise auf die prophetischen
Grundlagentexte der Bibel zu, widmet der Erörterung von jüdischen
Gesetzen und Gebräuchen eine Menge Raum und begrenzt die Mission von Jesus und seinen Jüngern nachdrücklich auf die »verlorenen
Schafe des Hauses Israel«, womit ausdrücklich alle Nichtjuden und
Samaritaner ausgeschlossen waren (Mt 10,6 u. 15,24).

Parallel zu dieser jüdischen Ausschließlichkeit enthält das Matthäusevangelium jedoch massiv feindliche, geradezu überwältigend
antijüdische Ideen. Derselbe Jesus, der sich ausdrücklich nur auf Juden bezogen hatte, soll Matthäus zufolge später erklärt haben, dass
viele Nichtjuden »im Himmelreich zu Tisch sitzen«, alle Juden aber
»hinausgeworfen« würden »in die äußerste Finsternis« (Mt 8,11−12).
Jesus' letzter Auftrag an die elf Apostel lautet bei ihm: »Darum geht
zu allen Völkern und macht alle Menschen zu meinen Jüngern« (Mt
28,19). Die Gehässigkeit, mit der Matthäus das Judentum wiederholt
behandelt, ist erstaunlich. Da bemühen sich die Mitglieder des Hohen Rats beim Verhör zum Beispiel um »falsche« Zeugnisse gegen
Jesus (Mt 26,59), und da ruft »das ganze Volk«: »Sein Blut komme
über uns und unsere Kinder« (Mt 27,25)! Solche Widersprüche in ein
und demselben Evangelium lassen sich bestenfalls erklären, wenn
man davon ausgeht, dass die Christianisierung der Juden, nach einem
ausgesprochen vielversprechenden Beginn in Palästina, in der Diaspora auf immer mehr Probleme stieß und schließlich beendet wurde,
indem man sich auf die Behauptung zurückzog, dass Jesus selbst
ausschließlich Nichtjuden erwählt und die Verstoßung des Hauses
Israel verkündet habe.

Über die neutestamentarische Zeit hinaus weiß die christliche Tradition nichts von Matthäus zu berichten. Eusebius zufolge behauptete der alexandrinische Gelehrte Pantänus, während seiner Reise durch Indien »das schon vor seiner Ankunft dorthin gelangte Matthäusevangelium vorgefunden« zu haben. Es sei der Apostel Bartholomäus gewesen, der den Indern »gepredigt und ihnen die Schrift des Matthäus in hebräischer [d.h. aramäischer] Sprache hinterlassen« habe. (Quellen: Matthäusevangelium; Irenäus, *Adversus haereses* 3,1.1, zitiert in Eusebius, *Hist. Eccl.* 5,8.3)

MATTHIAS

Siehe unter *Jakobus, Sohn des Alphäus.*

MENACHEM

Menachem (bei *Josephus Manaim geschrieben), ein Sohn oder Enkel von Judas dem Galiläer, war ein Anführer des jüdischen Aufstands gegen Rom im Jahr 66 n. d. Z. Bevor er sich mit seinen Anhängern in Jerusalem dem Kampf anschloss, war er in das von *Herodes dem Großen ausgestattete Zeughaus von Masada eingedrungen, um sich und seine Mitstreiter mit Waffen zu versorgen. Unter derart bewaffnetem Schutz marschierte er dann »wie ein König« in Jerusalem ein, übernahm die Führung unter den Rebellen und griff den Palast des Herodes an. Den jüdischen Truppen gewährte er freien Abzug aus der belagerten Festung, während die römischen Soldaten sich in die Königstürme zurückziehen mussten. Menachems Männer töteten mehrere Römer, bevor sie den Hohepriester Hananias Nedebiah (47–59 n.d.Z.) neben seinem Bruder Ezechias aus ihrem Versteck zerrten und ebenfalls umbrachten. Doch der Erfolg stieg

Menachem zu Kopf und verwandelte ihn in einen Tyrannen. Ein anderer Rebellenführer, *Eleazar ben Simon, überfiel ihn im Tempel, »während er voll Erhabenheit und mit königlicher Kleidung angetan« dort paradierte und vorgab, der König Messias zu sein. Nach kurzem Widerstand flohen Menachem und seine Leute. Einigen von ihnen, darunter auch *Eleazar ben Jair, ein Verwandter Menachems und der künftige Befehlshaber des letzten jüdischen Widerstands gegen die Römer, gelang es, in die Sicherheit von Masada zu entkommen. Menachem selbst suchte im Jerusalemer Stadtteil Ophel Zuflucht, wurde jedoch aufgespürt und nach langer Folter neben seinem Unterführer Absalom getötet. Er war der vorletzte Rebellenführer, der von Judas dem Galiläer, Sohn des Ezechias, abstammte. Der letzte Nachfahre des Judas war Eleazar ben Jair.

Wie Judas der Galiläer wird auch Menachem von Josephus als ein »angesehener Gelehrter« bezeichnet, allerdings behandelt der Historiker Judas ausgesprochen abfällig, weil er fand, dass er falsche Lehren verbreitete. Es ist denkbar, dass sich die kollektive Erinnerung an Menachem und seine messianischen Träume auf die rabbinische Tradition niederschlug, derzufolge der Name des Messias »Menachem, Sohn des Ezechias« lauten werde (bSynh 98b). Zu Beginn der Forschung über die Schriftrollen vom Toten Meer kursierte die inzwischen wieder verworfene Theorie, dass der im Habakuk-Kommentar aus Höhle 1 am Toten Meer aufgeführte »Lehrer der Gerechtigkeit« mit Menachem und der Abkömmling des Hauses Absalom mit seinem Stellvertreter Absalom identisch gewesen seien. (Quelle: Josephus, *BI* 2,17.8)

MENACHEM DER ESSENER

Menachem (bei *Josephus Manaëm geschrieben) lebte im 1. Jahrhundert v. d. Z. und gehörte der Sekte der Essener an. Josephus glorifizierte ihn, weil er »mit der Gabe, die Zukunft vorherzusehen, ausgestattet war«. Einer von Menachems Vorgängern, Judas der Essener, hatte am Ende des 2. Jahrhunderts v. d. Z. den Tod von Antigonos, dem Bruder des Priesterkönigs Aristobulos I., vorausgesagt. Josephus zufolge war Judas ständig von Schülern umgeben, »die bei ihm die Kunst der Weissagung erlernen wollten« (*AJ* 13,11.311–313; *BI* 1,3). Seine prophetische Gabe stellte Menachem unter Beweis, als er dem jungen *Herodes voraussagte, dass er eines Tages König der Juden werde. Herodes aber glaubte, »er treibe seinen Scherz mit ihm, entgegnete, er sei doch nur von gewöhnlicher Herkunft«. Da lachte Menachem, schlug ihm auf die Schenkel und versicherte ihm, dass er wahrhaftig zum König von Judäa aufsteigen werde. Dann ermahnte er ihn, immer gerecht zu sein, sich an die Glaubensgesetze zu halten und seinen Untertanen gegenüber Milde walten zu lassen, weissagte ihm aber, dass er sich nicht daran halten und deshalb am Ende seines Lebens von Gott bestraft werden würde. Damals achtete Herodes nicht auf diese Worte, doch auf dem Gipfel seiner Macht ließ er Menachem rufen, um herauszufinden, wie lange er noch auf dem Thron sitzen werde. Menachem schwieg. Erst nachdem Herodes immer drängender die immer gleiche Frage stellte, antwortete Menachem, dass er wohl noch zwanzig bis dreißig Jahre vor sich habe. Herodes gab sich damit zufrieden »und hielt von der Zeit an alle Essener in Ehren«, während er seinen pharisäischen Kritikern gegenüber nichts als Härte zeigte. Josephus schreibt die Gabe der Weissagung, die Menachem und andere Essener besessen haben sollen, ihrem »ehrbaren Lebenswandel« zu. (Quelle: Josephus, *AJ* 15,10.373–379)

N

NERO

Claudius Caesar Germanicus Nero, der fünfte Kaiser aus der iulisch-claudischen Dynastie (54–68 n. d. Z.), wurde unter dem Namen Lu-

cius Domitius Ahenobarbus als Sohn der Agrippina geboren, die eine
Urenkelin von *Augustus und in zweiter Ehe mit *Claudius vermählt
war, der Nero adoptiert und zu seinem Erben bestimmt hatte. Dank
des Einflusses von Neros Ehefrau Poppaea Sabina, die dem Judentum
wohl gesonnen war (Josephus, *AJ* 20,9.195; *Vita* 16), war den Juden
in den ersten Jahren seiner Herrschaft die kaiserliche Gunst sicher.
Neros letzte Jahre fielen jedoch mit den immer heftigeren politischen
Tumulten in Palästina zusammen und neigten sich mit dem Ausbruch des ersten jüdischen Aufstands gegen Rom im Jahr 66 n. d. Z.
ihrem Ende entgegen.

Unter Nero begannen die Feindseligkeiten zwischen dem Römischen Reich und dem aufstrebenden Christentum. Christen wurden
von Rom als Anhänger einer jüdischen Bewegung betrachtet und
traten erstmals nach einer Feuersbrunst, die im Jahr 64 n. d. Z. einen
Großteil der Metropole zerstört hatte, ins römische Rampenlicht.
Weil das Volk glaubte, dass Nero den Brand selbst gelegt hatte, und
er »diesem Gerede« ein Ende bereiten wollte, gab er, wie Tacitus
schreibt,

> *denen, die wegen ihrer Schandtaten verhasst das Volk Christen*
> *nannte, die Schuld, und belegte sie mit den ausgesuchtesten Strafen.*
> *Der, von welchem dieser Name ausgegangen, Christus, war unter*
> *der Regierung des Tiberius vom Prokurator Pontius Pilatus hin-*
> *gerichtet worden. Der für den Augenblick unterdrückte verderbliche*
> *Aberglaube brach nicht nur in Judäa, dem Vaterlande dieses Un-*
> *wesens, sondern auch in Rom, wo von allen Seiten alle nur denk-*
> *baren Gräuel und Abscheulichkeiten zusammenfließen und Anhang*
> *finden, wieder aus.*

Viele Christen wurden gekreuzigt oder »zur nächtlichen Erleuch-
tung« lebendigen Leibes verbrannt. Die christliche Überlieferung,
die im 4. Jahrhundert n. d. Z. vom Kirchenhistoriker Eusebius aufge-

zeichnet wurde, stellt auch das Martyrium der Apostel *Petrus und
*Paulus in einen Zusammenhang mit Neros Christenverfolgung: »Wie
berichtet wird, wurde Paulus eben in Rom unter Nero enthauptet
und Petrus gekreuzigt. Dieser Bericht wird bestätigt durch die noch
bis heute erhaltenen Namen Petrus und Paulus in den römischen
Zömeterien« (Eusebius).

Im Jahr 68 n.d.Z., noch während der Erste Jüdische Krieg tobte,
erhoben sich die römischen Heere in Spanien und Gallien gegen
Nero. Der Kaiser, dessen Herrschaft unter einem schlechten Stern
gestanden hatte, beging Selbstmord. (Quellen: Josephus, *BI* 2–4; *AJ*
20; Tacitus, *Annalen* 15,44.2–4; Eusebius, *Hist. Eccl.* 2,25.1)

NIKOLAUS VON DAMASKUS

Der Historiker, Philosoph und Staatsmann Nikolaus von Damaskus
wurde ungefähr im Jahr 64 v.d.Z. als Sohn einer führenden nichtjüdischen Familie in Damaskus geboren. Sein Vater Antipater hatte
eine herausragende Laufbahn im öffentlichen Dienst gemacht und
dem Sohn eine fundierte griechische Erziehung angedeihen lassen,
die Nikolaus schließlich zum Anhänger der aristotelischen Philosophie machte.

Angeblich unterrichtete Nikolaus die Kinder von *Marcus Antonius und *Kleopatra, bevor er irgendwann vor dem Jahr 14 v.d.Z.
zum Höfling von *Herodes dem Großen wurde. Er lehrte den König Philosophie und Rhetorik, beriet ihn bei politischen Fragen und
diente ihm gelegentlich auch als Botschafter. Im Jahr 14 v.d.Z. führte
er im Namen der Juden Kleinasiens die Verhandlungen mit Marcus
Agrippa, dem Repräsentanten von *Augustus, und im Jahr 8 v.d.Z.
verhandelte er in Rom sogar mit Augustus selbst, weil Herodes wegen seines Konflikts mit den Nabatäern beim Kaiser in Ungnade
gefallen war. Auch bei den Problemen, die König Herodes mit seinen

Söhnen Alexander, Aristobulos und Antipater hatte, stand ihm Nikolaus als wichtigster Berater zur Seite, bevor der König schließlich alle
drei hinrichten ließ. Nach Herodes' Tod im Jahr 4 v. d. Z. begleitete
Nikolaus dessen Sohn *Archelaos nach Rom und überredete Augustus, den letzten Willen des Königs zu bestätigen und Archelaos als
Nachfolger einzusetzen. Der Königstitel wurde ihm allerdings nicht
gewährt.

Das bekannteste Werk des Nikolaus von Damaskus war eine Welt-
geschichte in hundertvierundvierzig Büchern, die sich auch ausführ-
lich mit der jüdischen Geschichte im Zeitalter des Herodes befasste.
Die relevanten Teile daraus dienten *Josephus als wichtige Quelle
für die ausführlichen Berichte, die er in seinem Werk Der Jüdische
Krieg und in den Büchern 15 bis 17 der Jüdischen Altertümer über die
Regierungszeit des Herodes schrieb. (Quellen: Josephus, passim; Ben
Zion Wacholder, Nicolaus of Damascus, Berkeley, 1962)

P

PAULUS

Paulus, dessen ursprünglicher hebräischer Name Saul aus Tarsus war,
ist neben *Jesus von Nazareth die einflussreichste und bekannteste
neutestamentarische Gestalt. Er schrieb mindestens acht Briefe, die
als authentisch gelten (Brief an die Römer, den 1. und 2. Brief an die
Korinther, den Brief an die Galater, an die Philipper, an Philemon
sowie den 1. und 2. Brief an die Thessalonicher); sechs weitere Epi-
steln (der 1. und 2. Brief an Timotheus, der Brief an Titus, an die Epheser, an die Kolosser und an die Hebräer) wurden von seinen Schülern
und Epigonen verfasst. Die authentischen Briefe enthalten autobio-
grafische Passagen, in denen Paulus sein vergangenes Leben schildert.
Auch der Teil der Apostelgeschichte, der seinem Mitstreiter *Lukas
zugeschrieben wird, enthält einen Bericht über Paulus' Lebenslauf

und missionarisches Wirken. Meist ergänzen und vervollständigen diese beiden Zeugnisse einander, gelegentlich widersprechen sie sich aber auch. Bedauerlicherweise bezieht sich Paulus' Zeitgenosse *Josephus an keiner einzigen Stelle seiner Werke auf ihn.

Paulus wurde in Tarsus, einer Stadt in Zilizien (im Süden der heutigen Türkei) geboren. Die Apostelgeschichte berichtet, dass er von Geburt an römischer Bürger gewesen sei und als junger Mann die Steinigung des Diakons *Stephanus miterlebt habe, also ein Ereignis, das vermutlich Mitte der Dreißigerjahre des 1. Jahrhunderts n.d.Z. stattgefunden hatte. Paulus' eigenem Bericht zufolge war seine Familie vom Stamme Benjamin. Er schloss sich den Pharisäern an und wurde »zu Füßen Gamaliels genau nach dem Gesetz der Väter ausgebildet« (Apg 22,3). Dass er tatsächlich eine pharisäische Ausbildung genossen hatte, offenbart sich nicht nur durch den fachkundigen Umgang mit biblischen Argumenten in seinen Briefen, sondern kommt auch in seinem Glauben an die körperliche Auferstehung zum Ausdruck, der zum Grundstein seiner Lehre vom gekreuzigten und auferstandenen Christus wurde. Die Leichtigkeit, mit der sich Paulus und seine jüdischen Brüder später in der Gegenwart von nicht-jüdischen Christen von den biblischen Speisegesetzen lossagten, legt jedoch nahe, dass seine pharisäischen Überzeugungen nicht so tief saßen wie bei Jakobus, dem Bruder Jesu, und dessen »Beschneidungsfraktion«.

Paulus' Muttersprache war Griechisch. Seine Briefe diktierte er ebenfalls in griechischer Sprache, manchen fügte er handschriftliche Grüße an. Laut der Apostelgeschichte war er jedoch ebenso gut in der Lage, aus dem Stegreif eine Rede in aramäischer Sprache zu halten. Er litt unter einer nicht näher definierten Krankheit und sagte von sich selbst, dass er keinen starken körperlichen Eindruck erwecke und nicht mit der Gabe großer Redekunst gesegnet sei. Die Philosophen beeindruckte er zwar wenig, doch sein Einfluss auf einfache, ungebildete Zuhörer war bemerkenswert.

Paulus' Briefe und die Apostelgeschichte bezeugen, dass er der
Jesusbewegung anfänglich ausgesprochen feindselig gesonnen war.
Offenbar schritt er im Auftrag der jüdischen Priesterautoritäten, die
für die Wahrung des Gemeindefriedens verantwortlich waren, sogar
aktiv gegen Mitglieder dieser Bewegung ein. An einer Stelle wird er
als Sonderemissär des Hohepriesters bezeichnet, der den Auftrag erhalten habe, die jüdische Gemeinde von Damaskus von diesen christlichen Häretikern zu befreien. Wenn das stimmt, dann kann er allerdings bestenfalls in beratender Funktion tätig gewesen sein, da der
Hohepriester außerhalb von Judäa keinerlei Amtsbefugnisse hatte,
schon gar nicht im vom Nabatäerkönig kontrollierten Damaskus.

Auf dem Weg nach Damaskus hatte Paulus eine Vision, die sein
gesamtes Leben veränderte. Vom selben Moment an verwandelte sich
dieser Erzfeind des Christentums in einen Jünger Jesu und bat un-
verzüglich um seine Taufe. Laut dem Bericht der Apostelgeschichte
erzürnte dieser neue Konvertit die Damaszener Juden mit seinem
Eintreten für Jesus derart, dass er um sein Leben fürchten musste
und nach Jerusalem floh, wo er von seinem späteren Missionsgefähr-
ten *Barnabas den Aposteln vorgestellt wurde. Aber auch die griechischsprachigen Juden dieser Stadt empörte er schnell mit seinen
Brandreden, und er floh erneut, diesmal in seine Heimatstadt Tarsus.
Paulus' eigene Darstellung dieser Ereignisse unterscheidet sich beträchtlich von der Apostelgeschichte, ist aber zweifellos verlässlicher.
Ihm zufolge war seine plötzliche Flucht aus Damaskus nicht wegen
irgendwelcher Feindseligkeiten der dort ansässigen Juden notwendig
geworden, sondern vielmehr, weil ihn der Statthalter des Nabatäerkönigs als einen unliebsamen Störenfried in der dortigen jüdischen
Gemeinde betrachtete. Außerdem ging er eigenen Aussagen zufolge
nicht auf direktem Wege nach Jerusalem, sondern in die Arabische
Wüste von Transjordanien, wo er weitere mystische Erfahrungen
machte. Von dort aus kehrte er nach Damaskus zurück, um erst drei
Jahre später nach Jerusalem zu reisen und sich *Petrus und Jesu Bru-

der *Jakobus, nicht aber den anderen Aposteln vorzustellen. Paulus'
eigene Variante dieser Geschichte legt die Betonung deutlich auf
seine Unabhängigkeit und ist daher plausibler als die Darstellung
des Autors der Apostelgeschichte, der ja mit dem ständigen Ziel
vor Augen schrieb, die Differenzen zwischen den Kirchenführern
zu glätten.

Wann immer Paulus über seine Beziehungen zu den Aposteln Jesu
spricht, ist er eifrig bemüht, seinen ebenbürtigen apostolischen Rang
hervorzuheben. Doch er stieß allenthalben auf Opposition. Aus Sicht
der frühen Jesusbewegung war er nur ein Emporkömmling und nicht
berechtigt, sich als Apostel zu bezeichnen. Da Paulus nicht imstande
war, ihre Argumente mit gleicher Münze zu entkräften, stützte er
seinen Anspruch auf Gleichwertigkeit mit Petrus und Jakobus auf
seine eigene Vision von Jesus, die der Auslöser für seine apostolische
Mission unter den Nichtjuden gewesen war. Der Vorfall in Antiochia,
der im 2. Kapitel des Briefes an die Galater geschildert und implizit
auch in der Apostelgeschichte (15,2) angesprochen wird, beweist, dass
sich dieser letztberufene Apostel nie vor einer Konfrontation mit
den Kirchenführern scheute oder gar deren Maßregelungen fürchtete.
Tatsächlich war es schließlich seine Evangelisierungspolitik – nichtjüdische Männer, die zur Konversion bereit waren, sollten von der
Pflicht entbunden werden, sich vor dem Übertritt beschneiden zu
lassen und vollständig dem jüdischen Gesetz zu unterwerfen –, die
vom Apostelkonzil, das im Jahr 49 n. d. Z. unter dem Vorsitz von Jesu
Bruder Jakobus in Jerusalem stattfand, gerechtfertigt wurde.

Paulus stand häufig im Zentrum eines Konflikts. Die Gemeinschaft der Korinther zum Beispiel war in drei Fraktionen gespalten,
jeweils angeführt von Kephas, Apollos und Paulus; daneben gab es
noch die Gläubigen, die die Streitigkeiten zwischen diesen Männern
leid waren und sich zur vierten Fraktion des Christus zählten (1 Kor
1,12). Da Paulus seine Predigten üblicherweise in den örtlichen Synagogen begann, geriet er auch mit den jüdischen Gemeindeführern

aneinander, die ihr verbrieftes Recht nutzten und ihn ins Gefängnis warfen oder prügeln ließen (»Fünfmal erhielt ich von Juden die neununddreißig Hiebe«). Einmal setzten sie ihn sogar der Steinigung aus, was zweifelsohne jeder rechtlichen Grundlage entbehrte und obendrein auch nicht den erhofften Erfolg brachte (2 Kor 11,23–25). Laut der Apostelgeschichte (16,19–39) wurde Paulus auch von den griechischen Magistraten in Philippi mit Ruten geschlagen und inhaftiert, jedoch wieder freigelassen, als diese hörten, dass er römischer Bürger war.

Paulus widmete sein Leben der Verkündigung des Evangeliums und trat zu diesem Zweck drei Missionsreisen an, die ihn nach Zypern, in diverse Regionen von Kleinasien und auf das griechische Festland führten, wo er Kirchen in Thessaloniki, Philippi und Korinth gründete. Seine Aktivitäten in Korinth lassen sich dank eines Hinweises auf sein Erscheinen vor *Gallio (Apg 18,12–16) datieren, der von 51 bis 53 n.d.Z. Prokonsul von Achaia war. Auch in Athen predigte Paulus, dort allerdings nur mit geringem Erfolg. Außerdem plante er, ans westlichste Ende der mediterranen Welt nach Rom und Spanien zu reisen. Rom sollte er allerdings nicht aus freien Stücken erreichen, sondern als Gefangener, der auf seinen Prozess vor dem Gerichtshof des Kaisers *Nero wartete.

Im Jahr 58 n.d.Z., am Ende seiner dritten Missionsreise, reiste Paulus mit mehreren seiner Anhänger nach Jerusalem (siehe Apg 21–26). In der Stadt angekommen, wurde er von Juden aus der Diaspora beschuldigt, im Ausland gegen das Gesetz gepredigt und in Jerusalem einen Nichtjuden, den Epheser Trophimus, in den Tempel mitgenommen zu haben, obwohl der Zutritt Nichtjuden bei Todesstrafe verboten war. Diese Anschuldigung entbehrte offensichtlich jeder Grundlage, aber sie genügte, um einen solchen Tumult auszulösen, dass sich die römische Kohorte, die ein Auge auf den Tempel hatte, zum Eingreifen gezwungen sah. Paulus wurde verdächtigt, der notorische Aufwiegler zu sein, den man den Ägypter nannte, und in

Ketten abgeführt. Zuerst wollte der Tribun die Wahrheit aus ihm herausprügeln, doch als er erfuhr, dass Paulus römischer Bürger war, besann er sich eines Besseren.

Die Konfrontation zwischen Paulus, dem Hohepriester *Hananias Nedebiah und dessen Sanhedrin endete im Chaos – wenn der Bericht der Apostelgeschichte als historisch betrachtet werden kann. (Der Autor der Apostelgeschichte gefällt sich darin, Juden sogar dann, wenn es sich um höchste jüdische Autoritäten handelt, als blutrünstigen Mob darzustellen, sobald sie sich als Gegner von – jüdischen – Christen erwiesen.) Offenbar gelang es dem geschickten Paulus, die Pharisäer gegen die Sadduzäer im Hohen Rat aufzubringen, indem er erklärte, er stünde wegen seines Glaubens an die Auferstehung der Toten vor Gericht. Denn damit waren die Pharisäer gezwungen, gegen die Sadduzäer, die die Lehre von der Auferstehung ablehnten, für ihn Partei zu ergreifen. Als die Mitglieder des Sanhedrin – wiederum laut Apostelgeschichte – schließlich kurz davor waren, sich gegenseitig an die Gurgel zu gehen, ließ der römische Oberst die Wachtruppen kommen und Paulus in die Sicherheit ihrer Kaserne von Jerusalem bringen.

Nachdem der römische Tribun Claudius Lysias von einem Neffen des Paulus erfahren hatte, dass sich eine Gruppe von jüdischen Fanatikern verschworen habe, seinen Onkel auf dem Weg zum Tribunal umzubringen, ließ er Paulus unter starker militärischer Bewachung nach Caesarea überführen. Dort sollte er von Antonius *Felix, dem Prokurator von Judäa (52–60 n. d. Z.), verhört werden. Felix forderte die jüdischen Autoritäten auf, selbst anzureisen und ihre Anklage gegen Paulus vorzubringen, was den Hohepriester Hananias dazu bewegt haben soll, die anstrengende Reise von Jerusalem nach Caesarea in der Begleitung von mehreren Ältesten und einem Anwalt mit dem lateinischen Namen Tertullus anzutreten, um Paulus dort als Rädelsführer einer häretischen Sekte und als Tempelschänder anzuklagen. Die Vertreter der Juden verlangten, dass er ihrer religiösen

Gerichtsbarkeit unterstellt würde, damit sie ihn mit der Todesstrafe belangen konnten. Am Ende folgte der Statthalter der Anklage des Tertullus nicht, entließ Paulus aber auch nicht aus der Haft. Er wies den Hauptmann an, ihn »weiter in Gewahrsam zu halten, jedoch in leichter Haft« (Apg 24,23). Einige Tage später ließen sich Felix und seine jüdische Frau *Drusilla von Paulus über dessen Glauben an Jesus Christus aufklären. Felix konnte Paulus mit diesem Vortrag zwar nicht beeindrucken, dennoch soll er ihn künftig noch oft gerufen haben, um sich mit ihm zu unterhalten. Nach Darstellung der Apostelgeschichte soll Felix außerdem gehofft haben, von Paulus Bestechungsgeld zu bekommen. Tatsächlich wäre das nicht unüblich unter römischen Provinzgouverneuren gewesen.

Der Rechtsstreit um die Frage, welcher Gerichtshof den Prozess gegen Paulus führen sollte, zog sich zwei Jahre hin. Im Jahr 60 n.d.Z. erbte Porcius *Festus, der Felix als Prokurator von Judäa nachgefolgt war, den ungelösten Fall. Die jüdischen Oberpriester und Ältesten hatten nun offenbar nichts Wichtigeres zu tun, als den neuen Prokurator aufzufordern, Paulus an sie auszuhändigen. Denn wie der Autor der Apostelgeschichte versichert, planten der Hohepriester und die Ältesten seine Ermordung auf dem Weg – als ob irgendwer nach dem von den Römern so problemlos verhinderten ersten Versuch noch hätte glauben können, dass ein zweiter Versuch mehr Aussicht auf Erfolg hatte! Festus lehnte diese Forderung jedenfalls rundweg ab und befahl dem Hohen Rat, nach Caesarea zu kommen, wenn er den Fall gegen Paulus nach wie vor verhandeln wollte. Ordnungsgemäß erschien eine Delegation aus Jerusalem, um drei Streitfragen ins Feld zu führen, die sich im Nachhinein jedoch nur aus Paulus' Antwort ablesen lassen. Demzufolge ging es um ein Verbrechen gegen das jüdische Gesetz, um eines gegen den Tempel und um eines gegen den Kaiser. Festus, der diesen Fall zweifellos ein für alle Mal abschließen wollte, schlug Paulus vor, sich mit einem Verfahren vor dem Sanhedrin in Jerusalem einverstanden zu erklären. Um sicherzugehen, dass es dabei mit rechten Dingen zugehen würde, versprach er, höchstselbst an der Anhörung teilzunehmen. Doch Paulus wollte sich nicht einmal in der Anwesenheit des Festus vor einem jüdischen Gericht verantworten und legte Berufung beim obersten Gericht des Kaisers in Rom ein. Als der jüdische König *Agrippa II. und seine Schwester *Berenike dem neuen Prokurator in Caesarea ihre Aufwartung machten, erhielten sie Gelegenheit, Paulus anzuhören. Festus musste einen Schriftsatz über den Fall Paulus für Kaiser *Nero formulieren, und weil sich der König in jüdischen Fragen besser auskannte als er, bat er ihn um Hilfe. Nachdem Paulus seine Lebensgeschichte vor ihnen ausgebreitet hatte, kam Festus zu dem Schluss, dass dieser Mann verrückt sein müsse, wohingegen Agrippa dessen Geschichte mit der ebenso höflichen wie ironischen Bemerkung kommentierte, dass er ihn wohl fast zum Christentum hätte bekehren können, hätte er noch länger geredet!

Im Herbst des Jahres 60 n.d.Z. geriet das Schiff, das Paulus und andere Gefangene nach Italien bringen sollte, nahe der Küste Kretas in einen Sturm (siehe Apg 27–28). Die Matrosen versuchten alles, um die Lage in den Griff zu bekommen – die Apostelgeschichte bietet die vielleicht ausführlichste Schilderung, die über das altertümliche Navigieren von Schiffen in Seenot vorliegt. Doch Schiff wie Besatzung waren den Elementen hilflos ausgeliefert. Nachdem es über zwei Wochen lang in der tosenden See durchgeschüttelt worden war, lief es schließlich vor Malta auf Grund. Für Paulus war es ein Wunder, dass seine Reisegefährten und er gerettet wurden. Der Apostel entkam sogar noch einer Schlange, die sich um seinen Arm wand, nachdem er festen Boden auf der Insel betreten hatte.

Als Paulus endlich in Rom eintraf, erhielt er die Erlaubnis, sich unter der Bewachung eines Soldaten in ein eigenes Zimmer einzuquartieren, Besucher zu empfangen und ihnen das Evangelium zu predigen. Die Schilderung der Apostelgeschichte endet abrupt zwei Jahre nach seinem Eintreffen in Rom, während er noch immer auf

das Verfahren vor dem Kaiser wartete. Ob dieser Prozess jemals stattfand, ist nicht verzeichnet, ebenso wenig wie das Neue Testament
etwas über den Tod des Paulus zu berichten weiß. Laut dem Kirchenhistoriker Eusebius wurde er gegen Ende von Neros Herrschaft, also
irgendwann vor dem Jahr 68 n. d. Z., enthauptet.

Paulus' unvollendete Lebensgeschichte muss durch eine Synopse
seiner Lehren und einen Abriss des Beitrags vervollständigt werden,
den er zur Gründung der christlichen Kirche leistete. Auf welchen
Quellen beruht das Evangelium, das Paulus den Nichtchristen predigte? Nachdem er dem lebenden Jesus nie begegnet war, waren nicht
wenige seiner Informationen, wie er selbst zugab, aus zweiter Hand:
die Lehren vom Tod, Begräbnis und der Auferstehung Jesu, die Naherwartung der Parusie, das Verbot der Ehescheidung und anschlie-
ßenden Wiederverheiratung (das Paulus zugunsten eines Christen
revidierte, dessen pagane Frau die Wahrung des ehelichen Bundes
verweigerte) oder das Recht des Predigers, von der Gemeinde aus-
gehalten zu werden (Paulus selbst zog es vor, seinen Lebensunterhalt
als Zeltmacher zu verdienen.). Auch die Feier der Eucharistie wird
häufig zu den Lehren gezählt, die Paulus durch Überlieferung übernahm, doch da er erklärte, sie selbst vom Herrn empfangen zu haben, scheint es doch wahrscheinlicher, dass er sie als eine persönliche
Offenbarung empfand.

Am historischen Jesus zeigte Paulus kein Interesse. An keiner
Stelle erwähnt er Galiläa, *Herodes und seine Söhne oder den Na-
men eines Hohepriesters, ja nicht einmal den von Pontius *Pilatus.
Auch Jesus' Eltern und der Täufer *Johannes werden von ihm igno-
riert; nur *Jakobus, den Bruder Jesu, erwähnt er zweimal. Von den
Aposteln begegnen wir bei ihm nur *Kephas, *Jakobus und *Johannes,
wohingegen er die Namen seiner eigenen Jünger und Helfer an vie-
len Stellen festhält: *Barnabas, *Timotheus, *Titus, *Lukas der Arzt,
*Silvanus, Sosthenes, Apollos aus Alexandria, die aus Rom geflohenen
Aquila und Priscilla, Markus, Aristarchos, Demos und so fort. Da

liegt der Schluss nahe, dass sein Schweigen über die Zeitgenossen Jesu ein bewusster Akt war.

Paulus kümmerte sich nicht um das Wirken und die Predigten des lebenden Jesus, sondern um das, was der sterbende und auferstandene Christus für die Gläubigen tat. Aus seiner Sicht war Jesus nicht Gott, sondern »dem Geist der Heiligkeit nach eingesetzt [...] als Sohn Gottes in Macht seit der Auferstehung von den Toten« (Röm 1,4). Paulus' zentrales Mysterienspiel hat zwei Hauptdarsteller: Adam, den Ersten Menschen, und Jesus, den Zweiten. Der Erste Mensch brachte die Sünde in die Welt; der Zweite, der sündenlose Christus, opferte sich selbst, um alle Sünden zu sühnen und der Menschheit durch seinen Tod und seine Auferstehung die Möglichkeit der Erneuerung zu bringen. Paulus' grundlegende Botschaft lautet, dass alle neuen Christen durch den symbolischen Akt der Taufe einen mystischen Bund mit dem sterbenden und auferstandenen Christus eingingen, der sie von der Sünde reinigt und es ihnen somit ermöglicht, das himmlische Leben des auferstandenen Herrn zu teilen.

Im neuen Dasein der Getauften heben sich alle Unterschiede zwischen Reich und Arm, Freier und Sklave, Mann und Frau, Jude und Nichtjude auf. Die Verkündigung einer derart universellen Gleichheit im Namen Christi wurde dankbar willkommen geheißen und von den Armen und Unterdrückten der griechisch-römischen Welt, Paulus' eigentlicher Klientel, mit Freuden angenommen.

Die Parusie oder Wiederkunft Christi steht im Zentrum von Paulus' religiöser Vision und bildete den Rahmen seiner apostolischen Aktivitäten wie seiner Morallehre. Die erwartete Begrenztheit der herrschenden irdischen Gegenwart spornte seine dynamische Kraft nur noch an: Als Apostel der Nichtjuden musste er dafür sorgen, dass das Evangelium Jesu bis nach Spanien ans westlichste Ende des bewohnten Universums vordringen konnte. Auch Paulus' Moralvorstellungen wurden von der Idee einer derart begrenzten Gegenwart bestimmt. »Bleibe, was du bist«, lautete seine Faustformel: Wenn du beschnitten bist, dann versuche diese Tatsache nicht zu verbergen; wenn du unbeschnitten bist, dann behalte deine Vorhaut; wenn du ein Freier bist, dann betrachte dich als der Sklave Christi; wenn du ein Sklave bist, dann wird dir Christus die Freiheit schenken. Die Bedingungen auf Erden würden sich ohnedies bald schon ändern. Die Kirchen wurden zu so fieberhaften Aktivitäten angetrieben, dass Paulus sich am Ende sogar gezwungen sah, das Mütchen einiger Anhänger in Thessaloniki zu kühlen, die das Gerücht verbreiteten, dass Christus bereits wiedergekehrt sei.

Die fiebrige Erwartung des neuen Zeitalters, in dem die Lebenden entrückt und gemeinsam mit den gestorbenen Christen dem vom Himmel her erscheinenden Christus und seinen Engeln begegnen würden, drohte reinstes Chaos in den paulinischen Kirchen auszulösen. Weitsichtig und klug entschloss sich Paulus daher, Vorsichtsmaßnahmen zu ergreifen und örtliche Bischöfe, Priester und Diakone zu ernennen, damit sie sich um die Herde kümmerten, Unmäßigkeiten unter Kontrolle hielten und alle Gläubigen mit geistiger Nahrung versorgten. Die Frühkirche in den griechischen Städten war eine bunt zusammengewürfelte Schar: enthusiastische Charismatiker, die prophetisch in Zungen redeten (1 Kor 14), standen Seite an Seite mit Männern, die sich Brüder nannten und dennoch Unzucht trieben, habgierig waren, Götzen verehrten, lästerten, tranken und raubten (1 Kor 5,11). Paulus scheute nicht davor zurück, einen Christen zu exkommunizieren, der mit seiner Stiefmutter lebte, und »diesen Menschen dem Satan [zu] übergeben zum Verderben seines Fleisches« (1 Kor 5,1–5). Die straffe Sozialstruktur, die zur spirituellen Sicherheit der in Glaubensfragen und moralischen Dingen ungebildeten nichtjüdischen christlichen Gemeinden aufgebaut wurde, stellte sich als ein Segen heraus, als sich die Naherwartung der Wiederkehr Christi zu legen begann und ein beruhigender, schützender Einfluss der Kirche notwendig wurde.

Weder die absolute Hingabe, mit der sich Paulus der Evangelisierung von Nichtjuden widmete, noch seine Auseinandersetzungen mit den Christen, die an ihrem Judentum festhielten, weckten in ihm antijüdische Gefühle. Paulus versuchte, »allen in allem entgegenzukommen« (1 Kor 10,33). Seine erfolgreiche Mission in der nichtjüdischen Welt betrachtete er als eine göttliche List, um schließlich auch Israel an Christus heranzuführen. Paulus war überzeugt, dass das alte erwählte Volk Gottes nicht passiv zusehen würde, wie Nichtjuden ihr religiöses Erbe an sich reißen: »Verstockung liegt auf einem Teil Israels, bis die Heiden in voller Zahl das Heil erlangt haben« und auch die Juden »errettet werden« (Röm 11,25–26).

Spanien sollte Paulus nie erreichen. Bis heute hat die Parusie Christi nicht stattgefunden. Juden und Christen sind nach wie vor gespalten. Doch die christliche Kirche lebt weiter, dank der machtvollen theologischen Vision, den organisatorischen Fähigkeiten und der Klugheit eines Juden aus Tarsus, der der eigentliche Gründer jener Weltreligion ist, die sich Christentum nennt. (Quellen: Neues Testament; Eusebius, *Hist. Eccl.* 2,25)

PETRONIUS

Publius Petronius war Statthalter von Syria (39–41/42 n. d. Z.) und ein kluger, anständiger hoher Beamter Roms. Er befand sich in der nicht eben beneidenswerten Lage, als Mittelsmann zwischen dem wahnsinnigen Kaiser *Caligula und den aufgebrachten Juden fungieren zu müssen. Der Aufstand begann in der Küstenstadt Javne (Jamnia), wo die jüdische Bevölkerungsmehrheit einen Altar zerstört hatte, der von den nichtjüdischen Bewohnern zu Ehren des Kaisers errichtet worden war. Caligula rächte sich mit dem Befehl, sein Standbild im Tempel von Jerusalem aufzustellen. Um sicherzugehen, dass diese Order auch ausgeführt würde, instruierte er Petronius im Winter 39/40 n. d. Z., mit der Hälfte aller in Syria stationierten Legio-

nen schnellstmöglich in Judäa einzumarschieren. Der Diplomat
Petronius versuchte, mit den Repräsentanten der Juden zu verhandeln, doch die wollten einen Kompromiss nicht einmal in Betracht
ziehen. In Ptolemais, wo Petronius sein Hauptquartier hatte, brachen
Massenproteste aus. Vom Flehen der Juden bewegt, versuchte der
Statthalter eine Entscheidung hinauszuzögern. Es folgten weitere
Verhandlungen, bis Petronius schließlich vom Kaiser die Rücknahme
des Edikts erbat. Seine Petition wurde vom jüdischen König *Agrippa I. unterstützt, der sich in dieser Zeit bei seinem Freund Caligula
in Rom aufhielt. Tatsächlich sollte diese Intervention die Lage kurzfristig entspannen. Doch schon bald änderte Caligula seine Meinung
wieder und gab ein kaiserliches Standbild in Auftrag, das nach Judäa
verschifft werden sollte. Petronius sandte er ein Schreiben mit dem
Befehl, Selbstmord zu begehen. Schlechtes Wetter verzögerte die
Auslieferung des Briefes jedoch: Petronius erhielt ihn erst siebenund-
zwanzig Tage nachdem ihn die Meldung von der Ermordung des
Kaisers Caligula erreicht hatte. So kam es, dass der anständige und
freundliche Römer am Leben blieb und keine Veranlassung mehr sah,
das Standbild des Kaisers im Tempel aufzustellen. Wie gerecht Petronius die Juden behandelte, zeigt sich auch in der Tatsache, dass er
ihnen sogar in der hellenisierten, nördlich von Caesarea gelegenen
Hafenstadt Dora völlige Religionsfreiheit gewährte. Sein ebenso um-
sichtiger Umgang mit dem mesopotamischen Judentum verdankte
sich allerdings eher strategischen Erwägungen als wahrhaft freund-
schaftlichen Gefühlen. (Quellen: Philo von Alexandria, *Legatio*
576–584; Josephus, *AJ* 18,8.261–309; 19,7.299–311)

PETRUS

Simon, Sohn des Jona oder Johannes und genannt Petrus oder Kephas (abgeleitet vom aramäischen *Kefa*, der Fels), wird grundsätzlich

als Erster unter jenen zwölf Männern aufgeführt, die *Jesus von Nazareth zu seinen Aposteln erwählte. Er stammte aus Bethsaida am
See Genezareth, besaß ein eigenes Boot und stand einer Zweckgemeinschaft von Fischern vor. In der Zeit, als er sich Jesus anschloss,
wohnte er mit seinem Bruder *Andreas in dem kleinen Fischerdorf
Kefar Nahum (Kapernaum) am Nordufer des Sees. Er war verheiratet; seine Schwiegermutter, mit der er unter einem Dach lebte, wurde
später von Jesus geheilt (Mk 1,29–30). Nach Aussage des *Paulus
wurde Petrus auf den Missionsreisen von seiner Frau begleitet (1 Kor
9,5). Kinder werden nicht erwähnt.

Petrus war der wichtigste Mann im inneren Kreis der Gefährten Jesu. Häufig sprach Jesus nur ihn an, wenn er an alle Apostel
eine Frage richtete; umgekehrt verhielt sich Petrus gegenüber Jesus
als deren Gruppensprecher. Im Evangelium des *Matthäus erklärt
Petrus im Namen seiner Mitstreiter, dass Jesus weder der auferstandene Täufer *Johannes noch der wiedergekehrte Elija oder irgendein
anderer Prophet sei, sondern der Messias. Er war Jesus aus vollstem
Herzen ergeben und wäre, wie es im vierten Evangelium heißt, sogar
bereit gewesen, ihn mit dem Schwert zu verteidigen. Doch diese
Ergebenheit hinderte ihn nicht daran, in der Stunde der Not, als er
während des Verhörs draußen im Hof vor dem Hohen Rat wartete,
feige zu leugnen, ein Jünger Jesu zu sein. Er behauptete sogar, »den
Menschen« nicht zu kennen. Danach verschwand Petrus wie der Rest
seiner verzagten Mitapostel. Dem Zeugnis der synoptischen Evangelien zufolge bewiesen nur ein paar galiläische Frauen genügend
Courage, um bis zum Ende an Jesus' Seite zu bleiben.

Die Evangelienberichte von den Erscheinungen des Auferstandenen stärken Petrus' Rolle unter den Aposteln jedoch. Laut dem
Evangelium des *Johannes war es Petrus, der zum leeren Grab eilte,
um den Bericht der Frauen zu überprüfen und das abschätzige Urteil
der Apostel zu berichtigen, die »das alles für Geschwätz« gehalten
hatten (Lk 24,11). Außerdem bezeugen sowohl *Lukas (24,34) als

auch *Paulus (1 Kor 15,5), dass Petrus der erste Apostel war, dem Jesus erschien.

Petrus' Vorrangstellung unter seinen Mitstreitern wird auch in den ersten Kapiteln der Apostelgeschichte deutlich, die die Anfänge der Christenbewegung umreißen. Auf Petrus' Vorschlag hin wird die Lücke gefüllt, die durch Judas' Verrat gerissen wurde. Er ist es, der den Juden in Jerusalem und später im Tempelhof »am Tage zu Pfingsten« von der Verheißung Jesu und der »Gabe des heiligen Geistes« predigt. Er spricht im Namen der Apostel vor dem Hohen Rat. Kurzum, Petrus verhielt sich wie der Führer der neuen Jesusbewegung, und zwar sowohl gegenüber der Außenwelt als auch im eigenen Kreis. So geschehen beispielsweise bei der Frage, ob alle, die gläubig geworden waren, eine Gemeinschaft in Jerusalem bilden, Hab und Gut verkaufen und wie die Sekte der Essener aus einem gemeinsamen Topf leben sollten. Unter den Oberpriestern und ihren sadduzäischen Bündnispartnern genoss Petrus allerdings kein hohes Ansehen: Für sie war er nur ein ungelernter und einfacher Mann (Apg 4,13).

Seit Anbeginn trug Petrus die Verantwortung, dass ausschließlich Juden das Evangelium gepredigt wurde. Zu Zeiten der Urkirche in Palästina wurde es als völlig selbstverständlich betrachtet, dass die Jesusbewegung eine ausschließlich jüdische Angelegenheit und Nichtjuden jeder Zugang versperrt war. Erst nach der erfolgreichen Mission von Paulus und *Barnabas unter den Nichtjuden wurde diese Prämisse infrage gestellt. Der Weg dazu war, sofern die Darstellung von Petrus' Rolle in dieser Geschichte stimmt, nicht zuletzt durch seine Bereitschaft geebnet worden, den römischen Hauptmann *Cornelius sowie dessen Verwandte und Freunde aufzunehmen. Es handelte sich um eine Gruppe von Nichtjuden, die wegen einer charismatischen Vision, die Cornelius empfangen hatte, von der Notwendigkeit befreit wurden, vor der Taufe auf üblichem Wege zum Judentum überzutreten. Diese Neuerung wurde bei der traditionell gesonnenen jüdischen Mehrheit in der christlichen Urgemeinde allerdings nicht gut aufgenommen. Gemeinsam mit Johannes hatte Petrus auch die Evangelisierung der Samaritaner veranlasst – gegen den ausdrücklichen Wunsch von Jesus –, und Petrus war es auch, der das Ansinnen von *Simon Magus verfluchte, die Gabe des Geistes käuflich zu erwerben. Verhaftet wurde Petrus offenbar zur Zeit von *Agrippa I. (41–44 n.d.Z.). Der Apostelgeschichte (12,3–17) zufolge wurde er jedoch von einem Engel befreit, der ihm zur Flucht aus dem Gefängnis verhalf.

Der große Wendepunkt im Leben des Petrus kam mit Paulus' Eintritt in die Urkirche, nachdem dieser einstige Gegner der christlichen »Häresie« und Verfolger der Anhänger Jesu von Barnabas den Kirchenführern vorgestellt worden war. Paulus selbst hält explizit fest, dass er bei seinem ersten Aufenthalt in Jerusalem nach seiner »Bekehrung« nur Kephas und *Jakobus, dem Bruder Jesu, die Aufwartung machte. Die nächste persönliche Begegnung zwischen Petrus und Paulus findet in Antiochia statt, im Norden der römischen Provinz Syria, wo Barnabas und Paulus eine gemischte Kirche aus jüdischen und nichtjüdischen Mitgliedern ins Leben gerufen hatten, die erstmals als Christen bezeichnet wurden. Als Petrus auf seiner Inspektionsreise dort eintraf, setzte er sich bereitwillig mit Juden und Nichtjuden an einen Tisch, um sein Mahl mit ihnen zu teilen. Als dann jedoch Angehörige der streng gläubigen Beschneidungsfraktion des Jakobus aus Jerusalem in Antiochia eintrafen, wollte Petrus nicht beim gemeinsamen Mahl mit Nichtjuden gesehen werden. Er verließ den Tisch und überzeugte die anderen Judenchristen, darunter auch Barnabas, es ihm gleichzutun. Paulus rügte ihn wegen dieses Unrechts öffentlich (Gal 2,11). Der Autor der Apostelgeschichte versucht wie üblich die Wogen zu glätten und berichtet nur von »heftigen Auseinandersetzungen«, nicht aber, dass Petrus selbst daran beteiligt war (Apg 15,1).

Wenn der Bericht über Petrus' Teilnahme am Apostelkonzil in Jerusalem als historisch betrachtet werden kann, dann wäre es die letzte

im Neuen Testament verzeichnete Gelegenheit gewesen, bei der sich
Petrus und Paulus persönlich begegneten. Der Schwerpunkt auf der
Tagesordnung des Konzils lag auf der Frage, ob ein Nichtjude getauft werden könne, ohne zuvor durch Beschneidung zum Judentum
übergetreten zu sein und damit die Grundvoraussetzung für die Aufnahme ins Judenchristentum erfüllt zu haben. Offenbar sprach Petrus
als Erster in der Runde. Nach dem Hinweis, dass Gott »Heiden« (wie
dem Hauptmann Cornelius) »ebenso wie uns den Heiligen Geist gab«,
fragte er: »Warum stellt ihr also jetzt Gott auf die Probe und legt den
Jüngern ein Joch auf den Nacken, das weder unsere Väter noch wir
tragen konnten?« (Apg 15,7–11) Bedenkt man Petrus' Verhalten in
Antiochia und die Tatsache, dass er auch weiterhin ausschließlich unter Juden missionierte – mit Paulus' plastischen Worten gesprochen
war Petrus ausdrücklich das Evangelium »für die Beschnittenen« anvertraut worden (Gal 2,7) –, scheint es jedoch höchst fragwürdig, dass
Petrus einen solchen Vorschlag tatsächlich *vor* Barnabas und Paulus
einbrachte. Vermutlich versuchte der Autor der Apostelgeschichte,
den Bruch zwischen den beiden Kirchenführern zu überspielen, indem er Petrus als den Vorreiter für die Aufnahme von Nichtjuden
darstellte. Als die Apostel schließlich entschieden, unter welchen Bedingungen Nichtjuden Aufnahme finden konnten, war es nicht Petrus,
sondern Jesus' Bruder Jakobus, der Vorsitzende der Versammlung
und Älteste der Jerusalemer Gemeinde, der das entsprechende Dekret erließ. Inzwischen war Jakobus zur vermutlich einflussreichsten
Person im Judenchristentum Palästinas geworden. Es sollte nicht
unerwähnt bleiben, dass Paulus den Apostel Petrus, genannt Kephas,
nicht mehr wie selbstverständlich an oberster Stelle auflistete, als er
in diesem Zusammenhang erneut die »Säulen« der Kirche benannte:
An erster Stelle erwähnte er nun Jakobus, Kephas folgt lediglich an
zweiter, vor *Johannes, Sohn des Zebedäus, an dritter Stelle (Gal 2,9).
    Der Beiname Petrus *der Fels* – den man Simon schon lange vor
seiner Begegnung mit Jesus gegeben haben könnte – entsprach nicht

wirklich seinem Charakter: Am See Genezareth brach er in Panik aus, als er übers Wasser gehen wollte und zu ertrinken drohte. Er verleugnete und verließ Jesus nach dessen Festnahme. In Antiochia machte er seine berühmte Kehrtwende, derentwegen ihn Paulus offen als Heuchler bezeichnete. Doch weil die Evangelisten und der Autor der Apostelgeschichte unschwer vorhersehen konnten, welche Probleme sich aus Petrus' Widersprüchlichkeit ergeben würden, versuchten sie, seine Charakterschwächen zu verheimlichen, indem sie seinen Rang aufzuwerten begannen. Dass er seinen Meister verleugnen würde, hatte Jesus vorausgesagt, daher konnte man dieses Ereignis nicht einfach übergehen. Also stellte man Petrus wenigstens von Gewissensbissen geplagt und bitterlich weinend dar: Lukas legte Jesus eigens ein Gebet in den Mund, das Petrus' Zukunft als stärkendes Vorbild für seine Brüder sicherte (Lk 22,31). Matthäus – und nur Matthäus – lässt Jesus verkünden, dass Petrus der Fels sei, auf dem er seine Kirche bauen wolle (Mt 16,18–19). Johannes lässt Petrus drei Mal seine Liebe zu Jesus beteuern, bis dieser zu ihm sagt: »Weide meine Lämmer!« (Joh 21,15) Auch der pseudonyme Autor des 2. Petrusbriefs versucht, mit der Formulierung »unser geliebter Bruder Paulus« den Konflikt zwischen Petrus und Paulus zu vertuschen, wenngleich nicht ohne ironischen Unterton. Er fügt nämlich an, dass in den Briefen des Paulus »manches schwer zu verstehen« sei und deshalb die Gefahr bestünde, dass »die Unwissenden, die noch nicht gefestigt sind«, deren Aussagen »verdrehen« (2 Petr 3,15–16). Auf diese Weise wird der große Menschenfischer eindeutig als ein charismatischer Heiler, Freund der Nichtjuden und eine liebevolle, anhängliche und begeisterungsfähige Persönlichkeit dargestellt.

Nach dem Konflikt in Antiochia und dem Apostelkonzil in Jerusalem verschwindet Petrus aus den Aufzeichnungen des Neuen Testaments. Die beiden Briefe, die seinen Namen tragen, werden von der kritischen Forschung letztlich einstimmig als apokryph bezeichnet: Der erste Brief wird auf die Zeit um das Jahr 100 n.d.Z.

datiert, der zweite auf ungefähr das Jahr 125 n. d. Z. oder auf eine sogar noch spätere Zeit. Das heißt, beide wurden lange nach dem Tod des Apostels Simon Petrus verfasst.

Der im Wesentlichen vom Kirchenhistoriker Eusebius aufgezeichneten christlichen Überlieferung zufolge wurde Petrus nach seinem Weggang aus Jerusalem zum ersten Bischof von Antiochia. Von dort aus ging er zur Zeit von *Claudius' Regentschaft (41–54 n. d. Z.) nach Rom, um kompromisslos Simon Magus zu verfolgen, seinen Erzfeind aus der Zeit in Samaria, um nicht nur dessen Einfluss, sondern gleich auch ihn selbst zu vernichten. Erst danach begann er in der kaiserlichen Metropole seine eigene christliche Botschaft zu verkünden. Petrus' Anhänger überzeugten schließlich seinen Gefährten Markus, dessen Lehren aufzuschreiben. Diese Niederschrift ist als das Markusevangelium bekannt. Eusebius berichtet, dass Petrus in Rom *Philo von Alexandria begegnet sei und dass sowohl Petrus als auch Paulus gegen Ende der Herrschaft von *Nero (54–68 n. d. Z.) hingerichtet wurden. Paulus, der römische Bürger, wurde enthauptet; der Jude Petrus starb wie Jesus am Kreuz. (Quellen: Neues Testament; Eusebius, *Hist. Eccl.* 2,14 u. 17; 3,36)

PHANNI

Phanni ben Samuel (auch Pinhas und bei Josephus Phineës geschrieben) war der letzte Hohepriester der jüdischen Geschichte. Nachdem die Zeloten im Jahr 67 n. d. Z. den Tempel besetzt hatten, wählten sie ihn durch das Losverfahren. Er war eine lächerliche Figur. Weder stammte der Steinmetz aus einer hohepriesterlichen Familie, noch war er klug. Er war ein ausgesprochener Simpel, der nicht die geringste Ahnung hatte, worum es beim Amt des Hohepriesters ging. Seine Herren und Meister betrachteten ihn jedenfalls als eine Witzfigur und schrieben ihm jeden Schritt vor.

So kam es, dass die letzte Besetzung des Hohepriesteramts vor
dem tragischen Ende des Tempels zu einer reinen Komödie geriet.
(Quelle: Josephus, *BI* 4,3.8; *AJ* 20,10. 227)

PHASAEL

Phasael war ein judäischer Staatsmann, der ältere Sohn von *Antipater und Bruder von *Herodes dem Großen. Nachdem ihn sein Vater
zum Statthalter von Jerusalem ernannt hatte, gewann er zwar die
Sympathie des einfachen Volkes, doch die Elite neidete Phasael und
Antipater ihre Erfolge und beschwerte sich bei *Hyrkanos II. über
ihre Amtsführungen. Der gütige Hyrkanos war jedoch nicht bereit,
etwas gegen die beiden zu unternehmen. Allerdings befahl er Herodes, vor dem Tribunal des Sanhedrin zu erscheinen und sich dort für
die Selbstherrlichkeit zu verantworten, mit der er den galiläischen
Rebellenführer *Ezechias und seine Männer ohne weiteres Verfahren zum Tode verurteilt hatte. Phasael und Antipater mussten den
wütenden Herodes davon abhalten, aus Rache Jerusalem anzugreifen.
Um das Jahr 41/40 v. d. Z. erhob *Marcus Antonius sowohl Phasael
als auch Herodes in den Rang von Tetrarchen unter dem Regime
von Hyrkanos, der nach wie vor die höhere Würde des Ethnarchen
besaß.

Als die Parther in Judäa einfielen, gelang Herodes die Flucht zu
den Nabatäern, während Phasael und Hyrkanos II. gefangen genommen und dem letzten hasmonäischen Priesterkönig *Antigonos übergeben wurden. Antigonos verstümmelte seinen Onkel Hyrkanos, indem er ihm ein Ohr oder beide Ohren abbiss, und verurteilte Phasael
zum Tode. Der couragierte Phasael nahm sein Schicksal jedoch selbst
in die Hand und tötete sich, indem er seinen Kopf gegen einen Fel-
sen schlug. Im Gedenken an seinen Bruder sollte Herodes einen der
Türme von Jerusalem nach ihm benennen und sechzehn Kilometer

nördlich von Jericho die Stadt Phasaelis erbauen, die er dann testamentarisch seiner Schwester *Salome vermachte. (Quellen: Josephus, *BI* 1,10–14; *AJ* 14-17)

PHILEMON

Philemon war der Empfänger eines kurzen und sehr besonderen Briefes, in dem sich *Paulus für den flüchtigen Onesimus einsetzte, der ein Sklave des Philemon war. Da Onesimus als Kolosser bezeichnet wird (Kol 4,9), wird wohl auch Philemon, der ein wohlhabendes Mitglied der dortigen Christengemeinde war und sein Haus für Kirchentreffen zur Verfügung stellte, ein Kolosser gewesen sein. Paulus spricht ihn als seinen »geliebten Mitarbeiter« an und hatte das Schreiben an ihn persönlich verfasst.

Offenbar hatte Onesimus seinem Herrn etwas gestohlen und war deshalb nach Rom geflohen, wo er Paulus begegnete, der ihn bekehrte und zu seinem Diener machte. Er hätte ihn gerne bei sich behalten, aber nicht ohne die Einwilligung des Philemon. Deshalb schickte er Onesimus an seinen Herrn zurück, mit der brieflichen Bitte, ihn als »geliebten Bruder« zu empfangen. Das heißt implizit, dass Paulus Philemon um Onesimus' Freilassung bat. Falls dieser Philemon etwas schuldete, wollte Paulus es begleichen. Ob es sich bei dem von Ignatius von Antiochia und Eusebius erwähnten Onesimus, der um das Jahr 110 n.d.Z. Bischof von Ephesus war, um dieselbe Person wie den einstigen Sklaven handelte, ist zwar zweifelhaft, zeitlich gesehen aber nicht unmöglich. (Quellen: Paulus' Brief an Philemon und Brief an die Kolosser Ignatius von Antiochia, in: Eusebius, *Hist. Eccl.* 3,36)

PHILIPPOS, DER TETRARCH

Philippos war der Sohn von *Herodes dem Großen mit Kleopatra von Jerusalem. Er erbte die Gebiete nordöstlich und östlich von Galiläa: Batanäa, die Gaulanitis, Auranitis, Trachonitis sowie Panäa und laut Lukas 3,1 auch Ituräa und herrschte von 4 v.d.Z. bis 33/34 n. d. Z. über die größtenteils nichtjüdische (griechische und syrische) Bevölkerung dieser Region. Philippos ist der einzige Sohn von Herodes, den *Josephus ganz und gar positiv darstellt. Die Errungenschaften, die sich mit seinem Namen verbinden, sind jedoch einzig architektonischer Art. Er baute die alte Stadt Panaeas an einem der vier Quellflüsse des Jordan wieder auf und nannte sie zu Ehren von Kaiser *Augustus Caesarea (im Neuen Testament als Caesarea Philippi bezeichnet). Daneben restaurierte er Bethsaida, den Heimatort der Apostel *Petrus, *Andreas und *Philippus am Nordufer des Sees Genezareth, und benannte das verschönerte Fischerdorf nach Augustus' Tochter Julia in Julias um. Er heiratete *Salome, die Tochter der mit Herodes *Antipas verheirateten *Herodias. Den Evangelienberichten zufolge nahmen Mutter und Tochter entscheidenden Einfluss auf die Enthauptung von *Johannes dem Täufer. Philippos wird wegen seiner Freundlichkeit und Gerechtigkeitsliebe gepriesen. Er war immer und überall ansprechbar, seine Diener trugen auf allen Wegen den Richterstuhl, damit sich Philippos Streitfragen vortragen lassen und ein Urteil fällen konnte, wann und wo immer es gewünscht wurde. Da er über eine im Wesentlichen nichtjüdische Gesellschaft herrschte, ließ er Münzen mit den Bildnissen von Augustus und *Tiberias schlagen, ein Geldstück sogar mit dem eigenen Abbild. Im zwanzigsten Amtsjahr von Kaiser Tiberius (33/34 n.d.Z.) starb er ohne Nachkommen; seine Gebiete wurden der römischen Provinz Syria zugeschlagen. Im Jahr 37 n.d.Z. gab Kaiser *Caligula sie jedoch an Philippos' Neffen, den jüdischen König *Agrippa I., zurück, der ein Sohn von *Aristobulos und Enkel von *Mariamne war, die beide von

Herodes dem Großen ermordet wurden. (Quellen: Josephus, *BI* 2,12; *AJ* 18,2.27−28; 4.106−108; 6.237)

PHILIPPUS DER APOSTEL

Philippus ist lediglich ein Name aus den Listen der synoptischen Evangelien und der Apostelgeschichte (Mk 3,16−19; Mt 10,2−4; Lk 6,14−16; Apg 1,12−14). In der Geschichtsschreibung über *Jesus von Nazareth spielt er an keiner Stelle eine Rolle. Nur bei *Johannes gewinnt Philippus an Bedeutung. Geboren wurde er in Bethsaida, dem Fischerdorf, aus dem auch *Petrus und *Andreas stammten. Er brachte Nathanael zu Jesus und stand Pilgern aus der griechischen Diaspora, die Jesus begegnen wollten, als Führer zur Seite. Ansonsten bediente man sich seiner als eines nicht besonders klugen Gesprächspartners, wenn Jesus einen bestimmten Gedanken ausführen wollte (Joh 14,8−11).

Die spätere christliche Überlieferung beruht auf einem Brief, den Polykrates, der im späten 2. Jahrhundert n. d. Z. Bischof von Ephesus war, an Papst Viktor richtete und der vom Kirchenhistoriker Eusebius (4. Jahrhundert n. d. Z.) zitiert wird. Aus ihm geht hervor, dass der Apostel Philippus in der römischen Provinz Asia wirkte. Man soll ihn in Hierapolis begraben haben, neben »seinen beiden bejahrten, im jungfräulichen Stande gebliebenen Töchtern, während eine andere Tochter, die im Heiligen Geiste wandelte, in Ephesus entschlafen ist«. Wie es scheint, verwechselte Eusebius den Apostel Philippus mit *Philippus dem Diakon, dessen vier »prophetisch begabte« Töchter in der Apostelgeschichte (21,8−9) erwähnt werden. (Quelle: Eusebius, *Hist. Eccl.* 3,31)

PHILIPPUS DER DIAKON

Philippus war eines der sieben griechischsprachigen Mitglieder der Jerusalemer Urgemeinde, die von den Aposteln zu Diakonen oder Predigern ernannt wurden, um die Armen zu versorgen und sich um die Witwen der »Hellenisten« zu kümmern, also um die überlebenden Frauen von Judenchristen aus der Diaspora. Die anderen sechs Männer, allesamt Träger typisch griechischer Namen, waren *Stephanus, Prochorus, Nikanor und Timon, Parmenas sowie Nikolaus, ein Proselyt aus Antiochia (Apg 6,1–5).

Philippus wurde nach Samaria geschickt, um das Evangelium zu verkünden. (Das von Jesus geäußerte Verbot der Missionierung von Nichtjuden und Samaritanern war vergessen.) Seine Evangelisierungsmission, die von charismatischen Exorzismen und Heilungen begleitet war, war ausgesprochen erfolgreich. Philippus gelang es sogar, *Simon Magus zu gewinnen und zu seinem ständigen Gefährten zu machen. *Petrus und *Johannes reisten eigens aus Jerusalem an, um den bekehrten Samaritanern für alle sichtbar durch Handauflegung den Heiligen Geist zu verleihen. Als Simon das sah, bot er Petrus Geld, auf dass auch seinen Händen solche Macht verliehen werde, wurde vom Apostel jedoch brüsk zurückgewiesen.

Die zweite überlieferte Geschichte über Philippus' Evangelisierungsmission ist seine Begegnung mit einem zum Judentum konvertierten Äthiopier auf der Straße von Jerusalem nach Gaza. Es handelte sich um den Kämmerer am Hofe der äthiopischen Königin, der sich auf dem Rückweg von einer Pilgerreise zum Tempel in Jerusalem befand. Er las gerade Jesaja 53, die Passage, in der es um das Leid der Knechte Gottes geht, verstand aber nicht, was damit gemeint war, und bat Philippus um Erläuterung. Dieser erklärte dem Äthiopier, dass sich diese Worte in Jesus bewahrheitet hätten, und taufte den Mann gleich bei der nächsten Wasserstelle.

Das letzte Mal begegnen wir Philippus im Jahr 58 n. d. Z.: Paulus macht ihm nach seiner Ankunft in Caesarea auf seiner letzten Reise nach Jerusalem die Aufwartung und verweilt als Gast in seinem Haus, wo er auch auf dessen vier Töchter, die »prophetisch begabten Jungfrauen«, trifft. (Quellen: Apg 8,5–6, 12–13, 26–40; 21,8)

PHILO

Philo von Alexandria war nicht nur der größte Philosoph des hellenisierten Judentums, sondern auch ein großer Kenner der jüdischen Glaubensgesetze und ein Staatsmann. Er wurde um das Jahr 20 v.d.Z. als Sohn einer führenden jüdischen Familie in Alexandria geboren. Sein Bruder Alexander war Alabarch (Oberaufseher) der Zolleinnahmen des alexandrinischen Hafens, sein Neffe Tiberius Iulius *Alexander wurde Prokurator von Judäa (46–48 n.d.Z.). Im Jahr 39/40 n.d.Z. führte Philo eine Delegation alexandrinischer Juden zu Gaius *Caligula. Er, der römische Bürger und große Bewunderer von Kaiser *Augustus, war stark in den Konflikt zwischen den Griechen und Juden von Alexandria involviert, der vom Judenhass des römischen Statthalters Flaccus so massiv geschürt wurde, dass Philo deshalb sogar in Ungnade fiel. Er wurde verbannt und schließlich auf Caligulas Befehl hin im Jahr 38 n.d.Z. hingerichtet. Es gelang jedoch weder den jüdischen noch den griechischen Abgesandten, den Kaiser auf ihre Seite zu ziehen, denn letztendlich war Caligula nur daran interessiert, selbst als Gott anerkannt zu werden (*Legatio* 372).

Philo war ein außerordentlich populärer Autor. Ein Großteil seiner Werke hat überlebt. Dabei handelt es sich im Wesentlichen um allegorische Interpretationen des Pentateuch, vor allem der Genesis, sowie um eine systematische, mit philosophischen und allegorischen Elementen durchsetzte Darlegung des Mosaischen Gesetzes, das Philo insbesondere in seinen vier Büchern *De specialibus legibus* (spezielle Erläuterung des Gesetzes) behandelte. In seinem Werk *Quod omnis probus liber sit* erörtert er die Freiheit des Menschen und hinterließ uns eine wichtige Beschreibung der Essenersekte, die sich hauptsächlich in Palästina gruppierte. In *De vita contemplativa* schildert uns Philo hingegen die jüdische Gemeinschaft der Therapeuten aus seiner alexandrinischen Nachbarschaft. Durch Eusebius blieben viele Fragmente von Philos *Apologia pro Iudaeis* oder *Hypothetica* erhalten, in der er den jüdischen Glauben verteidigt.

Philos Werk beweist, dass es durchaus die Möglichkeit gab, griechisches Gedankengut fruchtbar mit dem jüdischen Glauben zu verbinden. Seine fundierten Kenntnisse der griechischen Philosophie und vor allem der Werke Platons verschmolzen mit seiner Treue zur Bibel, die er in der griechischen Übersetzung der Septuaginta las. Dass seine Hebräischkenntnisse ziemlich begrenzt waren, offenbart sich in seinen etymologischen Ableitungen biblischer Namen. Als das Kind zweier Welten gelang es ihm, den Juden nahezulegen, dass Moses sie das Wesen der griechischen Philosophie gelehrt habe, und den Griechen, dass Moses ihre in höchsten Ehren gehaltenen Ideen nicht nur bekannt gewesen seien, sondern Griechenland diese sogar von ihm übernommen habe. Philos Einflüsse auf das rabbinische Judentum sind zu vernachlässigen, aber im aufstrebenden Christentum hinterließ er tiefe Spuren, angefangen beim Brief an die Hebräer und dem Prolog des vierten Evangeliums bis hin zu den frühen Kirchenvätern, darunter vor allem Clemens von Alexandria, Origenes, Ambrosius und Hieronymus.

Die Popularität, die Philo in christlichen Kreisen genoss, führte unweigerlich zur Legendenbildung, die ihn mit der Urkirche verknüpfte. Der Kirchenhistoriker Eusebius von Caesarea berichtet, dass Philo *Petrus begegnet sei und mit ihm in Rom Gespräche geführt habe oder dass es sich bei den sogenannten Therapeuten, über die Philo in seinem Werk *De vita contemplativa* schrieb, in Wahrheit um judenchristliche Asketen aus Ägypten gehandelt habe (*Hist. Eccl.* 2,17). Die spätere Kirchentradition begnügte sich jedoch nicht mehr

damit, Philo lediglich als einen Sympathisanten mit dem Christentum darzustellen, sondern verwandelte ihn selbst in einen überzeugten Christen, der sogar vom Apostel *Johannes persönlich getauft
worden sei und das apokryphe griechischsprachige Buch der Weisheit des Königs Salomo verfasst habe. (Quellen: Philo von Alexandria, *Die Werke in deutscher Übersetzung,* hrsg. v. L. Cohn, I. Heinemann,
M. Adler, W. Theiler, 7 Bde., Berlin, 2. Aufl. 1962; *HJP* III, 2, S. 809–
889)

PILATUS

Pontius Pilatus ist der bei weitem bekannteste römische Statthalter
von Judäa. Seine Amtszeit erstreckte sich über die Jahre 26–36 n.
d. Z. Eine lateinische Inschrift, die im Jahr 1961 in Caesarea entdeckt wurde, enthüllt, dass er offiziell den Titel *praefectus* und nicht
procurator trug, wie uns sämtliche nachfolgenden Quellen berichten,
darunter auch der römische Historiker Tacitus. Pilatus' Verhalten in
Judäa wird ziemlich ausführlich von *Josephus und *Philo bewer-
tet, doch seinen dauerhaft schlechten Ruf verdankt er fraglos dem
Neuen Testament beziehungsweise der Darstellung der Rolle, die er
beim Todesurteil und bei der Kreuzigung des *Jesus von Nazareth
spielte. Pilatus' Name ging sogar in das christliche Glaubensbekennt-
nis ein. Die Porträts, die die jüdischen Autoren Philo und Josephus
im 1. Jahrhundert n. d. Z. von Pilatus hinterließen, unterscheiden
sich jedoch so grundlegend von den Porträts der Evangelisten und
der Frühkirche, dass sie eindeutig kaum noch etwas gemein haben.
    Der von Josephus geschilderte Pilatus ist ein barscher, gefühlloser
und grausamer Beamter, der es verdiente, dass ihn sein regionaler
Vorgesetzter *Vitellius, der römische Statthalter von Syria, um das
Jahr 36/37 n. d. Z. seines Amtes enthob. Offenbar hatte Pilatus schon
kurz nach seinem Eintreffen in Judäa mit den Gepflogenheiten seiner

sämtlichen Vorgänger gebrochen, die allesamt die religiösen Gefühle der Juden respektiert hatten. Seinen Soldaten hatte er befohlen, die Legionsadler mit dem Bildnis des Kaisers nach Jerusalem zu tragen, was die Juden natürlich unnötig provozierte und beleidigte. Kurz darauf löste er einen Volksaufstand aus, weil er sich ohne jede Berechtigung die Opfergaben (*Korban*, im Neuen Testament *Korbin* geschrieben) aus dem heiligen Tempelschatz aneignete, um mit diesem Geld einen Aquädukt zu bauen, der Wasser nach Jerusalem führen sollte. Die Juden protestierten zuhauf, und obwohl sie allesamt unbewaffnet waren, wurden viele von ihnen auf Pilatus' Befehl von den Soldaten abgeschlachtet und viele weitere in der daraufhin ausbrechenden Panik zu Tode getrampelt. Josephus stellt das sogenannte *Testimonium Flavianum*, jenen kurzen Absatz, den er über Jesus schrieb, mitten in die Schilderung dieses Elends, da er die Kreuzigung Jesu als nur eines von vielen Beispielen für die empörenden Taten des Pilatus anführt. Eine andere verbrecherische Aktion, die schließlich auch zu seinem Sturz führte, war der mörderische Angriff auf eine Gruppe von Samaritanern. Nachdem hochrangige Juden deshalb Beschwerde bei Vitellius eingelegt hatten, wurde Pilatus seines Amtes enthoben und nach Rom befohlen, um sich vor dem Kaiser zu verantworten. Nicht weniger grausam war das Massaker, das Pilatus an jüdischen Pilgern aus Galiläa verübte, die mit ihren Opfergaben auf dem Weg nach Jerusalem waren; es wird jedoch nicht von Josephus, sondern im Lukasevangelium (13,1) verzeichnet.

Philo, der ein Zeitgenosse von Pilatus war, legt zwar kein persönliches Zeugnis ab, zitiert aber ausführlich aus einem Brief über Pilatus, den der jüdische König *Agrippa I. (37–41 n. d. Z.) an Kaiser *Caligula schrieb. Darin wird er als ein störrischer, jähzorniger und rachsüchtiger Mann dargestellt, dem der Ruf vorauseilte, ein unbeugsames, von Eigensinn und Verstocktheit geprägtes Naturell zu besitzen. In seinem Amt als Präfekt habe er sich der Beleidigungen, des Raubes, der Gewalttätigkeiten und mutwilligen Zerstörungen

schuldig gemacht. Davon abgesehen sei er bestechlich gewesen, habe
ohne Prozesse unzählige Hinrichtungen angeordnet und zahllose
Grausamkeiten begangen. Es ließe sich wohl kaum ein düstereres
Bild von einem Menschen zeichnen.

Der Pilatus des Neuen Testaments ist eine völlig andere Person. In
diesen Texten erscheint er als ein ehrlicher, aber schwacher Mensch,
der Jesus der Anklagen, die von den jüdischen Autoritäten gegen ihn
vorgebracht worden seien, für nicht schuldig befunden habe. Als
Pilatus versuchte, den Fall Jesus an Herodes *Antipas, den Tetrarchen
von Galiläa, weiterzuleiten, da sich dieser gerade zum Passahfest in
Jerusalem befand, habe er nur vermeiden wollen, selbst ein Urteil fällen
zu müssen. Erst als sich Antipas geweigert habe, den Fall zu übernehmen, und Jesus an Pilatus zurückverwies, habe der Präfekt halbherzig
und gegen den Rat seiner eigenen Frau – die einen Alptraum wegen
Jesus gehabt hatte – zugestimmt, ihn zur Kreuzigung zu verurteilen.
Allerdings nicht, ohne seine Unschuld am Blut dieses Menschen zu
beteuern, indem er sich demonstrativ die Hände wusch.

Der von Josephus und Philo gezeichnete Pilatus ist völlig unver-
einbar mit dem Mann, den die Evangelisten darstellen. Zugunsten
der Evangeliendarstellung ließe sich vorbringen, dass die römischen
Autoritäten generell zögerten, sich in strikt jüdische Angelegenheiten einzumischen (beispielsweise bei der Frage, ob es einem politischen Aufstand gleichkomme, wenn ein Mann behauptet, Christus
beziehungsweise der Messias zu sein). Das Evangelium des *Johannes
stellt diesen Aspekt in den Vordergrund, indem es Pilatus erklären
lässt, das Jesus gegen kein römisches Gesetz verstoßen habe und
seine Ankläger ihn deshalb nach ihren eigenen Gesetzen richten
sollten. Nur wegen ihres Einwands – der darauf hinauslief, dass es
einem jüdischen Gericht nicht gestattet gewesen sei, einen jüdischen
Verbrecher hinzurichten, was jedoch historisch höchst fragwürdig
ist – war Pilatus dem vierten Evangelium zufolge gezwungen, den
Fall Jesus weiter zu verhandeln.

Ein weiteres Detail aus der Evangeliendarstellung, das Pilatus' Sympathie gegenüber Jesus beweisen sollte, liefert die Anekdote vom sogenannten *privilegium paschale*, das angeblich auf Barabbas angewandt wurde: An jedem Vorabend eines Passahfestes soll der Präfekt einen Gefangenen freigelassen haben (oder sollen die Juden ihn um die Freilassung eines jüdischen Häftlings gebeten haben). Im Karzer des Pilatus saß nun ein notorischer Verbrecher namens Barabbas, der im Zuge eines Aufstands an einem Mord beteiligt gewesen war. Pilatus habe der jüdischen Menge angeboten, zwischen der Freilassung des verschlagenen Barabbas und der des unschuldigen Jesus zu wählen, und das Volk wählte den Verbrecher. Die Historizität dieser Geschichte ist fragwürdig: Kein einziges zeitgenössisches Dokument, weder ein mündlich überliefertes noch ein schriftlich niedergelegtes, weder ein jüdisches noch ein römisches, bezeugt, dass es je eine solche Passah-Amnestie gab.

Es wird häufig angeführt, dass sich das im Neuen Testament gezeichnete Porträt eines freundlichen, wenngleich zögerlichen und unentschlossenen Pilatus mit dem Wunsch der Evangelisten erklären lasse, den Vertretern Roms nicht die ganze Schuld für den Tod Jesu aufzubürden. Es gibt jedoch gewiss keinen überzeugenderen Beweis für die groben Gesetzesmissachtungen des Pilatus als die Tatsache, dass er eben wegen seiner Grausamkeit vom römischen Kaiser des Amtes enthoben und in die Verbannung geschickt wurde.

Die spätere christliche Tradition entwickelte zwei völlig abweichende Geschichten. Den negativen Varianten zufolge wurde Pilatus entweder von *Tiberius oder *Nero in Rom hingerichtet und sein Leichnam von Dämonen begleitet nach Vienne in Gallien geschafft oder nach Vienne verbannt, wo er dann Selbstmord begangen habe. Beiden Darstellungen zufolge wurde seine Leiche in die Rhône geworfen, vom Fluss aber wieder ausgespuckt. Daraufhin sei der Leichnam in die Schweiz transportiert und in einem kleinen Bergsee nahe des Vierwaldstättersees versenkt worden. Der Berg trägt seither den

Namen Pilatusberg. Die positive christliche Version der Pilatusge-
schichte lehnt sich an die von Eusebius berichtete Legende an, dass er
Kaiser Tiberius von der Auferstehung Jesu, den die Christen für Gott
hielten, berichtet habe. Der Kaiser habe die Angelegenheit daraufhin
an den Senat verwiesen, der sie jedoch abwies. Der lateinische Kirchenvater Tertullian glaubte sogar, dass Pilatus zur Zeit des Prozesses
Jesu ein Kryptochrist gewesen sei. Auch die legendären *Acta Pilati*
(jene Pilatusakten, welche seit dem Mittelalter als das *Nikodemus-
Evangelium* bezeichnet werden) aus dem 4. Jahrhundert n. d. Z. stellen sein Verhalten im Fall Jesus in ein positives Licht. Doch den
Gipfel erreichte die posthume Glorifizierung des Pontius Pilatus mit
der Entscheidung der Koptischen Kirche in Ägypten, den einstigen
Präfekten von Judäa zu kanonisieren und als Heiligen zu verehren.
(Quellen: Neues Testament: Mk 15,2−15; Mt 27,11−26; Lk 23,2−25;
Joh 18,28−19,22; Josephus: *BI* 2,9; *AJ* 18,2.35−4.89; Philo, *Legatio*
299−305; Tertullian, *Apologeticum* 21,24; Eusebius, *Hist. Eccl.* 2,2. Zu
den *Acta Pilati* siehe »Nikodemus-Evangelium«, in: *Apokryphen zum
Alten und Neuen Testament*, hrsg. v. A. Schindler, S. 489−542.)

POMPEIUS

Gnaeus Pompeius Magnus oder Pompeius der Große (106−48 v. d.
Z.) war ein römischer Feldherr und Staatsmann, der neben Iulius
*Caesar und Crassus dem ersten Triumvirat angehörte, das Rom re-
gierte. Pompeius' Name wirft einen dunklen Schatten auf die jüdische Geschichte, denn er eroberte den Nahen Osten und setzte
der nationalen Unabhängigkeit, die das jüdische Volk fast ein Jahrhundert lang unter dem makkabäisch-hasmonäischen Herrscherhaus
(152−63 v. d. Z.) genossen hatte, im Jahr 63 v. d. Z. ein Ende. Mit Ausnahme der insgesamt sieben Jahre Selbstverwaltung, die sich das Judentum zur Zeit der beiden Aufstände gegen Rom sicherte (66−70

n. d. Z. und 132–135 n. d. Z.), sollte es bis zur Gründung des Staates Israel im Jahr 1948 auf die Restauration seiner politischen Autonomie warten müssen.

Pompeius eroberte Pontus in Kleinasien und besiegte Tigranes, den König von Armenien, der auch über Syrien herrschte. Im Jahr 65 v. d. Z. marschierte Pompeius' Prätor Marcus Aemilius *Scaurus in der syrischen Hauptstadt Damaskus ein. Sein nächstes Ziel war Judäa, wo gerade der Bruderkrieg zwischen *Aristobulos II. und *Hyrkanos II. tobte, den beiden Söhnen des Priesterkönigs Alexander Jannaios. Zuerst favorisierten die Römer Aristobulos, der Pompeius einen kostbaren goldenen Weinstock als Geschenk übersandt hatte, doch das hinderte den römischen Prätor nicht daran, schließlich Hyrkanos zu protektionieren. (Die Einzelheiten dieses politischen Manövers werden in den Artikeln zu Aristobulos II. und Hyrkanos II. behandelt.) Ein Treffen, das in Damaskus zwischen Pompeius, den Repräsentanten der beiden konkurrierenden Hohepriester sowie einer Abordnung des jüdischen Volkes stattfand und bei dem die Absetzung des hasmonäischen Herrscherhauses und die Wiedereinsetzung der von den Makkabäern verdrängten Hohepriesterdynastie verhandelt werden sollte, endete ergebnislos. Im Jahr 63 v. d. Z. eroberte Pompeius Jerusalem und erzürnte die Juden, weil er sogar bis ins Innerste des Tempels eindrang. Im Jahr 61 v. d. Z. feierte er seinen Sieg in Rom. Den Hasmonäerkönig Aristobulos II. mitsamt seiner Familie und die vielen Juden, die er während seines Feldzugs gefangen genommen hatte, ließ Pompeius vor seinem Triumphwagen hermarschieren.

Pompeius mischte sich noch ein weiteres Mal in die jüdische Geschichte ein, nämlich als er sich während des Bürgerkriegs gegen Iulius Caesar die Unterstützung des Hohepriesters Hyrkanos II. und des idumäischen Verwalters *Antipater, Vater des künftigen *Herodes des Großen, sicherte. Doch Hyrkanos und Antipater begriffen bald, dass sie aufs falsche Pferd gesetzt hatten, und schlugen sich auf

Caesars Seite, nachdem er Pompeius bei der Schlacht von Pharsalos in Griechenland geschlagen hatte. Nicht lange nach dieser Niederlage, am 28. September des Jahres 48 v.d.Z., wurde Pompeius in
Ägypten ermordet.

Die Juden, die später den Mord an Caesar betrauern sollten, hatten für Pompeius keine Träne übrig. Ihm legten sie nicht nur den
Verlust ihrer politischen Unabhängigkeit, sondern auch die Ausglie-
derung der hellenisierten Städte an der Mittelmeerküste aus ihrem
Staatsgebiet zur Last. Der jüdische Dichter, der im 1. Jahrhundert v.
d.Z. die Psalmen Salomos verfasste, schildert Pompeius metaphorisch als einen Drachen, der in den Bergen Ägyptens erschlagen
wurde, nachdem Gott ihn verstoßen hatte (2,29–31). Sein regloser
Körper blieb unbegraben liegen. Nichts galt in der Welt des Altertums als größere Schmach.

(Quellen: Josephus, *BI* 1,6–9; *AJ* 14,3.34–4.79; die Psalmen Salomos 2; 17)

Q

QUIETUS

Lusius Quietus war ein spanischer Fürst, der im Jahr 117 n.d.Z. das
Amt des römischen Statthalters von Judäa übernahm. Den Posten
hatte er sich am Ende der Regentschaft von Kaiser *Trajan durch
seinen Beitrag zur Niederschlagung eines jüdischen Aufstands in
Mesopotamien verdient. Der Kirchenvater Eusebius berichtet: Lusius Quietus »rüstete und vernichtete eine sehr große Zahl der dortigen Juden«. Da auch die talmudischen Schriften von einer »Inva-
sion des Quietus« sprechen (mSot 9,14; *Seder Olam Rabbah*), war es
möglicherweise während Quietus' Zeit als Statthalter auch zu Unruhen in Palästina gekommen. Seine anfängliche Glückssträhne brach
jäh ab, als ruchbar wurde, dass er *Hadrian stürzen und sich selbst

zum Kaiser ausrufen wollte. Er wurde aus dem Heer verstoßen und hingerichtet. (Quellen: Eusebius, *Hist. Eccl.* 4,2; Dio 68,32.15)

QUIRINIUS

Publius Sulpicius Quirinius war im Jahr 6 n. d. Z. unter Kaiser *Augustus der römische Statthalter von Syria. Das Neue Testament bringt ihn mit einem Zensus in Verbindung, der im gesamten römischen Reich organisiert wurde und für dessen Durchführung in Syria und Judäa er verantwortlich war. *Lukas zufolge (2,1–6) war es diese Erhebung, die *Joseph und *Maria unmittelbar vor der Geburt von *Jesus zwang, von Nazareth nach Bethlehem zu reisen. Historisch betrachtet ist die Darstellung aus dem Lukasevangelium äußerst fragwürdig, denn ganz offensichtlich verlegt es Quirinius' Steuerzählung, die nach Aussage von *Josephus im Jahr 6/7 n. d. Z. stattfand, auf die Zeit von Jesu Geburt (siehe Lk 1,5; Mt 2,1) am Ende der Regierungszeit *Herodes' des Großen. Herodes war jedoch bereits im Jahr 4 v. d. Z. gestorben.

Da der Zensus im Jahr 6/7 n. d. Z. unzweifelhaft stattgefunden hat, stellt sich also die Frage, ob es, wie Lukas versichert, nur zehn bis zwölf Jahre früher bereits einmal eine von den Römern veranlasste und ebenfalls von Quirinius durchgeführte Steuerschätzung in Herodes' Reich gegeben haben kann. Fünf schwergewichtige Argumente sprechen gegen diese Behauptung im Lukasevangelium: 1) Keine einzige historische römische Quelle erwähnt einen Zensus, der unter Augustus im Römischen Reich »über dem ganzen Erdkreis« stattgefunden hätte. 2) Da Herodes von Rom als ein »verbündeter« König *(rex socius)* betrachtet wurde, wäre jede Einmischung des Kaisers in dessen Hoheitsgewalt nach römischem Recht illegal gewesen, auch wenn es nur um einen aufgenötigten Zensus *(apographe)* gegangen wäre. 3) Ebenfalls römischer Rechtspraxis wider-

sprochen hätte, dass Joseph genötigt gewesen sein soll, nach Bethlehem, also in die Stadt seines angeblichen Vorfahrens David zu reisen,
um dort seinen Land- und Eigentumsbesitz anzugeben. Das römische Recht verlangte, dass Vermögenserklärungen entweder in der
Heimatstadt (im Falle von Joseph Nazareth) oder in der Hauptstadt
des zuständigen Steuerdistrikts (in Josephs Fall Sepphoris) gemacht
wurden, nicht aber in der Heimatstadt eines vorgeblichen Stammesvorfahrens. 4) Joseph wäre keineswegs verpflichtet gewesen, sich von
seiner Frau begleiten zu lassen, denn die Vermögenserklärung war
einzig und allein vom Familienoberhaupt im Namen der gesamten
Familie gefordert. 5) Die Tatsache, dass der Historiker Flavius Josephus einen Zensus unter Herodes mit keinem Wort erwähnt, erweckt ebenfalls ernsthafte Zweifel an der Verlässlichkeit von Lukas'
Bericht, da Josephus über die Vorgänge, die sich in den letzten Amtsjahren des Herodes abspielten, ganz besonders gut Bescheid wusste.

Dass Quirinius im Jahr 6/7 n.d.Z. einen Zensus anordnete, ist
historisch eindeutig belegt. Abgesehen davon, dass Josephus von
dieser Maßnahme berichtet, machte sie auch eindeutig Sinn, denn
nachdem Herodes' Sohn *Archelaos die Amtsgewalt über Judäa
genommen und einem unmittelbar Rom unterstehenden Verwalter
übergeben worden war, wurde eine neue Vermögensschätzung zum
Zwecke der Besteuerung ipso facto notwendig.

Die These von zwei unmittelbar aufeinanderfolgenden Schätzungen – die erste unter Herodes, die zweite nach der Amtsenthebung
von Archelaos – stößt aber noch auf andere unüberwindliche Hürden.
Die Vermögensschätzung, die Quirinius im Jahr 6/7 n.d.Z. durchführen ließ, also im siebenunddreißigsten Jahr nach *Caesars Sieg über
*Marcus Antonius bei Actium (2. September 31 v.d.Z.), wird von Josephus als beispiellos dargestellt. Diese Maßnahme wurde von den Juden sogar als ein derart schockierendes Novum empfunden, dass sie
einen gewaltigen, von *Judas dem Galiläer/Jehuda aus Gamala initiierten Aufstand auslöste. Ganz abgesehen davon ist eine von Quiri

nius angeordnete Steuerschätzung zur Zeit des Herodes schon deshalb eine historische Unmöglichkeit, weil es kein einziges Dokument
gibt, das ihn vor dem Jahr 6 n.d.Z. als Statthalter von Syria ausweist,
und weil es in den relevanten Jahren auch keinen Zeitraum gab, in
dem das Amt des Statthalters unbesetzt gewesen wäre. Die Namen
und Amtsdaten aller kaiserlichen Legate in Syria um die erste Jahr-
hundertwende sind bekannt: Gaius Sentius Saturnius (10/9−7/6 v.d.
Z.), Publius Quinctilius *Varus (7/6−4 v.d.Z.), Lucius Calpurnius
Piso (4−1 v.d.Z.), Gaius Iulius Caesar, der Enkel des *Augustus (1 v.
d.Z.−4 n.d.Z.) und Lucius Volusius Saturnius (4−5 n.d.Z.). Quirinius kann sein Amt nicht vor dem Jahr 6 n.d.Z. angetreten haben.

Quirinius hinterließ noch eine andere Spur im Neuen Testament:
Er entledigte sich im Jahr 6 n.d.Z. des unkooperativen jüdischen
Hohepriesters *Joazar und ernannte *Hannas ben Seth, der bis zum
Jahr 15 n.d.Z. im Amt blieb, zu dessen Nachfolger. Dieser Hannas
ist identisch mit dem einstigen Hohepriester, der angeblich eine so
entscheidende Rolle im Prozess Jesu (Joh 18,13 und 24) und bei den
späteren Verhören von *Petrus und den anderen Aposteln vor dem
Sanhedrin in Jerusalem (Apg 4,6) spielte. (Quellen: Lk 2,1; Josephus,
AJ 18,1.1−2; 2.26)

S

SALOME I.

Salome I. − nicht zu verwechseln mit *Salome II, der Tochter von
*Herodias, die mit der Geschichte des Täufers *Johannes in Verbin-
dung gebracht wird − war die Schwester von *Herodes dem Großen,
der von 37 bis 4 v.d.Z. König von Judäa war. Sie war eine gerissene,
grausame und intrigante Frau, die den Tod vieler naher Verwandter
zu verantworten hatte. Da sie und ihre Mutter Kypros unter einem
idumäischen Minderwertigkeitskomplex litten, schmiedeten sie lau-

fend neue Komplotte gegen die hasmonäische Hälfte der königlichen Familie. Zuerst gingen sie gegen *Mariamne I. und deren Mutter *Alexandra vor, die eine Tochter des jüdischen Ethnarchen und Hohepriesters *Hyrkanos II. war, dann auch gegen Mariamnes Söhne Alexander und Aristobulos. Außerdem fädelte Salome den Sturz von gleich zweien ihrer Ehemänner ein. Der erste war ihr Onkel Joseph. Er wurde von Herodes zum Wächter über Mariamne bestimmt, als der König die riskante Reise zu seinem römischen Gönner *Marcus Antonius nach Ägypten antreten musste, um sich für die verdächtigen Umstände zu verantworten, unter denen Alexandras Sohn Aristobulos III. zu Tode gekommen war. Nach seiner Rückkehr im Jahr 34 v. d. Z. beschuldigte Salome ihren Mann Joseph, während der Abwesenheit des Königs eine Affäre mit Mariamne gehabt zu haben, woraufhin Herodes den Onkel ohne weitere Umstände hinrichten ließ. Das nächste Opfer war Mariamne selbst. Von ihrer Mutter Kypros angetrieben, unterstellte Salome Mariamne erneut einen Ehebruch. Diesmal soll Mariamne mit einem gewissen Soemus eine Affäre gehabt haben, den Herodes vor seiner Abreise zu Kaiser *Augustus nach Rhodos zu ihrem Wächter bestimmt hatte. Im Jahr 29 v. d. Z. ließ der eifersüchtige Herodes sowohl seine heißgeliebte Frau als auch seinen engen Freund Soemus hinrichten. Kurz darauf wurde Salome auch ihres zweiten Ehemannes, des Idumäers Kostobar, müde. Unter Missachtung des jüdischen Gesetzes, das einer Frau das Recht absprach, selbst einen solchen Vorgang einzuleiten, sandte sie Kostobar den Scheidungsbrief. Um sicherzugehen, dass sie ihren Kopf auch durchsetzen konnte, beschuldigte sie ihn des Treuebruchs gegenüber Herodes. Der König fackelte nicht lange und befahl die Hinrichtung. Schließlich war Salome neben Herodes' ältestem Sohn Antipater an einer weiteren Intrige beteiligt, die dazu führte, dass sich der König gegen seine beiden Söhne mit Mariamne wandte und im Jahr 7 v. d. Z. sowohl Alexander als auch Aristobulos zum Tode verurteilte und strangulieren ließ.

Salomes dritter Ehemann Alexas hatte mehr Glück als seine beiden Vorgänger. Tatsächlich retteten er und seine reuige (?) Frau sogar einer Gruppe von angesehenen jüdischen Gefangenen das Leben. Der sterbende Herodes hatte ihnen deren Hinrichtung aufgetragen, weil er in seinem letzten Wahn hoffte, auf diese Weise sicherstellen zu können, dass nach seinem Tod Wehklage und Trauer im Volk herrschen würden. Doch Salome und ihr Ehemann weigerten sich, diesen unglaublichen Befehl auszuführen, und ließen die Gefangenen frei.

In seinem Testament vermachte Herodes seiner Schwester Salome die Städte Javne (Jamnia), Azotus und Phasaelis sowie fünfhunderttausend Silbermünzen. Sie starb ungefähr im Jahr 10 n. d. Z. als reiche Frau mit grauenvollen Erinnerungen. Im Gedenken an die langjährige Freundschaft ihres Bruders mit dem römischen Kaiser vermachte sie einen Teil ihres Besitzes, darunter auch die berühmten Palmenhaine von Phasaelis, Augustus' Gemahlin, Kaiserin Livia. (Quellen: Josephus, *BI* 1−2; *AJ* 14−17)

SALOME II.

Salome II. – nicht zu verwechseln mit *Salome I., der Schwester von *Herodes dem Großen – war die Tochter von *Herodias und ihrem ersten Ehemann Herodes. Salome heiratete den Tetrarchen *Philippos und nach dessen Tod Aristobulos, den Sohn des Königs *Herodes von Chalkis. Ihr Bildnis blieb auf einer Münze des Aristobulos erhalten.

Im Neuen Testament taucht Salome als namenlose Tochter der Herodias auf. Ihren dauerhaft schlechten Ruf verdankt sie der Rolle, die sie beim Tod des Täufers *Johannes gespielt haben soll. Die von den Evangelien erzählte Geschichte war *Josephus jedoch völlig unbekannt. Zum Dank für den Tanz, den Salome anlässlich des Ge-

burtstags ihres Stiefvaters Herodes Antipas aufgeführt hatte, soll er
ihr – metaphorisch gesprochen – mit einem Blankoscheck die Erfüllung jedes Wunsches versprochen haben. Auf das Betreiben ihrer
Mutter Herodias soll sich das Mädchen daraufhin den Kopf von
Johannes auf einer Silberschale gewünscht haben. (Quellen: Mk 6,21–
28; Mt 14,6–11; Josephus, *AJ* 18,5.136–137)

SAMEAS UND POLLION
(SCHEMAJA UND ABTALION)

Sameas (Samaias) und Pollion, wie sie in den *Josephus-Übersetzungen genannt werden, waren pharisäische Lehrer aus dem 1. Jahrhundert v. d. Z. und sehr wahrscheinlich identisch mit Schemaja und Abtalion, die in der Mischna aufgeführt werden. Bekannt wurden sie,
weil sie dem jungen *Herodes dem Großen nach seinem Freispruch
bei dem Prozess, der ihm im Jahr 47 v. d. Z. unter dem Vorsitz des
Hohepriesters *Hyrkanos 11. vor dem jüdischen Sanhedrin gemacht
wurde, prophezeit hatten, dass er sich eines Tages an den Richtern
für diese Unbill rächen würde. Tatsächlich verschonte Herodes unter
allen Richtern des Sanhedrin nur Pollion und dessen Schüler Sameas,
nachdem er im Jahr 37 v. d. Z. als König in Jerusalem eingezogen war.
In noch höhere Gunst beim König stiegen die beiden Lehrer, nachdem sie die Bewohner von Jerusalem überzeugt hatten, dass sie ihre
Sünden büßen könnten, wenn sie sich Herodes unterwerfen würden.
Auch als sich die Pharisäer in Herodes' achtzehntem Herrschaftsjahr
weigerten, den Treueeid auf ihn zu schwören, ließ sie der König nur
dank Pollion ungeschoren davonkommen.

   Sameas und Pollion werden üblicherweise mit Schemaja und Abtalion gleichgesetzt, den pharisäischen Meistern, die in der Mischna
als die beiden unmittelbaren Nachfolger von *Simeon ben Schetach,
Bruder der Königin Alexandra Salome, aufgeführt werden. Der we-

sentliche Unterschied ist, dass Josephus Pollion ranghöher als Sameas darstellt, während die Mischna grundsätzlich Schemaja vor Abtalion anführt. Der wichtigste Spruch beider beinhaltet den warnenden Rat, der Obrigkeit immer mit Besonnenheit entgegenzutreten. Die talmudische Tradition verehrt sie als große Weise und Bibelexegeten und schreibt ihnen die von ihrem Schüler *Hillel propagierte Entscheidung zu, dass dem Passahfest in seiner Bedeutung Vorrang vor dem Sabbat gebührt. Es war ihre Autorität als Lehrer, die der pharisäischen Lehre im 1. Jahrhundert n. d. Z. zu noch größerem Einfluss verhalf. (Quellen: Josephus, *AJ* 14,9.172–176; 15,1.3–4; 10.370; *HJP* II, S. 362–363)

SCAURUS

Marcus Aemilius Scaurus, ein römischer Beamter und Heerführer, amtierte von 65 bis 62 v. d. Z. als erster römischer Statthalter in Syria. Nachdem *Pompeius ihn noch während seines Feldzugs in Armenien mit diesem Posten betraut hatte, war Scaurus über Damaskus nach Judäa eingereist, wo gerade der Bruderkrieg zwischen den beiden Söhnen des hasmonäischen Priesterkönigs Alexander Jannaios um das jüdische Hohepriesteramt tobte. Der ältere *Hyrkanos II. belagerte *Aristobulos II. mithilfe der Nabatäer in Jerusalem. Beide versuchten sich Scaurus' Unterstützung zu erkaufen, doch er entschied sich für Aristobulos und stellte den Nabatäern ein Ultimatum, das Jerusalem schließlich von den Belagerern befreite. Die Einnahme der nabatäischen Hochburg Petra in Transjordanien gelang Scaurus jedoch nicht. Nachdem sein Abgesandter *Antipater, der Vater von *Herodes dem Großen, eine hohe Geldsumme für ihn ausgehandelt hatte, behelligte er die Nabatäer jedoch nicht länger. *Josephus erwähnt keine groben Missetaten des Scaurus gegenüber den Juden, doch ein sehr schlecht erhaltener historischer Kalender, der unter den

Schriftrollen vom Toten Meer in der Qumran-Höhle 4 aufgefunden wurde, hält an zwei Stellen fest: »Aemilius tötete ...« (4Q333 1,4 u. 8). Da derselbe Text historische Namen wie Hyrkanos und Schelemzion (Alexandra Salome) enthält und damit auf die syrische Amtsperiode des Scaurus hinweist und außerdem kein anderer Mann namens Aemilius eine führende Rolle bei der römischen Eroberung Judäas unter Pompeius spielte, kann es sich bei der Person, auf die sich diese Qumran-Fragmente beziehen, nur um Marcus *Aemilius* Scaurus handeln.

Nach seiner Amtszeit als Statthalter von Syria kehrte Scaurus nach Italien zurück, wo er noch mehrere hohe Staatsämter besetzte. Nachdem man ihn jedoch der Korruption für schuldig befunden hatte, beendete er sein Leben in der Verbannung. (Quellen: Josephus, *BI* 1,6 u. 8; *AJ* 14,2.29; 14,3.33 u. 37; 14,4.79−5.81)

SCHAMMAI

Schammai und *Hillel waren das einflussreichste Paar unter den frühen Pharisäern. Chronologisch betrachtet überspannt ihr Wirken die Zeitenwende. Beide tragen den Beinamen *der Alte*, wurden also weder als Rabbanan bezeichnet noch als Rabbi angeredet. Schammai, der ein strenger Meister war, rief in Konkurrenz zu Hillel ein eigenes Lehrhaus ins Leben, das wie sein Gründer für seine besonders strenge Auslegung des jüdischen Gesetzes bekannt war.

Über Schammais Biografie ist praktisch nichts bekannt. Offenbar war er ein gelernter Bauhandwerker und jähzorniger Mann. Zweifellos war ihm selbst daran gelegen, dieser Charakterschwäche entgegenzuwirken, denn in einem seiner Lieblingssprüche empfahl er, jeden Menschen »mit einem freundlichen Angesicht« zu empfangen.

Einer Anekdote zufolge behauptete einmal ein Nichtjude, dass er sofort zum Judentum übertreten wolle, wenn ihm jemand die Tora in der Zeit erläutern würde, in der er auf einem Fuße stehend ausharren könne. Während Schammai ihn vernünftigerweise sofort vor die Tür setzte, reagierte der milde und zuvorkommende Hillel mit einem Verweis auf die Goldene Regel: »Was dir nicht lieb ist, das tue auch deinem Nächsten nicht« (bSchab 31a). Auch *Jesus lehrte diese Regel. Die Lehre, die Jesus dem Evangelisten *Matthäus zufolge über die Scheidung vertrat – eine Auflösung der Ehe sei nur erlaubt, wenn ein »Fall von Unzucht« bei der Frau vorliege –, gibt hingegen die strengere Auslegung von Schammai wieder. Schammai autorisierte eine Scheidung nur im Falle eines sexuellen Fehlverhaltens der Frau, während Hillel lockerer mit diesem Thema umging und alles, was dem Ehemann Unbehagen bereitete, als ausreichenden Grund für eine Scheidung betrachtete. (Quelle: *HJP* II, S. 363–367)

SEXTUS VETTULENUS CERIALIS

Siehe unter *Silva*.

SILAS (SILVANUS)

Silas, der auch Silvanus genannt wird, war ein »Prophet« und führendes Mitglied der judenchristlichen Gemeinde zur Zeit des Apostelkonzils von Jerusalem im Jahr 49 n. d. Z. Er und Judas Barsabbas wurden beauftragt, ein Schreiben des Konzils zu den Kirchen in Antiochia und Zilizien zu bringen und dort ein apostolisches Dekret zu verkünden, das Nichtjuden, die zum Christentum übertreten wollten, künftig von der Pflicht entband, vor der Taufe auf üblichem Wege zum Judentum zu konvertieren.

Nach dem Streit zwischen *Paulus und *Barnabas wurde Silas zum engsten Gefährten von Paulus bei dessen zweiter Missionsreise,

auf der er auch vom jüngeren *Timotheus begleitet wurde. Silas war
es auch, der sich neben Paulus vor den Stadtbehörden von Philippi
verantwortete und den Apostel ins Gefängnis begleitete. Beide, Silas
und Timotheus, gründeten mit Paulus die Kirchen von Thessaloniki,
Beröa und Korinth, folgten ihm aber nicht nach Athen. Nach den Ereignissen in Korinth wird Silas im paulinischen Kontext nicht mehr
erwähnt, allerdings ist im ersten Brief des Petrus von einem »Bruder
Silvanus, den ich für treu halte«, die Rede. Dieser Mann muss aber
nicht mit Silas identisch gewesen sein. (Quellen: Apg 15–18; 2 Kor
1,9; 1 Thess 1,1; 2 Thess 1,1; 1 Petr 5,12)

SILVA

Lucius Flavius Silva war von 73/74 bis 81 n. d. Z. römischer Statthalter
von Syria. Von den beiden Männern, die vor ihm die inneren Angelegenheiten der Juden von Palästina überwachten, ist nur sehr wenig
bekannt. Sextus Vettulenus Cerialis hatte während der Belagerung
von Jerusalem das Kommando über die Legion x Fretensis gehabt.
Sein Nachfolger Lucilius Bassus unterdrückte die Juden wie sein
Vorgänger. Er eroberte die Bergfeste Herodium in der Judäischen
Wüste und besetzte schließlich Machaerus in Transjordanien, wo
*Johannes der Täufer enthauptet worden war.
    Der Ruhm, den sich Silva in Judäa erwarb, hing mit der Erobe-
rung der angeblich uneinnehmbaren Felsenfestung Masada zusammen, der letzten Hochburg des jüdischen Widerstands, der von *Eleazar ben Jair, einem Nachkommen von *Judas dem Galiläer, angeführt
wurde. Dank des Einfallreichtums von Silvas militärischen Ingeni-
euren konnten alle Probleme einer Stürmung überwunden werden:
Damit eine Flucht aus der Festung unmöglich war, wurde zuerst eine
Mauer um den Berg errichtet, dann eine Rampe aufgeschüttet, die
bis heute sichtbar ist, damit Soldaten wie Rammböcke an die Befes-

tigungsmauer der Hochburg herankamen und sie erstürmen konnten. Den inneren Holzwall, den die Verteidiger eilig aufgeschichtet
hatten, fackelten die römischen Soldaten mit Brandpfeilen ab. Als
die Römer schließlich eindrangen, stießen sie jedoch auf keinerlei
Widerstand mehr. Die Verteidiger waren allesamt tot, denn sie hatten
einen Pakt geschlossen: Sie hatten beschlossen, lieber ihre Familien
zu töten und anschließend Selbstmord zu begehen, als dem Feind
lebend in die Hände zu fallen. *Josephus' Bericht zufolge zählten die
Römer neunhundertsechzig Leichen. Nur sieben Juden waren geflohen, zwei Frauen und fünf Kinder. Sie wurden lebend in einer unterirdischen Wasserleitung versteckt aufgefunden. Die israelischen Archäologen, die zwischen 1963 und 1965 Masada ausgruben, gaben an,
rund fünfundzwanzig Skelette dieser letzten jüdischen Zeloten gefunden zu haben. Unter den Handschriftenfragmenten, die man dort
entdeckte, befanden sich eine unvollständige hebräische Schriftrolle
des später *liber ecclesiasticus* genannten Weisheitsbuchs von Jesus ben
Sira, eine sektiererische religiöse Schrift, die in Teilen bereits unter
den Schriftrollen des Toten Meers entdeckt worden war, sowie erstaun-
licherweise auch das Fragment eines Papyrus, des ältesten seiner Art,
auf dem in lateinischer Sprache eine Zeile aus Vergils *Aeneis* zu lesen
ist. (Quelle: Josephus, *BI* 7, 8–9; Yigael Yadin, *Masada. Der letzte
Kampf um die Festung des Herodes*, aus dem Englischen von Eva und
Arne Eggebrecht, Hamburg, 1967)

SIMEON BAR GIORA

Simeon, Sohn des Giora – das aramäische Wort *giora* wie das hebräische Wort *ger* bedeuten *Bekehrter* – war ein einflussreicher Führer
der Aufständischen während der Belagerung von Jerusalem. Geboren wurde er in Gerasa als Sohn eines Mannes, der zum Judentum
übergetreten war, und einer jüdischen Mutter. Nachdem sich Simeon

zuerst den Sikariern in Masada angeschlossen hatte, begann er, mit
einer Gruppe von Gesetzlosen plündernd durch Judäa zu ziehen. Sie
besetzten Hebron, dann Idumäa. Im Frühjahr 69 n. d. Z. marschierte
Simeon mit seinen Männern auf Bitten des Oberpriesters Matthias
ben Boethos in Jerusalem ein. Fatalerweise hatte man gehofft, dass
sie der tyrannischen Herrschaft des *Johannes von Gischala ein Ende
setzen könnten. Tatsächlich entpuppte sich Simeon, der von fünfzig
Unterführern, zehntausend Soldaten und fünftausend idumäischen
Hilfstruppen unter dem Kommando von zehn weiteren Heerführern
unterstützt wurde, als ein noch schlimmerer Despot und eine noch
größere Gefahr für seine Mitbürger als Johannes von Gischala. Er
drangsalierte die Reichen und tötete viele, darunter auch seinen einstigen Gönner, den Oberpriester Matthias, und dessen drei Söhne.
Welch widerwärtiger Geist im belagerten Jerusalem herrschte, offenbart sich auch in Simeons Befehl, Matthias zuerst die Ermordung der
eigenen Söhne mitansehen zu lassen, bevor er ihn selbst unter den
Augen der Römer umbringen ließ – nicht ohne ihn zuvor höhnisch
gefragt zu haben, »ob ihm nun wohl die Römer zu Hilfe kämen, zu
denen er hätte überlaufen wollen« (Josephus, *BI* 5,3.1). Im letzten
Stadium der Belagerung war Simeon für die Verteidigung der Jerusalemer Oberstadt zuständig. Er war der letzte Anführer der Rebellen,
der den Römern in die Hände fiel: Sie fassten ihn, als er sich aus
seinem Untergrundversteck herauswagte, ließen ihn aber noch am
Leben, damit sie den Rebellenführer bei *Titus' triumphalem Einzug in Rom im Jahr 71 n. d. Z. vorführen konnten. Erst dann wurde
er nach altem Brauch feierlich gegeißelt und im Mamertinischen
Kerker am nordöstlichen Ende des Forum Romanum hingerichtet.
(Quelle: Josephus, *BI* 2–7)

SIMEON BAR KOSIBA

Simeon bar (oder ben) Kosiba, der auch unter dem Namen Bar Kochba bekannt ist, war der Anführer des zweiten jüdischen Aufstands gegen Rom, der von 132 bis 135 n. d. Z. unter Kaiser *Hadrian stattfand. Die wahrscheinlichsten Gründe für diese Rebellion waren entweder das von Hadrian erlassene und vom römischen Historiker Spartian in der *Historia Augustus* berichtete Beschneidungsverbot oder der von Cassius Dio überlieferte kaiserliche Beschluss, eine römische Stadt namens Aelia auf den Trümmern von Jerusalem zu errichten. Bedenkt man den allgemeinen historischen Kontext, dann erscheint die zweite Begründung allerdings wahrscheinlicher. Cassius Dio berichtet, dass mit dem Bau der Stadt Colonia Aelia Capitolina, kurz Aelia genannt, um das Jahr 130 n. d. Z. begonnen wurde, während sich Hadrian in Ägypten, Judäa und Syria aufhielt. Es ist also denkbar, dass sich die feindselige Reaktion der Juden auf den provokativen Bau dieser Neustadt mit ihrer Empörung über das neue Beschneidungsgesetz vermischte. Ebenso möglich ist jedoch, dass das Beschneidungsverbot den Juden erst als eine Strafmaßnahme nach dem Ende dieses Krieges auferlegt wurde – in diesem Fall wäre es allerdings eine Bestrafung wegen des Aufstands, nicht aber dessen Ursache gewesen.

Der von Simeon bar Kosiba angestiftete und geführte Aufstand brach im Jahr 132 n. d. Z. aus. Bevor man in den Fünfziger- und Sechzigerjahren des 20. Jahrhunderts Dokumente über diesen Zweiten Jüdischen Krieg in den Höhlen der Judäischen Wüste entdeckte, war nicht einmal der Name des Anführers gesichert gewesen. Die Kirchenväter Justinus und Eusebius nennen ihn Kochebas oder Barchochebas, in den talmudischen Schriften wird er als Ben oder Bar Kochba bezeichnet, was beides *Sternensohn* bedeutet. Die erhaltene Korrespondenz zwischen den diversen Führern des Aufstands und ihrem Anführer sowie die Briefe, die sie untereinander austauschten, beweisen jedoch, dass sein Name Bar Kosba oder Kosiba war und sein Vorname Simeon. Das bezeugen auch Münzen, die während des Aufstands geschlagen wurden. Ihnen und den neu entdeckten Texten ist außerdem zu entnehmen, dass sein offizieller Titel *Fürst (Nasi) von Israel* lautete. Weiteres numismatisches Material bestätigt, dass er sich in den ersten beiden Jahren des Aufstands die Führerschaft mit dem Priester Eleazar teilte. Bei diesem Mann könnte es sich um Eleazar aus Modiin gehandelt haben, der von talmudischen Quellen als der Onkel des Simeon angeführt wird und denselben Texten zufolge von seinem Neffen zum Tode verurteilt wurde, weil er ihn fälschlicherweise des Hochverrats verdächtigte. Abgesehen von diesen nicht wirklich verlässlichen Daten blieben jedoch keine Informationen über den familiären Hintergrund und das Leben des Simeon bar Kosiba erhalten.

Auch was die Ursachen dieses Aufstands betrifft, überlebten nur wenige dokumentarische Nachweise. Er brach offenbar nach der Art eines Partisanenkriegs in diversen Regionen gleichzeitig aus. Einige Münzen und ein Dokument bezeugen, dass Jerusalem von den Aufständischen befreit wurde und sie bald schon das ganze Land kontrollierten. Cassius Dio deutet sogar an, dass sich dieser Aufstand über die Grenzen Palästinas hinaus ausdehnte.

Die von Simeon ernannten militärischen Bereichskommandeure hatten die Befehlsgewalt über die einzelnen Distrikte, während jeder Ort von Ältesten regiert wurde, den sogenannten *Parnasin*, die die Verbindung zu den Bereichskommandeuren aufrechterhielten und zudem für die Verpachtung der Ländereien, die allesamt dem Staatsoberhaupt gehörten, und die Eintreibung des Pachtzinses zuständig waren.

Wie von einem Revolutionsführer kaum anders zu erwarten war, enthüllte sich auch Simeon in seinen Briefen als ein barscher und autoritärer Befehlshaber. Einem seiner Unterkommandeure, einem Mann namens Joschua ben Galgula, drohte er Eisenfesseln an, sollte er seine Befehle missachten. Auch den Bereichskommandeuren von

Engedi blühten schwere Strafen, falls sie sich weigerten, seine Befehle auszuführen. Einmal befahl Simeon den Kommandeuren, einen
gewissen Joschua aus Palmyra festzunehmen, zu entwaffnen und zu
ihm zu schicken; und auch die Brüder – wie sich die Aufständischen
untereinander nannten – von Engedi und Takoa, die nicht genügend
Kampfgeist bewiesen, sahen sich strengsten Tadeln ausgesetzt.

Der absolute Gehorsam gegenüber dem Anführer ging Hand
in Hand mit der strikten Befolgung der jüdischen Glaubensgesetze.
Beispielsweise sorgte Simeon bar Kosiba dafür, dass zum Laubhüt-
tenfest die Zweige der vorgeschriebenen *vier Arten* (Zitrusfrucht,
Palme, Myrthe und Bachweide) herbeigeschafft wurden, während
der Älteste von Kirjat Arba sicherzustellen hatte, dass der Zehnte
dafür bezahlt worden war.

Simeons Briefe sind in hebräischer und aramäischer Sprache verfasst, nur einer wurde in griechischer Sprache geschrieben, da offenbar gerade kein hebräischer/aramäischer Schreiber zur Hand war.
Er enthält eilige Befehle anlässlich des bevorstehenden Laubhüttenfests. Zumindest ein Brief wurde mit »[Si]meon S[ohn des]…« unterschrieben. Falls das fehlende Wort Kosiba ist, dann wäre dies
tatsächlich ein Dokument, das vom Führer des Zweiten Jüdischen
Krieges höchstpersönlich unterschrieben wurde.

Die militärischen Erfolge des Widerstands zwangen Hadrian,
Truppen in beträchtlicher Stärke zu mobilisieren. *Tineius Rufus,
der zur Zeit des Kriegsausbruchs römischer Statthalter von Judäa
war und mit dem Tyrannos Rufus aus dem Bericht der Rabbanan
identisch ist, trug eine Weile lang die Verantwortung, wurde aber
schließlich von Quinctilius Certus Publicius Marcellus ersetzt. Dieser musste dann seinerseits Sextus Iulius Severus weichen, Hadrians
außergewöhnlichem Feldherrn, der eigens von Britannien am einen
Ende des Imperiums nach Judäa ans andere Ende geholt wurde.
Doch auch ihm gelang es nicht, Simeon Bar Kosibas Aufständische
in eine offene Schlacht zu verwickeln: Er musste sie einzeln in den

Höhlen und unterirdischen Verstecken aufspüren, von denen Yigael Yadins israelisches Archäologenteam einige in der Judäischen Wüste entdeckte. Jerusalem wurde von den Römern zurückerobert, und die Überreste der jüdischen Stadt wurden zerstört, um Raum für Hadrians neues Aelia zu schaffen.

Simeons letzte Fluchtburg war die Bergfestung von Bethar, rund zehn Kilometer südlich von Jerusalem. Sie wurde im Jahr 135 n. d. Z. umstellt und eingenommen. Die talmudische Legende spricht von einem Blutbad, und das entspricht vermutlich der Wahrheit. Der Führer des Aufstands fiel dort neben seinen letzten Brüdern.

In manchen jüdischen Kreisen genoss Simeon bar Kosiba einen geradezu messianischen Ruf, weshalb man ihn auch Bar Kochba, *Sternensohn*, nannte. Auf den Münzen, die von den Aufständischen geschlagen wurden, ist über dem Abbild des Tempels ein Symbol zu sehen, das einige Experten als Stern identifizierten, andere Numismatiker jedoch eher für eine Rosette halten. Zwar wurde Simeon von keinem Geringeren als Rabbi Akiba als die Erfüllung der biblischen Prophezeiung bezeichnet – »es tritt hervor ein Stern aus Jaakob« (Num 24,17) – und deshalb zum König Messias erklärt, doch andere Rabbanan teilten diese Meinung nicht und verwandelten Simeons Ehrenbezeichnung Bar Kochba in den sarkastischen Beinamen Bar Koziba, wörtlich *Lügensohn*.

Auch in christlichen Kreisen hatte Simeon keine gute Presse. Justinus der Märtyrer erklärt, dass sich die Christen Palästinas dem Aufstand nicht angeschlossen hätten, weil er von einem falschen Messias angeführt worden sei und sie deshalb den einzig wahren Christus verleugnet hätten, wenn sie ihm gefolgt wären. Hieronymus beschuldigt Simeon, Zauberkunststücke vorgeführt und dann als Wunder ausgegeben zu haben. Eusebius wie Justinus klagen Bar Kochba außerdem einer massiven Christenverfolgung an. (Quellen: Briefe und Münzen des Bar Kochba, in: *HJP* 1, S. 547; Dio 69,12–14; Justinus, 1 *Apologia* 31,6; Eusebius, *Hist. Eccl.* 4,5–6)

SIMEON BEN BOETHOS

Simeon, Sohn des Boethos, gehörte einer aus Ägypten stammenden Jerusalemer Priesterfamilie an und wurde im Jahr 25/24 v. d. Z. von *Herodes dem Großen zum Hohepriester ernannt. Seine Einsetzung verdankte er jedoch weder besonderen religiösen Qualitäten noch einer besonderen Führungsfähigkeit, sondern einzig und allein der Schönheit seiner Tochter *Mariamne, die Herodes bezaubert hatte. Nur um seinen künftigen Schwiegervater Simeon in einen höheren Rang erheben zu können, entließ der König den Hohepriester *Jesus ben Phabi. Herodes' neue Ehefrau Mariamne II. gebar ihm den Sohn Philippos, wurde jedoch der Mitwisserschaft bei einem Komplott beschuldigt, das Herodes' ältester Sohn Antipater gegen ihn schmiedete, und deshalb vom König geschieden. Da sich die Ernennung von Simeon zum Hohepriester einzig und allein mit Herodes' Interesse an dessen Tochter begründen ließ, wurde auch der Vater prompt entlassen, als Mariamne II. in Ungnade fiel. Ersetzt wurde er kurz vor dem Tod des Königs im Jahr 4 v. d. Z. durch *Mattatias ben Theophilos. (Quellen: Josephus, *AJ* 15,9.320–322; 17,4.78; 6.164–166)

SIMEON BEN GAMALIEL

Simeon, der Sohn von *Gamaliel dem Alten, war ein bedeutender pharisäischer Führer in der zweiten Hälfte des 1. Jahrhunderts n. d. Z. Obwohl *Josephus dessen Vorgänger *Hillel und Gamaliel den Alten völlig übergeht, nimmt er gleich an mehreren Stellen in seinen Schriften Bezug auf Simeon. Von seinen Lehren ist wenig bekannt, abgesehen von dem so häufig missbrauchten Spruch, der ihm im Mischna-Traktat *Pirke Awot* zugeschrieben wird und von den Weisen in unendlichen Varianten wiederholt wurde: »Alle meine Tage bin ich unter Weisen groß geworden und habe nichts Besseres für den Körper gefunden als Schweigen«. Viele Passagen, die in der talmudischen Literatur Simeon ben Gamaliel zugeschrieben werden, gelten heute als Worte seines Enkels Simeon ben *Gamaliel ii. Die beste Informationsquelle über ihn ist Josephus. Er schildert Simeon als den großen jüdischen Führer Jerusalems zu Zeiten des Ersten Jüdischen Krieges gegen Rom (66–70 n.d.Z.), neben dem einstigen Hohepriester *Hannas ben Hannas. Mit Gorion ben Joseph und dem ehemaligen Hohepriester *Jesus ben Gamala gehörten sie zu den entschiedensten Gegnern der Zeloten in der Stadt. Simeon war mit dem galiläischen Revolutionsführer *Johannes von Gischala befreundet, der versucht hatte, Josephus als Militärkommandeur von Galiläa zu entmachten. Obwohl ihm Josephus deshalb feindlich gesonnen war, preist er ihn in höchsten Tönen: »Dieser Šimon war aus der Stadt Jerusalem, aus sehr angesehenem Geschlecht, ferner aus der Richtung der Pharisäer, die in dem Ruf stehen, sich vor den anderen durch Genauigkeit im Beachten der väterlichen Gesetze auszuzeichnen. Er war ein Mann voll Einsicht und Verstandeskraft, fähig, mit seiner Bedachtsamkeit eine verfahrene Sache wieder in Ordnung zu bringen.« (Quelle: *Pirke Awot*, 1,17; Josephus, *BI* 4,3.9; *Vita* 191–192)

SIMEON BEN KAMITOS

Siehe unter *Hannas ben Seth.*

SIMEON BEN SCHETACH

Simeon ben Schetach war ein rabbinischer Lehrer und jüdischer Staatsmann aus dem 1. Jahrhundert v.d.Z. *Josephus berichtet nichts über ihn, daher stammen sämtliche Informationen über diesen Mann aus den Schriften der Rabbanan, deren historischer Wert jedoch ungesichert ist. Er wird als ein sehr bedeutender Mann dargestellt, sowohl in politischer Hinsicht als auch als Lehrer. Sein Wirken fällt in die erste Hälfte des 1. Jahrhunderts v. d. Z. und somit in die Herrschaftszeiten des hasmonäischen Priesterkönigs Alexander Jannaios (103–76 v. d. Z.) und dessen Witwe und Nachfolgerin Alexandra Salome (76–67 v. d. Z.). Es waren die letzten Jahre der ein Jahrhundert während jüdischen Unabhängigkeit unter der makkabäisch-hasmonäischen Herrscherdynastie, der mit der Eroberung Jerusalems durch *Pompeius' römische Legionen im Jahr 63 v. d. Z. ein Ende gesetzt wurde.

Der talmudischen Tradition zufolge war Simeon ben Schetach der führende pharisäische Lehrer seiner Zeit und die eine Hälfte eines jener berühmten *zugot* oder Paare, deren Namen in den *Pirke Awot* (1,8–9) festgehalten wurden. Jedes dieser Paare wurde der Überlieferung nach aus den beiden Häuptern des Sanhedrin oder jüdischen Hohen Rats gebildet. Simeons Einfluss verdankte sich nicht nur seinem Gewicht als einer Instanz des Wissens, sondern auch seinen familiären Beziehungen zum Königshaus der Hasmonäer. Der talmudischen Tradition zufolge war er der Bruder von Königin Schelemzion (Alexandra Salome) und somit der Schwager von Alexander Jannaios (*Bereschit Rabba* 91,3). Durch diese Verwandtschaftsverhältnisse konnte er beträchtlichen Einfluss auf den König und die Königin ausüben.

In den Herrschaftsjahren von Jannaios und Alexandra – ungeachtet der Tatsache, dass sie eine Frau war, erbte sie die Regierungsgewalt über das jüdische Volk und übte sie auch aus – sahen sich die religiösen Gruppen der Sadduzäer und Pharisäer großen Veränderungen ausgesetzt. Das berichtet neben *Josephus auch die rabbinische Chronologie in der sogenannten Fastenrolle *(Megillat Taanit)*. Die Vorherrschaft der Sadduzäer unter Jannaios wich allmählich der Dominanz der Pharisäer. Und weil Königin Alexandra Salome den Pharisäern ihre uneingeschränkte Unterstützung gewährte, konnten sie schließlich die absolute Vormachtstellung gewinnen. Von Josephus erfahren wir, dass die Pharisäer im Volk Stimmung gegen Jannaios machten und deshalb schließlich sogar einen Krieg provozierten, in den auch der Seleukidenkönig Demetrius III. verwickelt wurde (*AJ* 13,13.372–16.415; *BI* 1,4). Nach ein paar anfänglichen Rückschlägen siegte Jannaios und nahm schreckliche Rache an seinen Gegnern. Achthundert von ihnen ließ er in Jerusalem kreuzigen, nachdem er ihre Frauen und Kinder vor ihren Augen hatte ermorden lassen. Eine Bestätigung dieses grausigen Berichts von Josephus findet sich in einer Schriftrolle vom Toten Meer, dem so genannten Nahum-Kommentar aus Höhle 4 (4Q169, frg. 3–4, col. 1,6–8). Darin wird auf einen Herrscher Bezug genommen, der sich wie ein »grimmiger junger Löwe« – Jannaios' Beiname – verhalten habe und »lebendige Menschen an Bäumen aufhängte«, womit nach Meinung fast aller Experten eine Kreuzigung gemeint war. Josephus identifiziert Jannaios' Gegner zwar nicht explizit als Pharisäer oder von Pharisäern angeführte Juden, enthüllt die Identität der Feinde des Königs jedoch mit dem Zitat eines Ratschlags, den dieser seiner Frau Alexandra Salome am Sterbebett erteilte: Sie möge dringend Frieden mit den Pharisäern schließen. Tatsächlich sollten es dann die Pharisäer sein, die während der neun Herrschaftsjahre der Königin die Strippen zogen. Josephus schreibt: »Sie war die Herrin über die anderen, die Pharisäer aber beherrschten sie.« (*BI* 1,5.2) An anderer Stelle erklärt er: »So gab die Königin eigentlich nur den Namen für die Regierung her, während in Wirklichkeit die Pharisäer die Gewalt in Händen hatten.« (*AJ* 13,16.409) Implizit ist damit auch gesagt: Wenn die Pharisäer die eigentliche Macht unter Alexandra Salome besaßen, dann war ihr Bruder Simeon ben Schetach als der führende Pharisäer die eigentliche Macht hinter dem Thron des hasmonäischen Staates.

Der Einfluss von Simeons Lehre scheint seinem politischen Einfluss ebenbürtig gewesen zu sein. Die Zahl der Entscheidungen, die diesem frühen Vertreter des Pharisäertums zugeschrieben werden, ist enorm. Mehrere juristische Regeln, aber auch die Pflicht, einen schriftlichen Ehevertrag aufzusetzen, oder die Gründung eines Grundschulsystems werden auf ihn zurückgeführt. Letzteres ist allerdings fragwürdig, denn ein Primarschulwesen wurde im Judentum Palästinas wahrscheinlich erst über ein Jahrhundert später eingeführt, nämlich zwischen 63 und 65 n. d. Z. unter dem Hohepriester *Jesus ben Gamaliel.

Der Mischna (mSynh 6,4) zufolge ließ Simeon ben Schetach in Askalon einmal achtzig Frauen (Zauberinnen?) aufhängen (kreuzigen?), was die Weisen später mit den Worten kommentierten, »obgleich man nicht zwei an einem Tage verurteilen darf«. Tatsächlich hätte die talmudische Rechtsprechung nicht nur die Vollstreckung eines Todesurteils am Tage der Urteilsverkündung verboten, sondern auch untersagt, mehr als zwei angeklagte Schwerverbrecher an ein und demselben Tag zu richten. Letztlich kann diese ganze grausame Geschichte ohnedies nur erfunden sein, da die hellenisierte Stadt Askalon zu Simeons Zeiten überhaupt nicht dem jüdischen Gebiet angehörte, das seiner Gerichtsbarkeit unterstand.

Unter den Rabbanan genoss Simeon ben Schetach sehr hohes Ansehen. Die Zeit seines Wirkens galt dem Talmud zufolge als ein goldenes Zeitalter: »So geschah es nämlich zur Zeit des Šimón b. Šaṭah; damals regnete es nur in den Nächten des Mittwochs und des Šabbaths, dennoch wurden die Weizenkörner wie die Nieren, die Gerstenkörner wie die Olivensteine und die Linsen wie die Golddenare.« (bTaan 23a) (Quellen: *Enc. Jud.* 14,1563–65; *HJP* II, S. 362)

SIMON DER ESSENER

Simon der Essener war ein charismatischer Traumdeuter, der zu Beginn des 1. Jahrhunderts n. d. Z. wirkte. Dem Bericht des *Josephus zufolge bot er im Jahr 6 n. d. Z. *Archelaos, dem Ethnarchen von

Judäa, die Deutung eines Traumes an, für den die anderen Traumdeuter und Wahrsager, darunter auch einige Chaldäer, keine Erklärung gefunden hatten und der eine gewisse Ähnlichkeit mit dem Traum des Pharao (Gen 41) hat. »Es habe ihm geträumt, dass zehn volle und reife Weizenähren von Ochsen abgefressen worden seien«, schreibt Josephus in *Jüdische Altertümer* (17,12.345), wohingegen er im *Jüdischen Krieg* (2,7.3) von nur »neun« Ären spricht. Nachdem Simon garantiert worden war, dass ihm nichts geschehen werde, egal wie seine Deutung ausfallen würde, legte er den Traum als die Voraussage einer »schlimmen Veränderung« in zehn (beziehungsweise neun) Jahren aus. Fünf Tage darauf, so Josephus weiter, traf ein Abgesandter von *Augustus ein, um der Herrschaft des Archelaos ein Ende zu setzen und ihn nach Rom vor das Gericht des Kaisers zu bringen. Der Prozess endete mit seiner Absetzung, der Beschlagnahmung all seiner Güter und seiner Verbannung nach Vienne in Gallien.

Simon der Essener wird als ein professioneller Traumdeuter dargestellt, der wusste, wie er sein Überleben sichern konnte, wenn er ein schlechtes Omen zu verkünden hatte. Josephus, der selbst priesterlicher Herkunft und in das Gedankengut der Essener eingeweiht war, bezeichnet sich ebenfalls als einen »guten Traumdeuter«. Um seine Kapitulation vor den Römern zu rechtfertigen, zitiert er beispielsweise die Träume, in denen er vorausgesehen hatte, »welche Katastrophen über die Juden kämen und wie das Schicksal der römischen Kaiser verlaufen werde« (*BI* 3,8.3). (Quellen: Josephus, *BI* 2,7.3; *AJ* 17,13.345–348)

SIMON DER PERÄER

Simon war ein peräischer Sklave von König *Herodes dem Großen »und ein Mensch von hoher, schöner Gestalt«. Nach dem Tode seines Herrn im Jahr 4 v. d. Z. setzte er sich die Königskrone auf, versammelte einen Haufen Rebellen um sich und plünderte mit ihnen den Königspalast von Jericho, den er anschließend niederbrannte wie andere Paläste auch. Gratus, der Heerführer von Herodes' Fußsoldaten, verfolgte die Rebellen. Viele Peräer wurden massakriert, des fliehenden Simon nahm sich Gratus höchstpersönlich an. Er holte ihn schließlich ein und enthauptete ihn. Damit war das kurzlebige Königtum des Peräers Simon beendet. (Quellen: Josephus, *BI* 2,4.2; *AJ* 17,10.274–277)

SIMON DER ZELOT

Siehe unter *Jakobus, Sohn des Alphäus.*

SIMON KANTHERAS BEN BOETHOS

König *Agrippa I. (41–44 n.d.Z.) ernannte drei Hohepriester, über die wir abgesehen von ihren Namen kaum etwas wissen.

Der erste von ihnen war Simon ben Boethos, der den Beinamen Kantheras (Skarabäus?) trug und im Jahr 41 n.d.Z. auserwählt wurde, *Theophilos ben Hannas zu ersetzen.

Bald darauf änderte Agrippa seine Meinung und schlug die Wiedereinsetzung von Jonathan vor, eines weiteren Sohnes des Hohepriesters Hannas, der das Amt bereits im Jahr 36/37 n.d.Z. innegehabt hatte. Doch Jonathan lehnte das Angebot mit einer Bescheidenheit ab, die für das Mitglied einer Hohepriesterfamilie Seltenheitswert hatte. Er schlug dem König vor, stattdessen seinen Bruder Mattatias ben Hannas zu berufen, der ein würdigerer Kandidat sei als er selbst. Agrippa war zutiefst beeindruckt und folgte Jonathans Rat. So kam es, dass einem anderen Sohn des *Hannas ben Seth die Ehre zuteil wurde, die hohepriesterlichen Gewänder anzulegen.

Der dritte Inhaber des Hohepriesteramts wurde Elionaios ben
Kantheras. Sollte es sich bei ihm um den in der Mischna als Eljeho-
énaj Haqajaph (Sohn des Kaiaphas?) oder ha-Qoph bezeichneten
Mann handeln, dann wäre er neben dem Ägypter Hanamel (oder
*Ananel) und *Ismael ben Phabi einer der wenigen Hohepriester ge-
wesen, die die Gelegenheit hatten, jenes Brandopfer der roten Kuh
zu zelebrieren, welches in Numeri 19 für die Zubereitung des Reini-
gungswassers vorgeschrieben wird. (Quellen: Zu Simon siehe Josephus, AJ 19,6.297 u. 313; zu Mattatias siehe AJ 19,6.316; zu Elionaios
siehe AJ 19,8.342; mPar 3,5)

SIMON MAGUS

Simon galt unter den Samaritanern als ein berühmter Magier und
»die große Kraft Gottes«. Sein Einfluss in Samaria war enorm, bis
*Philippus der Diakon eintraf, der den Samaritanern vom Evangelium
Jesu über das Himmelreich Gottes erzählte und sie zum Christentum
bekehrte. Sogar Simon hatte sich scheinbar bekehren und taufen
lassen. Wie oberflächlich diese Bekehrung jedoch war, zeigte sich,
nachdem er beobachtet hatte, wie die Apostel *Petrus und *Johannes
durch Handauflegung »den Geist verliehen«: Er bot ihnen Geld an,
damit sie auch ihm die Macht geben würden, durch Handauflegung
den Heiligen Geist zu vermitteln, wurde aber brüsk abgewiesen und
soll daraufhin Buße getan haben (Apg 8,9–25).
    Die spätere christliche Tradition stellt ihn in ein ganz und gar un-
vorteilhaftes Licht. Der Kirchenhistoriker Eusebius (4. Jahrhundert
n.d.Z.) weigerte sich beispielsweise zu glauben, dass Simon jemals
aufrichtig bußfertig gewesen sei oder sich wirklich bekehrt habe, und
bezeichnet ihn deshalb als den »Stammvater« einer »verruchten Häresie«. Petrus folgte Simon nach Rom und vernichtete dort sowohl
ihn als auch seine Macht.

Vom Kirchenvater Justinus dem Märtyrer stammt der Bericht aus dem 2. Jahrhundert n. d. Z., dass ein gewisser »Simon aus dem Dorf Gitthon in Samaria« zur Herrschaftszeit des Kaisers *Claudius (41–54 n. d. Z.) an Einfluss gewonnen habe und in Rom durch eine Bildsäule geehrt worden sei, die mit der lateinischen Inschrift »Simoni deo sancto« versehen war: »Dem heiligen Gott Simon«. Dass Eusebius Simon Magus mit Simon aus Gitthon gleichsetzte, obwohl nicht einmal seine eigene Quelle Justinus diesen Fehler begangen hatte, entbehrt jeglicher Grundlage. Falsch ist auch Justinus' Auslegung der lateinischen Inschrift auf Simons Statue, denn in Wirklichkeit war sie nicht Simon, sondern einer sabinischen Gottheit namens Semo gewidmet. Wie auch immer, die im Neuen Testament dargestellte Figur des Simon wird in der Kirchengeschichte jedenfalls als das Negativbild der charismatischen Persönlichkeit behandelt, die Jesus verkörperte und von der seine unmittelbaren Jünger aus dem Urchristentum kündeten. Simons schlechter Leumund wurde in dem Begriff der Simonie für den Kauf oder Verkauf eines geistlichen Wertes oder kirchlichen Amtes verewigt. (Quellen: Justinus, *Apologia* 1,26; Eusebius, *Hist. Eccl.* 2,10 u. 13)

SOSIUS

Gaius Sosius war von 38 bis 37 v. d. Z. Statthalter von Syria und spielt eine wichtige Rolle in der jüdischen Geschichte, denn er setzte sich mit seinem ganzen Gewicht dafür ein, dass *Herodes der Große zum König der Juden und Herrscher über Jerusalem werden konnte. Dies geschah im Jahr 37 v. d. Z., drei Jahre nachdem *Marcus Antonius Herodes das Königtum von Judäa zuerkannt hatte. Um seinem Plan Erfolg zu garantieren, brachte Sosius ein großes römisches Kontingent nach Jerusalem und stürmte gemeinsam mit Herodes' Heer die Stadt, die vom letzten hasmonäischen Priesterkönig *Antigonos,

Sohn des *Aristobulos II., verteidigt wurde. Antigonos ergab sich Sosius und wurde in Ketten ins syrische Antiochia gebracht, wo er Herodes' Wunsch entsprechend und auf Befehl des Antonius enthauptet wurde. Antigonos war der erste besiegte König, der von den Römern hingerichtet wurde. Mit seinem Tod endete auf höchst unrühmliche Weise das Jahrhundert der hasmonäischen jüdischen Priesterdynastie. Zur Feier seines Sieges schenkte Sosius dem Tempel des Gottes der Juden in Jerusalem eine goldene Krone. Der Kaiser dankte ihm seinen Erfolg in Judäa im Jahr 34 v.d.Z. mit der Verleihung des Titels *imperator* und einer Siegesfeier in Rom. (Quellen: Josephus, *BI* 1,17–18; *AJ* 14,6.468–469, 481, 484–488; 15,1; Dio 49,23)

STEPHANUS

Stephanus war der Erste, der von den Aposteln in Jerusalem zu einem der sieben Diakone erwählt wurde, die sich um die Versorgung der Witwen und Armen in der Christengemeinde kümmern sollten, nachdem sich die »Hellenisten« – die aus der griechischen Diaspora stammenden judenchristlichen Gemeindemitglieder – wegen Vernachlässigung beschwert hatten. Diese sieben Diakone trugen zwar allesamt griechische Namen und waren auch zweifellos Hellenisten, aber der Bericht der Apostelgeschichte muss als politisch voreingenommen betrachtet werden, da er aus dem Blickwinkel des nichtjüdischen Christentums geschrieben wurde.

Wie die meisten Führungspersönlichkeiten der Urkirche, darunter auch *Petrus und *Paulus, wird Stephanus als ein charismatischer Wundertäter dargestellt. Den Berichten zufolge wurde er von Juden aus der griechischen Diaspora vor dem Sanhedrin in Jerusalem der Lästerung gegen Moses und Gott und wegen seiner Reden gegen den Tempel und das Gesetz angeklagt. Zu seiner Verteidigung hielt Stephanus einen langen Monolog, der mit seinem eigenen Fall letztlich gar nichts zu tun hatte, denn er redete über die jüdische Geschichte von Abraham über David und Salomo bis zum Bau des Tempels. Erst nachdem er die Kritik des Propheten an dem Haus zitierte, das Salomo Gott statt des geforderten Zeltheiligtums erbaut hatte, wandte er sich an seine Ankläger: Bereits ihre Väter hätten die Männer getötet, »die die Ankunft des Gerechten geweissagt haben«; sie selbst seien nun zu den Verrätern und Mördern Jesu geworden.

Allein diese Beschuldigung empörte die Anwesenden, aber als Stephanus dann auch noch behauptete, höchstselbst die »Herrlichkeit Gottes und Jesus zur Rechten Gottes« geschaut zu haben, erhob sich zorniges Geschrei. Wie die Berserker stürmten die Zuhörer auf Stephanus los, trieben ihn zur Stadt hinaus und steinigten ihn. Ein junger Mann namens Saul, der sich später *Paulus nennen sollte, stand dabei und fand diesen Mord offenbar voll und ganz gerechtfertigt.

Der Bericht über Stephanus soll die Botschaft vom Bruch des Christentums mit dem Judentum und dem Tempel überbringen. Die historische Wahrheit hinter dieser Darstellung der Apostelgeschichte war vermutlich der provokative Wutausbruch eines führenden Mitglieds der Jesusbewegung, der dazu geführt hatte, dass sich die in jenen Tagen so leicht erregbare Menge in Jerusalem auf den Mann stürzte und ihn lynchte. Stephanus wird als ein frommer Mensch dargestellt, der in der Imitatio Christi lebte. Vor seinem letzten Atemzug soll er Jesus angefleht haben: »nimm meinen Geist auf«, um dann Gott zu bitten: »rechne ihnen diese Sünde nicht an!« (Quelle, Apg 6,8 – 8,1)

SYMEON, SOHN DES KLOPAS

Symeon, Sohn des Klopas, war laut dem vom Kirchenhistoriker Eusebius zitierten Bericht des christlichen Autors Hegesippus aus dem 2. Jahrhundert n. d. Z. der zweite Bischof von Jerusalem. Da Symeons

Vater Klopas der Bruder von *Joseph, des Vaters des *Jesus von Nazareth war, war Symeon folglich Jesus' Vetter. Er trat die Nachfolge von
Jesu Bruder *Jakobus im Amt des Oberhaupts der Kirche von Jerusalem an, damit blieb die Führung der Mutterkirche in Jesus' Familie.
Symeon starb den Märtyrertod. Wiederum Hegesippus zitierend,
berichtet Eusebius, er sei von christlichen Häretikern vor einem römischen Richter beschuldigt worden, dass er zu den Christen zählte,
die »von David abstammen«. Er wurde im Jahr 106/107 n.d.Z. nach
schweren Foltern gekreuzigt und starb im Alter von hundertzwanzig
Jahren unter Kaiser *Trajan den Märtyrertod.

   Wenn man dem Bericht des Eusebius Glauben schenken kann,
dann folgten den beiden Verwandten des Jesus, Jakobus und Symeon,
zwischen den Jahren 106/107 und 135 n.d.Z. in Jerusalem noch dreizehn weitere Bischöfe »aus der Beschneidung«, das heißt jüdischer
Abstammung. Über sie erfahren wir jedoch nichts außer ihre Namen,
die Eusebius der Reihenfolge ihrer Amtsausübung nach anführt: Justus, Zachäus, Tobias, Benjamin, Johannes, Matthias, Philippus, Sene-
kas, Justus, Levi, Ephres, Joseph, Judas. Im Jahr 135 n.d.Z. wurden
alle Juden und Judenchristen aus der paganen Stadt Aelia verbannt,
die *Hadrian auf den Trümmern von Jerusalem hatte errichten lassen.
(Quelle: Eusebius, *Hist. Eccl.* 3,11 u. 32; 4,5)

T

THADDÄUS

Siehe unter *Jakobus, Sohn des Alphäus.*

THEOPHILOS BEN HANNAS

Siehe unter *Jonathan ben Hannas.*

THEUDAS

Theudas war ein typischer jüdischer Glaubensrevolutionär, dem es zur
Zeit des Prokurators Cuspius *Fadus in Judäa (44 – 46 n. d. Z.) gelang,
eine beträchtliche Zahl von Anhängern um sich zu scharen. *Josephus
berichtet, dass er von seinen Gegnern als »Spiegelfechter« bezeichnet
wurde, als einer jener falschen Messiasse also, auf die im eschatologischen Diskurs der Evangelien angespielt wird. Theudas selbst gab
sich als ein wundertätiger Prophet aus und führte seine gutgläubigen
Anhänger, die voller Vertrauen ihr gesamtes Hab und Gut zum Jordan
hinabgetragen hatten, dessen Fluten er – wie einst Josua am Beginn
der Eroberung des verheißenen Landes – als Symbol der Befreiung des
Landes vom römischen Joch teilen wollte. Doch der Prokurator Fadus
sah die Folgen voraus und entsandte eine Reiterabteilung, um kurzen
Prozess mit den Menschen zu machen. Viele wurden abgeschlachtet,
viele gefangen genommen, darunter auch Theudas selbst. Er wurde
enthauptet und sein Kopf triumphierend in Jerusalem präsentiert.

Auch die Rede, die *Gamaliel der Alte, ein führendes Mitglied
des Sanhedrin, während der Anhörung der Apostel vor dem Hohen
Rat hielt, enthält einen Verweis auf die Ermordung von Theudas und
seiner vierhundert Männer (Apg 5,36). Doch Gamaliel – beziehungsweise der Autor der Apostelgeschichte – verlegte dieses Ereignis,
das erst Mitte der Vierzigerjahre im 1. Jahrhundert n. d. Z. stattfand,
chronologisch falsch vor den von *Judas dem Galiläer geführten Aufstand, der wegen der Steuerschätzung des *Quirinius im Jahr 6 n. d. Z.
ausgebrochen war. (Quelle: Josephus, *AJ* 20,5.97 – 98)

THOMAS

Der Name Thomas (siehe Mk 3,18; Mt 10,3; Lk 6,15; Apg 1,13) ist eine
Ableitung aus dem aramäischen *te'ômâ*: Zwilling. Der Apostel Tho-

mas spielt keine Rolle in der Geschichte des *Jesus von Nazareth, die
von den synoptischen Evangelien dargelegt wird, dafür aber einen
wichtigeren Part im Evangelium des *Johannes, wo sein aramäischer
Name durchgängig ins Griechische transliteriert als *Didymos* angeführt wird, was ebenfalls *Zwilling* bedeutet (Joh 11,16; 20,24; 21,2). Bei
Johannes überzeugt der in den synoptischen Evangelien so unbedeu-
tende Thomas seine Gefährten, mit Jesus zu gehen und mit ihm zu
sterben (Joh 11,16). An späterer Stelle tritt er als Sprecher der un-
gläubigen Apostel auf (Joh 14,5). Schließlich wird er bei Johannes
sogar selbst zum Synonym für Ungläubigkeit: Er weigert sich, an die
Auferstehung Jesu zu glauben, solange er dessen lebenden Leib nicht
mit eigenen Händen berühren kann (Joh 20,24–28). Am Ende des
Evangeliums wird er unter den sieben Jüngern angeführt, denen der
Auferstandene am See Genezareth ein letztes Mal erscheint (Joh 21,2).

Infolge der Darstellung im Johannesevangelium wurde Thomas
zu einer wichtigen Figur im Gnostizismus. Man hält ihn außerdem
für den Autor des »Evangeliums nach Thomas«, das hundertvierzehn
Logien enthält und dessen ursprüngliche griechische Fassung aus
dem 2. Jahrhundert n. d. Z. stammt, jedoch nur in einer ägyptisch-
koptischen Übersetzung aus dem 3./4. Jahrhundert n. d. Z. vollständig
erhalten blieb. Auch die sogenannten Thomasakten, die vermutlich
im 3. Jahrhundert n. d. Z. in syrischer Sprache verfasst wurden, werden ihm zugeschrieben. Man braucht nicht eigens zu betonen, dass es
keine stichhaltigen Beweise gibt, die es zuließen, auch nur eine dieser
beiden Schriften dem Apostel Thomas zuzuschreiben.

Der in den Thomasakten berichteten christlichen Legende nach
evangelisierte Thomas Indien und starb durch die Hand eines Regio-
nalfürsten den Märtyrertod. Die Überlieferung versichert, dass sein
Leichnam nach Edessa (im Südosten der heutigen Türkei) überführt
und dort beerdigt wurde. Der Kirchenhistoriker Eusebius berichtet
hingegen, dass Thomas »Parthien (als Wirkungskreis) erhalten« habe.
(Quellen: Beate Blatz, »Das koptische Thomasevangelium«, in: *Neu-*

testamentliche Apokryphen in deutscher Übersetzung, von Edgar Hennecke begründete Sammlung, hrsg. von Wilhelm Schneemelcher, Tübingen, 1990, S. 93–113; Eusebius, *Hist. Eccl.* 3,1)

TIBERIUS

Tiberius Claudius Nero war der Stief- beziehungsweise Adoptivsohn
und Nachfolger von *Augustus. Als zweiter Kaiser des römischen
Reichs herrschte er von 14 bis 37 n. d. Z. und somit zur Zeit des öffentlichen Wirkens von *Johannes dem Täufer und *Jesus von Nazareth
auch über die Juden. *Lukas (3,1) datiert das erste öffentliche Auftre-
ten des Täufers ins fünfzehnte Jahr des Tiberius (29 n. d. Z.). Doch
abgesehen davon, dass der Kaiser im Jahr 26 n. d. Z. für die Ernennung von Pontius *Pilatus verantwortlich war, beeinflusste er die neutestamentarische Geschichte kaum. Einmal befahl er Pilatus, die Legionsadler mit dem Kaiserbild, die dieser am Palast des *Herodes
hatte anbringen lassen (siehe den Artikel zu Pilatus), wieder zu ent-
fernen; ein andermal legte er den künftigen jüdischen König *Agrippa
in Fesseln, weil dieser den Wunsch geäußert hatte, Tiberius möge
bald sterben und durch *Caligula ersetzt werden (*AJ* 18,6.179– 204;
BI 2,9.2). Herodes *Antipas, der Tetrarch von Galiläa, erwies Tiberius
eine besondere Ehre, indem er seiner zwischen 17 und 20 n. d. Z. neu
erbauten Hauptstadt den Namen Tiberias gab.

Das Judentum in der Diaspora erinnert sich des Tiberius allerdings wegen seines Befehls aus dem Jahr 19 n. d. Z., alle Juden Roms
aus der Stadt zu verbannen: Die gesamte jüdische Gemeinde wurde
wegen ein paar Schwindlern bestraft, die eine reiche römische, zum
Judentum bekehrte Frau um das Geld betrogen hatten, das sie in
ihrem Namen an den Tempel von Jerusalem schicken sollten (*AJ*
18,4.82–84). (Quellen: Josephus, *BI* 2,9; *AJ* 18)

TIMOTHEUS

Timotheus war vermutlich der engste Gefährte von *Paulus. Da er
der Sohn einer Judenchristin und eines griechischen Vaters war, war
er nach seiner Geburt nicht beschnitten worden. Als sein gemein-
sames Wirken mit Paulus in einem von vielen Juden bewohnten Gebiet bevorstand, befahl dieser ihm jedoch die rituelle Beschneidung,
auch wenn das seiner prinzipiellen Einstellung widersprach, dass eine
Beschneidung für Kirchenmitglieder ohne jede religiöse Relevanz sei
und angesichts der bevorstehenden Parusie keinerlei Veränderungen
mehr vorgenommen werden sollten.

　　Timotheus begleitete Paulus und *Silas auf der Missionsreise nach
Mazedonien (Beröa) und schloss sich ihnen in Korinth an. Er war an
Paulus' Seite, als dieser den Brief an die Römer schrieb, dem er Grüße
von Timotheus anfügte. Er nahm an den Predigten vor den Korinthern teil und wurde nach Philippi geschickt. Als Absender der Briefe
an die Thessalonicher werden Paulus, *Silvanus und Timotheus genannt, als die des Briefes an die Philipper Paulus und Timotheus. Wie
nahe Timotheus Paulus stand, wird durch die Beiworte »Mitarbeiter«,
»Bruder«, »mein echtes Kind« und »mein geliebtes Kind« deutlich. An
der Seite des gefangenen Paulus war Timotheus auch, als der Brief
an Philemon verfasst wurde, doch das war vermutlich eher in Rom
als in Caesarea. Zwei Briefe sind an Timotheus selbst gerichtet. Der
von Eusebius bestätigten Kirchentradition zufolge wurde Timotheus
erster Bischof von Ephesus. (Quellen: Apg; Röm; 1 und 2 Kor; Kol; 1
und 2 Thess; 1 und 2 Tim; Phlm; Eusebius, *Hist. Eccl.* 3,4)

TINEIUS RUFUS

Quintus Tineius Rufus war der römische Statthalter von Judäa unter
*Hadrian, als im Jahr 132 n. d. Z. der von *Simeon bar Kosiba geführte

zweite jüdische Aufstand gegen Rom ausbrach. Da Rufus den Rebellen nicht gewachsen war und eine massive Niederlage einstecken musste, war Hadrian gezwungen, andere Feldherren nach Palästina zu zitieren. Zuerst ließ er Gaius Quinctilius Certus Publicius Marcellus kommen, dann Sextus Iulius Severus, den er eigens aus Britannien holte, um den Aufstand niederzuschlagen. Die Kämpfe waren ungemein blutig. Die von Cassius Dio angegebene Zahl von 580 000 jüdischen Gefallenen ist zwar mit Sicherheit übertrieben, doch Hadrian gestand implizit selbst ein, dass den Römern empfindliche Verluste zugefügt wurden, denn in dem Schreiben, mit dem er dem römischen Senat seinen Sieg über die Juden bekannt gab, fehlt die übliche Floskel: »Ich und meine Legionen sind wohlauf.«

Nicht nur die Rabbanan, auch Eusebius machte Rufus für die religiöse Verfolgung der Juden während und nach dem Aufstand verantwortlich. Ihm wird auch die Umsetzung von Hadrians Dekret, alle Juden aus Judäa auszuweisen, und das Umpflügen des Tempelbergs angelastet (mTaan 4,6; bTaan 29a; Hieronymus, Kommentar zu Zacharias 8,19). In den späteren Schichten der talmudischen Literatur wird aus unerfindlichen Gründen ein weniger feindseliges Porträt von Tineius Rufus gezeichnet. Dort heißt es, er sei mit der hebräischen Bibel vertraut gewesen und habe den berühmten Rabbi *Akiba regelmäßig mit lästigen Fragen auf die Probe gestellt. Beispielsweise habe er wissen wollen, warum nicht gleich jeder Mann beschnitten geboren würde, wenn Gott die Beschnittenen doch so liebte. Dass Akiba diesen Berichten zufolge nie um eine Antwort verlegen war, verdross Rufus ungemein. Einer talmudischen Legende nach soll sogar seine eigene Frau versucht haben, Rabbi Akibas Aufmerksamkeit zu erregen und ihn zu verführen, damit er sich nicht mehr so sehr auf ihren Mann konzentrierte. Zunächst war ihr damit kein Erfolg beschieden, doch am Ende sollte ihre Rechnung aufgehen: Nachdem sie pflichtschuldigst zum Judentum übergetreten war, heiratete sie den Rabbi (bAZ 20a, bNed 50b). So kam es, dass Akiba einen Menschen bekehrte und eine ausgesprochen reiche Ehefrau gewann! (Quellen: Dio 69,14; Eusebius, *Hist. Eccl.* 4,6)

TITUS

Titus Flavius Sabinus Vespasianus, Sohn des *Vespasian (39/41–81 n. d. Z.), war von 79 bis 81 n. d. Z. römischer Kaiser. Seinen Ruhm, oder seinen aus traditionell jüdischer Sicht schändlichen Ruf, erwarb er sich im Wesentlichen durch die erfolgreiche Fortführung des Feldzugs, den sein Vater gegen die Juden geführt hatte und der im Jahr 70 n. d. Z. mit der Einnahme Jerusalems und der Zerstörung des Tempels endete. Wenn man *Josephus Glauben schenkt, war Titus allerdings nicht unmittelbar für das Niederbrennen des Heiligtums verantwortlich. Im Gegenteil: Als er sich inmitten der Schlacht selbst zur Tempelanlage begab, ordnete er seinen Soldaten an, das Feuer zu löschen, das sich von den Tempeltoren zu den Gebäuden im Inneren ausbreitete. Doch nicht einmal sein Befehl konnte der wilden Zerstörungswut seiner Legionäre Einhalt gebieten (*BI* 6,4.3). Beim triumphalen Einzug in Rom nach dem Sieg im Jüdischen Krieg im Jahr 71 n. d. Z. wurde die Kriegsbeute aus dem Tempel von Jerusalem vor dem hoch zu Ross einreitenden Vespasian und dessen beiden Söhnen Titus und *Domitian zur Schau gestellt. Darunter befand sich »ein Tisch aus Gold im Gewicht von mehreren Talenten und ebenso ein goldener Leuchter«, zuletzt »das jüdische Gesetz« (*BI* 7,5.5), zwei Trompeten und ein Räuchergefäß. Auf einem Fries des Titusbogens im Forum Romanum lassen sich noch heute Abbildungen dieser Kultgegenstände betrachten. Dass Titus den Aufständischen in Palästina so abgeneigt war, konnte ihn allerdings nicht zu ungerechtem Verhalten gegenüber den Juden von Antiochia in Syria verleiten: Entschieden lehnte er das Ansinnen der nichtjüdischen Einwohner der Stadt ab, den Juden alle Bürgerrechte abzusprechen (*BI* 7,3.2–4).

Titus selbst pflegte während und nach diesem Krieg freundschaft-
liche Beziehungen sowohl zu *Josephus als auch zum jüdischen König *Agrippa II. und dessen Schwester *Berenike, die schließlich sogar zu seiner Geliebten wurde. Römische Historiker und literarische
Plaudertaschen überlieferten uns, dass Titus die jüdische Prinzessin
noch heiraten wollte, als er bereits Kaiser geworden war, angesichts
der Opposition in Rom aber nicht mehr den Mut dazu aufgebracht
habe. Sueton erzählt, dass Titus' eine »heftige Leidenschaft zur Königin Berenice« empfunden habe, »der er, wie man allgemein sagte,
sogar die Ehe versprochen hatte«. Trotzdem schickte er sie nach seiner Thronbesteigung aus Rom fort, »so schmerzlich es ihn und sie
auch ankam« (s. u., Tacitus und Dio).

Die jüdische Tradition stellt Titus als das Sinnbild des Bösen dar.
Die Rabbanan beschuldigen ihn, das Gesetz entheiligt und das Aller-
heiligste des Tempels geschändet zu haben, indem er sich dort der
Dienste zweier Huren bedient habe (bGit 56b–57a). Das Urteil, das
der Talmud über den siegreichen Römer fällt, steht im augenfälligen
Kontrast zur Darstellung des Sueton, für den der gereifte Titus ein
Ausbund an Makellosigkeit und Tugend war. (Quellen: Josephus, *BI*,
op. cit.; Sueton, *Titus* 7,1–2; Tacitus, *Historien* 2,1; Dio 66,3–4)

TITUS, BEGLEITER DES PAULUS

Titus stand *Paulus so nahe wie nur wenige seiner Anhänger. Der
Apostel nannte ihn sein »echtes Kind«, und an ihn ist auch einer der
deuteropaulinischen Briefe gerichtet. Titus war kein Jude. Seine Beziehung zu Paulus reichte auf das Apostelkonzil zurück, das im Jahr
49 n. d. Z. in Jerusalem stattgefunden hatte. Dorthin hatte Paulus ihn
ganz bewusst als eine Art Versuchskaninchen mitgebracht, an dem
er beweisen wollte, dass die Aufnahme eines Nichtjuden in die Kir-
chengemeinschaft keines vorangehenden Übertritts zum Judentum

bedurfte: »Doch nicht einmal mein Begleiter Titus, der Grieche ist, wurde gezwungen, sich beschneiden zu lassen« (Gal 2,3). Paulus nutzte Titus als Emissär, um Kontakt zu den Kirchen und besonders zu den Korinthern zu halten (2 Kor 8,6 u. 16 u. 23; 12,18). In Troas suchte Paulus Titus vergebens (2 Kor 2,13), aber in Mazedonien trafen sie einander (2 Kor 7,6 u. 13–14). Später wurde Titus nach Dalmatien entsandt (2 Tim 4,10). Er war also eine Art Wanderbotschafter des Paulus. Dem an Titus gerichteten Brief zufolge sollte er sich schließlich um die Kirche von Kreta und vor allem um die »zügellosen Schwätzer und Betrüger kümmern, besonders die aus der Beschneidung« mit ihren »jüdischen Fabeln« (Tit 1,14), und natürlich auch um die Kreter selbst, die Paulus als »Lügner, böse, wilde Tiere, faule Bäuche« (Tit 1,12) bezeichnet. Der Kirchenhistoriker Eusebius führt Titus als den ersten Bischof von Kreta an. (Quellen: Gal; 2 Kor; Tit; Eusebius, *Hist. Eccl.* 3,4)

TRAJAN

Marcus Ulpius Traianus (53–117 n.d.Z.) war der Adoptivsohn von Nerva, dem er im Jahr 98 n.d.Z. auf den Kaiserthron folgte. Er regierte bis 117 n.d.Z. als viel bewunderter Herrscher, der die Grenzen des Römischen Reichs bis nach Dacien (heutiges Rumänien) im Nordosten sowie Armenien und Mesopotamien im Osten ausdehnte und die Verwaltungsstrukturen in den Provinzen deutlich verbesserte. Während Trajan im Jahr 115 n.d.Z. mit der Eroberung Mesopotamiens beschäftigt war, erhoben sich die Juden in Ägypten und Cyrene gegen Rom. In beiden Ländern weiteten sich die Auseinandersetzungen schließlich zu einem wütenden Krieg aus – laut Eusebius (*Hist. Eccl.* 4,3) wurde der Aufstand in Cyrene von einem gewissen Lukuas angeführt, laut Dio hieß der Mann Andreas. Tausende Juden verloren bei den Kämpfen in Trajans letzten Amtsjahren das Leben.

Dem Bericht des Kirchenhistorikers Eusebius zufolge machte auch Trajan Jagd auf alle Juden »davidischer Abstammung«, die aus seiner Sicht die Drahtzieher der Aufstände waren, und trat damit in die Fußstapfen seiner Vorgänger *Vespasian und *Domitian. Eusebius' Bericht nach wurde auch *Symeon, Sohn des Klopas, Vetter des *Jesus und zweiter Bischof von Jerusalem in der Nachfolge von Jesu Bruder *Jakobus, unter Trajan hingerichtet.

Ein Briefwechsel zwischen Plinius dem Jüngeren, dem außerordentlichen Statthalter *(legatus pro praetore)* der Provinz Bithynien-Pontus, und dem Kaiser wirft ein interessantes Licht auf die rechtliche Stellung der Christen während Trajans Herrschaftszeit. Plinius will sich über das übliche Strafmaß für einen Christen kundig machen und fragt: »Wird schon der Name an sich bestraft, auch ohne Verbrechen, oder werden die mit dem Namen verbundenen Verbrechen bestraft?« Trajan antwortet darauf, dass eine einfache Mitgliedschaft in der Kirche noch nicht für eine Anklage ausreiche, aber wer christlicher Verbrechen für schuldig befunden werde, sei auf normalem rechtlichem Wege zu bestrafen. Obgleich ein Christ also prima facie als Verbrecher behandelt wurde, konnte er »durch ein Opfer vor unseren Göttern [...] aufgrund seiner Reue Verzeihung erhalten«. (Quellen: Eusebius, *Hist. Eccl.* 3,32; Dio 68,32; Plinius der Jüngere, *Briefe*, Zehntes Buch, 96 u. 97)

V

VALERIUS GRATUS

Valerius Gratus folgte Annius Rufus in den Jahren 15–26 n.d.Z. im Amt des Präfekten von Judäa nach. Er war sehr damit beschäftigt, sein Recht auf die Ernennung von jüdischen Hohepriestern in Anspruch zu nehmen: Er ersetzte *Hannas ben Seth, der im Jahr 6 n.d.Z. von *Quirinius berufen worden war und eine entscheidende Rolle im

Prozess gegen *Jesus spielte, durch *Ismael ben Phabi, der das Amt im
Jahr 16/17 n.d.Z. ausübte. Ismael wechselte er dann gegen *Simeon
ben Kamitos aus, der erst knapp ein Jahr im Amt gewesen war, als
er seinerseits von Joseph *Kaiaphas (27–37 n.d.Z.) verdrängt wurde,
der schließlich für den Prozess gegen *Jesus von Nazareth zuständig
sein sollte. Das Hohepriesteramt war kein gesicherter Posten in den
Tagen der römischen Statthalter, nur Hannas und Kaiaphas konnten
auf eine längere Amtszeit zurückblicken. Im Jahr 26 n.d.Z. kehrte
Valerius Gratus nach Rom zurück, und die vakante Präfektur von
Judäa ging an Pontius *Pilatus. (Quelle: Josephus, *AJ* 18,2.33–35 u.
6.177)

VARUS

Publius Quinctilius Varus war in den Jahren 25 bis 27 nach actischer
Ärendatierung – die am 2. September des Jahres 31 v.d.Z. begann –
Statthalter von Syria. Demnach bekleidete er dieses Amt vom Jahr
7/6 v.d.Z. bis nach dem Tod von *Herodes dem Großen im Jahr 4 v.
d.Z. Seine entscheidende Rolle in der jüdischen Geschichte bestand
in der brutalen Unterdrückung des Aufstands, der nach Herodes'
Tod ausgebrochen war. Im Zuge der langwierigen Streitigkeiten zwischen den Söhnen des verstorbenen Königs um dessen Nachfolge
war es zu vielen Tumulten gekommen. Varus intervenierte jedes Mal
umgehend und stellte den Frieden wieder her. Doch der Prokurator
Sabinus, der von Kaiser *Augustus entsandt worden war, um wieder
Recht und Ordnung in Judäa herzustellen, verursachte nur weitere
Probleme und provozierte erneut einen bewaffneten Aufstand in der
Hauptstadt. Die Unruhen breiteten sich nach Sepphoris in Galiläa
aus, wo Judas, Sohn des *Ezechias (vermutlich identisch mit *Judas
dem Galiläer, auch Jehuda aus Gamala genannt), die Führung der
Aufständischen übernahm. Auch in Judäa und Peräa kam es zu Re-

bellionen. Varus sah sich nochmals zum Einschreiten gezwungen. In Galiläa stellte er die Ordnung schnell wieder her, und als er mit seinen beiden Legionen und den nabatäischen Hilfstruppen in Jerusalem einmarschierte, verließ auch dort die Rebellen der Mut. Sie versuchten zu fliehen, doch viele wurden von den Römern gefasst. Zweitausend von ihnen ließ Varus kreuzigen, die Übrigen begnadigte er, bevor er nach Antiochia zurückkehrte. Fortan sollte das römische Kreuz zu einem traurig vertrauten Anblick im jüdischen Palästina werden.

Die pseudepigraphische Schrift *Asumptio Mosis* (»Himmelfahrt Moses«: 6,8–9), die man auf das 1. Jahrhundert n.d.Z. datiert, meint sehr wahrscheinlich Varus, wenn sie von »des Abendlands mächtigem König« spricht, »der sie [die Juden] erobern« und »gefangen fortführen« würde: »Einen Teil ihrer Tempel wird er mit Feuer verbrennen und einige um ihre Ansiedelung herum kreuzigen«. Auch in der talmudischen Literatur *(Seder Olam)* erinnert man sich dieser Episode als der des »Krieges des Varus« – vorausgesetzt man korrigiert die fehlerhafte Schreibweise *Asverus* in dem Satz »vom Krieg des Asverus bis zum Krieg des Vespasian vergingen achtzig Jahre« durch die Schreibweise *Varus*. (Quellen: Josephus, *BI* 2,2–3; *AJ* 17,10.268–298)

VESPASIAN

Titus Flavius Vespasianus (9–79 n.d.Z.) war der erste römische Kaiser aus der flavischen Dynastie und regierte von 69 bis 79 n.d.Z. Im Jahr 67 n.d.Z. wurde er von Nero nach Judäa geschickt, um den Aufstand der Juden niederzuschlagen. Nachdem er schon bald darauf Galiläa erobert hatte, besetzte er nach und nach das übrige Land, ausgenommen die Hauptstadt. Er war noch mit dem Krieg gegen die Juden beschäftigt, als er im Jahr 69 n.d.Z. von den römischen

Legionen in Ägypten, Syria, Palästina und dem gesamten Ostteil des Reichs zum Kaiser ausgerufen wurde. Im Dezember desselben Jahres wurde sein Thronrivale *Vitellius ermordet und Vespasian zum Alleinherrscher über die gesamte römische Welt erklärt. Er kehrte nach Rom zurück und überließ es seinem Sohn *Titus, den Krieg in Judäa zum Erfolg zu führen. Das tat Titus, indem er im Jahr 70 n. d. Z. Jerusalem einnahm. Im darauffolgenden Jahr feierten Vespasian und Titus gemeinsam ihren Sieg in Rom. Die Beute aus dem Jüdischen Krieg – darunter der goldene Tisch für die Schaubrote und die siebenarmige Menora, die aus dem Tempel von Jerusalem geplündert worden waren – trug man im Triumphzug durch die Stadt. Ihre Abbilder lassen sich noch heute auf einem Fries im Titusbogen betrachten. Die Feierlichkeiten endeten nach römischem Brauch mit der Hinrichtung eines wichtigen Feindes, in diesem Fall von *Simeon bar Giora, einem Anführer des Aufstands und General der Sikarier.

Nach dem Krieg begann Vespasian, ganz Palästina in sein Privateigentum zu verwandeln. Die Kopfsteuer, die jeder Jude an den Tempel in Jerusalem abführte, transferierte er in den Säckel des Tempels für Jupiter Capitolinus (*Josephus, *BI* 7,5). Er war es auch, der den Befehl zur Zerstörung des Tempels gab, den Onias IV., ein einstiger Prätendent auf das Hohepriesteramt, ungefähr im Jahr 160 v. d. Z. als Gegenstück zum Tempel von Jerusalem im ägyptischen Leontopolis hatte errichten lassen (*BI* 7,10). Historisch weniger gesichert ist ein Bericht, den ausschließlich der Kirchenhistoriker Eusebius von Hegesippus übernahm und in dem es heißt, dass »Vespasian nach der Eroberung Jerusalems wünschte, es solle kein Jude aus dem königlichen Geschlechte mehr am Leben bleiben, und deshalb den Befehl erließ, alle Nachkommen aus dem Geschlechte Davids ausfindig zu machen. Dies habe eine neue, sehr schwere Verfolgung der Juden veranlasst«. Offensichtlich wurde diese Verfolgung unter den späteren Kaisern *Domitian und *Trajan fortgesetzt.

Anzumerken ist noch, dass Vespasian nach der Aussage von Jose-

phus in Palästina persönlich zum Augenzeugen von zwei typisch
jüdischen Glaubensphänomenen wurde. Beim ersten handelte es sich
um die Praxis der Dämonenaustreibung: Dem Besessenen wurde
unter dem Aufsagen von Beschwörungsformeln eine stinkende Wurzel unter die Nase gehalten. Josephus schreibt, er habe mit eigenen
Augen gesehen, »wie einer der Unseren, *Eleazar mit Namen [ver-
mutlich ein Essener], in Gegenwart des Vespasianus, seiner Söhne,
der Obersten und der übrigen Krieger die von bösen Geistern Besessenen davon befreite« (*AJ* 8,7.46–48). Das zweite Phänomen war
die Prophezeiung. Josephus behauptet, er habe Vespasian und Titus
höchstpersönlich die Zukunft geweissagt: »Ja, du, Vespasian, wirst
Kaiser und Herrscher über alle sein, du und dieser, dein Sohn!« (*BI*
3,8.9). An anderer Stelle berichtet Josephus, er sei noch Kriegsgefan-
gener gewesen, als sich seine Prophezeiung erfüllte und ihm Vespasian deshalb mit den Worten die Freiheit schenkte: »Es wäre eine
Schande, wenn der Mann, der mir das Kaisertum prophezeite und so
der Stimme Gottes Ausdruck verlieh, noch immer wie ein Kriegsge-
fangener gehalten würde und das Schicksal eines Menschen in Fesseln ertragen müsste« (*BI* 4,10.7). Die talmudische Tradition schreibt
auch *Jochanan ben Zakkai, dem religiösen Führer der Juden nach
dem Ersten Krieg gegen Rom, die prophetische Gabe zu. Nachdem
Jochanan aus dem belagerten Jerusalem entkommen war, ließ er Vespasian auf typisch jüdische Weise wissen, dass er »König« werden
würde, nämlich indem er eine Prophezeiung von Jesaja als die Vorhersage des Aufstiegs dieses römischen Oberbefehlshabers zum Kaiser auslegte. Laut Talmud fragte Jochanan die Legionäre: »Wo ist der
König?‹ Sie gingen, um [zu Vespasian] zu sagen: ›Ein Jude will dich
begrüßen‹. Er antwortete: ›Lasst ihn ein‹«. Also trat Jochanan ein und
wandte sich an Vespasian: »Friede mit dir, o König, Friede mit dir,
o König.‹ Dieser sprach zu ihm: ›Du hast dich zwiefach des Todes
schuldig gemacht. Erstens bin ich nicht König, und du nennst mich
König, und zweitens, wenn ich König bin, weshalb bist du bis jetzt

nicht zu mir gekommen!?‹ Jener erwiderte: ›Auf deinen Vorhalt, du
seiest nicht König, [erwidere ich:] freilich bist du König, denn, wenn
du nicht König wärest, würde Jerusalem nicht in deine Hand fallen.
Es heißt nämlich, *der Lebanon wird durch einen Mächtigen fallen*‹;
unter ›Mächtigen‹ [Jesaja 10,34] ist ein König zu verstehen.« (*Eicha
Rabba* 1,5 [3 1]; bGit 56a – 56b) Die römischen Historiker Sueton und
Cassius Dio erwähnen beide, dass Vespasians Ausrufung zum Kaiser
von Orakeln in Judäa vorausgesagt worden sei, und beide beziehen
sich ausdrücklich auf eine Prophezeiung des Josephus, die sich bewahrheitet habe. (Quellen: Josephus, *BI* 3 – 7; *Vita*; Sueton, *Vespasian*
5,6; Dio 66,2 – 4; Eusebius, *Hist. Eccl.* 3,12)

VITELLIUS

Lucius Vitellius, der Vater des künftigen Kaisers Vitellius (69 n. d. Z.),
war im Jahr 34 n. d. Z. Konsul, wurde im Jahr 35 n. d. Z. von *Tiberius
zum Legaten von Syria ernannt und im Jahr 39 n. d. Z. von *Caligula
von diesem Posten zurückberufen. Er war ein hervorragender Admi-
nistrator und wiederholt mit jüdischen Angelegenheiten befasst. Besonders hervorzuheben ist in diesem Zusammenhang sein Beschluss
aus dem Jahr 36 n. d. Z., Pontius *Pilatus seines Amtes als Statthalter
von Judäa zu entheben und den Hohepriester *Kaiaphas zu entlassen, um ihn durch *Jonathan ben Hannas zu ersetzen. Von Tiberius
wurde Vitellius beauftragt, den Nabatäerkönig Aretas IV. gefangen zu
nehmen und für die Niederlage zu bestrafen, die er Herodes *Antipas, dem Tetrarchen von Galiläa, beigebracht hatte. Vitellius mochte
Antipas nicht und folgte dem kaiserlichen Befehl deshalb nur halbherzig. Als er im März des Jahres 37 n. d. Z. auf dem Weg in die
nabatäische Hauptstadt Petra die Nachricht vom Tode des Tiberius
erhielt, machte er deshalb sofort Halt und kehrte mitsamt seinem
Heer nach Syria zurück. Dass er Sympathie für die Juden empfand,

äußert sich nicht zuletzt in der Tatsache, dass ihm die Beschwerden von angesehenen jüdischen Bürgern Jerusalems Grund genug gewesen waren, um Pilatus seines Amtes zu entheben. Außerdem schaffte er die Steuern auf Landwirtschaftsprodukte ab, die der Stadt Jerusalem von *Herodes dem Großen auferlegt worden waren, und verfügte, dass die Gewänder des Hohepriesters wieder von den Juden selbst aufbewahrt werden konnten und die Römer dieses Recht nicht länger für sich beanspruchen durften. Zu Beginn des Jahres 37 n. d. Z. hatte er außerdem entschieden, sein Heer beim Aufmarsch gegen die Nabatäer nicht durch judäisches Gebiet zu schicken, um die Juden wegen der römischen Standarten, die das Bildnis des Kaisers trugen, nicht unnötig zu provozieren. Ein Standbild von Vitellius im Forum Romanum erinnert an seine unerschütterliche Loyalität gegenüber Tiberius, *Caligula und *Claudius. (Quellen: Josephus, *AJ* 18,4.88–90, 5.115–126; Tacitus, *Annalen* 6,32; Sueton, *Vitellius* 3,1)

ANHANG

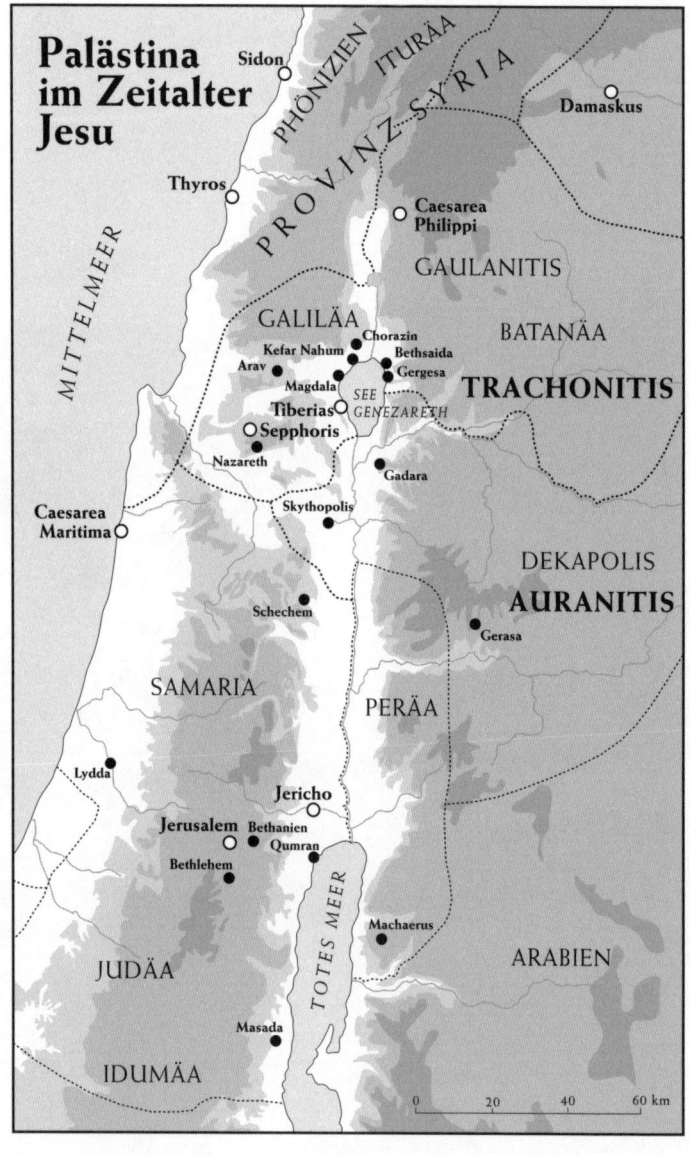

Palästina
im Zeitalter
Jesu

Sidon

PHÖNIZIEN
ITURÄA
PROVINZ-SYRIA

Damaskus

Thyros

MITTELMEER

Caesarea
Philippi

GAULANITIS

GALILÄA
Kefar Nahum
Arav
Magdala
Tiberias
Sepphoris
Nazareth

Chorazin
Bethsaida
Gergesa

SEE
GENEZARETH

BATANÄA

TRACHONITIS

Gadara

Caesarea
Maritima

Skythopolis

DEKAPOLIS
AURANITIS

Schechem

Gerasa

SAMARIA

PERÄA

Lydda

Jericho

Jerusalem   Bethanien
Bethlehem   Qumran

TOTES MEER

Machaerus

ARABIEN

JUDÄA

Masada

IDUMÄA

0   20   40   60 km

CHRONOLOGIE

Daten v. d. Z.:	Römische Geschichte	Jüdische Geschichte
67		Tod der Königin Alexandra Salome Aristobulos II. wird Priesterkönig.
65		Honi (Onias der Gerechte) wird ermordet.
64	Pompeius erobert Syrien.	
63	Pompeius erobert Judäa.	Aristobulos wird abgesetzt. Hyrkanos II. wird Hohepriester-Ethnarch. Der Idumäer Antipater wird Verwalter.
51–30	Kleopatra VII. ist Königin von Ägypten.	
48	Iulius Caesar besiegt Pompeius bei Pharsalos.	Hyrkanos und Antipater wechseln von Pompeius zu Caesar über. Caesar bestätigt Hyrkanos II. als Hohepriester und Ethnarch.
47		Antipater ernennt Herodes zum Statthalter von Galiläa. Herodes wird wegen der unrechtmäßigen Hinrichtung des Rebellen Ezechias vor dem Sanhedrin der Prozess gemacht.

44	Caesar wird ermordet.	Menachem der Essener prophezeit Herodes das Königtum.
41	Marcus Antonius beherrscht das römische Ostreich.	
40	Die Parther fallen in Judäa ein.	Herodes wird von Marcus Antonius zum König ernannt. Antigonos Mattatias wird von den Parthern zum König und Hohepriester ernannt.
40–37		Kämpfe zwischen Herodes und Antigonos.
37		Herodes und Sosius erobern Jerusalem. Herodes heiratet die hasmonäische Prinzessin Mariamne.
37 v.d.Z.– 4 n.d.Z.		Herodes regiert.
35		Herodes ernennt Aristobulos III. zum Hohepriester. Aristobulos wird ertränkt.
31	Octavian besiegt Marcus Antonius bei Actium.	
30	Marcus Antonius und Kleopatra begehen Selbstmord.	Hyrkanos II. wird von Herodes hingerichtet.
29		Mariamne wird von Herodes hingerichtet.

28		Mariamnes Mutter Alexandra wird von Herodes hingerichtet.
27 v.d.Z.– 14 n.d.Z.	Octavian ist Kaiser Caesar Augustus.	
23	Augustus gewährt Herodes die Trachonitis, Batanäa und die Auranitis.	Herodes beginnt, Caesarea zu erbauen.
20/19		Herodes beginnt mit dem Wiederaufbau des Tempels.
10		Herodes vollendet den Bau von Caesarea.
7	Augustus wird wegen der Illoyalität von Herodes' Söhnen konsultiert.	Herodes lässt seine und Mariamnes Söhne, Alexander und Aristobulos, hinrichten.
6		Herodes' erstes Testament bestimmt Antipater zu seinem Nachfolger.
5		Herodes' zweites Testament bestimmt Antipas zu seinem Nachfolger.
ca. 6/5		Geburt des Jesus von Nazareth.
4	Augustus wird wegen Antipater konsultiert. Augustus reorganisiert das einstige Königreich des Herodes.	Herodes' ältester Sohn Antipater wird fünf Tage vor Herodes' Tod hingerichtet.
4–3	Varus, Statthalter von Syria, schlägt den Aufstand nieder.	Judas, Sohn des Ezechias, und andere Juden erheben sich.

4 v. d. Z.–	Archelaos wird Ethnarch
6. n. d. Z.	von Judäa.
	Wirkungszeit von Hillel
	und Schammai.
4 v. d. Z.–	Philippos ist Tetrarch von
33 n. d. Z.	Batanäa, Trachonitis usw.
4 v. d. Z.–	Antipas ist Tetrarch von
39 n. d. Z.	Galiläa.

---

n. d. Z.

6	Quirinius führt eine Steuerschätzung in Judäa durch. Coponius wird Präfekt von Judäa.	Archelaos wird abgesetzt, wie es Simon der Essener prophezeite. Judas der Galiläer erhebt sich.
6–15		Hannas ist Hohepriester.
14	Augustus stirbt.	
14–37	Tiberius ist Kaiser.	
18–36		Joseph Kaiaphas ist Hohepriester.
26–36	Pontius Pilatus ist Präfekt von Judäa.	
29		Johannes der Täufer und Jesus von Nazareth beginnen ihr öffentliches Wirken.
30		Tod des Täufers und des Jesus.

		Beginn der Jesusbewegung.
		Gamaliel der Alte.
36	Pilatus wird abgesetzt.	Kaiaphas wird abgesetzt.
		Paulus schließt sich der
		Kirche an.
37–41	Gaius Caligula ist Kaiser.	Paulus besucht Jerusalem.
39		Antipas wird abgesetzt und
		verbannt.
40–70?		Hanina ben Dosa
41–54	Claudius ist Kaiser.	Agrippa I. ist König
		Johannes, Sohn des Zebe-
		däus, wird geköpft.
		Apostelkonzil in Jerusalem
44	Claudius ernennt Cuspius	Agrippa I. stirbt.
	Fadus zum Prokurator	Der Rebell Theudas wird
	von Judäa.	getötet.
44–46	Tiberius Iulius Alexander	Zwei Söhne von Judas
	ist Prokurator von Judäa.	dem Galiläer werden ge-
		kreuzigt.
50–60?		Die Paulusbriefe
51/52	Gallio ist Prokonsul von	Paulus in Korinth
	Achaia.	
52–60	Antonius Felix ist Proku-	
	rator von Judäa.	
53		Agrippa II. wird König von
		Batanäa, Trachonitis usw.
54–68	Nero ist Kaiser.	Agrippa II. erhält Galiläa
		und Peräa.

58		Der »Ägypter« erhebt sich. Paulus wird verhaftet und in Caesarea eingekerkert. Er begegnet Felix und dessen Frau Drusilla.
60–62	Porcius Festus ist Prokurator von Judäa.	Paulus begegnet Festus, Agrippa II. und Berenike. Er wird zu seinem Prozess nach Rom verbracht.
62–64	Albinus ist Prokurator von Judäa.	Der Hohepriester Hannas lässt Jakobus, den Bruder Jesu, hinrichten. Prozess und Absetzung von Jesus ben Hannas
64	Feuer in Rom.	Christenverfolgung Das Martyrium des Petrus und Paulus
64–66	Gessius Florus ist Statthalter von Judäa.	Der Erste Jüdische Krieg gegen Rom bricht aus. Christen wandern nach Pella ab (?).
67	Vespasian und Titus werden nach Judäa entsandt, um den Aufstand niederzuschlagen.	Flavius Josephus, der militärische Führer der Aufständischen von Galiläa, wird gefangen genommen.
67–68		Die Zeloten des Johannes von Gischala kämpfen in Jerusalem.
68	Nero begeht Selbstmord.	Simeon bar Giora und die Sikarier kämpfen in Jerusalem.

69–79	Vespasian ist Kaiser. Titus hält sich in Judäa auf.	
70		Jerusalem wird eingenommen, der Tempel wird zerstört. Jochanan ben Zakkai und Gamaliel II. beginnen ihr Wirken in Javne.
ca. 70		Markusevangelium
73–74	Flavius Silva ist Statthalter von Judäa.	Masada wird eingenommen. Der Krieg endet. Allen Juden im Römischen Reich wird der *fiscus Iudaicus* auferlegt. Die Christen kehren aus Pella zurück (?).
79–81	Titus ist Kaiser.	Josephus beendet sein Werk *Der Jüdische Krieg*.
81–96	Domitian ist Kaiser.	Die Evangelien von Matthäus und Lukas, die Apostelgeschichte Josephus beendet sein Werk *Jüdische Altertümer*. Agrippa stirbt ca. 92/93.
96–98	Nerva ist Kaiser.	Der *fiscus Iudaicus* wird entschärft.
ca. 100		Brief des Jakobus, der erste Brief des Petrus, die drei Briefe des Johannes, die Offenbarung des Johannes

98–117	Trajan ist Kaiser. Plinius d. J. konsultiert ihn wegen der Behandlung von Christen.	Symeon, Sohn des Klopas, Bischof von Jerusalem und Vetter des Jesus, wird gekreuzigt. Judenchristliche Eboniten bzw. Nazaräer überleben.
100–110		Das vierte Evangelium
117–138	Hadrian ist Kaiser.	Der zweite Brief des Petrus
132–135	Zweiter Jüdischer Krieg unter der Führung von Simeon bar Kosiba	
135–	Auf den Ruinen von Jerusalem wird die Stadt Aelia errichtet. Alle Juden werden aus Jerusalem verbannt.	Die Judenverfolgung durch Hadrian.

Batanäa: Östlich von Galiläa gelegenes Gebiet in Transjordanien.

Diaspora (Zerstreuung): Kollektive Bezeichnung der Länder jenseits von Erez Israel, in welchen Juden leben.

Eschatologie: Jüdische Lehre, die zwischen dem 2. Jahrhundert v. d. Z. und dem 1. Jahrhundert n. d. Z. florierte und die Naherwartung des Endes aller Zeit zum Inhalt hatte.

Essener: Ein religiöser Zusammenschluss von asketischen Juden, der erstmals im 2. Jahrhundert v. d. Z. erwähnt wurde. Einige Essenergruppen praktizierten das Zölibat und den Gemeinschaftsbesitz. Die etablierte Forschung betrachtet sie als die Gemeinschaft, die im Besitz der Schriftrollen vom Toten Meer war.

Ethnarch: Das Oberhaupt eines Landes, dem Rang nach unter einem König.

Gaulanitis: Ein Gebiet nordwestlich von Galiläa.

Geniza: Ein Synagogenraum, in dem beschädigte Torarollen und andere Texte aufbewahrt werden, die nicht vernichtet werden dürfen, da sie den Gottesnamen enthalten.

Halacha: Die rabbinische Entwicklung des biblischen Gesetzes.

Hasmonäer oder *Makkabäer*: Eine Priesterfamilie, die traditionell auf einen Vorfahren namens Hasmon zurückgeführt wird, der den jüdischen Widerstand gegen die Hellenisierung unter dem Seleukidenkönig Antiochos IV. Epiphanes (174–164 v. d. Z.) anführte. Die Hasmonäer herrschten von 161 bis 63 v. d. Z. über das Volk der Juden.

Hellenisten: Förderer der griechischen Kultur. Im Neuen Testament bezieht sich der Begriff auf griechischsprachige Juden oder Judenchristen, die aus der griechischen Diaspora nach Palästina zurückgekehrt waren.

Hohepriester: Das Oberhaupt der jüdischen Priesterschaft in Jerusalem sowie Vorsitzender des Sanhedrin und oberste Instanz bei allen Fragen des jüdischen Glaubens und Gesetzes. Als Judäa direkt von Rom regiert wurde, war der Hohepriester auch das politische Oberhaupt der judäischen Juden und somit letztlich für die Wahrung von Recht und Ordnung zuständig. In biblischer Zeit und in der hasmonäischen Ära ging das Amt vom Vater auf den Sohn über, seit Herodes wurde der Hohepriester von den herodianischen Königen oder den römischen Statthaltern ernannt. Siehe auch die Einträge *Oberpriester* und *Priester*.

Idumäa: Ein Gebiet südlich von Judäa, identisch mit dem biblischen Edom.

Makkabäer: Siehe *Hasmonäer*.

Messias: Wörtlich *der Gesalbte*. Wird üblicherweise zur Bezeichnung des jüdischen Königs der Endzeit verwendet. Die Sektierer vom Toten Meer erwarteten zwei, einen königlichen und einen priesterlichen, und womöglich sogar noch einen dritten, den prophetischen Messias.

Mischna: Der älteste Kern der talmudischen Überlieferung, der um das Jahr 200 n.d.Z. kompiliert wurde, jedoch eine Vielzahl älterer Überlieferungen enthält.

Nasiräer: Ein Jude, der einen besonderen Eid vor Gott geleistet hat.

Nazaräer: Bezeichnung der Kirchenväter für das nachapostolische Judenchristentum.

Oberpriester: Mitglieder der führenden Priesterfamilien, aus deren Reihen die herodianischen Herrscher und römischen Statthalter üblicherweise den jeweiligen Hohepriester auswählten.

Peräa: Ein Gebiet östlich des Jordan (Transjordanien).

Pharisäer: Religiöse Laien beziehungsweise Angehörige einer nichtpriesterlichen Gruppe, die seit Mitte des 2. Jahrhunderts v.d.Z. Einfluss auf Juden nahm. Sie waren Experten der Gesetzesüberlieferung und Bibelexegeten, die man als Vorfahren der mischnaischen und talmudischen Rabbanan betrachtet.

Präfekt: Statthalter einer römischen Provinz (in Judäa von 6 bis 41 n. d. Z. als solcher bezeichnet).

Prätor: Ein dem Konsul unterstellter römischer Beamter.

Prätorium: Der Provinzpalast eines römischen Statthalters.

Priester: Mitglieder des Priesterstammes Levi, die das Vorrecht hatten, periodisch abwechselnd am Altar des Tempels von Jerusalem zu dienen. Wenn sie nicht gerade ihren Pflichten im Heiligtum nachgingen, fungierten sie in ihren jeweiligen Heimatorten landauf und landab als Glaubenslehrer.

Prokurator: Statthalter einer römischen Provinz (in Judäa von 44 bis 66 n. d. Z. als solcher bezeichnet).

Qumranrollen: Siehe *Schriftrollen vom Toten Meer.*

Rabban (sing.), *Rabbaban* (pl.): Siehe *Pharisäer.*

Sadduzäer: Eine Gruppe von konservativen Juden der Oberschicht, die zum ersten Mal im 2. Jahrhundert v. d. Z. erwähnt wurde. Sie waren mit den Oberpriestern verbündet und opponierten gegen die von den Pharisäern propagierten Glaubensinnovationen, darunter gegen deren Glauben an eine Auferstehung.

Sanhedrin: Die hebräische Transliteration der griechischen Bezeichnung *synedrion* für das Oberste Gericht oder den Hohen Rat, dem in der römischen Ära der jeweilige Hohepriester vorsaß.

Schriftrollen vom Toten Meer (Qumranrollen): Hebräische, aramäische und griechische Handschriften, deren Datierungen vom 2. Jahrhundert v. d. Z. bis zum 1. Jahrhundert n. d. Z. reichen und die zwischen 1947 und 1956 im Gebiet von Qumran entdeckt wurden.

Seleukiden: Nachkommen des Seleukos, eines Generals unter Alexander dem Großen und Begründer des Seleukidenreichs, das seit Ende des 4. Jahrhunderts v. d. Z. auch Syrien beherrschte,

bis es im Jahr 64 v. d. Z. von Rom erobert und zur Provinz Syria
gemacht wurde.

Sikarier (Dolchträger): Mitglieder einer Gruppe von Aufständischen, die im Jahr 6 n. d. Z. von Judas dem Galiläer gegründet
wurde.

Synoptische Evangelien: Die Bezeichnung für die Evangelien von
Matthäus, Markus und Lukas, die in vergleichbarer Weise eine
grundlegend identische Geschichte berichten und dabei sehr
ähnliche Formulierungen verwenden.

Talmud: Die Erweiterung des auf der Mischna und ihrer Auslegung
beruhenden rabbinischen Gesetzes. Er wurde zuerst um das
Jahr 400 n. d. Z. in Galiläa kompiliert (Palästinensischer Talmud
oder Jerusalemer Talmud, *Talmud Yerushalmi*, genannt), um das
Jahr 500 n. d. Z. erneut in Babylon (Babylonischer Talmud).

Tetrarch: Der Herrscher über den (vierten) Teil eines Gebietes.

Trachonitis: Ein Gebiet im nordöstlichen Transjordanien.

AJ:	Flavius Josephus, *Antiquitates Judaicae (Jüdische Altertümer)*
bAZ:	Babylonischer Talmud: Traktat Aboda Zara
bBB:	Babylonischer Talmud: Traktat Baba Bathra
bBer:	Babylonischer Talmud: Traktat Berakhoth
bGit:	Babylonischer Talmud: Traktat Gittin
bHag:	Babylonischer Talmud: Traktat Hagiga
bNed:	Babylonischer Talmud: Traktat Nedarim
bPes:	Babylonischer Talmud: Traktat Pesahim
bSab:	Babylonischer Talmud: Traktat Sabbath
bSynh:	Babylonischer Talmud: Traktat Synhedrin
bTaan:	Babylonischer Talmud: Traktat Taanith
BI:	Flavius Josephus, *De bello Iudaico* (*Der Jüdische Krieg*)
Enc. Jud.:	*Encyclopaedia Judaica*, 16 Bde.
Hist. Eccl.:	Eusebius von Caesarea, *Historia Ecclesiastica* (*Kirchengeschichte*)
HJP:	*History of the Jewish People in the Age of Jesus Christ*, neue und von G. Vermes, F. Millar und M. Goodman vollständig revidierte englische Bearbeitung von Emil Schürers *Geschichte des jüdischen Volkes im Zeitalter Jesu Christi*
JJS:	*Journal of Jewish Studies*, Oxford
Legatio:	Philo von Alexandria, *Legatio ad Gaium*
mAb:	Babylonischer Talmud: Mischna Abot
mBer:	Babylonischer Talmud: Mischna Berak hoth
mGit:	Babylonischer Talmud: Mischna Gittin
mJab:	Babylonischer Talmud: Mischna Jabmuth
mJom:	Babylonischer Talmud: Mischna Joma

mPar:	Babylonischer Talmud: Mischna Para
mRSh:	Babylonischer Talmud: Mischna Rosch Haschana
mSot:	Babylonischer Talmud: Mischna Sota
mSyn:	Babylonischer Talmud: Mischna Synhedrin
mTaan:	Babylonischer Talmud: Mischna Taanith
tBer:	Tosefta Berakhoth
tHul:	Tosefta Hulin
tNid:	Tosefta Nidda
Vita:	Flavius Josephus, *Vita*
yBer.:	Talmud Yerushalmi: Berakhoth
yJom.:	Talmud Yerushalmi: Joma
ySab.:	Talmud Yerushalmi: Sabbath
4Q169:	*Discoveries in the Judean Desert*, Bd. v
4Q333:	*Discoveries in the Judean Desert*, Bd. xxxvi
4Q468e:	*Discoveries in the Judean Desert*, Bd. xxxvi

Neues Testament:

Apg:	Apostelgeschichte
Eph:	Epheserbrief
Gal:	Galaterbrief
Jak:	Jakobusbrief
1 Joh:	1.Johannesbrief
2 Joh:	2.Johannesbrief
3 Joh:	3.Johannesbrief
Joh:	Johannesevangelium
Jud:	Judasbrief
Kol:	Kolosserbrief
1 Kor:	1.Korintherbrief
2 Kor:	2.Korintherbrief
Lk:	Lukasevangelium
Mk:	Markusevangelium

Mt:	Matthäusevangelium
Offb:	Offenbarung des Johannes
1 Petr:	1. Petrusbrief
2 Petr:	2. Petrusbrief
Phil:	Philipperbrief
Phlm:	Philemonbrief
Röm:	Römerbrief
1 Thess:	1. Thessalonicherbrief
2 Thess:	2. Thessalonicherbrief
1 Tim:	1. Timotheusbrief
2 Tim:	2. Timotheusbrief
Tit:	Titusbrief

BIBLIOGRAFIE

Geschichtswissenschaftliche Quellen:

Bammel, E./Moule, C.D.F.(Hg.), *Jesus and the Politics of His Day*, Cambridge, 1984.

Barclay, J.M.G., *Jews in the Mediterranean Diaspora from Alexander to Trajan*, Edinburgh, 1996.

Bauckham, R., *Jude and the Relatives of Jesus in the Early Church*, Edinburgh, 1990.

Blatz, B., »Das koptische Thomasevangelium«, in: *Neutestamentliche Apokryphen in deutscher Übersetzung*, von Edgar Hennecke begründete Sammlung, hrsg. von Wilhelm Schneemelcher, Tübingen, 1959.

Bond, H., *Pontius Pilate in History and Interpretation*, Cambridge, 1999.
–, *Caiaphas: Friend of Rome and Judge of Jesus*, Louiseville, Kentucky, 2004.

Borgen, P., *Philo of Alexandria*, Leiden, 1997.

Crossan, J.D., *Der historische Jesus*, München, 1994.
–, *The Birth of Christianity*, Edinburgh, 1998.

Feldman, L.H., *Josephus and Modern Scholarship*, Berlin, 1984.

Frederiksen, P., *Jesus of Nazareth, King of the Jews*, London, 1999.

Freyne, S., *Galilee from Alexander the Great to Hadrian 232 BCE to 135 CE*, Wilmington, 1980.

Goodman, M.D., *The Ruling Class of Judaea*, Cambridge, 1987.
–, *The Roman World 44 BC–AD 180*, London, 1997.
–, (Hg.) *Jews in the Graeco-Roman World*, Oxford, 1998.
–, (Hg.) *The Oxford Handbook of Jewish Studies*, Oxford, 2002.

Greenhut, Z./Reich, R., »The tomb of Caiaphas«, in: *Biblical Archeology Review* 18/5, Sept.–Okt. 1992, S. 28–44.

Griffin, M., *Nero: The End of a Dynasty*, London, 1984.

Hazel, J., *Who's Who in the Roman World*, London, 2002.

Hengel, M., *Die Zeloten: Untersuchungen zur Jüdischen Freiheitsbewegung in der Zeit von Herodes I. bis 70 n. Chr.*, Köln, 1976.

Hoehner, H. W., *Herod Antipas*, Cambridge, 1972.

Hornblower, S. und Spawforth, A. (Hg.), *The Oxford Classical Dictionary*, Oxford, 2003.

Jeremias, J., *Jerusalem zur Zeit Jesu. Kulturgeschichtliche Untersuchung zur neutestamentlichen Zeitgeschichte*, Leipzig, 1923.

Jones, A. H. M., *The Herods of Judaea*, Oxford, 1968.

–, *Augustus*, London, 1970.

Jones, B. W., *The Emperor Titus*, London, 1984.

Lemaire, A., »Burial Box of James, the Brother of Jesus«, in: *Biblical Archaeology Review* 28/6, Nov.–Dez. 2002, S. 24–33.

Meshorer, Y., *Münzen. Zeugen der Vergangenheit*, Zürich, 1984.

Meyers, E. (Hg.), *The Oxford Encyclopedia of Archaeology in the Near East*, Bde. I–IV, New York, 1997.

Millar, F., *Das Römische Reich und seine Nachbarn. Die Mittelmeerwelt im Altertum*, Frankfurt 1966.

Murphy O'Connor, J., *Paul: His Story*, Oxford, 2004.

Neusner, J., *The Rabbinic Traditions about the Pharisees before 70*, 2 Bde., Leiden, 1971.

Painter, J./Moody Smith, D., *Just James: The Brother of Jesus in History and Tradition*, Minneapolis, 1999.

Rajak, T., *Josephus: The Historian and his Society*, London (1983), 2002.

–, *The Jewish Dialogue with Greece and Rome*, Leiden, 2001.

Richardson, P., *Herod: King of the Jews and Friend of the Romans*, London, 1999.

Roth, C. (Hg.), *Encyclopedia Judaica*, 16 Bde., Jerusalem, 1972.

Safrai, S./Stern, M., *The Jewish People in the First Century*, 2 Bde., Assen, 1974–76.

Sanders, E. P., *Jesus and Judaism*, London, 1985.

–, *Sohn Gottes. Eine historische Biographie Jesu*, übersetzt v. U. Enderwitz, Stuttgart 1996.

–, *Paul and Palestinian Judaism*, London, 1977.

Schäfer, P., *Geschichte der Juden in der Antike*, Stuttgart 1983

Schalit, A., *König Herodes. Der Mann und sein Werk*, Berlin, 2001.

Schiffman, H. L./Vanderkam, J. C. (Hg.), *Encyclopedia of the Dead Sea Scrolls*, 2 Bde., New York, 2000.

Schindler, A. (Hg.), *Apokryphen zum Alten und Neuen Testament*, Zürich, 1988.

Schneemelcher, W., *Neutestamentarische Apokryphen in deutscher Übersetzung*, Tübingen, 1959.

Schürer, E., *The History of the Jewish People in the Age of Jesus Christ*, von G. Vermes, F. Millar und M. Black vollständig neu bearbeitete und revidierte englische Bearbeitung der *Geschichte des jüdischen Volkes im Zeitalter Jesu Christi* (1886–1890/1901–1909), Edinburgh, 1973–1987.

Schwartz, D. R., *Agrippa I: The Last King of Judaea*, Tübingen, 1990.

Schweitzer, A., *Geschichte der Leben-Jesu-Forschung*, Stuttgart, 1984.

Shanks, H./Witherington, B., *The Brother of Jesus*, San Francisco, 2003.

Sherwin-White, A. N., *Roman Society and Roman Law in the New Testament*, Oxford, 1963.

Smallwood, E. M., *The Jews under Roman Rule*, Leiden, 1976.

Stern, M., *Greek and Latin Authors on Jews and Judaism*, Jerusalem, 1974–84.

Syme, R., *Die Römische Revolution. Machtkämpfe im antiken Rom* (1939), aus d. Engl. von F. W. Eschweiler und H. G. Degen, Stuttgart, 2003.

Vermes, G., *Jesus der Jude*, Ein Historiker liest die Evangelien (1973), übersetzt von Alexander Samely, bearbeitet von Volker Hampel, Neukirchen, 1993.

–, *The Changing Faces of Jesus*, London, 2000/2001.

–, *The Authentic Gospel of Jesus*, London, 2003/2004.
– /Goodman, M., *The Essenes in the Classical Sources*, Sheffield, 1989.
Williamson, G.A., *Eusebius. The History of the Church*, Harmondsworth, 1965.
Winter, P., *On the Trial of Jesus* (1961), Berlin, 1973.
Yigael Yadin, *Masada. Der letzte Kampf um die Festung Herodes*, aus dem Englischen von Eva und Arne Eggebrecht, Hamburg, 1967.
–, *Bar Kochba*, aus dem Englischen von Hertha Balling, Hamburg, 1971.

Klassische Quellen:

Cassius Dio, *Römische Geschichte*, übersetzt von O.Veh, 5 Bde., München/Zürich 1985–87.
Eusebius von Caesarea, *Kirchengeschichte*, hg. von Heinrich Kraft, aus dem Griechischen von Philipp Haeuser (1932), neu durchgesehen von Hans Armin Gärtner, München, 1967.
Flavius Josephus, *Jüdische Altertümer*, übersetzt sowie mit Einleitung und Anmerkungen versehen von Heinrich Clementz; mit Paragraphenzählung nach Flavii Josephi Opera recognovit Benedictus Niese (Editio minor), Wiesbaden, 2004.
–, *Der Jüdische Krieg*, übertragen und eingeleitet von Hermann Endrös, München, 1965. Siehe auch *Der Jüdische Krieg und Kleinere Schriften*, übersetzt sowie mit Einleitung und Anmerkungen versehen von Heinrich Clementz, mit Paragraphenzählung nach Flavii Josephi Opera recognovit Benedictus Niese (Editio minor), Wiesbaden, 2005.
–, *Aus meinem Leben (Vita)*. Kritische Ausgabe, Übersetzung und Kommentar von Folker Siegert, Heinz Schreckenberg, Manuel Vogel u.a., Tübingen, 2001.
–, *Kleinere Schriften. Selbstbiographie; Gegen Apion; Über die Mak-*

kabäer, übersetzt sowie mit Einleitung und Anmerkungen versehen von Heinrich Clementz (Halle, 1901), Wiesbaden, 1995.

Horaz, *Oden*, Lateinisch/Deutsch, neu übertragen von Winfried Tilmann, Frankfurt a. M./Leipzig, 1992.

Juvenal, *Satiren*, übersetzt von Harry C. Schnur, Stuttgart, 1969.

Philo von Alexandria: *Die Werke in deutscher Übersetzung*, hg. von L. Cohn/I. Heinemann/M. Adler/W. Theiler, 7 Bde., Berlin 1909–1938 und (Bd. 7) 1964.

Plinius, *Sämtliche Briefe*, Lateinisch/Deutsch, übersetzt von Heribert Philips und Marion Giebel, Stuttgart, 1998.

Sueton, *Sämtliche Werke*, unter Zugrundelegung der Übertragung von Adolf Stahr neu bearbeitet von Franz Schön und Gerhard Waldherr, Essen, 2004.

Tacitus, *Sämtliche Werke*, unter Zugrundelegung der Übertragung von Wilhelm Bötticher neu bearbeitet von Andreas Schäfer, Essen, 2006.

Jüdische Quellen:

Babylonischer Talmud, mit Einschluß der vollständigen Mischna, einzige vollständige deutsche Übersetzung von Lazarus Goldschmidt (Berlin, 1929–1936), hier zitiert nach der Neuauflage, Berlin, 1964–1967.

Talmud Yerushalmi: H.-J. Becker/M. Hengel/P. Schäfer/F. Avemarie/F. G. Hüttenmeister (Hg.), zuletzt erschienen Band VI/1, Tübingen 2006; siehe auch P. Schäfer/H.-J. Becker (Hg.), *Synopse zum Talmud Yerushalmi*, 7 Bde., Tübingen, 1991–2001.

Tanach (Hebräische Bibel), Übersetzung nach dem Masoretischen Text von Leopold Zunz (1839), Tel Aviv, 1997.

The Complete Dead Sea Scrolls in English, Revised Edition, translated and introduced by G. Vermes, London, 2004.

Tosefta, Bde. I–VI, übers. von J. Neusner, New York, 1977–80.

Niemand hat mehr Einfluss. 2000 Jahre
Vatikan. Von den Anfängen bis heute. Alles
in einem Band. Gibt's so nur hier.

Klaus-Rüdiger Mai
DER VATIKAN
Geschichte einer Weltmacht
im Zwielicht
512 Seiten
Gebunden mit Schutzumschlag
ISBN 978-3-7857-2329-6

Der Vatikan ist Symbol für die Politik und Macht der katholischen Kirche. Seit rund 2000 Jahren nimmt sie entscheidenden Einfluss auf das Leben von Milliarden von Menschen auf der ganzen Erde. Aus der Geschichte ist diese Macht nicht wegzudenken, aus der Gegenwart erst recht nicht. Der Vatikan ist Keimzelle größter humanitärer Unternehmungen der Menschheit, Hort bedeutendster Kulturgüter, eine der einflussreichsten Finanzmächte dieses Globus'. Aber auch düstere Kapitel durchziehen die Geschichte dieses »Gottesstaates«. Die katholische Kirche ist wahrlich nicht unfehlbar.

Mit vielen Schwarzweißabbildungen, Karten, Übersichten und einer vollständigen Liste aller Päpste.

Gustav Lübbe Verlag